矢田俊文著作集❖第二巻

地域構造論

《上》理論編

まえがき

本書は、著作集第一巻『石炭産業論』に続く第二巻『地域構造論』である。

第一巻は、筆者が東京大学理学系大学院の博士論文をまとめた処女作『戦後日本の石炭産業―その崩壊と資源の放棄』（一九七五年）から二〇〇〇年代初頭まで約四〇年間の論文をまとめたものである。第二巻は、法政大学の教員として「経済地理学」の講義を開始してすぐに執筆した「経済地理学について」（『経済志林』一九七三年）を出発点として、『シリーズ日本の地域構造・全六巻』（一九七七―八八年）執筆の論文、八二年に九州大学に移ってから精力的に執筆した方法論に関する論文、日本経済の地域構造に関する論文を収録したものである。ここに収録したものは二〇一三年分まででやはり四〇年間にのぼる。

ところで、「地域構造論」とは、一言で表現すれば一定の範囲の地域を対象にした空間構造である。地域の範囲を「国」に限定すれば「国土構造」であり、県域を対象にすれば「県土構造」であり、東北、九州などの国内の広域圏を対象にすれば「圏土構造」である。融通無碍の概念となる。他方、いかなる現象の「空間構造」かで実体が異なってくる。「経済の地域構造」、「文化の地域構造」等多様である。本書で言う「地域構造」は、主として「国民経済の空間構造」に焦点を当てている。テーマは「経済」、範囲は「国」である。とは言っても、あくまで「焦点」であり、国内の地域、アジア地域、自然環境、文化社会現象なども必要に応じて包摂する。

では、なぜ「論」なのか、そこにどのような含意があるのか、が次に問われる。「論」を『広辞苑』で引くと、真っ先に「理論」という解釈がでてくる。筆者も「地域構造論」を一種の「理論」と考えている。そこで「理論」の項を引くと、「個々の事実や認識を統一的に説明することのできる普遍性をもつ体系的な知識」との説明がある。しかし、社会科学の「理論」には様々な考え方がある。厳密に条件を設定して、その条件の下で精密な論理を組立てたり、数式展開をする「理論」も一つである。経済地理学に関連した分野では、農業立地論のJ・H・フォン・チュウネンの「孤立国」、A・ヴェーバーの「工業立地論」、W・クリスタラーやA・レッシュの「中心地論」である。これらは、現実社会の体系的説明を企図しながら、前提の置き方、論理展開の仕方の「高度な抽象性」によって、現実からの乖離を免れない。第二は、特定の時代の特定の事象の実証的分析をベースに一般化して「モデル」ないし「図式」を提起するものである。近年の欧米の経済地理学の理論は、殆んどこのレベルのものである。本書に紹介されているA・プレッドの「都市システム論」、A・J・スコットの「新産業空間論」、D・マッシーの企業の空間的分業における三類型と「外部支配論」、A・マークセンの「プロフィット・サイクル・モデル」などである。グローバル企業の「価値連鎖」における拠点の「最適配置戦略論」を論じたM・ポータの理論もこの種のものであろう。先の抽象度の高い「理論」からみれば、現実の説明力は極めて高い。他方、特定の時代の特定の事象からの「モデル化」であり、適用範囲は限定的である。第三は、個々に独立した事象、複雑に絡み合って生起している事象を、特定の観点から大局的に掌握する「理論」、別言すれば「枠組み理論」である。K・マルクスの「封建的生産様式―資本主義的生産様式―社会主義的生産様式」、D・ベルの「前工業社会―工業社会―脱工業社会」、M・カステルの「農業的発展様式―工業的発展様式―情報的発展様式」、コンドラチェフやC・フリーマンらの技術発展を核とする社会の「連続的な長期波動モデル」など時間軸で社会変動を大枠でとらえた「枠組み理論」などは典型である。

他方、空間構造の枠組み理論では、I・ウォーラーステインが世界を「中核―半周辺―周辺」の三つの地帯に構成されるとして把握し、P・ディッケンも「国家、多国籍企業、技術の三営力が発現する空間スケール」による世界空間の大局把握を試みた。複雑かつ多様な事象を「大掴み」に理解するのに役立つ一方で、それが故に、精密さを欠くという批判は免れない。この第三の理論は、第一の理論や第二の理論を分析「枠組み」の中に取り込むことのできる懐の深さを有している。本書の「地域構造論」は、第三の「枠組み理論」に属するものと理解している。

国民経済という限定された空間を対象にした地域構造論は、二つの理論的成果をベースにしている。一つは、時間軸としての社会の発展様式、そのなかでもその中核である「産業構造論」である。もう一つは空間軸として、先達が解明したミクロの空間理論である「産業立地論」である。このマクロ、ミクロの思考次元の異なる二つの理論の合成物として「地域構造論」が成立している。問題は、二つの理論の接合の仕方である。まず、特定の国の一定の経済発展段階における産業構造において、成長をリードし、かつ高い産業連関効果をもつ産業群を「牽引《ケンイン》産業群」として摘出する。戦後の日本で言えば、繊維・食品（軽工業群）―石炭・鉄鋼―鉄鋼・石油・化学（素材・エネルギー産業群）―自動車・家電・産業機械（機械工業群）―電子機器・情報・知識産業等（ICT産業群）など主導産業群の交代である。そのうえで、多様な工業立地論、集積理論、中心地理論などミクロ理論に依拠しながら、主導産業群の立地展開を分析するとともに、「産業連関論」に依拠しながら産業全体の配置を解明する。この過程で、工業地帯の再編成、農林水産地域との関係、都市システム等が明らかになる（産業配置論）。さらに、この産業配置と交通・通信など社会インフラ、つまり「空間克服手段体系」との相互関連でヒト、モノ、情報の地域的移動がなされ、それらの循環のなかから重層的な圏域構造が析出される（経済地域論）。ここでも、中心地論や情報循環論、企業内地域分業論などミクロ理論が援用される。これらは基本的には、資本と人々の自由な空間行動という「市場原理」をベースに行われる。その意味で「地域構造論」を軸とする経済地理学は、経済学の一部門である。しかし、資本と人々の空間行動は、あくまで多様な自然基盤の上に展開され、「地的緊縛性」は免れない。農林水産業、鉱業など「地べた産業」だけでなく、工業、商業やサービス業も地上の一角に立地する。土地利用・資源開発、自然災害・環境破壊などの一連の地殻にかかわって生じる諸課題もまた地域構造論とのかかわりを無視できない（国土利用論）。その意味では「地域構造論」は、「経済学」だけでなく「地理学」

の一分野でもあり、「経済地理学」とされる所以である。加えて、産業配置、地域循環、国土利用のいずれも大きくかかわってくるのが「空間克服手段体系」としての交通・通信手段であり、その構築は国家の政策に深くかかわってくる。こうした国土政策もまた「地域構造論」の不可欠な一分野となる(国土政策論)。以上が「地域構造論」の内容である。

本書の第一編「産業配置と地域構造」では、筆者の一九八二年の著書『産業配置と地域構造』をそのまま転載した。地域構造論関連の初発論文だけでなく、「体系化プラン」論文、地方財政論系の「地域経済論」、中小企業論や地場産業論、地域史等を起源とする「地域主義論」について学びつつ、これと「地域構造論」と比較した諸論文、資源問題や公害問題、大都市の地価問題などの国土利用にかかわる諸論文もここに収めてある。

その後、一九九〇年代から二一世紀にかけてのＩＣＴ革命と冷戦体制の崩壊が共振してグローバル化が急展開し、「世界史的な大転換」の時代に入り、国内外の空間構造も大きく変動しつつある。これを受けて、欧米の経済地理学においても多彩な諸理論が相次いで発表された。一九七〇年代起源の地域構造論も大きな変容を迫られた。他方、一九八〇年代以降「地域構造論」が経済地理学界にそれなりに定着し研究者も着実に増えていった。

第二編「地域構造論の展開」では、こうした研究者による共同著作の中の筆者の執筆論文を掲載した。第一章では、主として九州大学から育った若手研究者による新たな視点での「地域構造論」の再構築を目指した著作『地域構造の理論』(一九九〇年)のうち拙著「地域構造論論争」を転載した。また、欧米で一九八〇年代から九〇年代に活躍した経済地理学者や空間システムに係る研究者等一三名の学説を丁寧に紹介した著作を共同で執筆した(『現代経済地理学』二〇〇〇年)。筆者は、これらの成果取り入れ、最終章で「国民経済の空間システム論」として「地域構造論」の再生を提起した。これは本篇第二章に収められている。第三章では、九州大学を退官するに当たって、大学院ゼミで学び、また、国内留学や近隣の大学からボランティア的に参加経験のある研究者、合わせて一三名の研究者による共同著作(『地域構造論の軌跡と展望』)の最終章を転載した、この論文は、二〇〇三年の経済地理学会五〇周年記念大会で行った会長講演「戦後日本の経済地理学の潮流」というタイトルで行ったものである。第四章は、二〇一三年出版の人文地理学会編の『人文地理学事典』で担当執筆した「経済地理学」の草稿案を掲載し、「経済地理学における地域構造論の立ち位置」を自ら措定してみた。第五章では、地域構造論余話と題し、地域構造論を本格的に展開する前後に東大新聞で書いた、今から三〇―四〇年前の文章と、その当時を振り返った二〇一四年時点のエッセイを掲載した。

第一と第二編は、「枠組み理論」としての地域構造論の定式化と豊富化・再定式化に関するいわば理論的な論文集で、著作集第二巻『地域構造論〈上〉理論編』とした。

第三編は、枠組み理論としての「地域構造論」のなかで、なお理論的に詰めなくてはならない三つのテーマについて簡単なデッサンを試みたものである。第一章は、産業構造展開のなかで主導産業が交代していくことを措定しているが、それぞれの主導産業の立地特性を産業立地論から考察した場合、地域構造はどのようになるか、時系列的に素描したもので、川島哲郎編『経済地理学』（一九八五年）に掲載したものである。農業社会から工業社会、工業社会における繊維工業段階から石炭・鉄鋼などの素材・エネルギーなど重化学工業段階、さらには機械工業段階へ、そしてサービス化段階へと変遷する中で、農業地帯に分散的に形成される工業地域―鉱山地域や輸入港湾に隣接して形成される重化学工業地帯―首都など巨大都市圏・地方拠点都市を核とする都市システムの形成の流れを描いてみた。また、第二章では、現代を特徴づけるサービス産業について、「モノを作る」以外のその他産業として一括されてきたものを、多くの論者の見解を整理しながら、モノの流通部門、ヒトがヒトに直接働きかける役務サービス部門（教育・医療・介護など）、頭脳によって新たな知的生産物をつくる情報・知識部門（芸術・研究・ソフトウエアなど）の三分野にわけ、ＩＣＴ革命の中で牽引産業となっているのは最後の情報・知識産業であることを明解に認識した。そして、モノ、ヒト、カネ、情報の地域的循環のなかから重層的な圏域構造を析出し、国民経済内部の「経済地域」を見出す試みを第三章で行っている。

第四編「日本の地域構造分析」は、日本経済の地域構造についての実証的な分析集である。このテーマでの実証分析は、三〇—四〇年前、当時の若手研究者の集団的労作『シリーズ日本の地域構造・全六巻』が公刊されており、個人的には、これに匹敵する作品は書けない。ここでは、第一章で「日本経済の地域構造」を概観したのち、第二章「日本工業の地域構造」で、地域間の成長格差が工業構造の転換によるものか、工業立地の展開によるものか、シフト・シェア分析手法によって明らかにした。第三章では、具体的産業の石油精製業の立地展開を国際石油資本の世界市場戦略の視点から分析した。「国内しか見ておらず国際関係を軽視している」との地域構造論批判に対する反証でもある。さらに、第四章では、サービス化時代の地域構造解明に不可欠の「サービス産業の地域構造」に関する論文を掲載した。ここでは、第三次産業の所得源泉と地域循環に焦点を当て、これとの関連で「大都市型」、「ネットワーク型」、「地域型」、「レジャー型」のサービス産業類型と、それぞれを基盤産業とする大都市・中枢都市、中核都市、中小都市、観光都市間の成長格差の構造を解明した。第五章は、これをベースに東京一極集中型国土構造と地方中枢都市の成長、地方都市の停滞と衰退について多様な雑誌に執筆したものをまとめた。第六章では、東京を頂点とし、地方中枢都市を次位の結節都市とする都市システムの形成要因となっているわが国の航空網を専門情報循環の視点から考察してみた。最後に、同じく首都一極型国土構造を示す韓国について、日韓研究者の共同著作のうち筆者の担当論文を第七章として掲載した。

第五編「西南広域経済圏分析」は、地域構造論を構成する重要な概念である広域経済圏の例として、九州経済圏に関して分析した論文集である。第一章では、東京一極集中型国土構造での西南端における広域経済圏について、九州を中心に西瀬戸内・沖縄を含む領域を「西南経済圏」として位置づける分析を行った。さらに、第二章で、その中心である九州に焦点をあて現状と課題について論述した。第三章では、広域経済圏の「極」として持続的に成長している地方中枢都市・福岡について、その成長要因と「支店都市」の限界性について解析した。第四章では、モノづくりの面で九州経済を支える北九州工業地帯に焦点をあて、二〇世紀前半の工業地帯の形成、後半の停滞、そして二一世紀に入ってからの再興を、中国大陸および朝鮮半島との交流と断絶、再活性化との関連で考察した。

これらの第三編、第四編、第五編を一括して第二巻『地域構造論〈下〉分析編』に収めた。

ところで、地域構造論については、経済地理学者からも有益な批判を受けているのは、自由な論争を不可欠とする学界では当然のことである。筆者の理解できる限りは、批判の論点は二つに集約できる。一つは、経済のグローバル化が進展している中での国民経済を単位とした地域構造を論ずることへの疑義であり、第二は、産業を担う資本の空間運動から地域構造を組み立てるのではなく地域住民の生活の視点から構築すべきであるとの批判である。グローバルとローカルの視点からの挟撃に晒されている。いずれも地域構造論の弱点を抉り出している観がある。

しかし、マルクスもケインズも国家の存在を強く意識した経済理論を構築しており、自由な市場経済をベースにしたアダム・スミスにおいても、「彼の視点はあくまで国内経済に向けられていたし、人々が『確実性』を求めて投資をし、経済活動の拠点を持つ場所、それは一国の経済なのである。それは決して、抽象的な市場経済でもなく、また世界へののっぺりと広がっていく市民社会でもなく、特定の具体的な一つの国家なのである。」と佐伯啓思氏は最近の著作（『アダム・スミスの誤算』中公文庫　二〇一四年　二一〇頁）で明言している。マクロな経済理論は、国家抜きでは構築できない。地域構造論だけが国民経済にこだわっているわけではない。また、第二の批判については、言うは易く地域の生活の論理からマクロの地域構造を具体的にどう描くか代案が示されていない。せいぜい個別地域分析を列島のうえにパッチワーク的に並べたものにならざるを得ない。

この二つの批判については、すでに「ステレオタイプ化」しているものの、「地域構造論」を提起した一九七〇年代後半からずっと私の頭から離れない。前者については、第四編第三章、第五編第四章で分析したように実証分析に「グローバル」な視点を内容的に取り入れてきた。後者については、「地域主義」的発想には強い共感を有しており、由布院、黒川温泉、大山町、綾町の地域づくりの実態を一市民として観察してきた。最近では、「里山資本主義」の論調に深い感動を受けている。しかし、これらの地域での成功をΣ（シグマ）して、あるいは積みあげて、最終的に「あるべき国土構造」が構築されるとみるには論理の飛躍がある。「国土構造」という研究者が解明すべき「社会システム」の問題と、すぐれた「地域リーダーの実践経験」の問題とは異次元のことである。これを「空間システム」の中にどう取り込んでいくか、私の大きな宿題でもある。

本書の諸論文を読んで気が付くように、筆者の経済学のベースはマルクス経済学である。筆者が経済地理学を学問として選択した一九六〇年代は、東大、京大、九大、東北大、北大の経済学の主流はマルクス経済学であった。マルクス経済学から比較的距離をおいていた教養学科にあっても、その影響は軽いものではなかった。当然、筆者自身も『資本論』をむさぼるように読んだ。資本主義のシステムを奥深く解明していくマルクスの思考力にはいまでも驚嘆するものがある。マルクス経済学は、資本主義体制の転換を志向するマルクス主義と不即不離で結びついている。筆者も運動としてのマルクス主義と一定期間かかわったことをあえては否定しない。しかし、一九七〇年代の暴力集団と化した学生運動、多くの犠牲者を出した中国の文化大革命、鉄のカーテンの裏側で行われていたソビエト社会の圧政、そして八〇年代末の東欧社会主義の崩壊という歴史の動きのなかで、早くから「マルクス主義」と「マルクス経済学」を分けて考えるようになった。それだけ経済学は深くかつ体系的と考えるからである。本書の諸論文には、マルクス経済学の「価値形成論」(本源的所得形成論)、「労働過程論」(分業と協業、機械工業論)、「地代論」(差額地代、鉱山地代論)をベースにした論理展開がなされている。他方、「主義」から解放されたがゆえに、「産業構造論」や「産業立地論」、「科学技術論」、「地域論」などの諸学説を素直に受け止めることができ、それらが融合して「地域構造論」となった。それが「木に竹をつなぐ」ごとく不自然に結合しているのか、「アマルガム」(合金)のように別の体系として一体化したのか、私自身も判断できない。半世紀にわたる学問的苦闘の成果でもある。こうした視点から読んでいただければ、また一興であろう。

最後に、大学の理系から教養学科人文地理分科への進学を受入れ、安保・大学紛争のなかでも批判的な発言を繰り返していた筆者を「じっと我慢して」研究指導を続け、ついに経済地理学者として人生を送る機会を与えて頂いた、東京大学教養学部のいまは亡き木内信蔵名誉教授、卒寿に近づいておりながらなお矍鑠と著作活動を続けておられる西川治名誉教授、大学院の非常勤講師の講義以来、強い学問的影響を受けた故川島哲郎大阪市立大学名誉教授の三氏に心から感謝の意を申しあげます。また、様々な著作を通して経済地理学方法論構築に多くの示唆を受けた宮崎大学名誉教授上野登氏、東大教養学科、理学系大学院の後輩で、法政大学でも教員として共に働き、いつも強い学問的刺激を受けた、学友の山口不二雄元教授は、二〇一四年に帰らぬ人となった。生前の優れた業績に敬意を表するとともに、ご冥福を心からお祈りいたします。

第一巻発行のあと第二巻出版の準備を進めてきたものの、あまりに大部となるため、二冊に分割し、「理論編」を上巻に「分析編」を下巻とし、上巻を第一巻完成半年後、さらに下巻をその後半年以内に出版することにした。上巻の編集にあたっては、初出論文の章節建て、文献表示等がバラバラなので、①節を廃止し、編・章のみとし、②原則的に参考文献方式をやめ、文献は注記のなかに収め（第二編第四章を除く）、③英文を含む文献表示は統一した。④各章の文末に初出著書・論文を掲載し、かつ本書の最後に一覧を表示した。関係出版社・学会誌・専門誌に記して感謝したい。

また、柳井雅人氏をはじめとする著作集編纂委員会、とくに解題執筆の労をとっていただいた松原宏東京大学教授、掲載論文を何回も取替え、また、幾たびも加筆をお願いしながら、編集作業を引き受けていただいた原書房の矢野実里氏、成瀬雅人社長に深く感謝申し上げます。

二〇一四年一一月一一日

東に箱崎西に伊都、思い出深い九大の両キャンパスを
指呼の間に眺望する愛宕神社からの早朝散歩を終えて

矢田俊文

目次

第二編　地域構造論の展開

第一編　産業配置と地域構造

第一編はしがき

本編は、既存の経済地理学や地域経済論の諸見解を検討し、そのなかから経済地理学の体系化を試みたものである。わが国で地域問題や国土問題が深刻となり、これに関する理論的・実証的分析がさかんとなった一九七〇年代において、筆者は、法政大学経済学部で経済地理の講義を担当していた。経済地理の講義をする人達の多くが感じるように、斯学がいまだ体系化されていないため、一年間の講義の組み立てに四苦八苦するものである。もちろん、筆者も例外ではなかった。そこで、地域問題や国土問題に深い関心をもちながら、これらを分析した著書や論文をむさぼるように読み、そのなかから経済地理学の体系化を模索しつづけてきた。この過程で、論説・研究ノート・展望・書評などのかたちで方法論に関するものをいくつか書いた。本編は、一二年間勤務した法政大学を辞するにあたって、これらを整理し、まとめたものである。

本編は、四つの章からなっている。第一章では、経済地理学についての諸説を検討し、そのなかで経済地誌論を批判し、産業配置論・地域経済論・国土利用論・地域政策論よりなる「地域構造」の考え方を提起した。第二章では、こうした考え方に立って、地域的不均等論や地域主義などの地域経済論に関する諸説を検討し、「地域構造論」の一層の精緻化を図った。第三章では、資源・公害・地価・土地利用問題と「地域構造論」とのかかわりを考察した。第四章は、本編の総括部分で、現時点で到達している筆者の「地域構造論」を体系的に叙述した。

本編に掲載した論文は、一九七三年から八二年とほぼ一〇年にわたって書かれたものであり、その間当然考え方が変化し、用語の使い方も微妙に異なってきた。また、多くの人達からの批判で筆者も考え直さざるをえない部分もでてきた。そのため、表現や用語の変更、不適当と思われる部分や重複した箇所の削除が必要となった。そこで、最新の論文であり、本編の結論となっている第四章と照らしあわせ、個々の論文の基本的なトーンを失なわないよう配慮しながら、訂正・追加・削除を行なった。とくに、重要と思われる変更については、各章の末尾に論文の出所とともに付記した。参考にしていただければ幸いである。

本編ができあがるまで、いいかえれば、経済地理学についての筆者の考えが、こうしたかたちをとるまで、多くの人々の助けを借りなければならなかった。まず、本編で検討の対象とさせていただいた諸先学には、その非礼をわびるとともに、多くのものを学ぶことができたことに厚く御礼申しあげたい。とくに、筆者が大学院生当時集中講義にこられて以来、二〇年近くにわたって大きな学問的影響をうけた川島哲郎大阪市立大学名誉教授には、改めてその学恩に謝意を表したい。また、若手経済地理研究者で組織している「地域構造研究会」（代表北村嘉行氏）での、真剣な議論と貴重な研究成果は、大変役に立った。研究会や日常の議論、さらには著作などを通して、経済学のあり方、そのなかでの経済地理学の位置づけについて考える機会を与えてくれた法政大学経済学部の同僚には、本当にお世話になった。筆者が今春法政大学を辞するにあたって、経済学部の同僚は、送別の意味をこめて研究会を開いてくれ、筆者の経済地理学についてたくさんの心温まるコメントをしてくれたことは、忘れがたい思い出となるであろう。

最後に、本書（『産業配置と地域構造』一九九〇年出版）の出版を快よく承諾していただいた大明堂の神戸祐三社長、伊藤暢氏に心から御礼を申しあげたい。

本書が経済地理学の発展の捨て石になれば、筆者の望外のよろこびである。

一九八二年五月　東京・上荻の自宅にて

第一章　経済地理学と地域構造

一　経済地理学の課題と展望

1　科学の分業と協業

およそ諸科学は、各々相対的に独自な対象を有することを通じて、相互に分業関係が成立している。そして科学研究は、対象のもつ運動法則をどのように認識するか、またその運動法則を軸にして対象を全体としてどう把握するかをめぐって、論争がたたかわれながら発展していく。つまり諸科学は、帰納法と演繹法とを統一しながら、それぞれの対象についての認識を深めていく。したがって、法則定立的な科学と現象記述的な科学といった、認識過程を機械的に分離したかたちでの科学の分類よりも、対象の運動法則の違いによる科学の分類の方が事物の本質に迫る点で有効であると考えられる。これは、自然を対象とする自然科学においても、人間社会を対象とする社会科学においても基本的に変わりはない。

ところで、おのおのの研究対象は、単独に取りだしうるものではなく、相互に複雑にからみあっており、対象の運動法則も相互に規定しあいながら展開している。それゆえ、自然現象、社会現象総体を把握したり、個々の対象の相互のからみあいのなかで発生する諸現象（環境破壊など）を追究するに当たっては、諸科学相互の協力を不可欠とする。いわゆる学際的な研究が積極的に必要とされるわけである。これが諸科学の分業と協業の基本原則であろう。逆にいえば、独自の研究対象をもたず、つまり諸科学間の分業の一部を分担せずに、いきなり対象相互間のからみあいを問題にする科学の存在を安易に主張してみても、諸科学間の協業が十分に確立することを通じて、事実上社会的な意味をもたなくなってしまうであろう。ましてや、哲学のように諸現象のからみあいの仕方自体に一定の法則性をみつけるのではなく、たんに諸現象を加算しただけの記述に終始する「総合化」なるものは、諸科学の分業のなかで独自の地位を見い出すことは著しく困難であろう。

2　経済地理学の対象のあいまいさ

諸科学の分業と協業の関係を以上のように考えると、地理学とはまことに奇妙な存在であることがわかる。地理学の独自の対象とはなにか、対象のもつ運動法則とはいかなるものか、きわめて不明確である。地理学一般を論ずるには、筆者の知識が不十分なので、経済地理学に限定して考えてみよう。経済地理学の対象規定についても、論者のあいだに見解の統一はない。比較的多くの論者が主張するものとして、「地域の経済的諸現象」をその独自の対象とする見解がある。経済学の一般的対象である経済諸現象に対して、「地域」という形容詞を付けて、経済学のなかで一定の独自的地位を主張する以上、「地域」そのものの概念が確立していなければならない。国民経済を指すのか、国民経済を越えた世界経済内の諸ブロックを意味するのか、それとも国民経済内部の地理的範域を問題にするのか、でさえ明確でない。国民経済そのものであれば、経済学一般とほとんど同じであって独自性うんぬんはありえない。なにも日本という国民経済だけでなく、フランス、インド、キューバといった国民経済であっても事態には変わりない。経済学のなかでの各国経済論がこれを担当しており、次第にわが国でも研究が活発化している。第二の世界経済内部のブロックを問題とする場合でも、独自性を強調するにはあまり説得性がない。ＥＣ諸国、東欧諸国、中東諸国、東南アジア諸国の経済の特徴をその地域性を考慮しながら論ずることは、たしかに一つの研究分野ではあるが、その分野は世界経済論と各国経済論の協力のなかで切り開かれつつあり、そのなかに経済地理学が独自の地位を築くことは、ほとんど不可能であろう。したがって、第三の国民経済内部の「地域」だけが相対的独自の研究対象として残ってしまう。ところが、「地域」概念として最も不明瞭なのがこのケースで、論者のあいだの共通理解などないのはもちろん、概念規定に関する論争さえも活発に行なわれているわけではない。ましてや、対象のもつ運動法則の把握などというとらえ方は、まったくといってよいほどなされていない。国民経済内部の、しかも範域の不明確な「地域」の経済諸現象が相対的に独自の運動をするなどとはとても考えられないから、このことは当然の帰結である。

このように、運動法則的とらえ方を放棄し、概念の著しく不明瞭な「地域」に固執し続けてきた経済地理学者たちの最大公約数的理解は、「経済地理学は国民経済内部の任意の地域の経済諸現象を総合的に記述する」という一点にあったとみても、それほど的はずれとはいえないであろう。そして、この考え方を「合理化」するものとして主張されたのが、法則定立的なものと記述的なものを機械的に分離することを通じて経済地理学を後者に位置付けようとする主張であり、また、諸現象のからみあいを解明することによって「地域」の総体を把握するという「総合科学」としての主張であった。こうした主張は、「地域の経済諸現象」の分析に没頭する多くの経済地理学研究者たちを大いに鼓舞する役割を果たしたものの、経済科学体系あるいはもっと広い意味での社会科学体系のなかで、経済地理学の地位を高くするにはほとんど無力であった。それは、たんに科学の分業論をめぐる考え方で説得性がなかっただけではなく、こうした考え方に導かれた研究成果が、総体として他学問に対して自己を主張しえなかったという事実そのものの重みが、より大きく作用したといえるであろう。

以上のように述べたからといって、筆者はいままでのわが国の経済地理学研究者の成果を全面的に否定するものではない。筆者自身こうした学問的雰囲気のなかで育ってきたのであり、簡単に清算しきれるはずもない。事実、わが国の経済地理学の発展の経過からみれば、「地域の経済諸現象」の分析は一定の積極的役割を果たしたと評価できるであろう。

3　「地域」調査をめぐって

「地域の経済諸現象」の分析は、なによりも研究者自身の現地での実態調査を軸にして進められていった。研究者自身、それぞれ独自のフィールドをもつことを要請され、そこでの長期間の滞在と地域住民への徹底したヒアリング調査が必要不可欠のものとされた。海外調査においては、なによりも現地語の修得が第一と考えられ、国内外にかかわらず、地域実態調査は精度の高さを要求された。こうしたなかから、一九五〇年代後半から六〇年代にかけて、すぐれた実態調査結果が次々とだされていった。

第二次大戦前から戦中にかけて、わが国の社会科学は思想弾圧のなかで窒息状態に陥れられていた。経済地理学も例外ではなく、その間をぬって自然地理学者の人文地理学へきわめて安易な参入が幅をきかせていった。その典型となったのが自然決定論的な思考であり、風土論といったきわめてスケールが大きく、かつ非科学的な色合いの強いものから、地形が土地利用を決定するたぐいの瑣末なものまで、あらゆる形態をとって現われてきた。こうした社会科学について、おそろしく無知な自然地理学者による人文・社会部門へのきわめて大胆な進出によってつくりあげられた諸見解は、なによりも社会経済諸現象の実態を忠実にフォローすることによってのみ基本的に克服されうるものであった。その点で「地域の経済諸現象」を現地の実態調査を通じて分析するやり方は、思弁的・観念的、かつなによりも事実に反する自然決定論、地政学的考え方を一掃するのに重要な役割を果たしたと言えるであろう。

実態調査に基盤をおいた「地域の経済諸現象」の分析の積極的役割は、こうした点だけに限られるわけではない。第二次大戦後の社会科学研究は、解禁された内外の膨大な諸文献の検討から開始された。思想的窒息状況の後だけに、論議は百家争鳴の観を呈し、しかも研究は文献考証を軸とする理論的なものに著しく傾斜していった。その過程で社会科学、とくに経済学の理論水準が高まっていったが、逆にその理論で現実の社会経済現象を把握するに当たって、きわめて図式的・機械的な適用が目立ち、必ずしも十分な有効性を発揮しえなかった。つまり、演繹的手法が先行し、資料を蒐集・分析したり、実態調査をしながら理論化をはかる帰納的方法があきらかに立ち遅れていた。こうしたなかで、いちはやく実態調査を進めていった経済地理学者たちの研究方向は、ある種の新鮮さを与えたであろうことは想像に難くない。きわめて粗い実証分析のうえに「水準の高い」理論を展開していた当時の経済学の一般的状況に反発を感じていた経済学者の一部が、経済地理学者のいき方に「健康さ」を感じて、これを激励したことは、それなりの理由があったと言えるであろう。こうした励ましに勢いを得た経済地理学者が、まさに経済学の実証分野を一手に引き受けるかのように、実態調査に邁進していったのではないであろうか。このおそろしいほどの自信に支えられた研究は、迷いがないだけに当然ある種のすぐれた成果を生みだすことになる。それは、経済地理学の黄金時代でもあったであろう。

しかし、経済地理学研究者の個々の研究成果が経済学全体のなかで一定の意味をもちえたということと、経済地理学が経済学体系のなかで正当な一分野を確保したということは、別のことである。しかも、水準の高い研究成果といっても、それをなしえたのは経済地理学研究者のごく一部であり、また、相対的に弱いとみられていた経済学における実証分野のなかでさえ、重要な役割を果たしたわけでは決してない。したがって、理論分野を経済学が担当し、実証分野ないし実態調査分野を経済地理学が担当するなどという、経済地理学者にとってきわめて都合のよい分業論が、社会的に通用するはずがない。

4　方法論的反省の必要

いずれにしても、一九五〇年代から六〇年代にかけてのわが国の経済地理学は、ある種の確信のもとに地域の経済的分析に邁進していったのであり、経済地理学のテリトリーをうんぬんすることさえ旧来の地理学への引き戻しをもたらすものとして批判されかねない状況であった。そこで行なわれた方法論論議は、もっぱら「地域の経済諸現象」をどう把握するかに集中し、そのなかで「生産関係視点」、「歴史的視点」、「国民経済的視点」の必要性が強調された。

しかし、その間に経済地理学をめぐる状況が大きく変化していった。

まず第一の変化は、経済学全体として理論偏重の傾向への反省がなされ、いくつかの論争に決着をつけるものとして現実認識の重要性が強調された。そのなかから各分野での実証分析が若手研究者を中心に着実に進んでいった。なかでも、農業経済論は農村調査を積み重ね、中小企業論は中小企業地域へ積極的に出向き、地方財政論は工場進出による地域への影響の分析に興味を示した。さらに、日本経済史も地方の資料蒐集に奔走していった。また、低開発国論のなかでも現地調査を重視する傾向が強まっていった。この結果、実証分析一般だけでなく、経済地理学の〝おはこ〟と自負していた地域の実態調査の分野に諸科学が積極的姿勢を示してきた。これらは、いずれも調査目的が明確であり、それなりの成果をあげた。こうして、現地実態調査だけを〝売り物〟にし、その成果の収斂の方向が一向にはっきりしない経済地理学の存在そのものが、改めて問われることになった。

第二は、研究対象である経済諸現象自体の変化である。一九五〇年代後半から六〇年代後半にかけて、先進資本主義国を中心にして世界経済は「高度成長」を示し、その過程で、資源問題・公害および環境破壊問題といった国土利用をめぐる諸問題、都市問題・衰退地域問題などの地域的諸問題、こうした新しい問題が発生した。なかでも、成長が最も激しく、産業構造のドラスチックな転換を図ったわが国においては、とくに深刻な問題として現象した。これらの諸問題は、経済学一般からいえば、資本蓄積そのものの現代的あり方をめぐって発生したものであるが、それが国土・地域問題として現象している以上、特殊的には資本による国土利用および地域的編成のあり方ととくに深くかかわって発生した。したがって、地域や空間を問題にしてきた経済地理学が、本来これらの問題解明に積極的役割をはたすはずであった。にもかかわらず、全体としては「無力性を露呈する」結果となった。

経済地理学研究者の多くが、ある種の確信のもとに現地の実態調査に取り組んでいたまさに同じ時に、こうした二つの変化が着実に進行していったのである。第一の変化は学問分業、とくに経済学体系のなかでの経済地理学の位置を改めて問い直させたのであり、第二の変化は経済地理学自体の社会的有効性に鋭い疑問を呈示した。こうして、一九七〇年代に入って、経済地理学の方法論的反省が強く求められることになった。

5　課題と展望

方法論的反省の仕方にはいく通りかある。

一つは、「地域の経済諸現象の総合的記述」にあくまで固執し、諸現象のからみあい、総合化などにみがきをかけること、一口でいえば「優れた地誌」をつくることによって危機を脱出しようとする考え方である。こうした「地理学王道」的考え方の時代錯誤性は、前述した経済地理学をめぐる状況から考えれば、ここで改めて論ずる必要はないであろう。

二つめの考え方は、国土・地域問題の激化を深刻に受け止めて、これらの問題そのものを経済地理学の中心テーマとしようとする。これは、前述した状況の第二の変化を重視した結果であろう。しかし、地域の一住民としてならともかく、研究者として国土・地域問題に取り組む以上、その任務は、諸問題の実態を告発することよりも、諸問題発生のメカニズムを解明することでなければならない。それならば、いかなる側面から解明するかが問われてこざるをえない。国土・地域問題の解明に多くの学問分野が学際的協力を展開しているなかで、経済地理学の貢献分野についてまったく考慮の外に置くわけにはいかないであろう。こうした考え方の共通の弱点は、社会的要請に強い関心を示すあまり、諸科学の分業と協業についてあまりに無関心な点にあろう。われわれは「総合」という名の「無手勝流」の地域調査がいかに分析の「深み」をもちえなかったか、という苦い経験をもっている。再び「無手勝流」の地域問題分析によって、何を得ようというのだろうか。

方法論的反省は、冒頭に掲げた諸科学の分業と協業、とくに経済学体系における諸分野間のそれを基軸にし、現在深刻化している国土・地域問題を視野に入れた第三のやり方であるべきだと筆者は考える。

それは、経済諸現象の空間的展開とそれがつくりだす国民経済の地域構造をもって、経済地理学の相対的に独自の研究対象とすべきであるという考え方である。具体的には諸部門・諸機能の立地およびそのもとでの財・サービス、所得・資金の地域的循環を分析し、こうした運動によってつくりだされる諸経済地域の重層的構造を解明するものである。そして、そのこととのかかわりあいのなかで、過密・過疎、国土利用などの諸問題の発生メカニズムを明確にすることである。ところで、経済諸現象の空間的展開と国民経済の地域構造の理論的・実証的分析には、相互に関連したいくつかの研究が必要とされる。一つは、資本主義的生産様式のもとでの立地・配置の展開の一般的法則性の解明であり、地域的利潤率格差形成機構およびそれと資本の立地運動、およびそれとの関連で成立する市場圏・金融圏・管理圏など、経済現象の地域的まとまり＝経済圏形成の論理が主要な問題となる。しかも、産業資本主義段階から独占資本主義段階への移行に伴う変化をも、解明されなければならないであろう。第二は、こうした理論的成果とのかかわりあいのなかで、各国の資本主義発展の特殊性と国土基盤の違いなどを考慮しながら、各国民経済の地域構造の歴史的形成を問題としなければならない。第三は、なによりもわが国の国土・地域問題の解明を重視する立場から、日本経済の地域構造の実証的分析が急がれる。とくに、戦後の高度成長期における日本経済の基本構造を把握しながら、その枠内での諸部門・諸機能の立地、財・サービスおよび所得・資金の地域的循環、産業地域や経済圏の摘出とその重層的構成の解明がなされる必要があろう。そして、最後に、国土・地域問題の解決を図る立場から、社会主義国をふくむ他国の地域構造と比較しながら、あるべき地域構造を模索することが不可欠であろう。その場合、国民経済のあるべき方向をみきわめながら、こうした視点と地域住民運動の提起している視点との理論的統一を図る必要があろう。

これらの諸研究課題は、ほとんどまだ緒についたばかりで、経済地理学全体として一定の成果をあげえたとはとてもいえない状況であるが、筆者のみる限り、最近注目すべき研究成果がいくつか出されつつある。いずれにしても、かつてのようなたんなる闇雲な地域実態調査の集積ではなく、共通の目標を設定し、相互にフェアな論争を繰り広げながら一歩一歩着実に成果を積み重ねていくことが望まれよう。

二　経済地理学について

周知のように、戦後日本資本主義の高度成長の過程は、内包する諸矛盾の拡大・深化の過程でもあった。この諸矛盾の展開の過程で、地域問題ないし、国土問題として一括できる一連の諸問題が発生し、とくに一九六〇年代後半以降著しく顕在化していった。すなわち、大都市地域においては、地価の急上昇や住宅難などの土地・住宅問題、交通事故の多発や交通渋滞・通勤地獄などの交通問題、地盤沈下、崖崩れ、光化学スモッグなどの都市災害・公害問題といった一連の都市問題が深刻化し、重化学工業地域においては、大気汚染や河川・海洋汚染などの公害問題が激化するとともに、土地、水などの地方資源の略奪、地場産業の崩壊、地方行財政機構を通じた住民支配などにみられる資本による地域収奪が強化され、また、鉱業や農林漁業地域においては、産業の衰退との関連で大量の人口が流出し、一部では地域社会の崩壊という過疎問題が拡大するとともに、観光開発、道路建設などによる自然破壊問題も激化していった。

こうした地域ないし国土問題の発展は、一般的には独占資本の高蓄積そのものに起因するが、特殊的には高蓄積の過程における、一方での資本の地域的集積・集中、とくに工業の太平洋ベルト地域への、また、首都を中心とする大都市地域への管理中枢の極端な集積・集中、他方での地域産業を強行に破壊し、また、地形、気候、水収支、動植物生態などの自然のメカニズムを無視したかたちでの資本の空間的拡大、以上の二側面を有する資本の立地運動に起因するところが大であったことは否定できない事実である。したがって、地域ないし国土問題の理論的、実証的解明にあたっては、与えられた国土を基盤とした資本の立地運動の解明が要となっている。

ところで、社会科学なんかずく経済学のなかでの分業において、この課題と正面から取り組むのは、立地研究、地域研究、国土研究などを主要テーマとしてきた経済地理学が最もふさわしいと考えるのは、あながち我田引水とは言えないであろう。しかしながら、わが国の経済地理学の現状は、現代資本主義における地域問題、国土問題の理論的解明に大きな寄与をしているとはいい難く、むしろ、この課題の研究に関しては、地方財政学、農業経済学、都市および農村社会学、都市工学などの分野で一定の成果をあげつつある。こうした地域問題、国土問題に対する経済地理学の理論的、実証的解明における無力性の露呈は、戦後わが国の経済地理学、とりわけ「資本主義社会の運動法則を解明することを目的とする」マルクス経済学を主要な方法として取り入れた「マルクス経済地理学」が方法論的に厳しい反省を迫られていることを示している。

本稿では、以上の観点に立って、戦後わが国の経済地理学の方法論的反省を企図したものであり、主としてわが国の「マルクス経済地理学」に関する主要見解を批判的に検討し、そのなかからあるべき経済地理学の方向について筆者の見解を試論的に提起しようとするものである。

1　経済地誌論の検討

(1)　飯塚浩二氏の所説について

戦後わが国の経済地理学に最も強い影響を与えたのは飯塚浩二氏であり、氏の主張する経済地理学説のもとに多くの研究者が輩出し、事実上現在のわが国マルクス経済地理学の主流を形成するに至った。その意味で飯塚氏の見解の検討からはじまるのが最も妥当と言えよう(1)。

氏は、まず、西洋の人文地理学説を歴史的に考察し、大略次のように総括した。

すなわち、「(1)人類と自然とのあいだの諸関係を人文地理学の主題とすること、(2)生物地理学的立場を十分考慮に入れていること、(3)しかも歴史的見解の重要性を率直に認め、これを強調していること」、この「三つの基本的見解は、近代地理学の成熟につれて順次に確立されてきたものであり[2]、このうち、第一の見解は「近代地理学の祖」とされているカール・リッターによって提起され、第二の見解は「人文地理学という名称の創始者でもあった」フリードリッヒ・ラッツェルによって成立したものであり、また、第三の見解はヴィダル・ドゥーラ・ブラージュに属するものであって[3]、その意味で「オーソドックスな立場を守りつづけ、培い育ててきた人々が踏みわけてきた道を振りかえってみると―リッター的なものからラッツェル的なものへ、ラッツェル的なものからヴィダル・ラブラーシュ的なものへ―人文地理学の基本的見解の発展に、いわば一つの弁証法的な発展の跡をたどることができるように思われるのである[4]」と主張している。

氏は、以上のような「学説史的な反省に立脚して、われわれの従うべき方法論上のオリエンテーション」を提起したが、その内容を筆者なりに理解するかぎり、次のように要約することができる。

すなわち、まず、「リッターによって新たな生気を与えられて以来の地理学がこの『自然と人類とのあいだ、舞台と歴史とのあいだ』の関係を自己の課題とし、世人もまたこの問題への解答を地理学に期待していることは争えない事実である[5]」として、地理学（人文地理学）のテーマを「人類と自然との関係」、「歴史と舞台との関係」、「人類の生活現象と外囲の自然的諸条件ないし地理的環境との関係」に設定し、この場合の両者の関係について、「地理的環境とか自然的諸条件とか呼ばれるところの、われわれをめぐって存在する諸事物」は「かく呼ばれるゆえんを反省すれば明らかであるように―われわれの交渉から全く独立に、それ自体において完結した存在を保っているのではなく、かえってわれわれとの交渉において初めてその存在のし方を顕現する[6]」と指摘し、社会的、歴史的存在としての人類があくまで主体であって、その歴史的発展のなかで地理的環境との関連が解明されなければならないと主張している。さらに、この点について「人類と自然との交渉は、たんにその肉体的・生理学的な機構を介してのそれに尽きるものではなく、またこの面においての交渉が重要なのでもなくして、人類と自然環境との交渉を特色づけているものが、彼らが外囲の諸要素を生存のために動員する技術的な生産手段、これと結びついた生産機構の特異性にあることはいうをまたない」、「この意味においては、生物の生態学的研究における生理学にあたるものは、おそらく学問の性質からいって主として経済学であろうと思われる(7)」として、自然と人類との関係の要は生産活動にあること、生産活動は生産機構に規定されるから、これが異なれば関係の仕方も異なること、したがってこの関係の解明は経済学に依拠すべきことを強調している。

次いで、氏は、「然らば何が考察の単位として取り上げられるかといえば、われわれは躊躇なく、地域的社会集団であると答えたい。すなわち、その成員相互間の社会関係が地域的な相隣関係、居住しあるいは占有する領域を共通にしているという関係によって規定されているところの地縁的・郷土的な社会集団のことであり」、「人類の地域社会の構造において、最も基本的な単位とみるべきものは何であるか。それとして典型的なものと考えられるのは、……〝旧世界〟において、『村落』とか『ドルフ』とか呼ばれているような、地域的には狭く局限された生活圏に閉じこもり、経済生活において自給自足的で、その構成員のあいだには血縁的な縁故関係すら色濃く保存されているといったような、共同体的な社会集団、その社会構造においてまさに共同社会《コミュニティ》の名にふさわしいような種類のものである(8)」と述べ、人類と自然との関係の考察にあたっては、「村落」などを最も基本的なものとする地域的社会集団を単位とすると指摘している。これは、「植物生態学が植物群落《コミュニティ》——植物の如く一定の場所に固着していない動物の生態学にあっては群聚の語が用いられている——を考察の単位としていることは、人文地理学が社会学者の分類における地域社会ないしは地縁的社会集団を考察の単位としていることと相通ずるもの(9)」であると述べているように、人文地理学と生態学的な生物地理学との方法論上の照応関係を強く意識したものである。なお、氏は、必ずしも地域社会の独立性と封鎖性を一面的に強調してはおらず、「資本主義化された産業部門が益々広汎な市場（経済的価値を度外視した単なる土地空間《エルドラウム》ではない）を要求する必然性は、かくして旧い経済体系を特色づけていた地域的孤立性あるいは封鎖性を破壊しつつ、結局は全世界の隅々の地域社会にいたるまでを、ことごとく単一な経済秩序に編入する原動力となる」[10]から、「人文地理の分野で地域というものを考えるに当たっては、論理学でいう全体と部分との関係を想起していただきたいと思う。全体とは部分のたんなる寄せ集めではない。一つの全体というからには、どの構成部分も全体から切り離して理解できない有機的な関連の下にあり、全体を通じての統一があるはずである」[11]として、資本主義社会における地域社会の開放性とその重層機構的把握の必要性を説いている。

さらに、氏は、「人文地理学はもともとわれわれみずから郷土(Heimat)への切実な関心、他の社会集団の生活形態あるいは彼らの郷土についてわれわれが発見するところの地方色 couleurs locales にたいするわれわれの興味—そしてさらにわれわれと他の社会集団との間に既に利害関係が結ばれてある場合には、それは勿論かような観照的な興味に止まっていない—かくの如きものを存立の地盤としていた。したがって地理学の構成は個性的なるものの認識に立って、本来 chorologique な性格を帯び、科学の要求する普遍的な段階における綜合を前提せずして特殊的なローカルな段階に止まりながらも、地誌的な記述として一応の存在理由をもつことができていた」[12]、「地理学は地域的な独自性を—歴史学が時代の個性に迫ろうとするのと同じ意味において—把握しようとするものだといっていいであろう」[13](いずれも傍点引用者)という記述にみられるように、人文地理学の方法上の特殊性として、地域の個性記述すなわち地誌的方法を強く打ち出し、法則科学の方向を否定している。

以上に集約された飯塚氏の見解のうち、人文地理学のテーマを人類と自然との関係に設定したのはカール・リッターの見解を、また、両者の関係を人類の歴史的発展を主体に把握すべきであるとするのはヴィダル・ドゥ・ラ・ブラーシュの見解をそれぞれ踏襲したものであり、その意味で西洋の人文地理学説の史的展開の延長上に自らを位置づけているといえよう。この延長上に氏が新しくつけ加えた部分は、人類と自然との関係の要は生産であり、したがって生産様式の展開のなかで両者の関係を考察しなければならないとした点である。周知のように、この見解は一九世紀中葉にマルクスによって定式化され、その後社会科学のなかで定着した史的唯物論と軌を一にするものである。つまり、飯塚氏は「オーソドックスな立場を守りつづけ」ながら発展してきた人文地理学に史的唯物論的視点を導入してきたのである。すでにマルクス経済学では常識化していたこの視点の導入は、人文地理学の分野では重要な意義を有していた。なぜなら、人文地理学は、もともと自然地理学を中心とした地理学から派生してきたものであり、とくにドイツ地理学を主に輸入してきた日本の地理学界ではこの傾向が強く、ために人文・社会現象を自然現象から説明する風潮がわが国の人文地理学界において根強く存在し、社会科学的視点の決定的欠落は覆いがたいものがあったからである。したがって、戦後わが国の人文地理学の分野での地理的決定論に対する批判において、飯塚氏の見解は重要な役割をはたしたのであり、また、人文地理学の中心としての経済地理学の地位を確立させるのに大いに寄与した。

しかしながら、地理的決定論批判がもっぱら史的唯物論の一般的規定を繰り返すという方法で行なわれたことは、人類と自然との関係をテーマとすること自体を軽視する傾向と短絡的に結びつき、このことが伝統的地理学におけるこのテーマの地道な研究成果（たとえば土地利用研究など）をも軽視する風潮を招くとともに、このテーマの理論的・実証的研究の創造的発展の停滞と、現代における環境問題、国土問題解明における斯学の非力性をもたらしたと言えよう。

戦後わが国の経済地理学に対する飯塚見解の影響は、地理的決定論批判というイデオロギー的側面にのみ限定されるわけではない。前述のように、氏は、史的唯物論的視点からの人類と自然との関係の考察を「地域社会」という範囲内に限定するとともに、あくまでそこにおける「生活様式」の考察の一環としての枠をはめた。しかも、この考察の目的を地域的個性の記述であるとした。つまり、生産を媒介とした環境に対する働きかけを軸として、地域住民の生活様式を考察し、これを記述するというのが飯塚氏の見解の集約点である。この「経済地誌学説」とも称すべき氏の人文地理学ないし経済地理学観は、氏の社会的地位も関係して、強い影響を与え、わが国の学界における「マルクス経済地誌学派」なる潮流を形成させるに至った。すなわち、多くの経済地理学の研究者は、マルクス経済学の諸成果を学びつつ、国の内外を問わず徹底的な地域調査を行ない、次々と調査報告を発表していったのである。

しかし、これらの調査報告は、個別的には社会科学的に貴重なものも多く含まれていたものの、全体的には系統的な研究成果が生まれたとはいい難く、収斂する方向があいまいなままに具体的地域の具体的研究が集積されたにすぎないというのがこの学派の卒直な現状であろう。そして、このような状況をもたらした要因は、飯塚見解自身に内在していたとみることができる。なぜなら、氏の見解は、地理学界にある地域調査を至上とする風潮を助長し、また、調査結果の普遍化、一般化の方向を軽視し、地域的個性の記述を一面的に強調したからである。所詮、抽象化、一般化の指向が欠落した地域調査なるものは、いくら集積してみても重要な成果をあげえないのであり、この指向を欠いた調査は、それ自体深まりえないのである。

ところで、個性記述を強調した飯塚氏の科学方法論は、法則定立の科学に対して個性記述の科学を機械的に分離、対置させ、全科学体系のなかでの自己の位置を強引に定義しようと努めてきた地理学の伝統的科学観のうえに立つものであり、こうした機械的分離に反対したマルクスの科学観と明らかに矛盾するものである。[14] その意味で、史的唯物論を積極的に導入した氏の経済地理学説には、一貫性を欠くものとなっている。

（1）おびただしい数の氏の著作のなかで、氏の経済地理学観が集約されているのは、次の二著作であり、以下これに基づいて検討を進める。
飯塚浩二『人文地理学説史』日本評論社　一九四九年（以下『学説史』とする）。
同　　『地理学方法論』古今書院　一九六八年（以下『方法論』とする）。
（2）『方法論』一五一頁。
（3）Carl Ritter（1779-1859）ベルリン大学教授。
Friedrich Ratzel（1844-1904）ライプツィヒ大学教授。

Paul Vidal de la Blache（1845-1918）パリ大学教授。
（4）『方法論』一五三頁。
（5）同右　九五頁。
（6）同右　四頁。
（7）同右　一〇一頁。
（8）同右　一〇二頁。
（9）『学説史』一六八頁。
（10）同右　一七三頁。
（11）『方法論』一二七頁。
（12）『学説史』一〇八～九頁。
（13）同右　一四二頁。
（14）この点に関してアルフレッド・ヘットナー批判としての上野登氏の以下の指摘は、飯塚氏批判としてもかなりの妥当性を有しているといえよう。
「科学は、その誕生以来こんにちまで、人間社会に対する理論的有効性の実証のうえに存立し、発展してきた。科学の存在権は、その理論的有効性の社会的評価のなかにこそある。科学のための科学の存在権の自己主張は、形而上的考察であり観念的所産以外の何ものでもない。地理学が独自的存在権を主張しうるとすれば、それは科学として理論的有効性の実証を通じてこそおこなわれなければならないであろう。それを形式的にかつ機械論的に科学の分類をおこない、その機械的な分離のうえに存在権の基礎を求めていって、ついにはあわれにも個別的事象の記述という退嬰的な姿に自らを押しこめてしまう、そのような形での独自的存在権の主張であれば、むしろしないほうがましであろう」（後述『道標』一〇頁）。

（2）鴨沢巌氏の所説について

飯塚氏の経済地誌論を基本的に継承しつつ、マルクス経済地理学の立場からの発展を試みたものに鴨沢巌氏の見解があり、わが国の経済地理学に少なからぬ影響を与えた。以下、鴨沢氏の見解を検討しよう。(1)

氏の経済地理学についての対象規定は必ずしも明確ではないが、筆者なりに整理すると次のようになる。すなわち、まず、「マルクス主義の経済地理学は生産の地理的配置を研究の対象にする[2]」、「生産の地理的配置に関する永遠の法則は存在せず、ある生産様式と社会組織に妥当する法則があるのみである[3]」（傍点引用者）として、経済地理学の対象を一定の社会的生産様式における生産の地理的配置の法則の解明と規定している。次いで、「経済地理学では、生産の地域的特性を明らかにすることとなる。つまり、生産の地理的配置を研究することとなる[4]」、「経済地理学は、人類社会における地域的経済的特性を追究する部面で成立している学問である。（中略）地域性の追究とは、経済地域を認識することの、別の表現にほかならない。経済地域の把握なしに経済地理学はありえない[5]」（傍点引用者）と述べ、生産配置の内容に言及している。つまり、生産配置の研究とは生産の地域的特性の追究であり、それはまた、経済地域の認識と表現することができるとするのである。さらに氏の論理は展開し、ついには、「経済地理学の大きな任務は、地域の経済的地理的特徴を科学的に記述することにある[6]」、「地理学は、ともあれ、地誌においてのみその有効性を発揮しうる[7]」（傍点引用者）と結論的に述べている。このように、鴨沢氏は、一方では後述するソヴィエト経済地理学の影響のもとで生産配置論的規定を行なうとともに、他方では前述の飯塚氏に強く影響されて経済地誌論的規定を行なっており、両者は必ずしも内的に統一されていないままになっている。氏は、両者を統一的に把握するのではなく、後者に重点をおく方向に著しく傾斜しており、この傾向がその後一層強まり、生産配置論的規定を事実上放棄するまでに至っていると考えられる。これは、「地理学が生産の分布（ちなみに生産の配置という言葉は計画経済の場合にだけ用いるべきであろう。評者もこの点では過誤をおかしてきた。）を通じて定立することができる法則は、あまり根幹的、中枢的な法則ではないであろう[8]」、「経済学の法則……このような法則以外に経済地理学は基本法則を知らない[9]」という指摘からも十分推察できる。

鴨沢氏は、以上のような対象規定を行なう一方、経済地理学の位置づけについて独特の科学論を展開している。つまり、こうである。「経済地理学が対象とする地域的特性とは経済現象としてのそれに他ならないが、このような地域的・経済的諸現象を解明する方法は、これを経済学に求める他はない」[10]とし、経済学と経済地理学との関連についてふれ、さらに次のように述べている。「経済学から借用してきた諸法則を、具体的に各地域の経済現象の分析に適用してみると、われわれは、一般法則の範囲内では知り得ない、こまかな具体的なことまで知り得る」、「このことに、地域の具体的な研究による新たな経済的動向の発見、したがってそれにもとづく従来の一般法則の追補ないしは修正の過程を意味している」、「つまり、一般法則から発して、具体的な地域の経済現象を分析することによって、われわれはかえって一般法則自体を前進させうるのである。ここには、一般から発して特殊を知り、その特殊を媒介として、より新たな一般に立ちかえる運動がみられる。ここにわれわれは、地域的な具体を料理する経済地理学の有効性をみるのである」[11]。したがって、「経済地理学は、経済学の法則を実態分析に適用することに関連して重要であり、また実態分析の結果から、この実態分析にさいして適用された既存の法則を止揚・発展させることに関連して重要である」[12]とするのである。

鴨沢氏のこうした科学方法論、つまり、経済学の法則を「地域」で具体的に適用し、かつこれを追補・修正するのが経済地理学であるとする見解には容易に首肯しえない。なぜなら、およそ科学的認識なるものは、具体的なものから抽象的なものへという下向過程と、抽象的なものから具体的なものへという上向過程が、弁証法的に統一されてはじめて成り立つのであり、しかもこの方法はすべての科学の分野においても各々の固有の対象に対して行なわれるものである[13]。にもかかわらず氏は、経済学の行なう両過程のうちの上向過程のみを切り離して、そこに経済地理学を位置づけようとしているからである。この場合、上向過程で扱うのは「地域の経済現象」に限定しているとしても問題の本質は変らない。なぜなら、経済学の上向過程で扱うのは経済現象すべてであって、経済地理学なるものに遠慮して「地域の経済現象」のみを注意深く避けてくれているわけではないからである。このようにみてくるならば、鴨沢氏の科学論は、飯塚氏によって強調された経済地誌重視の方向を継承し、これに社会科学体系のなかで「正当」な位置づけを与えるために考えられ、氏の意図に反して、かなり我田引水的なものとなってしまったと言えよう。

（1）氏の見解は、著作『経済地理学ノート』法政大学出版局、一九六〇年、（以下『ノート』とする）に集約されている。なお、氏は本書をその後絶版にしているが、この理由については、氏の書評「上野登『経済地理学への道標』」『経済地理学年報』一四巻二号　一九六八年（以下「書評」とする）でふれている。
（2）『ノート』九六頁。
（3）同右　九七頁。
（4）同右。
（5）同右　一〇六頁。
（6）同右　一〇三頁。
（7）同右　一四七頁。
（8）「書評」六五頁。
（9）『ノート』一四六～七頁。
（10）同右　一四～五頁。
（11）同右　一五頁。
（12）同右　一四頁。
（13）この点に関して、ペ・ヴェ・コプニンの次の指摘が参考となる。「抽象的なものと具体的なものは、相互にきりはなしがたくむすびついている。具体的なものは、認識の出発点かつ終着点である。（中略）、抽象的なものと具体的なものとの相互関係の弁証法についての知識は、科学のどんな分野の研究者にとっても必要な、科学的・理論的思考の本質をあきらかにする可能性をあたえる」（傍点引用者、ローゼンタリー編　寺沢・林・野中訳『カテゴリー論・下』青木書店　一九五八年　四二一～二頁）。

（3）上野登氏の所説について

鴨沢氏が飯塚氏の見解のうち「地域の科学的記述」の側面に力点をおいて新たな発展を試みたのに対し、他の側面すなわち「自然と人間の関係」を発展的に継承しようとしたものとして上野登氏の見解がある。[1] 以下、氏の所説を検討しよう。

氏は『道標』第一部第三章第四節「地理学研究プラン」において、「今後の地理学の科学としての体系なり構想を略図的に[2]」描いているが、そのなかで、経済地理学の研究課題を次のように設定している。すなわち、「われわれの今後の研究の大筋の方向は、経済現象のなかにある空間的秩序、経済現象の空間的形式を明確にすることにあるといえよう。経済現象は、物的財の生産と分配につきるが、生産、それも再生産のなかにある空間的配置の秩序はどういうものであるか、生産された財の分配は空間的にどのような配分の秩序をもっているのか、以上のことを運動、すなわち社会発展のかたちでつかむことが、地理学の研究課題になる。(中略)、空間的秩序を運動においてとらえるということは、ある一定の生産様式のもとにおける再生産の空間的秩序はどのようにして形成されているか、また配分の秩序はどのようになっているかということの分析と同時に、生産力の発展にともなう生産様式の発展に対応して、以前の空間的秩序がどのように再編成されていくかということを、法則定立的に研究することになる[3]」と述べて、生産と分配の空間的秩序を生産様式との関連で法則的に把握する方向を提起している。

次いで、「以上のような課題意識にたって、経済地理学の体系を大きくみて三つの研究領域によって編成されねばならない」として、その構成を説明している。すなわち、「第一の領域は、……再生産と分配の空間的配置の秩序の研究を研究領域とする。この研究分野は、空間的配置の秩序がつねに運動の過程にあり、その運動のなかでの法則を究明することが中心になる。(中略)、この研究領域は、従来の地理学の体系からすれば一般地理学、ないし地理学原論に相当することになる[4]」としている。次いで、「第一の一般理論で明確にされる法則性に規定されて、各地域経済の再生産過程における諸環の姿が創出されてくるが」、この「地域経済の主体的活動、その活動の源泉となる地域的矛盾、その矛盾解決のための地域経済内部での生産関係のかっとうを究明し、それらの地域経済の活動を基本に全体社会を動的にとらえていく。これが第二の研究領域の中心的研究課題」になり、それは、「従来の地誌学といわれていた研究領域に対応するものである[5]」としている。さらに、「第三の研究領域では、一般理論の法則性に立脚しつつ、地誌的研究によって明確にされてくる地域経済の矛盾を、地域の経済を主体的に構成している市民や住民の立場にたって解決していく方途が研究課題になる。いうならば地域の経済政策論とでもいうべき理論分野になるだろう[6]」と述べている。つまり、氏は、経済地理学は、生産と分配の配置、経済地誌、地域経済政策の三分野より構成されると主張しているのである。

このうち、第一の領域の研究においては、「経済史学を生理学とした進化史的考察と、価値法則を基本法則として純粋理論的に考察される論理的研究が必要である[7]」とし、前者については、『道標』第二部でイギリス経済史を例に考察し、後者については、簡単な仮説を提起している。すなわち、「社会的生産の空間的変動が展開するにあたって、そのなかで指導的役割りをはたすのは資本である」が、「この資本の目的は、最大限利潤の獲得であり、(中略)利潤の地域差が発生すれば、資本はウェーバーのいうなんのためらいもなく高利潤の地域へ移動を展開する。それにつれて、定着的な性格をもった労働力も移動し、……労働力と資本の空間的移動が結果するのである[8]」と指摘している。そして、この資本の空間的移動をもたらす超過利潤は、「自然力の排他的、独占的利用によって発生する超過利潤[9]」すなわち「差額地代」であるとし、「差額地代論による立地論体系の再構築[10]」の必要性を強調している。

また、氏は、第二の研究領域に関し、『原点』において詳細に論じている。氏は、まず、「ある一定の生産力の発展に対応して生産の地理的分布の形態が形成され、それに伴って歴史的、人為的、環境が構成される[11]」が、この「生産的、生活的手段の総体系としての人間の歴史的、人為的環境」は、〝地域住民〟にとっては、〝風土〟であり、〝歴史的に蓄積された第二の自然〟であると規定する。そして、「本来は……人間と一体であった人為的環境は[12]」、資本制的生産様式のもとでは、資本にとって有用な〝歴史的、人為的な環境〟に転化し、〝地域住民〟を疎外すると主張し、沿岸漁民にとって身体の一部のように密接な〝風土〟であった不知火海が、大化学工業の立地によって、突如として沿岸漁民の敵対的存在になったことを例としてあげている。かくして、氏によれば、「地誌学の窮極の目的は、人間存在の基盤である風土的環境が、私的所有制のために物象化され、幻想的な対象性に転化し、地域的人間集団を疎外していく実態を批判的に分析することにある。さらに、その批判的分析のうえにたって、地域的人間集団が幻想的な対象性に転化していく環境に対して行なう実践的活動を提起することにある」[13]ということになる。

さらに、第三の研究領域に関連して、氏は、新鋭工場による地域支配と公害の発生、過密と過疎の形成、都市的、中央的なものの一般化による農村的、地方的なものの否定などを列記し、このような「激変する空間的社会変動のなかにあって、その社会の運動から自己疎外されている人間生活にたいし、実生活のうえでの生活の方向性が提起されなければならない社会的課題がうまれている。この社会的課題にたいし、……地理学は、それがまさに示している空間的側面に根ざして、その研究を展開していかなければならない。そこにこそ、地理学がみずからの理論的有効性をかけていく場がある」[14]と述べ〝地理学の社会的課題〟を問うている。

以上のように、上野氏はソヴィエト的な生産配置論と伝統地理学の延長上にある飯塚的経済地誌論を統一し、そのうえに立って新たに地域経済政策論を設定し、経済地理学の体系化を試みている。この点では、同じく生産配置論と経済地誌論を提起しながら、両者を内的に統一することができなかった鴨沢氏とは異なっている。[15]しかし、われわれは、それをもって上野氏が生産配置論と経済地誌論の内的統一に成功したと考えることはできない。なぜなら、三領域の関連の仕方とそれぞれの領域の内容規定に疑問をもつからである。

すなわち、氏は第一の領域と第二の領域との関連について、『原点』第四章第一節「地誌学と一般地理学の統一視点」において、「地誌学は、一般地理学が究明する社会発展の弁証法的過程、すなわち生産力の発展に対応して変化していく人為的環境の姿を、地域的人間集団の主体的実践的活動を基本視点にして具体的・現実的に研究する科学である」[16]と説明している。これに従うならば、第一の研究領域は、結局のところ「人為的環境」＝「風土」、つまり氏のいう「社会的・一般的諸手段の体系」の形成を解明することに力点がおかれてくることになる。ここからは『道標』での規定「再生産と分配の空間的配置の秩序の研究」という広義の規定が後景に退き、「社会的・一般的諸手段の体系」の空間的配置という極めて限定された側面のみが前面にでてくることになってしまうのである。

そして、このことは第二の研究領域規定と密接に関連している。すなわち、氏によればこの領域の研究課題を「風土」＝「歴史的、人為的環境」ないし「歴史的に蓄積された第二の自然」＝「社会的・一般的諸手段の体系」による「地域住民」＝「地域的人間集団」を疎外する実態の分析という点に限定しているのであり、ここでも「地域経済分析」という一般的規定が倭小化されている。つまり、強烈な社会的実践の意識から、「風土による地域住民の疎外」という独特な規定に執着し、その結果、第二の研究領域が限定された内容となり、しかもこの領域が三領域のなかで中枢的位置を占め、第一と第三の領域が、事実上この領域の露払い的役割を果す関係となっている、とみることができるのである。

このようにみるならば、上野氏の経済地理学体系は、三領域の統一というかたちで成功しているとは言えず、「あの壮大な地理学の体系は、実は『地誌』を尊大にみせるための一種の道具だてに化してしまう(17)」という批判が必ずしも的はずれではないと考えることができる。しかも、肝心の地誌も飯塚氏の「自然と人間の関係」にこだわりすぎた観がある。その意味では、上野氏の見解は鴨沢氏とは異なった方向ではあるが、経済地誌論の一形態と位置づけてさしつかえないであろう。

最後に、上野見解について他の若干の問題にふれてみたい。一つは、第一の研究領域に関連して、生産と分配の配置を規定するものとして、利潤の地域差を基本媒介とする資本の空間的運動をあげ、その利潤の地域差を差額地代に求めていることである。これは一定の有効性を有している(18)。しかし、社会的に行なわれている資本の空間的運動は、自然ないし位置の独占に由来する超過利潤のみに起因するのではなく、労働力価格の地域差、外部（不）経済享受の地域差などの諸要因も複雑にからみあって生ずるのである。[19] その意味では、「差額地代論による立地論体系の再構築」の試みも限界があると考えられる。

他の一つは、第二、第三の領域に関連して地誌ないし地域政策の対象となる地域の範囲が不明確なことである。あえて推定すれば、「風土」が「住民」を疎外しているところが研究対象地域となり、ここからは体系的地域区分というよりも、住民運動にのみ規定された便宜的な地域設定となってしまう。このことは、第一、第二の研究領域の内容の一面性からくるものとみることができよう。

(1) 上野氏の見解は、著作『経済地理学への道標』大明堂　一九六八年、および『地誌学の原点』大明堂　一九七二年に集約されている。以下、前者を『道標』、後者を『原点』とする。
(2) 『道標』五七頁。
(3) 同右　五九頁。
(4) 同右　六〇頁。
(5) 同右　六一頁。
(6) 同右。
(7) 同右　六〇〜一頁。
(8) 同右　一八〇頁。
(9) 同右　一八一頁。
(10) 同右　一八四頁。
(11) 『原点』一五〇頁。
(12) 同右　一九八頁。
(13) 同右　二〇四頁。
(14) 『道標』一七二頁。
(15) 筆者は、『経済志林』の論文ではこの点を積極的に評価して、上野氏を生産配置論と経済地誌論の統一に成功したものとみて、島氏の検討ののちに独自の節をもうけ、「四　経済地理学説の検討―その3　上野登氏の所説について」とした。しかし、その後の野原敏雄氏や当時の東大大学院生らとの討論のなかで以下本文で述べるような側面の方がより強く意識されるようになり、結局経済地誌論の側面が濃いと判断し、飯塚、鴨沢氏とともに経済地誌学派のなかで検討するかたちに変更した。

(16)『原点』一五八頁。

(17) 野原敏雄「経済地理学の方法をめぐって―上野登の二著作の批判的検討」『経済地理学年報』二〇巻一号　一九七四年、七四頁。

(18) こうした試みとしては、鉱山地代に基づいて生産配置機構を分析した、矢田俊文「石炭産業合理化の経済地理学的研究序説」『地理学評論』四二巻八号、一九六九年、や建築地地代に基づいて大都市内の諸機能の配置について論じた、奥山好男「地代論への若干の補足―林業地代・工業地代・商業地代そして住宅地代と地価について」『経済地理学年報』一六巻一号　一九七〇年、などがある。

(19) この点については、伊東光晴・華山謙「日本経済の集中と分散」（『現代都市政策・XI都市政策の展望』岩波書店、一九七三年所収）が参考となる。

2　生産配置論の検討

(1) ソ連の経済地理学説について　飯塚、鴨沢両氏の経済地誌論的経済地理学説が現在のわが国のマルクス経済地理学説の主流を形成しているとみられるのに対し、後述する川島、島氏らの所説は必ずしも中心的潮流となっていないが、経済地理学説としては重要な見解を提起している。以下、川島氏の所説の検討を行なうが、そのまえに、川島氏ならびに前述の鴨沢、上野氏らに強い影響を与えたソヴィエト連邦の経済地理学説を簡単に紹介してみよう。[1]

ニキーチンは、「経済地理学は社会的生産の地理的問題、生産配置の問題を研究する」、「経済地理学は、社会的生産の地理的問題を研究するのだが、生産力配置とその地域的結合とを、生産関係と不可分に関連させながら研究する[2]」として、経済地理学の対象を生産配置つまり生産力配置とその地域的結合と規定している[3]。そして、「生産力配置とその地域的結合の合則性は、社会構成体の発展法則と密接な関連をもつ[4]」から、必然的に「経済地理学を社会主義国の経済地理学と資本主義国の経済地理学に分けることが必要となる[5]」と述べている。

　このうちの資本主義社会における生産配置の基本様相について、デ・ティナーは次のように指摘している。すなわち、第一に、「資本主義的生産様式の特徴とする所は、社会的分業のます〳〵大なる発展過程がそれの発展の一面性をもたらすこと、即ち全系列の広大な諸地方が主として一工業または農業部門の、或ひは此の部門の個々部分の、屢々一生産物のみの、生産展開に専門化せしめられる、といふ結果をもたらすことである[6]」として、各地方の一面的専門化つまり地域的分業の強化をあげてぃる。第二に、「資本主義的生産様式の特徴とする発展の不均等性は、生産力の分布の領域においても現はれ、この生産様式の下にあっては、時には或る地方の、時には他の地方の発展が、顕著となる。この際、各地方の此の発展は多くの場合、他の地方の発展における沈衰、弱化、及びそれとゝもに一地方から他地方への生産の移動を伴ふ[7]」と述べて、分業化した地域間の不均等発展を重要な特徴として指摘している。第三に、地域的不均等発展の最大の内容として、大都市における工業の集積を特に強調し、この過程を歴史的に素描しつつ、「資本主義生産にとって固有な大都市への工業累積の法則—それは、原料市場及び販売市場が都市に存在する限り、最高利潤率の追求と結ばれる[8]」として、これを最大限利潤を追求する資本の運動に求めている[9]。第四に、生産力の地域的不均等発展、工業の大都市集積の裏面として、生産と原料資源との地域的分離、その結果としての国土の非有効利用ないし収奪的利用を資本主義における生産配置の特徴として重視している。このことは、「資本主義の下における生産力分布の特殊性は、大都市、国内の個々の地方における工業の集積であり、生産と原料資源との隔絶である[10]」という指摘に要約されている。最後に、「資本主義下における生産力分布の法則性は、全資本主義的生産様式においても作用するところの諸法則性に依存し、且つそれに依って決定される。資本主義的生産様式に固有な根本的諸矛盾及び拮抗は、生産力の分布においても反映する」、「同時に、生産力分布の此の法則性にとって固有な諸矛盾は、……それ自身または資本主義生産様式の根本的諸矛盾を鋭化する」(11)として、資本主義社会における基本矛盾と生産配置の矛盾との相互作用について指摘している。

このデ・ティーナの指摘に対して、ニキーチンも「資本主義的生産方法にとっては、つまり利潤の法則や競争や生産の無政府性や資本主義発展の不均等性にとっては、自然成長的で甚しく不均等で不合理な生産力配置がつきものである。この生産力配置の特徴は、工業が原・燃料産地や消費地からきりはなされていること、自然の利用が偏っていること、自然にたいして掠奪的な態度をとることである」と、ほぼ同じ特徴をあげており、さらに「資本主義のもとでの地域的分業は、敵対的な性格をおびる。ある地方の発展は他の地方の搾取によっておこなわれるので、資本主義世界の多くの地方や国は、工業の発展した本国に附属する農業原料の供給源に転化されてしまう(12)」と述べ、地域間の対立関係を一つの特徴として付加している。

以上のように、デ・ティーナとニキーチンらを代表とする資本主義社会を対象とするソヴィエトの経済地理学説は、地域的不均等発展、地域間の敵対的対立、国土の収奪的利用を主内容とする生産配置論であり、前述の飯塚氏らの経済地誌論と異質の学説を形成している。前者は、史上初の社会主義建設の必要性から強引に形成された経済地理学説の一環として生まれたものであり、後者は、西欧の伝統的地理学の発展の延長上に形成された学説であり、発生過程はかなり異なっている。その意味で、前述のように鴨沢氏の両者を統一しようとする努力が必ずしも成功しなかったのはやむをえないといえよう。

いずれにしても、社会主義国で形成された資本主義社会の経済地理学は、肝心の資本主義社会で定着せず、その結果、一般的対象規定のみが先行し、理論体系としては深まっていないのが現状である。

（1）本稿では、ワシュチン・コワレフスキー監修、橋本訳『経済地理学の諸問題』叢文閣　一九三六年、のなかのデ・ティーナ「ソヴェート連邦社会主義的生産力部署の法則性」（同書　一三一〜一七二頁）、およびチェルダンツェフ、ニキーチン・トゥトゥィヒン編　岡・宮鍋訳『ソヴェト経済地理概論』弘文堂　一九六〇年、のなかのニキーチン「経済地理学の対象、歴史および任務」（同書　一〜二二頁）の二論文を主に対象とした。以下、前者を『諸問題』、後者を『概論』とする。なお、最近のソヴィエトにおける経済地理学説については、小野菊雄「単一的地理学及び経済地理学をめぐって―ソ連地理学界における論争についての概括的紹介」『人文地理』一四巻六号　一九六二年、が参考になる。

（2）『概論』一頁。

（3）この点に関し、ソヴィエト連邦地理学会第二回大会（一九五五年二月）で、「経済地理学的研究の基本的な課題は、生産の地理的な配置および地域的（地理的）分業と経済地域の形成の法則の研究、自然条件と天然資源の経済的評価、諸部門―工業、農業、運輸―の地理的配置の研究とあれこれの総合的研究にもとずく諸地方の研究との結合、人口の地理の研究であると大会はみなす」という決議がなされ、経済地理学＝生産配置の研究がソヴィエトでの公式見解となっている（コンスタンチノーフ、鴨沢訳「ソヴェトの経済地理学」『地理』六巻五号　一九六一年　四一頁）。

（4）『概論』一〜二頁。

（5）同右　四頁。

（6）『諸問題』一七三〜四頁。

（7）同右　一八六頁。

（8）同右　一八〇〜一頁。

（9）この点に関連して、「低廉な労働力の存在する場所へ自己の企業を配置することが資本家にとって有利な場合」（『諸問題』一八二頁）、地域的に分散する可能性についてもふれている。

（10）『諸問題』一七七頁。

（11）同右　一九〇頁。

（12）『概論』二頁。

（2）川島哲郎氏の所説について

ソヴィエトの経済地理学説の一定の影響のもとに独特の学説を展開したもの

として、川島哲郎氏の見解がある。次に、この見解を検討しよう[1]。

氏はまず、「経済地理学においては、(中略)、あくまでも経済現象の地域的差異、地域の経済的個性をその出発点とする。しかもその場合の経済現象とは、それが生産力的範疇に属するものであれ、生産関係的範疇を構成するものであれ、こと経済にかんするかぎりいっさいの現象を含むものと考えなければならない[2]」として、経済地理学の出発点を経済現象の地域的差異とこれが形成する地域の経済的個性においている。

次いで、「地域の経済的個性の記述を重視し、この学問を経済地誌として確立しようとするもの」は、「経済地理学の法則定立的な性格に疑問をもつ[3]」ものであると、経済地誌学派を批判しつつ、これと異なる方向を提起している。すなわち、「経済現象の地域的分布やそれによってつくりだされる地域性は必ず一定の過程を経て形成されたものであり、また一定の過程をへて発展し消滅をとげるものである。しかもその生成、発展、消滅の過程には一つの法則性が貫いている。だからその法則性を明らかにすることが、この学問の、少くとも理論的な分野における中心課題でなければならない[4]」、「この学問の課題はこの経済現象の場所的差異、経済の地域的個性の形成・展開過程の理論的分析と、これを貫く法則性の追求ということになる[5]」として、経済現象の地域的分布とそれに基づく地域性形成の法則の解明に斯学の対象を規定している。

さらに、経済地理学と経済学との関連について言及し、「経済地域性を形成する法則が経済それ自体の発展の法則であるとすれば、経済地理学の終局的な課題は、特定の生産様式にかんし、経済地域性の分析を通じて経済発展の法則を明かにしていくことだといいうるであろう。だがこのようにいえば、あるいは人あってわれわれが経済地理学を経済学に解消するものだという批難《ママ》をあびせるかもしれない。しかし経済現象を扱う科学の総称が経済学であるとすれば、経済地理学が広い意味での経済学に属することはもとより自明のことである。そして他方また、経済学が狭義の経済学、すなわち理論経済学をいみするものであれば、われわれがけっして経済地理学をこのいみでの経済学に解消するものではないことも同様に明かなことである」[6]と述べ、経済学の一分野としての経済地理学の位置づけを明確にしている。

以上のように、川島氏は、経済地理学の一般的対象規定とその位置づけを行なうとともに、経済地域性形成の法則の内容なるものについて、一定程度展開している。

すなわち、資本主義社会の経済地域性形成に関して、農・工業地域の確然たる分離と過大工業都市の形成の過程を歴史的に素描したのち、資本主義社会の経済地域性の特徴は、こうした地域的分離のみにあるのではなく、「この社会の地域性の真髄は、（中略）、農工業両地域間の現実的な発展速度の差異、両者のあらゆる経済的懸隔の加速度的な増大、その結果としての両地域間の敵対的な対立として顕れる点にある」[7]として、経済地域間の対立関係を強調し、理論的考察を行なっている。具体的には、「農業地域に残存する前社会の遺物的存在たる土地の私有と地主階級とは、農業地域から工業地域への剰余価値の一方的な収奪の通路として、重要な機能を果」[8]し、さらに、この「地代と同じ役割を、程度の差こそあれ、租税や不動産抵当信用の利子が演ずる」。そして、この「工業地域の農業地域に対する収奪は、特に独占資本主義段階で顕著になるいわゆる鋏状価格にとどめをさす」[9]としている。また、「資本主義経済の発展は、農業地域の後進性から斉らされる国内市場の狭隘さをつねにその桎梏と感じながらも、工業生産費の低下と利潤の増加をはかるためには、一方で非独占価格、いな多くの場合価値以下で農産原料や食糧品を供給する遅れた農業地域を必要とし、また他方では、繁栄期にさいしては低廉豊富な労働力の供給源であり、不況期には過剰労働力を飢餓的な生活水準にも堪えて収容し、つねに産業予備軍のプールたる機能を果す未発達な資本主義農業地域や、さらに過小農的農業地域さえも温存しなければならない。かくて結果が前提となり、また前提が結果となって工業地域と農業地域との対立は、この生産関係の存続するかぎり、矛盾にみちた姿をいよいよ深刻化していくであろう」[10]と述べている。そして、最後に、「地域性の克服こそ、階級の止揚とともに、人類が達成しなければならない、そしてまた達成しうる二大目標である。この二つの目標の絡みあいを明かにすることこそ、わが経済地理学に課せられた最も根本的な課題であるとはいいえないだろうか[11]」と総括している。

以上の川島見解の最大の特徴は、飯塚・鴨沢氏らが経済学との接近を強調しながらも依然として記述的地誌論にこだわり続けたのに対し、経済地理学の対象を経済の地域的展開ないし経済地域性形成の解明におくことによって、法則定立と実証分析とを統一した視角を主張したことである。さらに氏は、この法則が経済法則の一環であるとし、その意味で経済地理学を経済学の一構成部分であると明確に位置づけたことは、前述の鴨沢氏の見解と対照的である。

ところで、川島氏は、経済地理学の課題を「経済現象の地域的分布やそれによってつくりだされる地域性」の解明に設定しているが、これを前述のソヴィエトの生産配置論と対比するならば、「経済現象の地域的分布」換言すれば経済の地域的展開なるものは、前述の地域的不均等発展に対応し、「それによってつくりだされる地域性」つまり経済地域性の形成なるものは、前述の地域分業の形成と地域間対立に照応する。したがって、川島氏の経済地理学説は、国土利用についての記述が弱いことを除けば、基本的にはソヴィエトの生産配置論の延長上にあると考えてさしつかえないであろう。

また、川島氏の主張する二つの課題部分のうち、氏は事実上後者すなわち経済地域性の形成の具体的内容に重点をおき、前者すなわち経済の地域的展開の理論的解明が十分には行なわれていない。筆者の考える限り、経済の地域的展開は、結局のところ、生産、流通、分配なかんずく生産の地域的展開を具体的内容とするものである。そして、地域的展開は、これをになう資本と労働力の地域的展開によって規定されるのであって、その意味で、経済の地域的展開の解明の要は、資本の立地運動とそれとの関連での労働力の地域間移動の解析でなければならないであろう。したがって、資本主義社会におけるこうした側面の理論的分析を経済の地域的展開の内容として展開すべきであったのであって、この点を欠落させたままの一般的対象規定では経済地理学の課題設定とその内容的深化にとっては十分とは言えないのではないだろうか。[12]

（1）氏の見解は、論文「経済地域について―経済地理学の方法論的反省との関連において」『経済地理学年報』二巻一九五五年、と「経済地理学」（大阪市立大学経済研究所編『経済学辞典』岩波書店　一九六五年所収）の二つに集約されている。以下、前者を「経済地域」、後者を『辞典』とする。
（2）「経済地域」一～二頁。
（3）『辞典』二六一頁。
（4）「経済地域」九頁。
（5）『辞典』二六一頁。
（6）「経済地域」一六頁。
（7）同右　一三頁。
（8）同右。
（9）同右　一四頁。
（10）同右。
（11）同右　一七頁。
（12）川島氏は、経済の地域的展開解明の事例研究の一つとして、その後「日本工業の地域的構成」『経済学雑誌』四八巻四号一九六三年、なる秀れた論文を発表し、そのなかで極端な局地的集積・集中を中心とする日本工業の特異な地域的構成を解明し、その形成要因を日本資本主義の後進性に求めているが、その場合にも日本工業の地域的展開をになった資本の立地運動の解明が弱い。

3　地域的不均等論の検討

島　恭彦氏の所説について　川島氏の経済の地域的展開と経済地域性の形成に関連して、島恭彦氏は、経済の地域的不均等性と地域間支配・従属関係という視角から興味ある見解を提起している。周知のごとく島氏自身は経済地理学に直接関与していないが、本稿の展開には無視しえないので、以下島氏の見解を考察する。(1)

氏は、まず、「経済学は従来独占資本主義の段階に於ける不均等的発展の問題をとりあげて来た。それは資本主義発展の国際的な連関に於ける特性でもあり、産業部門間のそれでもあり、また都市と農村との経済発展にみられる特徴でもあった。併しこの最後の不均等発展の地域性については、まだ深く具体的に掘り下げられていないようである(2)」として、経済の地域的不均等の理論的考察の必要性を提起している。

次いで、「いま私はここで不均等発展の地域性の問題を理論的に考察する余裕はない(3)」として、日本資本主義における地域的不均等発展の史的概観と第二次大戦後の独占体制の再建過程であらわになった諸兆候についての考察を進めているが、このなかで氏の考えている経済の地域的不均等の内容が浮き彫りにされている。すなわち、氏は、経済の地域的不均等の内容として、生産諸力の地域的不均等と資金・所得分布の地域的不均等の二つを考えている。具体的には、前者は、「人口、工業生産、農業生産、交通等によってあらわされる生産諸力の地域的不均等」であり、生産の地域的集中を特徴としており、また、後者は、「金融機関や財政機構を通ずる資金の集中・地域間の商品の不等価交換で」あるとする。そして、両者の関係について、「現代における資本の支配は、金融資本の支配の形で行われている」から、「現代に於ては生産の集中以上に資本の地域的集中が進(4)」むとして、後者の重要性を強調している。

この経済の地域的不均等発展との関連で、氏は、「地域間の支配と従属の関係は地域的不均等発展の最も重要な側面である(5)」として、地域間支配・従属関係を問題としている。具体的には、第一に、「大資本の支配する鉱工業部門に対する農林水産業等原始産業部門の甚しい立ちおくれ……、それはまた国の広大な地域に未開発の後進地帯を残存させ、またその地帯を資本に対する単なる原料、食糧の供給地帯として停滞させる(6)」、「資本の支配圏の中で、格づけられた後進地域は、労働力の給源、原料、食糧、資源の輸出地域となり、先進地域との取引でたえず不利な立場に立ち、いよいよ後進地域として停滞する。資本主義は、その経済的構造においては同様な『植民地』を、国の内部にもつようになる」[7]として、鉱工業地域と農林水産業地域の対立をあげている。第二に、①会社の資本金額の地域的集中度が生産額のそれよりも遥かに高いこと、②給与所得よりも法人所得、さらに配当利子所得の地域的集中度が高くなること、③金融機関が「その預金と貸出を通じて地方から資金を大都市に集中する役割を果し」、「而も貸出の集中の方が預金のそれよりも高くなっている」[8]こと、④「財政資金の集中が、金融機関を通ずる資金の集中よりも、もっと徹底して行われていること」[9]などの諸事実から、本社機構、金融機関、国家機構の集中する大都市地域によるその他の地域（鉱工・農林水産地域）の経済的支配をあげている。さらに、この点に関連して、「都市、特に首都は……、国内的な不均等発展を国際的不均等発展に、国内的な支配従属関係を国際的な支配従属の関係に直結させる役割を果たす場所になる」[10]と述べ、国内植民地と海外植民地の支配の結節点としての首都の役割を指摘している。

さらに、氏は、経済の地域的不均等発展と地域間支配・従属関係を規定するものとして、〝地域的集積・集中〟と〝外延的膨張〟の二側面を有する資本の空間的運動をあげている。この場合の〝地域的集積・集中〟とは、「金融的集中（又は第三次産業、人口の集中、政治権力の集中等）と工業または工場の地域的集積・集中」であり、また、〝外延的膨脹〟とは「工場の地域的分散をふくむ場合もあるが、より正しくは資本の支配圏の拡大、つまり交通輸送条件の発達によって、市場が拡大し、原料、エネルギー資源、労働力を獲得する範囲が拡大すること」[11]を意味している。そして、この両者は「後進地域が労働力や食糧、原料の供給地として、絶対的に停滞しているということは考えられない。先進地域に集中している工業は、安い労働力、電力、土地、水等をもとめて、後進地域に分散するだろうからで」[12]、ありこの場合の「先進地域からの工業の分散は、後進地域におけるおくれた工業（地域産業、民族産業）を駆逐し、後進地域の自立的発展の芽をつみとると同時に、この地域を一そう大きな経済変動の中にまきこむ」（〝外延的膨脹〟）、他方、「工業は分散しても財政・金融は集中する。むしろ後進地域への新しい工業の進出によって、その地域が停滞より動態に転ずるならば、地域的に集中した財政・金融にとっても、新しい投資の場所がきりひらかれる」[13]（〝地域的集中〟として、統一的に把握されている。かくて、「地域的集中と外延的膨脹とは必然的に、経済力の地域的格差、地域の不均等をもたらす[14]」のである。

最後に、島氏は、「生産諸力の地域的不均等、地域間の支配と従属の関係は、土地其他自然の中にかくされた生産力即ち資源の開発の不均等状態を作り出し、（中略）、生産力、資源に対する対策……の欠如は、生産力に転換すべき資源を逆に破壊的なエネルギーに転化し、災害を頻発させる。而もその災害の発生も地域的に不均等[15]」となると指摘して、経済の地域的不均等発展と資源、災害などの国土利用における地域的不均等性との関連を示唆している。

以上、島氏の見解は、経済の地域的不均等発展、地域間支配・従属関係、国土の不均等利用などから構成されており、これは前述のソヴィエトの経済地理学説と多くの点で類似性を有している。しかし、生産配置論や川島氏の見解と対比するならば、内容的に新しい重要な論点が含まれている。すなわち、第一は、生産の地域的不均等のみでなく、資金・所得の地域的不均等を強調したことであり、第二は、地域間支配・従属関係の内容として鉱工業地域の農林水産業地域支配のみでなく、管理中枢大都市のその他の地域支配を提起したことである。そして、最も肝心なことは、経済の地域的不均等と地域間支配・従属を規定するものとして、〝地域的集積・集中〟と〝外延的膨脹〟の相反する二側面を有する資本の空間的運動を指摘したことにある。これによって、単に一般的にしか指摘されなかった生産配置論学派の経済地理学の対象規定が、内容的にかなり豊富化された。

しかしながら、島氏の見解は、現実に資本主義とくに独占資本主義において生じる諸現象の空間的側面を把握し、その基本的特徴を指摘しているにとどまっているのであって、氏自身も認めているように、マルクス経済学の理論体系と内的に統一されたかたちでの理論展開が行なわれているとはいい難い。

（1）島氏の経済の地域的不均等発展に関する見解は、論文「独占段階に於ける地方経済の不均等と財政の役割」（『現代地方財政論―危機の地方財政』有斐閣　一九五一年所収）と、「地域開発の現代的意義―投資戦略としての地域開発」『思想』一九六三年九月号　の二つに集約的に表現されている。
（2）『現代地方財政論』七頁。
（3）同右　八頁。
（4）同右　二六頁。
（5）同右　二二頁。
（6）同右　四三～四頁。
（7）「地域開発の現代的意義」二五頁。
（8）『現代地方財政論』三二頁。
（9）同右　三六頁。
（10）同右　四三頁。
（11）「地域開発の現代的意義」二三頁。
（12）同右　二五頁。
（13）同右　二六頁。
（14）同右　二四頁。
（15）『現代地方財政論』四四頁。

4　総括―経済地理学の対象と構成

以上、マルクス経済学を基調とするわが国の経済地理学説について、主要な見解を検討してきた。ここにあげた飯塚、鴨沢、上野、川島、島氏らのほかにも、なお多くの人達がそれぞれの見解を主張しているが、筆者はあえて五氏

総　括　表

		飯　塚	鴨　沢	上　野	ニキーチン　デ・ティーナ	川　島	島	筆　者
経済地理学の対象		地域の個性記述	地域の経済的地理的特性の科学的記述	経済現象（再生産と分配）の空間的秩序の法則性の追究	生産配置の法則性の追究	経済現象の地域的展開と地域性の形成の法則性の追究	（経済の地域的不均等発展）…経済学の一部として独自に解明必要	国民経済の地域構造の解明
経済地理学の構成	Ⅰ	×	△	再生産と分配の空間的配置 地域間利潤率（＝差額地代）を媒介とする資本の運動が規定	生産力の地域的不均等発展 {工業の集積 {生産と資源の分離 最大限利潤を追求する資本の運動が規定	経済現象の地域的展開	経済の地域的不均等発展 {生産諸力の地域的不均等 {資金・所得の地域的不均等 資本の空間運動が規定 {“地域的集積” {“外延的膨張”	＜産業配置論＞ {産業立地 {財・サービス，所得・資金，労働力の地域的循環 資本の立地運動…地域間利潤率格差
	Ⅱ (1)	地域的社会集団…基本単位は「村落」		×	△	△	×	＜地域経済論＞ （産業地域と経済圏の摘出）
	Ⅱ (2)	×	×	×	工業地域による農業地域の収奪	工業地域による農業地域の収奪（地代・鋏状価格差）	鉱工業地域対農林水産地域 大都市地域対その他地域	（地域間関係） {産業地域間対立 {経済圏間格差
	Ⅱ (3)	地域的社会集団における人類と自然の関係の記述	地域の経済的地理的特性の科学的記述	人為的歴史的環境と地域住民との関係の疎外論的視点からの把握	△	△	×	（地域内分析） {産業地誌 {経済圏内経済循環分析
	Ⅲ	人類と自然の関係の追究…史的唯物論視点の導入	×	×	資源利用の偏倚性	×	資源の地域的不均等利用 災害の地域的不均等性	＜国土利用論＞ {土地利用 {資源 {災害・公害
	Ⅳ	×	△	地域住民の立場からの地域経済政策	×	△	△	＜地域政策論＞ 国家・自治体・住民の地域政策
備　考		経済地誌論			生産配置論			4分野の統一

△必ずしも欠落していないが不明確なもの，×欠落しているもの。

にしぼり、かつこれと関連してソヴィエトの生産配置論を紹介したのは、とくにこれらの見解の批判的検討と積極的な継承のなかから経済地理学の体系化を試みるのが最も有効であると考えたからである。したがって、また、諸氏の見解の検討の順序も、提起された見解を単純に時系列的に配置したのではなく、あくまで本章の総括に収斂するように考慮したものである。以下、諸氏の見解を整理しつつ、筆者の見解を提起しよう（総括表）。

まず、経済地理学の対象規定に関連して、飯塚、鴨沢両氏と他の諸氏との間に基本的な違いがある点が確認されなければならない。なぜなら、前者は、「地域の個性記述」（飯塚氏）ないし「地域の経済的地理的特性の科学的記述」（鴨沢氏）を対象としてあげ、経済地誌的方向を強く主張しているのに対し、後者は、「経済現象の空間的秩序」（上野氏）、「生産配置」（ニキーチン、デ・ティーナ）、「経済現象の地域展開と地域性の形成」（川島氏）、「経済の地域的不均等発展」（島氏）を対象としてあげており、それぞれ微妙な違いを内包しながらも、全体としては、経済現象の空間的側面の解明という点で共通した方向を提起している。この両見解を対比するならば、すでに述べたように、前者は、個性記述を強調し、伝統的地理学と共通した方法論に立っているのに対し、後者は、法則性の解明と実証分析を統一する視角を提起したものであり、われわれは後者の方向を継承すべきであると考える。そこで、問題となるのは、後者の諸見解の具体的内容である。　まず、第一は「再生産と分配の空間的配置」（上野氏）、「生産力の地域的不均等発展」（ニキーチン、デ・ティーナ）、「経済現象の地域的展開」（川島氏）、「経済の地域的不均等発展」（島氏）、として表現されている分野がある。これらの概念規定には、著しい広狭の差があるが、最も広く理解するならば「経済の空間的配置」とでも表現することのできる分野、すなわち一国の国土を基盤として生起する経済諸現象の空間的ないし地理的配置の展開を解明する分野である。経済諸現象の基礎は生産にあるから、この分野は「生産配置」あるいは「産業配置」として表現するのが最も適当といえよう。

ところで、産業配置の資本主義的特徴を要約的に表現したのが、ニキーチン、デ・ティーナの「生産力の地域的不均等発展」であり、島氏の「経済の地域的不均等発展」、さらに具体的には「生産諸力の不均等」と「資金・所得の地域的不均等」であるとみることができよう。そして、ニキーチン、デ・ティーナのいう「工業の大都市への集積」や「生産と資源の地域的分離」なる諸現象は、この「地域的不均等」の最も重要な内容を指摘したものとして位置づけることができる。

この「地域的不均等発展」なるものは、あくまで資本主義社会における産業配置を現象的に表現したものであって、こうした現象を結果させるところのメカニズムの資本主義経済機構との関連での解明が、この分野の重要な理論的課題となってくる。この側面の研究は、ほとんどなされていないのが現状であるが、基本的には、資本主義社会における産業部門間の不均等発展つまり産業構造の解明とこれを担う資本の空間的運動つまり立地・配置の解明が要となると考えられる。このうち、後者に関しては、島氏が〝地域的集積〟と〝外延的膨張〟の二つの側面を有する資本の空間的運動が重要な役割を果すと指摘しているが、これも資本の立地・配置の運動の現象を表現したものにすぎず、こうした運動が生ずる機構の本格的解明とはなっていない。その意味では、地域間利潤率格差なる概念を提起し、これを媒介とする資本の地域間移動の解明の必要性を強調した上野氏の見解は、一歩前進していると考えられる。しかし、前述したように、その内容なるものは、差額地代論のみに依拠することにとどまり、十分な展開とはなっていない。したがって、今後、立地論とくにアルフレッド・ヴェーバーらの古典的立地論を批判的に検討しつつ、マルクス経済学の側からの資本の立地運動の理論的解明が必要となっている(1)。

経済地理学の第二の研究分野は、ニキーチン、デ・ティーナ、川島、島氏らの主張している「経済地域間の対立」の解明と飯塚、鴨沢、上野氏らの主張する経済地誌つまり地域の経済的分析の批判的継承にかかわる分野である。

社会的分業の発展とともに、「特定の生産部門を一国の特定の地域にしばりつける地域的分業(2)」も発展し、分業化された各地域は、一定の〝産業地域〟を形成する。この産業地域は、前述の産業立地の結果として形成されるものであり、立地の歴史的展開とともに変動する。また、産業立地にともなう財・サービス、所得・資金、労働力などの地域的循環が空間的なまとまりとしての重層的な〝経済圏〟をつくりあげる。こうした〝産業地域〟や〝経済圏〟に基づいて、国民経済を立体的に地域区分するのが、この分野の一つの研究課題である。この地域区分論と称すべき研究は、伝統的地理学における地域論と経済史学における市場圏概念の批判的摂取のうえに再編成されるべきものと考えられる。

この分野の第二の研究課題は、立体的に区分された地域間の関係の解明である。一つは、産業地域間の対立ないし支配・従属関係が問題となる。ニキーチン、デ・ティーナ、川島氏らのいう工業地域による農業地域の、また、島氏のいう大都市地域による地方の、それぞれ収奪機構の解明であり、諸氏の指摘するように、前者は、鋏状価格差を軸に金融、地代、租税の地域的移動の視点から、また、後者は、本社機能、金融機関、国家機関による資金・所得の地域間移動の側面からの分析が中心となるのであろう。他の一つは、大・中・小の〝経済圏〟相互の関係、さらには同一規模の〝経済圏〟間の不均衡性に焦点をあてた分析が必要となる。さらには、〝産業地域〟と〝経済圏〟の整合性をも問題としなければならないであろう。

この分野の第三の研究課題は、地域内部の経済構造の解明である。この研究課題は、鴨沢氏の「地域の経済的特性の科学的記述」という経済地誌論を発展的に継承したものと位置づけることができる。〝産業地域〟に関しては、特定の産業に焦点をあてながら、その地域の史的形成、地域内部の企業経営の実態、経営相互間の関係、労働者の生活実態、他産業とのかかわり方、地方自治体の産業政策など、当該地域の政治経済をトータルにとらえる〝産業地誌〟となろう。また、〝経済圏〟に関しては、地域内の経済的循環に力点をおきつつ、産業構成、産業立地、階級構成、住民生活、自治体政策を総合的にとらえようとするものである。

経済地理学の第三の研究分野は、国土利用論[(3)]と称すべき一連の国土利用問題の研究である。産業配置とそれに基づく地域の形成は、あくまで多様な自然的要素を充填している国土を舞台にして展開するものであり、国土利用のあり方は、直接的にこの両者に規定される。したがって、国土利用の研究は、産業配置や経済地域性形成の研究と有機的に統一されて行なわれるべきものである。その意味で、ニキーチン、デ・ティーナが「生産力の地域的不均等」の重要な特徴として生産と資源の非有効利用を強調したのも、また、島氏が、「生産力の地域的不均等」が「資源利用と災害の地域的不均等」をもたらすと指摘したのも、積極的に首肯できよう。さらに、伝統的地理学の研究課題であり、飯塚、上野氏らによって継承されてきた「自然と人類の関係」、「環境と住民の関係」の分析は、経済地誌論としてよりは、国土利用論として継承すべきであろう。既存の研究動向に依拠する限り、この分野の課題としては、土地利用論、資源論、災害・公害論の三つから構成されているとみるのが妥当であろう。

第四の研究分野は、以上の三分野の理論的、実証的分析の上に立った地域経済政策の研究である。これは、産業配置の展開、経済地域の形成、国土利用の展開と国家の地域政策を中心とした諸政策との関連を解明するものであり、また、上野氏の指摘するように、地域問題や国土問題に対する住民の対応、さらには、住民運動を基盤とした国民の側からの地域政策の提起もこの分野に加えてさしつかえないであろう。

以上の産業配置論、地域経済論、国土利用論、地域政策論の四つの研究分野が経済地理学を構成するものであり、これらが有機的に統一されてはじめて国民経済を対象とした経済地理学の体系化が可能となると考えられる。(4) 最後に、これらの四分野を総括した場合の経済地理学の一般的対象規定として「国民経済の地域構造」の解明を定義することにしたい。

（1）わが国において、「マルクス経済学」の立場からの立地論の批判的摂取を試みたものとして、山名伸作『経済地理学』（マルクス経済学全書13）、同文館　一九七二年がある。

（2）マルクス『資本論』（大内・細川監訳『マルクス＝エングルス全集』二三巻、大月書店　一九五六年）四六四頁。

（3）「国土利用」という概念は、一般的には二重に使用されている。一つは、土地、資源、災害など直接自然にかかわるものに限定した使われかたである。いま一つは、「国土」を基盤に展開する生産の空間的配置をも包含する使われかたであり、新全総や日本列島改造論を「国土利用計画」と表現するのはこの類である。ここでは狭義の意味に使用する。

（4）本稿では、国民経済を対象とする経済地理学の考察を行なっており、世界経済を対象とするそれは当面除外している。

〔付記〕

一は、同名のタイトルで『地理』二四巻一号　一九七九年に掲載したものである。すでに第二節で掲載した論文で、経済地理学の基本方向を提示してから五年以上経過し、その後の批判や筆者自身の見解の若干の変化を考慮して書かれたものである。「地域の経済諸現象の総合的記述」という戦後の経済地理学観に依然として疑問を示しながら、なお、その果した歴史的役割を正確に位置づけ、さらに今後の斯学の課題について簡単にデッサンしたものである。本論文は、筆者の考え方を簡潔に要約してあるので冒頭にもってきた。

二は、一九七二年に法政大学経済学部で経済地理を開講するにあたって、いままで強い影響を受けてきた諸見解を要約し、これに簡単なコメントを与え、さらに筆者なりの経済地理学の方向を模索した『講義ノート』をもとに、まとめた同名の論文（『経済志林』四一巻三・四号　一九七三年）に基づいている。その後、一部修正して、野原敏雄・森滝健一郎編著『戦後日本資本主義の地域構造』汐文社　一九七五年の「序章　経済地理学の課題と方法」として転載した。

この論文は、諸先輩の学説を検討するなかから、配置論・地域論・国土論・政策論の四分野からなる「国民経済の地域構造」という考え方を強引に導き出したものであり、筆者の経済地理学説の出発点となった。逆にいえば、ここで取りあげられた諸先輩の見解を経済地理学の学説史のなかに位置づけながら、全面的に評価したものではない。また、諸先輩自身の見解もその後変化していることにもふれられていない。とくに、鴨沢巌氏は本節で取り上げられた書を絶版にし、また、川島哲郎氏は、その後さらに多くの論文をものされ、考え方が微妙に変ってきていると思われる。こうした点を考慮して読んでいただければ幸いである。なお、島恭彦氏については本編の第二章一、川島哲郎氏については第二章二で再び取り上げられている。

第二章　地域経済論と地域構造

一　地域的不均等論批判

戦後日本資本主義の高蓄積が、大都市における過密問題、工業開発にともなう各種の地域破壊、農山漁村における過疎問題など各種の地域問題を顕在化させたことは、周知の通りである。こうした「地域問題」を「現代資本主義にとって、インフレーションとならぶ最大の内政問題に位置づけられる(1)」との評価までとびだすほど、事態は深刻なものとなっている。地域問題を現代資本主義の諸矛盾のなかでどう位置づけるかは、それほど簡単なことではない。しかし、既存の経済学体系が、こうした地域問題を十分に自己の視角にいれていたとはいい難い状況にあったことは、否定できないであろう。

こうしたなかで、早くから地域問題を視野に入れながら研究をすすめてき、一定の成果をあげてきたのが地方財政学の分野である。本来、こうしたテーマを対象とすべき経済地理学が、その方法論上の弱さから長い間低迷し続けてきただけに、この分野での地方財政学の研究は、まさに孤軍奮闘の観を呈していた。とくに、島恭彦、吉岡健次、宮本憲一、遠藤晃の諸氏に代表される関西での地方財政学者の地域的不均等論を理論的基礎とした研究はめざましいものであった。相互に微妙なちがいを内包しつつも、全体としては地方財政学の枠をこえて地域経済論を構築しようとする意気込みに燃えている観さえあると言えよう。

ところで、地方財政学者によって強く主張されてきた地域的不均等発展論なるものが、現実の地域問題の大局把握にとってはたして有効な分析方法を提起しえてきたと評価することができるであろうか。経済学とくにマルクス経済学において、地方財政学者がこの分野で独壇場的な活躍であっただけに、つぎつぎと発表される地域的不均等論に基づく諸見解も、厳しい論争にさらされる機会が必ずしも多くはなかったと言えよう。日本資本主義の高蓄積が一段落した時点で、地方財政学にとって門外漢の筆者が、地域的不均等論の有効性と限界性を地域問題とのかかわりあいで一定の評価を試みることは、必ずしもむだなことではないであろう。

本稿は、以上のような問題意識のうえにたって、地域的不均等論、とくに代表たる島、宮本両氏の見解を批判し、一国内の経済の地域的不均等を論ずることの限界性を指摘するとともに、地域問題の大局把握にとっては、地域的不均等論よりも国民経済の地域構造の解明が有効であることを強調し、地域構造論の骨格を提起しようとするものである。それは、地域的不均等論とは別の視角からの地域経済論構築の試みでもある。

（1）　中村剛治郎「地域経済の不均等発展と地域問題・地域開発(1)――地域的不均等理論の再検討と再確立の視点」『経営研究』（大阪市立大学）一三六号　一九七五年　七一頁。

1　地域的不均等論の概要

まず、代表的論者である島恭彦、宮本憲一両氏の見解をもとに、地域的不均等論の大要を述べてみよう。

島恭彦氏が地域的不均等論を体系的に論じたのは、『現代地方財政論』[1]においてであり、その後の地方財政学の地域的不均等論の基礎を確立するとともに、多くの地域問題が激化し、多数の地域研究者が輩出したにもかかわらず、島氏のこの論文を質的にこえるものは、三〇余年経過した今日依然としてあらわれていないといっても過言ではない。その意味で、この論文はいまなおわが国の地域経済論の頂点に位置していると言えよう。

氏は、本著の「第一章　独占段階に於ける地方経済の不均等と財政の役割」で、地域的不均等論について本格的に論じている。まず、「経済学は従来独占資本主義の段階に於ける不均等的発展の問題をとりあげて来た。それは資本主義発展の国際的な連関に於ける特性でもあり、産業部門間のそれでもあり、また都市と農村との経済発展にみられる特徴でもあった。併しこの最後の不均等的発展の地域性については、まだ深く具体的に掘り下げられていないようである(2)」と指摘して、国民経済内部の地域的不均等についての独自的解明の必要を主張した。そして、「私達は地域的不均等の問題をただ財政のみの問題としてとらえてはならない。それは独占資本主義下の経済の不均等発展の地域的なあらわれであって、地方財政相互の関係を規定しているものである。それと同時にまた地方財政相互の関係、それと国家財政との関係は、この不均等性をいよいよ激化しているのである(3)」として、地域的不均等と地方財政、したがってまた、地域的不均等論と地方財政学との相対的独自性と相互の関連について言及した。

ところで、島氏は、先にあげた三つの不均等論の相互の関係について、必ずしも十分に論じていない。国際的不均等発展と国内的不均等発展の関係については、「首都は、……国内的な不均等発展を国際的不均等発展に、国内的な支配従属関係を国際的な支配従属の関係に直結させる役割を果たす場所になる(4)として、両者の統一的把握を強調しながら、相互の根本的差異についてはまったくふれられていない。また、産業部門間を中心とする経済の不均等発展との関連については、「経済の地域的不均等性といっても、それは独占段階特に一般的危機下に激化する不均等発展の一つの発現形態であって、そこに何か特殊な問題を想定しているのではない。この段階に於ける階級対立の激化、少数者への富の集中と国民の大多数の窮乏化、こうした状態が地域的にも現われ、少数の大都市の繁栄と農村を中心とする大部分の地域の停滞と荒廃とが鋭く対立する」(5)と述べている。つまり、経済の地域的不均等は、経済の不均等発展の地域的な反映ないし投影と規定しており、ここからは経済の不均等発展の論理の解明の必要はあっても、地域的不均等自体の論理を独自に解明することは不必要であり、その特徴のみを指摘すればよい、との考えが言外に含まれているとみることができよう。「そこに何か特殊な問題を想定しているのではない。」という指摘が何よりもこのことを物語っている。

事実、島氏は、「いま私はここで不均等発展の地域性の問題を理論的に考察する余裕はない。ただ終戦後の独占体制の再建過程であらわになった不均等発展の諸兆候を地方財政問題の基本的前提として取扱いたいのである」(6)として、論文の大半をこれにあてている。

まず、「生産諸力の地域的不均等」について、人口分布の地域的不均等（都市人口・農村人口の変動・産業別人口分布）、諸産業生産額の地域的不均等（農業生産額・鉱業生産額・工業生産額分布）、交通の地域的不均等（鉄道密度・道路密度・貨物自動車分布率）の三つの側面から、諸指標を設定して、これらを主として都道府県別に比較することによって、その不均等性を実証している。ついで、「地域的不均等と金融資本の支配」と題して、資金や所得の分布の地域的不均等を問題にしている。具体的には、都道府県別の生産額・所得額・預金額を比較することによって、「生産額以上の資金乃至資本の地域的集中」を指摘している。そして、こうした諸指標の地域的背離現象の原因として、①会社資本と生産との地域的背離、②所得そのものの種別のちがい（給与所得・法人所得・配当利子所得の地域的分布）、③銀行資本の集中傾向（金融機関を通ずる資金の集中）、④財政機構を通ずる政府資金の集中傾向、以上の四点をあげている。ここで、「生産の集中以上に資本の地域的集中が進み、これと関連して金融機関や財政機構を通ずる資金の集中、地域間の商品の不等価交換が行われる」ことについて、島氏は、「現代における資本の支配は、金融資本の支配の形で行われている」(7)ことによって説明している。そして、こうした「資金や所得の分布の地域的不均等」こそが、「独占資本の支配を基礎とする地域的支配と従属の関係[8]」を明示するものであると指摘している。

そして、財政が「単に経済力の地域的集中と地域的不均等を激成する役割だけを果しているのではなく、むしろ地域的不均等から起る矛盾を緩和修正し、そのしりぬぐいをやっている[9]」ことを論じた「地域的不均等と財政の役割」の節において、次のような興味ある指摘を行なっている。すなわち、「こうした生産諸力の地域的不均等、地域間の支配と従属の関係は、土地其他自然の中にかくされた生産力即ち資源の開発の不均等状態を作り出し、資源の未開発の地域と資源枯渇の地域を交錯せしめる。このような生産力、資源に対する対策、即ちその利用、培養、保存の政策や計画の欠如は、生産力に転換すべき資源を逆に破壊的なエネルギーに転化し、災害を頻発させる[10]」と述べ、経済の地域的不均等と国土利用の不均等との統一的把握の視点を提起した。また、「生産力の不均等及び資本の地域的集中に伴う文化的、社会的施設の地域的不均等の問題がある[11]」として、社会・文化の地域的不均等性まで視野に入れようとしている。

以上のように、島氏の地域的不均等論なるものは、それ自体の独自的な論理の解明を回避し、したがって、国民経済内部の「地域的不均等」概念そのものの有効性を吟味せずに、いきなり、戦後日本経済を対象とした検証に入っていったのである。こうした島氏の方法論上の弱点は、その後ほとんど問題とされるにいたらず、後輩によって安易に引きつがれていったのである。しかし、地域的不均等の検証における島氏の手法は、「生産力の地域的不均等」と「所得・資金の地域的不均等」を明確に区別し、そのうえでこれを統一的に把握しようとしたこと、さらに「国土利用の地域的不均等」と「社会・文化の地域的不均等」をこうした経済の地域的不均等との関連でとらえようとしたこと、などは含蓄のあるものであり、後述するように、「地域的不均等論」ではなく、「地域構造論」として地域経済理論を構築すべきであると考える筆者にとっても、十分に摂取しうるものである。

これに対し、宮本憲一氏の地域的不均等論なるものは、島氏の弱点をそのまま踏襲するだけでなく、検証過程におけるすぐれた手法までも倭小化したかたちの展開がみられる。柴田徳衛氏との共著『地方財政』[12]、および氏の著作『社会資本論』[13]における地域的不均等論を紹介してみよう。

宮本氏は、『地方財政』の「Ⅲ　この土台」において、氏の地域的不均等論を展開している。まず、人口、所得（分配所得）、資本（銀行預金・株式分布・銀行貸出・有形固定資産）などの諸指標の都道府県別比較を行なうことによって、「資本の集中が一番はげしく　つづいて所得、人口となる」[14]といった地域経済の不均等を確認する。そして、これに消費支出・テレビの普及率・各種「社会的消費」の都道府県別対比によって、生活の地域的不均等の存在をつけ加える。ここには、島氏の地域的不均等論のうち、所得・資金のそれのみが一面的に強調され、いかなる意味でか生産力の地域的不均等は問題にされず、ましてや国土利用のそれは指摘されていない。

つづいて、「地域経済力不均等の法則」は、農村の危機の解明には役立つが、都市問題という「新しい地域経済の矛盾」の解明には不十分であるとし、それには「地域経済力の不均等発展と社会資本の不足の傾向という二つの法則を統一して理解」[15]する必要があると主張している。つまり、地域的不均等論では都市の繁栄と農村の疲弊を解明しうるが、都市においても「社会資本の不足」という問題が発生しているのであって、この視点を入れない限り、都市問題と農村問題の同時的発生を説明できないというのである。そもそも、経済の地域的不均等の諸兆候のみを簡単に例示しただけで、その法則について展開しないでおいて、この法則では都市問題という「新しい地域経済の矛盾」が解明されないとするのは、読者には説得的ではない。しかも、そのうえに「社会資本の不足の傾向という法則」をもちこみ、「地域経済力の不均等発展の法則」と並列するのは、我田引水の観を免れえない。

さらに、宮本氏は、「地域経済不均等の原因」について述べ、「資本主義経済に共通の一般的原因」として、①産業部門の不均等発展の地域への反映、③市場と交通手段の地域的偏在、③独占の地域支配＝「地域独占」、④大金融市場の成立、⑤国家と独占資本の結合、以上の五点をあげている。[16]また、『社会資本論』においても、「独占段階の資本主義国とくに帝国主義国の地域経済の不均等発展の原因」として、①工業と農業部門間の不均等発展が地域に投影した都市と農村の経済の不均等発展、②独占段階の生産資本の集中集積と「地域独占」の成立、③金融資本の支配の強化（資金の地域的集中）、④管理機能の強大化と大都市集中、⑤都市の商業資本・不動産資本の発達、⑥交通の変化、⑦文化・マスコミ・レジャー資本の集中、⑧民間資本とくに独占資本の国家機関との結合をもとめた大都市集中、以上の八点をあげている。[17]

こうした宮本氏の地域的不均等の原因の指摘には、羅列的な要因の列挙の観が強く、現代資本主義機構とのかかわりのなかで立体的かつ体系的に把握されているとはいい難い。しかし、生産資本、金融資本、商業資本、不動産資本、文化・マスコミ・レジャー資本の地域的集中・集積や、管理機能・国家機関の大都市集中など、資本や諸機能の地域的な動向を重視しており、地域的不均等を経済の不均等発展の地域的反映と単純にとらえていないことは、注目すべきであろう。にもかかわらず、こうした動向を国民経済の地域的編成や地域的構造を総体として把握する方向で分析せずに、あれこれの指標によって明らかになったとする経済の地域的不均等の説明要因としているところに、限界がある。

以上のように、宮本氏の地域的不均等論は、あれこれの諸指標の都道府県別比較によって検証し、その要因を羅列的に列挙するにとどまっている。しかも、諸指標の選定にあたっては、島氏とちがって、ほとんど所得・資金に限定している。さらに、列挙された要因のなかには摂取すべき多くの点が含まれているものの、国民経済の地域的不均等を問題とすることの意味と限界性については、ふれられず、いきなりこれを法則にまでまつりあげながら、肝心の論理展開がほとんどみられないのである。

いままで検討してきたように、島恭彦、宮本憲一氏に代表されるわが国の地域的不均等論なるものは、諸指標による検証とその要因列挙に終始し、これをもって「過密・過疎」などの地域問題発生の経済学的説明としているのが現状と言えるであろう。しかしながら、検証の手法、列挙された要因など個々の点で摂取すべきものが少なくないが、全体として地域的不均等なるものの相対的独自の論理が展開されていない。その意味で、国民経済内部の地域的不均等を一つの法則とみるには説得力に乏しく、ましてや、「これらの諸業績は、地方財政の基礎分析の次元をこえて経済学の新たな理論領域として、〝地域経済論〟の成立を望見させてくれるほどの多面的な問題視角と遠大な射程距離を備えはじめている[18]」という評価には容易に納得しがたいものがある。次に、地域的不均等論のもつ問題点を掘り下げてみよう。

(1)　島恭彦『現代地方財政論―危機の地方財政』有斐閣　一九五一年。
(2)　同右　七頁。
(3)　同右　八頁。
(4)　同右　四三頁。
(5)　同右。
(6)　同右　八頁。
(7)　同右　二六頁。
(8)　同右。
(9)　同右　四三頁。
(10)　同右　四四頁。
(11)　同右。
(12)　柴田徳衛・宮本憲一『地方財政―現代資本主義と住民の生活』有斐閣　一九六三年。
(13)　宮本憲一『社会資本論（改訂版）』有斐閣　一九七六年。
(14)　柴田・宮本前掲書　八〇頁。
(15)　同右　八五頁。
(16)　同右　一〇〇～四頁。

(17) 宮本前掲書 一〇四~九頁。
(18) 深井純一「地域経済」(林・柴田・高橋・宮本編『現代財政学体系3 現代地方財政と地方自治』有斐閣 一九七三年)二九頁。

2 地域的不均等論の問題点

国民経済内部の地域的不均等論の第一の問題は、不均等を比較すべき「地域」の単位がまことにあいまいなことである。たとえば、宮本憲一氏は「『地域経済の不均等』と一口にいっても『地域』とはどんな広さをとるのか(関東・関西といった地方を単位にとるのか、県か市町村か、大都市と農村ととるか、東日本と西日本、太平洋側と日本海側……区画のしかたもいろいろある)」といった「前提をお互いに含めずに議論をすると、結論が全く逆になることもありえよう[1]」と述べて、「地域」の広さを問題としていながらも、すぐそのあとに、「ここでは主として政府統計を利用する便宜上、仮に都道府県を地域の単位と[2]」すると、この検討を回避している。島恭彦氏をはじめ、ほとんどの地方財政学者は、便宜上都道府県を単位とした考察を行なっている。

ところが、一部の論者は、都道府県―市町村こそが「地域経済」の単位であると明確に主張している。たとえば、深井純一氏は「地域経済」と題する論文のなかで、「『地域』をめぐる保守政権・独占資本と勤労住民との対抗は、この七〇年代の基本的・根底的な対決の重要な構成要素をなしており、その歴史的意義を如実に表現する局面になっている。それは、独占資本の強蓄積と生産力の無政府的膨脹に対する国民的統制、および新たな国土・資源の利用体系と産業構造への民主的転換をめざす重要な拠点・基礎として『地域』を位置づけ、その客観的・主体的条件を『地域』からつみあげることによって、国民的次元における政治的統一と経済的協同を構築しようという志向が、住民運動の先進的部分に萌芽的に現われはじめていることに端的に示されている。『地域』が或る特定の内容と形式において、資本制生産の基本的矛盾およびその止揚の過程と不可分にかかわっていることはもはや理論的洞察の域をこえて、実感されつつあるといえよう[3]」と述べ、「地域」の重要性を指摘している。しかし、肝心の「地域」についての氏の考えは、〈官僚主義的中央集権論〉が「国政の受容対象＝客体として『地域』を位置づける」ことに対比して、「市町村→府県→国へと、地域レベルから住民の監督・統制を行政全般に及ぼしていく[4]」という〈民主的地方自治論〉を主張しているところから、明らかに都道府県・市町村といった地方自治体を単位にしているのである。また、遠藤晃氏は、島氏との共同著作「高度経済成長と『過疎』『過密』[5]」という論文において、東京都と鹿児島県の地域経済力を諸指標によって比較しながら、その隔差の要因を分析し、これを「『東京』による『鹿児島』の収奪」、「『東京』による『鹿児島』の支配」と表現しているのである。

地域的不均等論の第二の問題は、不均等を検証するさいの指標がきわめて任意に選定されていることである。島氏は、人口、鉱・工・農業生産額、交通などの生産諸力関連の諸指標、および所得・預貸金・財政などの所得・資金関連の諸指標を用いて不均等を検証した。また、宮本氏は、「『経済発展』といってもその指標をどうとり、時期をどこにえらぶか（地域の総生産額に求めるか、人口一人当り所得に求めるか……）等々の前提をお互いにきめずに議論をすると、結論が全く逆に出ることもありえよう[6]」と一応のとまどいをみせながら、結局「政府統計を利用する便宜上」、人口・所得・預貸金・株式分布・有形固定資産・消費支出などの「代表的指標」をとって、不均等の検証を行なった。いかなる意味で、どの指標を「代表」として使うかという検討がなされないまま、かなり大雑把な判断から任意の諸指標を選んでいるのが実情であろう。

以上の問題点の指摘のなかから、ここで、「地域」の単位や経済の諸指標のあるべき姿を提示しようとしているのではない。むしろ、第一と第二の問題は、地域的不均等論の最も根本的な問題から派生することなのである。それは、一国の国民経済内部の地域的な不均等性を云々することの有効性の可否についてである。なるほど、国民経済を単位とした国家間、あるいはいくつかの国家をグループ化した諸地域間の不均等発展を問題にすることは、経済学における重要なテーマの一つである。しかし、こうした国際的な地域的不均等論と国内のそれとは根本的に質を異にしている。資本主義の成立によって国民経済が確立して以来、基本的には国民経済が一つの「有機体」をなしているのであって、いかなる意味でも国民経済とアナロジカルな「地域」なるものは存在しえない。ましてや都道府県や市町村が「地域」間の不均等を論じるさいの単位とはなりえない。また、国民経済が社会的分業によって成立し、その地域的反映としての地域分業の存在を是認する以上、鉱・工・農業生産、交通分布における地域的不均等性はある意味で当然のことである。また、中枢管理・金融・国家機構、およびその機能が存在する以上、所得・資金の地域的不均等性がみられることも、それ自体に問題があるわけではない。一つの「有機体」たる国民経済を任意に地域区分して、任意の諸指標によって、その不均等性を問題にすることは、あたかも人体を頭・胴・手・足などに区分して、骨格・筋肉・血液・神経の分布の不均等性を論じることと同様、それ自体意味のあることとは思われない。地域的不均等性を批判することは、その論理的な裏返しとして経済諸指標の「地域的均等性」を主張することを含んでいるからである。とくに、深井氏や遠藤氏のように、都道府県や市町村を、単なる検証の手段ではなく、明確に「地域」の単位としてとらえ、経済諸指標の不均等性を云々するならば、論理必然的に地方自治体単位に諸部門、諸機能をそろえた「自立経済」を要求することになる。これは、地域的分業を否定したアナクロニズムといっても過言ではないであろう。こうした点に関連して、古賀正則氏が、「地域経済を取り扱う理論は、総じて国民経済と地域経済との基本的差異について注意を払いつつも、なお地域をあたかも一つの経済主体かのごとくにみるという視角を共有しているようにみえる(7)」と指摘しているのは、まさに至言といえよう。

このようにみてくると、国民経済内部の地域的不均等を云々することは、それ自体意味のあることではなく、ましてや「法則」にまでまつりあげるべきものではないことは明らかであろう。その意味で「地域的不均等」という用語そのものの使用が問題とならざるをえない。にもかかわらず、前記の古賀氏や、多くの点で鋭い内部批判を展開している中村剛治郎氏(8)らが、依然としてこうした用語に拘泥していることは理解できない。

ところで、このように主張すると、過密・過疎といった地域問題発生のメカニズムを解明するにあたって、既存の経済学体系ではきわめて不十分であって、地域的不均等論こそがその役割を果してきたのではないかと反論するむきもあるであろう。しかし、地域的不均等なるものは、遠藤氏の論旨に典型的に表現されているように(9)、産業部門間・経営主体間（大企業と中小企業・自営業）、あるいは階級・階層間の不均等の地域的反映であって、「そこに何か特殊な問題を想定しているのではない」（島氏）ならば、結局のところ経済の不均等発展一般の形成論理を解明すればよいのであって、地域的不均等を独自に解明すべき論拠はきわめて乏しいと言えるであろう。地域的不均等論者の多くは、その実践的要求から、当該地方自治体の経済的停滞ないし疲弊を説明するのに急で、いきなり国民経済の地域的反映といった短絡的な垂直思考が支配的なように思われる。したがって、かえって自己の研究の独自性が主張できないというジレンマに陥っているのではないであろうか。こうした思考は、経済地理学における経済地誌論、あるいは最近流行の地域主義に一脈通ずるものがある(10)。

こうした論者に欠落しているものは、資本の空間的運動といった国土的レベルでの経済諸現象の空間的・地域的展開の把握である。つまり、立地論的視点の欠落であろう。地域的不均等論者のなかでも、島氏や宮本氏のように、ある程度水平的思考を示す研究者もいるが、それはあくまでも地域的不均等を説明する手段の枠をでていない。既存の経済学体系のなかで、しかも相対的独自の論理のもとで、地域問題発生のメカニズムを説こうとするならば、まさにこうした経済現象の空間的展開の運動法則を解明することにあるであろう。つまり、地域経済論なるものは、あれこれの地域の経済的分析や経済の地域的不均等の検証とその説明によっては、独自の分野を切り開きうるものではなく、むしろ立地・配置論を前面にだした国民経済の地域的編成ないし地域構造を研究対象とすることによって地平が開けてくるであろう。

そこで、次に筆者の考える地域構造論なるものについて述べてみよう。

(1) 柴田・宮本前掲書　七七頁。
(2) 同右　七七〜八頁。
(3) 深井前掲論文　二八頁。
(4) 同右　四四頁。
(5) 島恭彦・遠藤晃「高度経済成長と『過疎』『過密』」(西川清治編『現代資本主義と都市問題』汐文社　一九七三年)。
(6) 柴田・宮本前掲書　七七頁。
(7) 古賀正則「経済成長と地域経済」『経済学雑誌』七二巻四号　一九七五年　六七頁。
(8) 中村前掲論文。
(9) 島・遠藤前掲論文。
(10) 経済地誌論についての批判は第一章二、また、地域主義については本章四参照。

3　地域構造論について

筆者のいう国民経済の地域構造とは、一言でいえば、一国の国民経済における地域的分業体系のことである。つまり、国民経済がいかなる地域的分業のもとに成立しているかということが問題となる。

ところで、「特定の生産部門を一国の特定の地域にしばりつける地域的分業」[1]という表現にみられるように、地域的分業は社会的分業の地域的投影として第一義的にあらわれるから、地域的分業体系としての地域構造は、社会的分業体系としての再生産構造によって基本的に規定される。したがって、地域構造の史的形成も再生産構造の史的展開によって大きく枠づけられている。

すなわち、世界史的にみれば、イギリスを典型とする先進資本主義国におけるように、「特殊歴史的な経済的地域としての『局地的市場圏』の形成と、さらにいえばそうした諸地域の水平的な経済統合ともいうべき、『地域的市場圏』・『統一的国内市場』への展開[2]」といった径路をへて国民経済を形成した場合の地域構造と、「帝政ドイツ、旧ロシア、戦前日本など、イギリス産業革命による世界市場（したがってまた世界資本主義）の本格的形成以後、先進資本主義との生産力落差とその政治的側圧のもとで発展せねばならなかった後進資本主義諸国[3]」の地域構造とは著しい差異が存在していた。これらの国々では、「イギリスのような『地域経済』を基盤とする『農村工業』の展開、そうしたかたちであらわれる『下から』の生産諸力の自生的成長をまてないままに、むしろそのような『近代化』を壊滅させ、したがって『農村』地域を伝統的状況に固定化しながら、既成『都市』を拠点に『上から』の一挙的・顛倒的な地主・商人型『産業化』の方向が選択されてきた[4]」かたちでの地域構造の形成がみられたのである。

さらに、日本資本主義の再生産構造と地域構造の展開を敷衍すれば、次のように概括されるであろう。

すなわち、産業資本の確立過程が、大都市商人資本による綿紡績業の移植と国家主導型の軍事的重工業の創出を軸として「上から」展開したことは、川島哲郎氏の分析[5]にみられるように、「日本工業の局地的集積・集中」という地域構造をもたらすとともに、他方で、産業資本の確立過程は、製糸業や綿・絹織物業など地方「在来」工業の発展をもともなったのであって、その意味では石井寛治氏の指摘するごとく、「絹業を頂点とする地域経済の構造を十分克服するに至って[6]」いなかったのである。こうして、全体としては「ある程度の地方分散を伴う中央集中型ともいうべき特徴[7]」をもった地域構造が形成されたのである。

さらに、第二次大戦後の日本資本主義の高蓄積が、アメリカを先頭とする資本主義体制に完全に組み込まれ、そのなかで機械部門を鍵産業とし、これに素材・エネルギー部門を加えた「本格的重化学工業化」として展開したことは、太平洋ベルト地帯への工業の集積・集中、なかんずく機械部門の拠点としての首都圏工業地帯へのそれをもたらした。また、この過程で、独占資本の力が強大となったことはもちろん、国家の役割が強まったことは、これらの拠点である大都市の「繁栄」をもたらし、その対極としての農山漁村の疲弊を結果させた。

このように、地域構造にとって再生産構造は第一義的意味をもつが、しかし、その直截的反映とみることができない。ほぼ同じ再生産構造でも、異なる地域構造を示すことが十分にありうる。再生産構造と地域構造を媒介するものが、再生産構造をになう各産業部門および諸機能の配置である。すなわち、同じ再生産構造でも、この配置が異なれば、当然異なった地域構造を示す。この配置の中核を形成するものは、生産部門の立地、つまり労働手段（一般的労働手段を含む）と労働力の立地であり、これが全体として生産立地の体系を形づくる。この生産立地体系を基礎にして、原材料および製品、さらには労働力の地域的移動が行なわれ、各種の流通部門や交通・通信手段の立地がなされる。つまり、流通の立地体系が形成される。さらに、こうした生産および流通を管理・統括する諸機能の立地が問題となる。とくに、国家独占資本主義とよばれる現代においては、本社・支社の立地はもとより、国家機関や金融機関の立地が決定的に重要となる。つまり、この中枢管理機能の立地体系（労働力のそれを含む）が、生産立地体系および流通立地体系の中枢に位置することになる。そのほか、文化・教育・娯楽などの各種サービス部門の立地が加わって、経済の立地体系が確立される。

ところで、こうした立地体系の骨格を形づくるものは、独占資本の投資戦略であり、当然のこととして最大限利潤追求の一環として立地展開が行なわれる。その場合、古典的立地論のいう輸送費・労働力などの立地因子が依然として有効に働くとともに、「本来の意味での寡占間競争のもつ特質、すなわち製品差別化、広告、コスト競争による非価格競争、シェア拡大競争は、これまでの立地論に根底的な転換を迫るもので」、「今日企業立地にとって、メトロポリタン地域への近接性《アクセス》、社会間接資本、都市の集積経済、環境などは、かつての輸送費、賃金などのこれまでの立地因子として取り扱われてきたものに取って替って決定的重要性をもつに至った[8]」という指摘を視野にいれた立地論の構築が必要であろう。にもかかわらず、これを単純にスケールーメリットとコンビナート化による「内部集積利益」、および「社会資本」の集中利用による「外部集積利益」といった要因によってのみ立地運動を説明する見解[9]は、必ずしも十分とは言えないであろう。

いずれにしても、こうした諸部門・諸機能の立地体系を、島氏は前述のように「生産諸力の地域的不均等」として表現したのであり、中村氏は「地域的不均等の素材的空間的側面[10]」とよんでいるのである。しかし、繰り返すまでもなく、立地体系を「地域的不均等」概念で把握することは、あまり意味をもたない。

以上の立地体系のもとで、原材料・製品といった各種の財、さらにはサービスの地域的循環が行なわれる。また、所得や資金の地域的循環も独自になされる。中村氏にならって、前者を使用価値的側面での循環、後者を価値的側面での循環とよぶことができるであろう。このうち、使用価値的側面での地域的循環は、別の表現をすれば、原料の供給圏であり、製品の市場圏であり、さらに広義に解釈すれば、労働力の供給圏をも含むものと考えることができよう。このように、それ自体は単純なことがらであるにもかかわらず、全体としての実証分析は必ずしも十分には進んでいない。他方、価値的側面での地域的循環については、島氏や宮本氏によって、「所得・資金の地域的不均等」概念のもとに、かなり重要な論点が提起されてきた。

筆者は、こうした論点を整理して、①独占的大企業の支配する大工業地帯による農林水産業地域や中小企業の卓越する地方工業地域からの独占利潤原理に基づく「価値の収奪」、②本社の存在する巨大都市による工業地帯からの「利潤の移動」、③金融機関による余剰・遊休資金の地域的集中と再配分、④国家機関による租税などの財政資金の地域的集中と再配分、以上の四つのルートにまとめ、青野寿彦、長岡顕氏らと、高度成長期の日本経済を対象に具体的な分析を行なった[11]。また、中村剛治郎氏も、「各地域が生産し、かつ今後の発展の源資となる剰余価値が各地域自身の手中にあるのか、それとも本社への集中や財政、金融の中央集権的機構によって中央大都市に集中するのかどうかは、地域発展の根本問題である。現代資本主義の現実は、まさに後者であって、中央大都市を支配拠点とする独占資本とそれと癒着する国家とによって、各地域の発展動向が左右されている[12]」と地域間の支配従属の視点から、その本質を手際よくまとめている。

ところで、立地体系を基盤として展開する財・サービスの地域的循環と所得・資金の地域的循環は、当然のことながら基本的には国民経済という地域的なスケールで行なわれる。したがって、立地体系と経済圏を統一したかたちで「経済地域」を考えると、厳密な意味でのそれは国民経済そのものであり、それ以外にはありえない。この点について、大塚久雄氏は、「『経済的地域』に関する理論モデル」に関する素描で、「市場経済の上に立ちかつ多かれ少なかれ経済的自給自足への傾向を示すような社会的分業関係の独立な単位地域として[13]」の「経済的地域」を考え、イギリスにおいては、「局地的市場圏」から「地域的市場圏」へと成長し、それらが「さらに互いに融合しあい、ロンドンを全国的な流通拠点化しつつ、国民的な規模での統一的市場圏を形づく[14]」る、といった「経済地域」の統合過程を分析している。こうした、「経済地域」の大局的理解について、筆者は異論ない。しかし、他方で、国民経済が形成されて長い間経過した現代において、財・サービスの地域的循環や所得・資金の地域的循環が、国民経済より小さなスケールのある地域の範囲で相対的なまとまりをもって行なわれていることも事実である。国民経済を大規模な地域的循環とみるなら、こうした中規模ないし小規模な地域的循環とはいかなるものであろうか。個々の財やサービス、あるいは個々の所得・資金の地域的循環がそれぞれに異なった仕方で展開しているならば、全体としての地域的まとまりを指摘することは不可能である。しかし、地域的スケールにおいても、その仕方においてもかなりの共通性を有しているならば、その相対的にまとまった地域をある種の「経済圏」として摘出することは意味のあることであろう。

島氏は、戦後の日本経済を対象にして、農産物、金属工業品、石炭などの地域的移動を考察し、「大づかみにいって日本経済は、愛知、静岡等の工業地帯を中において京浜、阪神を軸とする経済圏に分かれる」[15]と興味ある指摘を行なっている。また、筆者を含む共同研究グループである「地域構造研究会」は高度成長期における日本経済を対象に分析し、その結果、工業製品の地域的移動について次のような点を明らかにした[16]。すなわち、食料品、木材・木製品などを典型にして、多数の中小零細工場の全国的な分散立地がみられ、そこでは各々の立地拠点を軸にたくさんの狭域的な市場を形成しており、その一部は産地統合などを通じて市場圏の広域化が行なわれている。また、同じく中小零細企業が卓越している部門でも、織物や陶磁器など特産地化の著しい部門では、流通を掌握する問屋資本などによって、製品の供給圏の分割が認められた。他方、素材・エネルギーや機械などの大資本支配が確立している部門においては、当初は全国市場を単一にとらえていたが、市場規模が拡大するにつれて市場を東と西、さらには三―四に分割し、それぞれの市場圏をつくりあげていった。なかには、食肉加工や清涼飲料など大資本支配の消費財部門では七―一〇にも分割するのもみられた。しかも、中小零細資本卓越型工業における産地統合＝市場圏統合、および問屋資本による市場分割、さらに大資本支配型工業における市場の細分化といった動きのなかで、その地域単位はほぼ共通している。大きくは、京浜―阪神を二大軸とする東と西の分割がみられ、これに中京を軸とする東海市場圏の自立傾向が加わっている。さらに、細分化している場合は、北海道、東北、中国・四国、九州などのブロックの市場圏的動きがみられる。こうして、最終的には食料品、木材・木製品などにみられる狭域的市場圏と重なりあっていく。このように、日本経済は重層的な市場圏によって形づくられていることが明らかとなった。

狭小とはいえ国土という一定の空間を単位にして行なわれている以上、こうした財・サービスや所得・資金の動きがある種の地域的まとまりをもつことは、いわば当然のことであるといえるであろう。しかし、問題はさらに発展する。財・サービスや所得・資金の地域的循環とは、いわばフローの側面でのことであり、諸部門・諸機能の立地というわばストックの側面は、これにどう対応するかということである。一般には、前者は一定の地域的まとまりを認めることができても、後者は「一点集中型」(17)の立地を示すから、両者は乖離するものと理解されている。しかし、事態はそれほど単純ではない。前述の共同作業によって分析した限りでも、中小零細資本卓越型の工業において市場統合が産地間統合をともなう場合は両者は一致するし、また、大資本支配型の工業においても、「一点集中型」の立地ではなく、地域市場分割に対応してそれぞれの市場の拠点に立地を展開するという「投資戦略」が基本となっている。全国一拠点から東西二拠点、さらには三—四拠点というかたちで立地の「分散」化がみられるのである。つまり、諸部門・諸機能の立地が「経済圏」に対応した運動を行なっているケースも少なくない。

以上のようにみてくると、財・サービスや所得・資金の地域的循環が形づくる「経済圏」と、これに対応した諸部門・諸機能の立地の両者を統一したものを「経済地域」とよぶことができるであろう。すなわち、「生産・流通にかんする核をもち、ある範囲の経済の地域的循環が独立して行なわれる場合に、はじめて地域経済が成立しうる」(18)と指摘されるそれである。しかも「国民経済はいくつかの地方的規模の地域経済をその内部にもつが、これら地方的規模の地域経済はさらにその内部に数個の地区的規模の地域経済を包含し、しかも各層の地域経済はしばしばその核を共有する」(19)のである。こうした「地域経済」ないし「経済地域」は、先述の大塚氏のいう「経済地域」と形態上の共通性を有している。しかし、大塚氏のそれは、国民経済成立以前に存在したものであり、筆者のいうそれは、産業資本主義が確立し、さらに独占資本主義に移行した時代に存在しているものであって、その本質は当然異なったものである。つまり、「ここにいう地域経済の機能的統一、あるいは経済循環の地域的完結は、あくまでも相対的なものにすぎない。なぜなら資本主義経済のもとでは、この意味での地域的統一や完結をほぼ完全に近い形で備えているのは、全体としての国民経済以外にないからである。……この点で全国的な地域的分業と経済循環を背景にもつ地域経済は、かつての封建社会における藩経済とはまったく異なり、一国経済の単純な地域的分割部分またはそのミニチュアではありえない」[20]という川島氏の指摘の通りである。ただ、こうした意味での「経済地域」が、独占段階における独占資本の市場の地域分割的な立地戦略によって、より明確なかたちを呈してきたことに注目すべきであろう。

このように国民経済内部の「経済地域」を考えると、地方財政学者に共通にみられる地方自治体を「経済地域」の単位とする考え方には無理あるであろう。都道府県や市町村は、地方自治や自治体闘争の単位ではあっても、それがそのまま地域経済の単位と理解するわけにはいかないのである。この点に、多くの地域経済論研究者が依然「財政的な思考の制約の中に止まっている」[21]とみることができよう。また、「経済地理学の大きな任務は、地域の経済的地理的特徴を科学的に記述することにある」[22]と主張する経済地誌論者が、肝心の「地域」の単位を明確にせず、便宜的に地方自治体を代替させているという基本的弱点を克服しえていないことも、指摘しておかねばならない。

以上のように、筆者の考える国民経済の地域構造なるものは、再生産構造によって大枠を規定されつつもその直截的な投影とは単純に把握せず、これをになう諸部門・諸機能の立地や財・サービス、所得・資金の地域的循環を解明し、その結果えられる立地体系と「経済圏」を統一したものとして把握して、はじめて体系的な認識に達するものである。

（1）　マルクス『資本論』（大内・細川監訳『マルクス＝エングルス全集』二三巻　大月書店　一九六五年）、四六四頁。
（2）　関口尚志「土地改革と地域開発—比較史的一考察」（佐伯・小宮編『日本の土地問題』東大出版会　一九七二年）、三一九頁。
（3）　同右　三二〇頁。
（4）　同右。
（5）　川島哲郎「日本工業の地域的構成—とくにその局地的集積・集中の問題を中心に」『経済学雑誌』　四八巻四号　一九六三年。

(6) 石井寛治「地域経済の変化」(佐伯・小宮前掲書) 三五三頁。
(7) 同右　三五七頁。
(8) 古賀前掲論文　六四頁。
(9) 宮本憲一『地域開発はこれでよいか』岩波新書　一九七三年　五～七頁。
(10) 中村前掲論文。
(11) 矢田俊文・長岡顕・青野寿彦「所得・資金の地域的集中と再配分」(野原敏雄・森滝健一郎編著『戦後日本資本主義の地域構造』汐文社　一九七五年)。
(12) 中村前掲論文　七八頁。
(13) 大塚久雄「資本主義発展の起点における市場構造―経済史からみた『地域』の問題」(『大塚久雄著作集』第五巻　岩波書店　一九六九年)、三三三頁。
(14) 同右　四四頁。
(15) 島前掲書　二五頁。
(16) 北村嘉行・矢田俊文編著『日本工業の地域構造』大明堂　一九七七年。
(17) 宮本前掲 (9) 書　五頁。
(18) 川島哲郎「地域経済」(大阪市立大学経済研究所編『経済学辞典』岩波書店　一九六五年) 七五八頁。
(19) 同右。
(20) 同右。
(21) 島前掲書　七～八頁。
(22) 鴨沢巌『経済地理学ノート』法大出版局　一九六〇年　一〇三頁。

本章では、主として地方財政学者によって精力的に研究されてきた地域的不均等論について検討し、国民経済の内部において、あれこれの諸指標によって地域的不均等を検証することの限界性を明らかにし、また、地方自治体を地域経済の単位とする考え方にも疑問を呈した。しかし、同時に地域的不均等の原因を解明する過程でえられたいくつかの重要な成果を積極的に評価し、これを批判的に摂取するかたちで、国民経済の地域構造概念を体系的に提示したつもりである。

4　むすび

それは、結局のところ再生産構造の大枠のなかでの立地体系と「経済圏」の統一によって把握されうる地域的分業体系のことである。高度成長期の日本資本主義の地域構造は、重化学工業の太平洋ベルト地帯への集中・集積とその支脈の地方への進出といった工業の立地体系を骨格にし、中枢管理機能および関連第三次産業の首都を中心とする大都市圏の集中・集積と全国の諸都市とのネット・ワークの確立、さらには農林漁業地帯や鉱山地帯の広範な立地と相対的衰退、といったかたちの立地体系が形成された。他方、大工業地帯および大都市に拠点をおく独占資本と国家は、財・サービス、所得・資金、さらには管理などの面で、重層的な「経済圏」をつくりあげ、あるいは再編成することによって地域的支配網を確立していった。まさに、日本経済の地域構造は、「地域的集積と外延的膨脹（資本の支配圏拡大の──筆者）という資本の運動に規定せられ[1]」て形成されたのである。そして、こうした特殊な地域構造こそが、過密・過疎、地域破壊に代表されるところの地域問題の激化をもたらす重要な要因となったのである。

このようにみるならば、地域問題を解決するためには、再生産構造そのものにメスを加えることはもちろん、特殊的にはいかなる地域構造を確立すべきであるかを問題としなければならない。関口氏の指摘するところによれば、ソ連の社会主義建設の過程において、「ツァーリ工業化の基調を継承し都市（プロレタリアートの基地）中心の経済建設をすすめようとする」構想と「ツァーリ工業化の局面との関連で農村を拠点にその内部の社会的分業と工業化」をめざす構想の二つが対抗したとされている。(2) これは、いかなる地域構造をつくりあげるかについての一つの論争とみることもできよう。日本経済の高度成長期に相次いでだされ、現在また修正されたかたちで提起されている各種の地域開発政策なるものは、結局のところ、国家および独占資本による地域構造の再編・強化の政策とみることができる。したがって、こうした歪められた地域構造のもとで激化した地域問題の解決をめざして各地で発生している住民運動ならびにこれと結合した革新勢力は、あるべき地域構造を対置しなければならないであろう。少なくとも、これをめぐる真剣な論議がなされる必要がある。その意味で、「すぐに別の代案を構想するのはまちがいである。まず新全総を廃棄させて、シビル・ミニマムにもとづく地域計画を確立して、その上で国土計画がつくられてゆかねばならぬのである」(3) という見解には容易に納得しがたい。ことは、国民経済全体の地域的編成にかかわることであって、これと「シビル・ミニマムにもとづく地域計画」とは相対的に次元の異なることである。「地域のなかでしかものをみない」という、かつて経済地理学の自己批判としてだされた言葉が、依然こうした考えの人達に対しても有効性をもっているのである。

（1）島恭彦「地域開発の現代的意義―投資政略としての地域開発」『思想』一九六三年九月号　二一四頁。
（2）関口前掲論文　三三四頁。
（3）『地域開発はこれでよいか』二〇六頁。

本節は、法政大学経済学部矢田ゼミナールの一九七六、七年度二年間にわたる講義、およびその中間報告として一九七六年秋の「地域構造研究会」のシンポジウムの発表をもとに作成したものである。また、本研究会の共同研究の成果も論文作成に大いに役立った。関連諸兄に改めて感謝したい。

なお、本論文の作成にあたっては、一九七六年度文部省科学研究補助金（総合A「都市過密化と農・山・漁村過疎化現象の統計的研究」—代表田口時夫）の一部、ならびに一九七七年度法政大学特別研究助成金（研究課題「地域経済論の課題と方法」）を使用した。

二　地域経済論における二つの視角

近年、「地域」について多く語られるようになった。「地域」をめぐって各方面から論者が登場し、百家争鳴のごとくそれぞれの視角から「地域」を問題とし、「地域」に関する科学の構築を提唱している。こうした状況のなかで、論者自身が意識しているか否かにかかわりなく、大きく二つの流れに分岐しつつあるように思える。一、二の例をあげてみよう。

まず、長州一二氏は、「すべてを国家権力奪取の一大決戦という政治革命に収斂させ、その後は、国有化プラス集権的計画経済で生産力を発展させるという、従来の社会主義像(1)」に対して、「市民社会のすみずみに自治の陣地が無数に構築され、そのネットワークに支えられてはじめて、しっかりとした民主的国政が成立する(2)」という方向を提起している。

また、松田賀孝氏は、「これまでマルキストの陣営では、中央集権に基づく国家所有による資本主義的無政府性の克服という古典的発想にのみ拘泥して、今日的課題である集権的管理体制の克服の問題に対する取り組みが立ち遅れてしまったことは否定すべくもないであろう」と述べ、「怪物と化した国家権力の地域分権化につとめ、地方自治の復権強化をはからなければならない(3)」と主張している。

こうした考え方に対して、佐藤竺氏は、「地方末端からの変革によって国家構造、国家権力にどのように接近していくのか、という問題がある」、「かりに地域主義の側からの提案が、権力の在り方にかかわるような問題をはらんだとき、果たして権力はそれほど甘いものであるのかどうか。また住民の側も、そのような権力を変革していくだけのエネルギーを、持ちうるものかどうか(4)」という疑問を投げかけている。

同様に、室井力氏も「地域をこえる国の政治の最終的な革新がなければ、現行制度論を抜きにしてもなお自治体の革新はできない」、「自治体の革新は国政の革新のための手段ではないのですが、両者は相関関係」にあるにもかかわらず、「いままでの議論は比較的自治体の革新に置かれた(5)」と述べている。

ここでは、「地方分権」ないし「地方自治」を強調する立場と、「国家権力」ないし「体制変革」を依然として重視する立場の違いが鮮明にでている。

こうした「地域問題」をめぐる「地域」的次元と「国家」的次元でのとらえ方のズレは、「地域経済」を考察する場合においても明瞭に看取される。

清成忠男氏は、「例えば町村には、小規模な地場産業、クラフト的な産業を、農業とかかわらせて配置する。農村の雇用機会を、これによってつくっていくわけです。マーケット・タウンを軸にして基礎的な消費がおこり、中規模の産業が成り立つであろう。そして広域中心都市に、はじめて大企業が成り立つ。この三重構成のもとで、経済の地域内循環がおこってくるであろうし、モノカルチェアも克服されるのではないか(6)」と、氏の地域主義的経済観を述べている。

これについても佐藤竺氏は、「従来、地域は生産を基盤にして成り立っていた。が、その核は失われ、そのなかで、生活を核にした地域を設定する人たちが出てきた。その結果、地域を考えていく場合、やはり生産と流通を基本的な核とした地域を追求する立場と、生産の核を失ってしまった地域の現状をふまえて、生活を核にした地域を新たに構築しようとする立場が、はっきり分かれてきている(7)」と事態をより冷静にみつめている。

このように、当面している「地域問題」を「地方分権」・「地域経済」の視角、つまり「地域」に即して下からとらえるか、逆に、「国家政治」・「国民経済」の視角、つまり一国のなかで位置づけてとらえるかは、明らかに異なっており、一般的にいわれるほど両者の内容的統一は容易なことではない。

「地域的視角」が強調されたのは、既存の社会科学が多くの場合「地域」を軽視しており、「地域問題」の激化に十分に対応しえなかったことの必然的結果である。他方、最近再び「国家的視角」、「国民経済的視角」が言われだしたのは、これらの「地域」を問題にした新しい諸潮流の多くが、既存の国家的・国民経済的レベルの研究の蓄積を軽視し、これとの有機的結合を欠いた形で分析していったことの反動とみることもできよう。「地域的視角」を強調する論者は、既存の社会科学の「地域」無視を批判して、「地域」に埋没し、再び「国家的視角」、「国民経済的視角」の必要性を主張する論者は、両者の統一の困難さにとまどっているのが、現在の「地域」をめぐる社会科学のいつわらざる状況であろう。

本章では、「地域経済」の方法論をめぐって、「地域的視角」に基づく体系化を主張する論者の二、三の代表的見解を検討するとともに、「国民経済的視角」を積極的に導入しながら体系化を図ろうとするいくつかの見解を紹介し、両者の統一的方向を模索しようとするものである。

（1）長州一二「『地方の時代』を求めて」『世界』一九七八年一〇月号　五五頁。
（2）同右　六一頁。
（3）松田賀孝「『自治と開発』の思想原理―その沖縄からの展望」『現代と思想』三一号　一九七八年　二五～六頁。
（4）「シンポジウム、なぜ『地方の時代』なのか『エコノミスト』一九七九年四月五日号での佐藤竺氏の「問題提起」一二六頁。
（5）「シンポジウム、現代の地域・自治体をめぐる理論的課題」『科学と思想』三二号　一九七九年　一五頁。
（6）前掲『エコノミスト』一三一頁。
（7）同右　一二七頁。

1 「地域的視角」学派の検討

まず、「地域的視角」に基づく「地域経済論」の体系化を模索する論者として、中村剛治郎・野原光・清成忠男氏らの見解を検討してみよう。

(1) 「地域性」概念―中村剛治郎氏の見解をめぐって

「地域」からの視角を最も強くうちだしているのは、中村剛治郎氏である。氏の見解を「地域経済の不均等発展と地域問題・地域開発(1)―地域的不均等理論の再検討と再確立の視点[1]」(以下第一論文)、「地域経済・地域問題・地域開発―基礎視角に関する一試論[2]」(第二論文)、「現代日本の地域開発をめぐる理論と政策[3]」(第三論文)の三つの論文をもとに検討してみよう。[4]

氏は、第一論文において、「地域間の支配従属関係という地域的不均等の価値的側面は、その空間的側面における各機能に応じた変化すなわち地域空間の不均等発展と不可分の関係にある。このような地域的不均等の空間的側面における進展によってこそ、その価値的側面は強化されうるのである。全側面の統一把握が必要であって、従来の理論のように価値的側面の強調だけでは不十分である[5]」と述べている。難解な文章であるが、要するに、「地域間の支配従属関係」＝「地域的不均等の価値的側面」を強調するだけでなく、それと不可分の関係にある「地域的不均等の空間的側面」＝「地域の機能特化」、「地域空間の一面化」の視点からの把握の必要性を主張しているのである。ここには、国民経済レベルでの地域分業の徹底による各々の「地域空間」利用の一面化に対する批判が内在している。これは第二論文において、一層鮮明となる。

すなわち、第二論文では、「現代資本主義の地域構造は地域的分業の徹底化の上に成り立つことによって、一見、きわめて効率的で合理的なように見えるけれども、実は、非常に脆弱な地域構造と化しつつある[6]」として、「現代資本主義の地域構造」を「地域的分業の徹底化」として描きだす。そのうえにたって、「自然的環境・資源・生活環境・生産環境・産業構造・管理をめぐって、一定の地理的範域において確保されなければならない均衡性・共同性・総合性という意味での、現代の生活と生産における地域性という仮説をたて[7]」、この「地域性」の破壊にともなう現象を「地域問題」、「地域性」の回復・創造的確保を「地域開発」と把握しようとしている。つまり、現代資本主義のもとにおける地域的分業の徹底化が、本来あるべき「地域性」を破壊して「地域問題」を発生させ、その「地域問題」を解決するには、「地域性」を回復するとともに、これを創造的に確保しなければならないとするのである。「国土的規模での地域分担関係は、地域間分業の徹底によってではなく、下からの総合的な地域づくりを基礎にして、それを補完するものとして計画されることが強く求められている[8]」、「地域間分業の拡大・強化を主軸とする歪んだ地域構造をもつ国民経済に代えて、地域内分業の新たな展開を主軸とする活力あるつりあいのとれた地域構造をもつ国民経済を展望する[9]」という文章に、中村氏のこうした考え方が集約的に表現されている。そして、これを理論的に基礎づけるために、マルクス、エンゲルスの古典を検討して、「人間と自然とのあいだの正常な物質代謝」の確保、「都市と農村を結合した新しい地域で、同じ人間が精神的労働（たとえば知識的活動）と肉体的労働（たとえばある種の工業的活動と農業的活動）にともに従事すること[10]」の必要性から、「社会的分業の制限」（傍点引用者）を主張している。

　第三論文では、「地域性」の単位となるべき一定の地理的範域について、次のように述べている。

「地域経済における地域の範囲は一概に言えないし、確定できるほどの実態分析の蓄積もない。ただ、主として大阪経済の実態分析にとりくんでいるという狭い基礎からではあるが、府県レベルで想定することの重要性を感じつつある。六つの地域性をめぐる矛盾の相互連関した展開範囲、主体としての住民運動の府県レベルでの高揚、現代経済における公共部門の意義の増大と府県自治体の役割がその根拠である。いうまでもなく、地域性をめぐる矛盾には府県レベルをこえる広域問題もあれば、府県内のより狭域レベルのものもある。しかし、それらは前述の重層的地域構造において府県レベル地域経済を支え補完する地域間の広域問題（前者）や府県レベル地域経済の基礎を強化する地域内の狭域問題（後者）として位置づけられるのであって、重層的地域構造において府県レベル地域がもつ基本的拠点としての地域経済という独自の意義を否定することは誤りであろう[11]」（傍点引用者）。

つまり、「地域性」なるものの地理的範域＝「地域経済」として、府県レベルの「地域」を基本的拠点として提示している。

以上の中村氏の見解で鍵《キー》となるものは、「地域性」なる概念であり、この概念を通じて「地域」からの視角の全面展開がみられる。したがって、また、氏の見解の評価もここに集中してくる。

すなわち、「地域性」を「自然的環境・資源・生活環境・生産環境・産業構造・管理をめぐって、「一定の地理的範域において確保しなければならない均衡性・共同性・総合性」としてとらえ、一定の地理的範域」なるものを基本的に府県レベルでおさえようとしている。この点に第一の問題がある。

氏らの行なっている大阪経済の実態分析、およびそれに基づいてだされた三つの根拠のなかでの提起であり、それなりの積極性を評価できるであろう。とくに、三つの根拠のうち、住民運動と府県自治体の単位という二つの根拠は、説得的である。したがって府県を重要な「地域経済」の単位の一つとすることにあえて否定するつもりはない。しかし、六つの地域性をめぐる矛盾の相互連関の展開範囲という第一の根拠については、依然として疑問が残らざるをえない。はたして、六つの「地域性」がその範域において一致するものなのであろうか。たしかに、「それぞれの地域性を確保しうる範囲は当然異なるから、地域の範囲は一重の円で描くことはできず、無数の円か複雑に重なりあうなかから相対的な範域として見いだされていくものであろう[12]」という指摘によって、相互の「地域性」のズレを考慮している。しかし、これは、あくまでズレの範囲が少ないことが前提であって、決定的にちがうならば、そもそも「六つの地域性相互間の均衡性・総合性としての地域性」なる概念自体成立しえないはずである。しかも、これらが全体として府県レベルの「地域」と範域的にほぼ一致すると考えることは、はたして可能なのであろうか。とくに、「産業構造の地域性」について、「産業構造を一定の地理的範域で多様化あるいはある程度まで総合化していくことを考えねばならないであろう」、しかも「それぞれの産業が相互にできるだけ結びついて、経済の地域内循環を強めていかねばならない[13]」という文章にみられるように、府県内を基礎にして、産業構造の多様化と地域内循環を確立することは、いくら規模の経済性に制限を加えるといっても、現代の生産力段階においては、明らかに無理ではないであろうか。こうしたかたちで「Sein《ザイン》〔実在〕としての地域経済」を確認することはもちろん、「Sollen《ゾレン》〔当為〕としての地域経済」をめざすことにも疑問をもたざるをえない。

第二の問題点は、「地域性」の仮説の提起の仕方である。氏によれば、現代資本主義は、地域分業の徹底化に突き進んでいる。こうした「地域構造」に対して、「地域性」の確保というまったく異なる「地域構造」の構築を対置している。この点に関連して氏は、「地域経済は単にある地域の経済という意味ではなく、六つの地域性をめぐる矛盾が相互に関連しながら展開している基本的圏域としてとらえられる必要がある（Sein《ザイン》〔実在〕としての地域経済）。それゆえ、地域経済の育成＝地域開発とは、六つの地域性をめぐる矛盾に一体的計画的に対応し、自治にもとづく一定のまとまりある地域的再生産圏をつくりあげていくことによって、現代の生活と生産の基本的拠点として地域経済を確立していくことであり、こうした意味での地域経済の確立を支え補強する地域連関を編成し、もって地域経済を基礎にした国民経済や世界経済を展望していくことである（Sein《ザイン》から導きだされるSollen《ゾレン》〔当為〕としての地域経済[14]）」と述べている。それでは、「Sollen《ゾレン》〔当為〕としての地域経済」を導きだす基礎となっている「Sein《ザイン》〔実在〕としての地域経済」とはいかなるものか。それらが日本資本主義全体として、国土的スケールでいかなる編成がなされているのか。そして、それは日本資本主義の発展のなかでいかにして形成され、その特殊性とどう関連しているのか。つまり、現代資本主義のつくりだす地域構造のトータルな解明なくして、個別に「Sollen《ゾレン》〔当為〕としての地域経済」、さらにはこれを基礎にした国民経済を展望することに、どれだけの有効性をもちうるであろうか。疑問を禁じえない。

一方で、独占資本は、全国土的規模での政治・経済的支配を完成・深化させていくとともに、他方で、空間を基本的に克服しえないために、生産・流通・金融・管理・その他の部門の立地・配置、およびこれを基盤にした財・サービス、所得・資金の移動において、大・中・小の地域的なまとまりをつくりだしている。つまり、諸部門・諸機能に特化した「等質地域」によって、地域構造がつくりだされるものとして一面的にとらえられるものではなく、「一定の範域」において、いくつかの「等質地域」の相互に関連した「機能地域」が形成され、これが重層的に重なりあって一国の地域構造がつくられているのである。こうして形成された国民経済の地域構造は、独占資本の論理のもとにつくられたために、経済の局地的集積・集中を極端にすすめ、過密・過疎などの地域問題の発生を必然化せしめるような「歪んだ地域構造」となっている。したがって、「あるべき地域構造」なるものは、まったく別のモデルを観念的に対置するのではなく、歴史的に形成された地域構造のうえに、独占資本によって歪められた部分を修正するかたちで提起される必要があろう。「地域性」の提起は、こうした重層的な経済地域の具体的解明を出発点としてはじめて一定の有効性をもつものと考えられる。

いずれにしても、中村氏は、現代資本主義のつくりだすトータルな地域構造を十分に解明することなく、いきなり「地域性」という仮説を提起している。つまり、個々の地域経済の論理と、それと相対的に独自に展開される国民経済の論理に基づいてつくられる地域構造の両者を統一することが、依然として重要な課題となっていると言えよう。

（1）　中村剛治郎「地域経済の不均等発展と地域問題・地域開発（1）―地域的不均等理論の再検討と再確立の視点」『経営研究』（大阪市立大学）一三六号　一九七五年（第一論文）。
（2）　同「地域経済・地域問題・地域開発―基礎視角に関する一試論」『現代と思想』三一号　一九七八年（第二論文）。
（3）　同「現代日本の地域開発をめぐる理論と政策」（儀我壮一郎他編『国土・都市・農村と地域開発』自治体研究社

一九七九年）（第三論文）。

（4）　中村氏は、そのほか「都市と産業構造―堺・泉北コンビナートの総括と展望」『公害研究』九巻三号　一九八〇年、「第三次全国総合開発計画の構想と現実―転換期の日本資本主義との関連で」『経済地理学年報』二六巻三号　一九八〇年など最近精力的に著わしている。

（5）　第一論文　八一頁。

（6）　第二論文　一〇四頁。

（7）　同右　一〇五頁。

（8）　同右　一一一頁。

（9）　同右　一一七頁。

（10）　同右　一〇九頁。

（11）　第三論文　四〇頁。

（12）　第二論文　一二八頁。

（13）　同右　一一五頁。

（14）　第三論文　三九～四〇頁。

（2）「地域的再生圏」概念―野原光氏の見解をめぐって　中村氏とほぼ同じ「地域的視角」から、別の概念を用いたのが、野原光氏の「産業構造転換と地域開発（1）」である。[1]

まず、「国民経済が地域経済を規定するという一方通行的論理に対し、地域経済が国民経済を規定するという逆の一方通行的論理を対置することにあるのではなく、両者が相互関係にあることを承認し、かつこれまで理論的に単なる従属変数として取り扱われてきた地域の契機を重視すべきである」[2]と主張し、それとの関連で、『地域的再生産圏』なる概念を提起している。

すなわち、「地域的再生産圏―ある地域的なまとまりの範囲内で、相当な部分の素材と人間との再生産循環がおこなわれるとみなすことは、当然にそこで再生産が繰り返しおこなわれるための、ある種の『均衡』を想定することを意味している―の成立を追求する立場からのみ、全国土的規模からみての、経済的『効率』追求のための地域的分業の徹底化という『新全総』の論理を本格的に批判しうるのではなかろうか(3)」、「運動は結局、国民経済規模での『必要』の論理に対して、ある種の相対的に自立した地域的再生産圏、そこでの『均衡』のとれた地域的産業構造を追求していたのではなかろうか(4)」と述べる。そして、「地域的再生産圏に対応する地域的生産構造の積みあげとしての国民経済規模での『あるべき産業構造』の追求という問題視角の成立の可能性が考えられよう(5)」と主張する。

以上の論調にみられる野原氏の「地域的再生産圏」なる概念は、中村氏の主張する「産業構造の地域性」とほぼ同じ内容のものである。ただ、異なっているのは、中村氏が「産業構造の地域性」を「自然的環境・資源・生活環境・生産環境・管理」など他の五つの地域性と並列させているのに対し、野原氏は、「地域的再生産圏」ないし「地域的生産構造」として、生産をとくに重視している点にある。

また、中村氏が「産業構造の地域性」の確立によって、「地域内分業の新たな展開を主軸とする活力のあるつりあいのとれた地域構造をもつ国民経済を展望」し、野原氏が「地域的再生産圏に対応する地域的生産構造の積みあげとしての国民経済規模での『あるべき産業構造』」を追求していることは、ほぼ同じことを意味しているとみることができる。しかし、「地域視点をぎりぎりのところまでおしすすめる地域分析をつうじて、その地域内的限界を明らかにし、それを補完しうるいかなる地域的分業体系の確立が必要かつ可能かを追求する中から、国民経済のあるべき地域構造を展望しうる(6)」（傍点引用者）という中村氏の立場と、「地域経済視点からの各地域産業構造の積みあげが、第一に相互に矛盾せず、第二に全体として統一のとれた単一の国民経済として成立する理論的保証はない(7)」とする野原氏の立場とは明らかに異なっている。前者は、「地域的視角」に徹底して、「国民経済的視角」を従属的にみているのに対し、後者は、「地域経済の論理」と「国民経済の論理」の相互の相対的独自性を認識し、両者の統一の困難性をそれなりに了解している。この点では、野原氏の立場がより現実的である。しかし野原氏も「地域」からの視角について重点的に論じており、「国民経済」からの視角については弱く、[8]ましてや両者の内容的統一の方向を提示しえていないのである。

このように、いくつかの相異があるにもかかわらず、野原氏の論点には、中村氏のそれとの基本的な違いはないとみてよいであろう。したがって、問題点も共通している。

すなわち、第一に、「地域的再生産圏」を確立すべき「地域」の範囲がほとんど明示されておらず、中村氏よりも不鮮明なことである。たしかに、「地域的再生産圏の重層的再編成物としての国民経済の再生産構造」[9]という指摘にみられるように、単一のスケールの「地域」を想定しているわけではないが、それにしても、いかなる「素材と人間」がいかなるスケールのなかで「再生産循環」をすべきと考えているのか、本論文に関する限り一向に明らかでない。したがって、「重層的編成物」なるものが、抽象的一般的段階にとどまってしまっている。

第二の問題点は、この点と深くかかわっている。すなわち、氏が現代日本資本主義の地域構造をどのようにとらえているかが、やはりあいまいなことである。おそらく、「全国土的『効率』追求のための地域的分業の徹底化という『新全総』の論理」という表現からみて、少なくとも「地域的分業の徹底化」を政府の政策が指向しているとみていることは確かであろう。[10]だとするならば、「地域的再生産圏の重層的編成物としての国民経済の再生産構造を対置する」という現実的根拠をどこに求めようとするのであろうか。現代の日本資本主義のもとで、ある種の「地域的再生産圏の重層的」存在を確認しえないのであれば、中村氏と同様に一方的なモデルの対置にとどまってしまう危険性があるのではなかろうか。住民運動があるべき方向として無意識のうちにこうしたモデルを追求しているのであれば、なおさらこの点を明示する必要があろう。[11]

（1）　野原光「産業構造転換と地域開発(1)」『日本福祉大学研究紀要』三六号　一九七八年。

（2）同右　一二九頁。
（3）同右　一二八〜九頁。
（4）同右　一二八頁。
（5）同右　一二九頁。
（6）中村第二論文　一一七頁。
（7）野原前掲論文　一二九頁。
（8）野原氏は、産業構造政策と地域開発政策との連関という視点から精力的に論文を書いており（注〔10〕参照）、当然「国民経済的視角」を十分に持ちあわせている。しかし、ここでいう「国民経済的視角」とは、国民経済の空間的展開とそれがつくりだす地域構造をそれ自体として解明し、具体的な「地域」と有機的に結合させるという視角のことである。
（9）野原前掲論文　一四一頁。
（10）この点は、次の二つの論文で明確になっている。
野原光「産業構造転換と地域開発」（儀我壮一郎他編『国土・都市・農村と地域開発』自治体研究社　一九七九年）。
同　「地域開発政策」（北田芳治他編『現代日本の経済政策・上』大月書店　一九七九年）。
（11）そのほか、野原氏が次のように述べていることは、第三者には必ずしも説得的でないことを指摘しておきたい。「今日、我々は、単なる画餅でなく、現実的意義を持ったものとして、『あるべき産業構造』、『国民経済のあるべき地域構造』を描くだけの学問的力量と、それの実現を担う主体的勢力を持っていない」がゆえに、「現段階で自覚的にその点を禁欲し、各地で戦後地域開発の決算書を書くべき」（同右　一四一頁）である。これは筆者の見解を批判し、宮本憲一氏の考え方を支持するかたちで書かれている部分であるが、「学問的力量」や「主体的勢力」の弱さゆえに「あるべき産業構造」や「あるべき地域構造」について論ずることを「禁欲」することは、学問の相対的自立性、さらには研究の自由に対する軽視につながらないであろうか。また、「あるべき産業構造」や「あるべき地域構造」を「描くだけの学問的力量」や「実現の主体的勢力」を「持っていない」という判断を一方的に下してしまうやり方に、より一層の危惧を感じざるをえないのである。資本主義における地域構造の解明という社会科学的研究が、当然のこととして地域住民運動と深くかかわらざるをえないと考える。しかし、研究が運動の側から一方的に規定されるべきものではないことも当然のことである。

（3）「地域内循環」概念—清成忠男氏の見解をめぐつて

「地域主義」を主張する清成忠男氏も中村氏や野原氏

と同じような視角から「地域経済」を論じている。ここでは、多くの氏の著作のなかから、この点で集約的な見解が披瀝されている『地域主義の時代』[1]をとりあげてみよう。

氏は、「地域主義は、『地域』を土台にして社会を構築しようという考え方である。地域の側に立って、地域の主体性を尊重し、地域的結合性と地域的独自性を重視しようというのである」[2]と「地域主義」について総括的に定義している。そして、「経済、金融、政治、行政、財政、社会、文化、言語、情報、等々といった広範な領域で地域主義が問題になろう」[3]と述べており、このうち、氏が主としてとりあげた「経済の領域での地域主義」について、大略次のような論旨を展開している。

「経済の地域内循環を拡大させ、地域が自立するといった方向」つまり「経済の『地域化』」の筋道は、「第一に、地域で生産された財は可能なかぎり地域内で流通させ、消費させる」、「第二に、地域外から購入している財で、地域内で生産可能なものは、できるだけ地域内の生産に切り替える」、「第三に、地域内で加工度を高めて、地域外に販売する」、「第四に、都市と農村を連結した定住圏の形成」[4]を図る。そして、「定住＝自立的再生産圏を設定するにあたって、地域の外延的な範囲」を問題にし、「基礎的な食料品については、かなりの程度自給できる範囲で地域を考えておかなければならない。逆にいうと、母都市としての中小都市とその周辺の町村が単位となって食料品の自給率を高めていかなければなるまい。反面、情緒性に富んだ財については、広域的な循環にゆだねざるをえないであろう。機械系の工業や、大規模な装置産業である素材産業については、可能なかぎり『地域化』するとしても、広域的な循環、全国的な循環、さらには国際的な循環にゆだねざるをえない面が残ることになろう」[5]と「地域」を重層的にとらえている。

氏は、こうした「あるべき地域経済」像の視角から「地域産業」、「機械系工業」、「小売業」、「観光開発」、「金融・財政」を個々にとりあげる。そしてまた、いくつかの都県・市町村を対象にして、個別地域の再生の方向について考察している。

以上にみられる清成氏の「地域経済論」なるものは、「地域」のなかから「経済の地域内循環」の確立をめざすことを基軸としたものであって、前述の中村氏や野原氏と同様の発想に立っている。しかし、中村氏が府県域を中心として「地域性」を提起し、野原氏が国民経済との関係を考慮しながらも、なお重層性の内容について不鮮明なままに、「地域的再生産圏」を主張しているのに対し、清成氏の場合は、国際的・全国的・広域的・「地域」的といった三〜四の重層的な地域編成を考えており、その点でより具体的な発想となっている。しかし、両氏にみられた「地域的視角」のもつ限界性を基本的に克服しえておらず、問題点もここに集中している。

つまり、重層的地域編成のとらえ方が、個別例示的な域を脱することができず、全国土的規模での体系性をもちえていない。この点について、「現代の経済においては、(1)全国的な経済循環の拡大のなかで、地域の経済的自立性が失われ、地域間の相互依存性が強まっていること、(2)中枢管理機能の巨大都市への集積により、地域間に一種の支配・従属関係が生じていること、(3)既存産業の斜陽化により存立が困難になっている地域が出はじめている[6]」ことなどを指摘し、氏の日本資本主義の地域構造の理解が示されている。しかし、ここには地域経済循環の広域化・全国化＝地域の経済的自立の喪失という図式が余りにも単純に描かれすぎている。独占資本が全国的支配を強めながら、なおかつ財・サービスの地域的循環に関する限り狭域化が進行しているという複雑な動き、つまり、資本の空間的支配と財・サービスの空間的運動とは相対的に異なるものであるとの認識が弱い。これは、巨大企業が担当する重化学工業の立地や製品の地域的循環に言及しながら、これを独自に考察せず、地域産業や地場産業に重点をおいた地域経済分析の陥りがちな欠点でもある。

要するに、地域分業・地域循環・重層的な地域編成といった地域構造を日本資本主義の論理のなかで具体的に解明し、これを現実的な基盤としながら地域住民の立場に立った再編成の方向を提起しない限り、せっかくの氏の「三重構成」的地域経済論も現実的な有効性を発揮しえないのではなかろうか。

（1）清成忠男『地域主義の時代』東洋経済新報社　一九七八年。
（2）同右　三九頁。
（3）同右　四一頁。
（4）同右　六七～八頁。
（5）同右　六八頁。
（6）同右　八二頁。

3　「国民経済的視角」学派の検討

以上のような「地域」という具体的な場から「地域経済論」を構築しようとする視角に対し、国民経済の発展の論理のなかから「地域経済論」をつくりあげようとする視角もみられる。代表的見解として日山宏・竹内正巳・川島哲郎氏らの考え方を紹介してみよう。

（1）「労働の社会化の法則」と「地域的分業」—日山宏氏の見解をめぐって

「地域」からの視角に対して最も強く反論しているのは、日山宏氏である。氏は、吉村正晴氏の「地域経済論への二、三の反省[1]」という論文を参考にしつつ、論文「地域経済論の方法についての二・三の問題[2]」で独自の見解を展開している。そこで、まず吉村氏の論文を簡単に紹介しよう。

ここで吉村氏は、再生産論と地域経済論との関係に言及し、次のように述べている。

「再生産論を方法とすることは、地域経済論の場合は、一国の資本主義全体を取扱う場合よりも、一層意味が少い。

諸部門の発達、構成の不均衡といってみたところで、後者の場合なら、資本主義の横への発展、その発展の性格がそれからでてくるが、地域経済の場合は、何んにもでてこない。却って工場誘致論のようなものが飛び出してきたりするのである」、「地域経済論において問題とすべき不均衡は、実現理論でいう不均衡、資本主義の横への発展をもたらすところのそれではない。独占資本相互、独占資本と中小資本、農民との間のそれ、そこから生ずる対立と支配の増大などである。前者の意味での産業構成の不均衡は、地域経済論の一つの技術的な前提としての意味をもっているだけではなかろうか[3]」（傍点引用者）。つまり、吉村氏は、「地域」を単位とした「産業構成の均衡」を問題とする「再生産論」的視点の「地域経済論」への導入にきわめて否定的である。むしろ「独占資本相互、独占資本と中小資本、農民との間の対立と支配」を「地域」という場でとらえることこそ「地域経済論」の課題であるとの立場をとっている。独占資本の支配の貫徹の具体的様相を「地域」という場でとらえるという点については、「地域的視角」を重視する論者とも共通しているが、「産業構成の均衡」をこれに対置すべき「地域経済」像として描くことに否定的であることは、前に検討した中村、野原、清成氏らの見解と著しい対照をなしている。両者の論文の時代的背景が異なることも考慮する必要があるが、こうした論点の対比は注目に値する。

日山見解は、吉村氏の「地域産業構成の均衡」を軸とする「地域経済論」への強い懐疑を、その後の日本経済の高度成長下の「地域問題」の激化、およびこれに対応した「地域経済論」の展開をふまえて、より一層発展したものとなっている。

氏は、まず、「この論文のもっと積極的な意義は、……地域経済論も一般理論と同じように、『資本主義的生産関係の発展の理論』によるべきことを主張したことにある[4]」と、吉村論文の評価を下している。そのうえに立って、レーニンの『ロシアにおける資本主義の発展』のなかから、「人間の歴史を、個別労働の社会化の発展の歴史とみる見地」を導き出し、その資本主義的発現形態の特徴を「個別労働過程の協業化と社会的分業の発展および住民のプロレタリア化である」ととらえ、それが「資本と労働の階級斗争をとおして、不均等で敵対的な発展のなかで急速に遂行する」[5]ものと把握する。そして、この見地を次のように「地域経済論の方法」にとりいれる。

「地域経済の研究は、その発展のなかに、労働の社会化の法則の発現の地域的に具体的な諸過程を見出すべきであろう。そして、地域によって不均等で、敵対的で多様な相であらわれる労働の社会化の法則の地域的に具体的な諸過程を、バラバラにではなく、一つの過程の緊密にからまりあうところの諸側面として、あきらかにすべきであろう。このような地域経済の研究にとって、社会的分業に編成された人間の相互関係の地域的形態としての地域経済の発展の歴史は、小さい地域に孤立、散在する自然発生的共同体の相互関係・併存状態から、共同体的束縛から自由になっていく人間のより意識的な結合体相互の、広範で意識的な地域分業と協業関係への発展としてあらわれる。その歴史的発展のなかで、資本主義的地域分業と協業は共同体的相互関係から全社会の真に自由で民主的な地域分業と協業関係への発展の過渡段階—それ自身、小営業の地方市場の網の目状態からマニュファクチェア的地域分業と協業をへて大工業的地域分業と協業へ、そして大工業的地域分業と協業も、それはそれで自由競争から独占段階へと不断に発展するところの、地域的分業と協業の歴史的発展の一系列を含んだ過渡段階として位置づけられる」[6]。「現代日本の地域経済は、極度に発達した地域分業と協業のなかに、資本主義の許容しうるかぎりの労働の社会化の地域的発現形態を体現している」[7]。それは、「都市化（生産の地域的集積と地域相互関連）の驚くほどの発達」[8]であり、「住民のプロレタリア化とその地域的連帯の発展」[9]のめざましさである。そして、他面では、「高度に発展した地域的分業と協業が、国家と独占体によるすべての地域の……住民に対する……全人的支配と抑圧の地域的体現である」[10]、つまり、「こんにちの地域経済は、このように高度に発展した労働の社会化と苛酷な独占支配との相対立する二つの側面の統一物である。そして地域分業と協業の極度の発展の結果、地域の相互関係についてもっと全面的で意識的な管理・調整が避けえなくなっている」[11]（以上傍点引用者）。

少し長い引用になったが、ここにみられる日山氏の論旨は明快である。つまり、資本主義における地域経済を、「労働の社会化」にともなう地域的分業と協業の歴史的発展のなかで位置づけている。そして、労働の社会化と独占支配のもとでの地域的分業と協業なるものは、必然的に「生産の地域集的積、地域相互関係の緊密化（都市化）」と「住民のプロレタリア化・地域的連帯の発展」をもたらすとともに、「全面的で意識的な管理」を展望させるものである、としている。その意味では、「全社会の真に自由で民主的な地域分業と協業」の確立の過渡段階となっている、というのである。

ここには、現代の「地域経済」および「地域問題」を史的唯物論の立場からとらえ直そうとする視角がみられる。多くの「地域経済論」が当面の「地域問題」の分析や対策に急で、国民経済の史的展開とそのなかでの地域的分業の形成・確立の過程を大局的にとらえようとする姿勢があまりみられないだけに、日山氏の見解は、明らかに現代の「地域経済論」の方法をめぐる論争に一石を投じるものとなっている。

氏の論点の最大の特徴は、現代の地域経済、およびこれを規定する独占資本主義のもとにおける地域的分業と協業のなかに、「歴史的に進歩的な役割」を認めていることである。つまり、「不断の都市化と住民のプロレタリア化にともなうさまざまな矛盾の激化のなかに資本主義の歴史的に経過的な性格とより高度の生産形態に移行しようとする主体的・客体的条件の発展を見出す見地」[12]に立っているのである。これは、宮本憲一氏らの「地域経済論」が「地域分業の発展から労働の社会化の側面をとりさり、住民のプロレタリア化を貧困化にせばめているところにある」[13]と批判するとき、一層鮮明となる。

このように、日山氏の見解は、筆者が一貫して指摘してきたわが国「地域経済論」の「地域」拘泥主義、「国民経済視角」の欠落といった弱点を[14]、「労働の社会化の法則」という視角から鋭くとらえなおしたものである。その点で積極的に評価できるであろう。

しかし、他方で氏の「地域経済論」なるものは、あまりにも大局的な次元にとどまっており、現在深刻化している「地域問題」をも具体的次元で十分に包摂するほどの体系性を有していない。「独占の支配と抑圧が国土の全域に浸透し、ますますプロレタリア化する住民の統一戦線との対立を深めるという矛盾が極度に発展している」、「すべての地域がこの矛盾を背負って相互に依存し、かつ敵対している。それは地域的に特殊な相で、多様に、往々にして過密と過疎というようにまったく反対のかたちでさえあらわれる。だから地域的特殊性を具体的に明らかにする必要があるとともに、その地域的特殊性を労働の社会化という一つの過程の一環として、労働の社会化と独占の支配との矛盾の発展の特定の段階として明らかにする必要がある(15)」ということが氏のいう「地域経済論」の課題と考えられる。しかし、「独占と住民の矛盾」、「労働の社会化と独占の支配の矛盾」を「地域的特殊性」において具体的に明らかにするといっても、「地域的特殊性」においてとらえる相対的独自性をどこにみいだすのか、あるいはそこからいかなる「地域経済論」体系ができあがるのか、一向に明示的でない。ただ、任意に設定した個々の問題地域の分析の積み重ねにとどまってしまわないであろうか(16)。

氏の見解の問題の本質は、資本主義における地域的分業と協業を「労働の社会化の発展」のなかで正しく位置づけようとしたものの、より具体的に地域的分業と協業の様相をまさに資本主義経済機構の論理のなかで解明しえていないことにある。もっと言えば、資本主義社会における資本の空間的運動がつくりだす地域的分業体系つまり地域構造をそれ自体としてとらえようとしていないのである。そのことが、現在の地域的分業と協業のあり方を「労働の社会化の法則の地域的具体的諸形態」としてのみ一面的に評価し、それの「独占による管理」から「プロレタリアによる管理」によって、地域問題が基本的に解決するという、あまりに一般的な結論を導きだすことになってしまう。独占段階での地域的分業体系のあり方を、激化する「地域問題」との関連で理論的・具体的に解明し、そのなかから「プロレタリアの管理」のもとにおける地域的分業のあり方を模索するのでなければ、地域問題の解決の展望は生まれてこないであろう。地域的分業そのものを否定しようとする「地域主義」などの最近の「地域経済論」を真に批判し、克服しようとするならば、こうしたことは不可欠であろう。

(1) 吉村正晴「地域経済論への二、三の反省」『九州経済調査協会研究報告』三一号　一九五三年。
(2) 日山宏「地域経済論の方法についての二・三の問題」『現代経済学の諸問題』（熊本商科大学開設一〇周年記念論文集）一九七八年。
(3) 吉村前掲論文　三頁。
(4) 日山前掲論文　二〇〇～一頁。
(5) 同右　二〇四頁。
(6) 同右　二〇五～六頁。
(7) 同右　二一〇頁。
(8) 同右。
(9) 同右　二一一頁。
(10) 同右。
(11) 同右　二一二頁。
(12) 同右　二一〇頁。
(13) 同右　二一五頁。
(14) 本書　第二章第一節。
(15) 日山前掲論文　二一二頁。
(16) これとほぼ同じ見解を示してきたマルクス経済地誌論についての批判は、本編第一章二を参照のこと。

(2)「国民経済の地域循環」と「地域経済構造」──竹内正巳氏の見解をめぐって

「国民経済」と「地域経済」の関係を「労働の社会化の法則による地域的分業と協業の発展」を媒介項として、一般的、抽象的に論じた日山氏に対し、戦後わが国の高度成長前半期を対象としてより具体的に論じたのは、竹内正巳氏である。氏の見解は、『地域経済の構造と政策』[1]に集約されている。以下、本書にみられる考え方を検討してみよう。

氏は、まず、「過密・過大都市化と、地域間格差の拡大を特別に著しいもの」としたのは、「経済の体制や構造上の問題」[2]であるとして、地域問題の本質を経済体制・構造にもとめる。そして、両者の関係を、「ことに日本の場合には、それが、封鎖体制下における特殊なメカニズムによって支えられた重化学工業部門を中心とした生産力重点主義の経済成長であっただけに、産業部門間、企業規模間、あるいはまた、民間投資と公共投資、更には公共投資内部における産業基盤への投資と生活環境施設への投資のアンバランスが目立ってきた」、「国民経済におけるこのようなアンバランスは、それが地域にも反映して地域間における不均等な発展、地域間格差を著しくすることになった。したがって、地域経済問題も国民経済各部門間における不均等発展との関連において理解し、これに対処してゆくことが必要となるであろう」[3]ととらえている。つまり、地域的不均等発展・地域間格差を国民経済におけるアンバランス・不均等発展の地域的反映としてみている。ここまでは、島恭彦、宮本憲一氏らの「地域的不均等論」と同じである[4]。

しかし、竹内氏の見解の積極性は、この段階にとどまっておらず、「国民経済」と「地域経済」の関係を、次のように、より有機的に把握しようとするところにある。

すなわち、「国民経済の特定の地域を場として行われる経済活動を地域経済と定義するとすれば、それは国民経済の一構成分子・一肢体としての地域を場とする経済であって、そこで自己完結的な経済が営なまれうる部分はほとんどない。……地域経済は、いわば、国民経済循環のあらゆるセクションの部分過程の地域的な表現に過ぎないといえる。したがって地域経済の本質やその地域の性格を解明しようとすれば、国民経済の循環を地域に即してみるということが必要であり、それとの関連で地域経済の再生産構造を把握するということが必要になってくる」[5]（傍点引用）、との指摘にみられるように、「地域経済を国民経済の地域的循環との関連において」とらえようとしている。具体的には、まず、「本社所在地が経済の管理中枢機能の役割をはたし、それが財政、金融における集権的な機構、取引決済における求心的機能と結びついて、機能中枢地域への経済力の集中をいっそう著しくし、より多くの分配所得の配分にあづかることになる。そして生産地は、単に生産の場所としての役割だけをもち、多くの利潤部分が管理中枢地において計上されるというだけでなく、企業運営の中枢機能、販売機能をそこに集中せしめることとなるが、さらにそれが国家機構と結びついて管理中枢地の支配力をいっそうたかめる」(6)、と「生産と分配の乖離」を強調する。そして、東京・大阪にある本社を核として、全国的に支店、分工場、出張所、系列企業をもつ大企業が「大きい経済循環」をもち、農業や中小企業層による「それぞれの地域に足場」をおいた「第一次の経済循環」と「地域経済循環における二つの層」の存在を指摘し、「後者の経済循環は、前者の全国民経済的な経済循環にそれぞれの地域でつながることによって、国民経済全体の循環に巻きこまれていっている」(7)としてとらえる。こうして、二つの管理中枢機能地東京・大阪を中心として東西両経済圏ができ、これらの中枢地は、所得や財政資金・産業資金循環の核としてだけでなく、「頂点産業、高度加工部門をもっており、周辺外側地域のより低度の加工段階、低次の商品形態のものとの社会的分業の関係にある」(8)とみる。したがって、このなかでの「商品の流通」は、「素材的な面では地域間の社会的分業」として「生産地相互ならびに生産地と需要地のあいだにおけるつながりや、輸送」としてとらえられ、「価値的側面からみれば」、独占的企業本社の集中する中枢管理機能地による、中小資本経営の地域産業や自給的農家がある「おくれた地域」からの「価値の吸上げ」、「大都市への経済力の集中」、「地域間格差の拡大」(9)をもたらすことになる。さらに、農村地域において多額の投資のもとで養育・教育された労働力が、「都市、ことに経済の機能中枢地である大都市にむかって圧倒的部分が流出する」ことによって、「いっそう地域間格差を大きくする」(10)と述べている。

以上のように、竹内氏は、「国民経済の地域循環」を、「管理中枢機能地」としての大都市を基軸にし、これをめぐる所得・資金、商品、労働力の地域的循環としてとらえようとしている。このうえにたって氏は、「地域区分についての考え方」にふれ、「中枢機能をもった地域に求心的に結びついて、経済が運営されている地域(11)」(経済圏)、「用地・用水・輸送等の産業関連諸施設の面で、あるいは関連下請諸部門の面で、共通の地域的基盤にたって」、「それらが有機的に結びついた地域」（産業関連地域）[12]、「日常経済生活を営なんでいる地域」（生活圏）[13]、の三つの地域概念を提示している。そして、これらの「地域」の関係について、「経済の機能による地域わけを、国民経済における機能中枢地との関係で大きくわけ、さらにその内に産業の諸関連を中心とした機能地域や日常生活の行動範囲を中心とした機能地域を設定し、それぞれの内部において斉一地域を設定してゆけば、これらの機能地域が、如何なるタイプの活動をなす地域を統合するかを知ることができるであろう[14]」、と述べている。

さらに、「地域経済の政策」について次のように述べている。

「経済の発展につれて、産業は地域的には特化の度合いを強め、地域間の社会的分業を深化せしめてゆくというのが、立地変動のなかに現われた経済の法則である。このような点と日本の地帯構造を考慮すれば」、地域政策は、自律性ある経済を営むような計画ではなく、「もっと地域的に特色のある計画がつくられ、関連地域との相互依存関係や産業分担関係を考慮して、開発や経済発展の方向づけが考慮されねばならない[15]」、「企業は自己の必要性と採算において、集中と分散を行っているものであるから、企業経営における経済的合理性を尊重し、それにもとづく立地移動の方向を検討して、賢明な誘導施策を講じなければならない[16]」、「地域の計画は、その基本方向においては、国の方針と背馳するものであってはならないが、地域住民の自主的かつ積極的な参加協力によって地方側が自主性をもって決定すべき性質のものである[17]」（以上傍点引用者）。

以上が竹内氏の見解の要点である。「地域経済論」をめぐる「国民経済的視角」と「地域的視角」との乖離が著しいなかにあって、前者の立場に基本的に立脚しながら、なおかつ後者の立場との接合をはかっている点に注目すべきものがある。しかも、それを「国民経済の地域的循環」という考え方を基軸にして展開しようというところに氏の独自性があり、社会科学としての「地域経済論」の体系化への重要な手懸りを与えるものとなっている。つまり、国民経済機構との関連を重視し、そのもとでの国民経済の地域循環を考察し、そのなかから機能地域としての経済圏をとらえる。そして、それぞれの地域を、こうした国民経済の地帯構造のなかで位置づけ、地域的不均等と地域間格差を各々の地域の分担との関連でみようとしている。

こうした考え方は、筆者が、経済地誌論や生産配置論などの経済地理学、さらには地方財政学における地域的不均等論の検討のなかから導き出してきた「地域構造論」の立場からみて、基本的に評価できる。それは、「経済諸現象の空間的展開とそれがつくりだす国民経済の地域構造をもって、経済地理学の相対的に独自の研究対象とすべきであるという考え方である[18]」。具体的には、再生産構造によって大枠を規定されながらも、その直截的な投影とは単純に把握せず、これを担う「諸部門・諸機能の立地およびそのもとでの財・サービス、所得・資金の地域的循環を分析し、こうした運動によってつくりだされる諸経済地域の重層的構造を解明するものである。そして、そのこととのかかわりあいのなかで、過密・過疎、国土利用などの諸問題の発生メカニズムを明確にすることである[18]」。さらに、こうした総体分析のなかから国土的・個別地域的レベルでの地域政策を考察しようというものである。

こうした筆者の立場からみれば、竹内氏の見解は、なお不十分な点を多く残していると言えるであろう。

第一に、氏は、すでに指摘したように「地域経済を国民経済の地域的循環との関連において」とらえようとし、そのさい「素材的・立地的側面」での地域的循環と「価値的・構造的側面」での地域的循環とを区別し、両者を統一的に把握しようとする視点を提起している。ここでは、「地域経済論」体系における立地論の位置づけに対する相対的な軽視がみられる。筆者は「地域経済論」体系の第一のテーマとして配置論を位置づけてきた。そして、「この配置の中核を形成するものは、生産部門の立地、つまり労働手段（一般的労働手段を含む）と労働力の立地であり、これが全体として生産立地の体系を形づくる」、「この生産立地体系を基礎にして、……各種の流通部門や交通・通信の手段の立地がなされる。つまり、流通の立地体系が形成される」、「さらに、こうした生産および流通を管理・統括する諸機能の立地が問題となる。……この中枢管理機能の立地体系（労働力のそれを含む）が生産立地体系および流通立地体系の中枢に位置することになる」、「そのほか、文化・教育・娯楽などの各種サービス部門の立地が加わって、経済の立地の体系が確立される」、「以上の立地体系のもとで、原材料・製品といった各種の財、さらにサービスの地域的循環が行なわれる。また、所得や資金の地域的循環も独自になされる[19]」と指摘してきた。つまり、竹内氏のように立地を地域的循環の第一の側面のなかに包含するのではなく、立地と地域的循環を相対的に区別し、前者の体系をもって「国民経済の地域構造」の骨格として位置づけ、その形成のメカニズムの相対的独自の解明の必要性を強調してきた。そして、それとのかかわりあいのなかで財・サービスといった素材的側面での地域的循環と所得・資金といった価値的側面での地域的循環といった筋肉・脈管・神経系統を位置づけている。ここに、筆者と竹内氏との「地域経済論」体系の重要なちがいがみられ、氏の立地と集積での秀れた個々の分析にもかかわらず、体系への位置づけにおける弱さがみられる。

第二は、筆者の「地域構造論」の第二のテーマとなっている「経済地域」に関することである。すでに述べたように、竹内氏は、「経済圏—経済の機能地域」、「産業関連地域」、「生活圏地域」の三つの地域概念を提起している。そして、相互の関係について、「国民経済における機能中枢地との関係で大きくわけ、さらにその内に産業の諸関連を中心とした機能地域や日常生活の行動範囲を中心とした機能地域を設定[20]」すると述べており、それぞれの地域概念を地域のスケールと対応させている。しかし、他方で、大企業による「大きい経済循環」と農業・中小企業層による「第一次の経済循環」の二つの層の存在の指摘、「両経済圏の内部には、それぞれ小さい経済の機能中枢地をもつ、いくつかの小経済圏ないし商圏を設定しうるであろう[21]」という文章もあり、両者をどのように立体的に統一すべきなのか、必ずしも明確になっていない。「産業関連地域」という狭いとらえ方ではなく、特定の産業立地が卓越する地域を「産業地域」として広くとらえ、他方、「生活圏」を「経済圏」の末端にあるものとして、これを包摂し、そのうえで「産業地域」と「経済圏」の整合性を問題にし、両者を有機的に統一したものとして「経済地域」を考える、という本編第四章で詳述するような理解がよりすっきりするのではないだろうか。

第三は、氏の地域政策のとらえ方にある。氏は、地域的不均等や地域格差といった地域問題を解決するにあたって、国の経済発展に寄与することを前提にするとともに、地域的分業の深化を是認し、そのなかで各々の地域の特殊性を重視した地域政策を追求している。しかも、その実現にあたっては、地域住民の自主的参加を強調しながらも、基本的には企業の経済合理性の範囲内で立地誘導によるべきものと主張している。これは、「国民経済の機構上の問題として起る地域間の不均等発展、大都市への経済力の集中は、そこに地方や農村から、中央や大都市への価値の吸い上げの諸機構が存在している」にもかかわらず、政府の地域開発政策が、「経済の機構上起る問題を立地問題として解決しようとしている(22)」という批判と密接に結びついている。つまり地域問題は、主として地域的循環の価値的側面にかかわることであって、立地問題にあるのではない。したがって、立地は経済の合理性の範囲内に誘導するだけでよいとの基本認識があると考えられる。地域問題を経済の機構上起るものとしてとらえようとする氏の積極的姿勢には、基本的に賛成である。にもかかわらず、企業の利潤動機を前提とした経済合理性による立地・配置を基本的に是認するわけにはいかないであろう。これは、すでに指摘した立地・配置論の相対的軽視の姿勢と結びついているとも考えられる。地域問題を最小限にする「あるべき国民経済」、「あるべき地域構造」を模索し、そのなかで産業の立地・配置を位置づけ、規制によって実現すべきものであろう。

いままでみてきたように、竹内氏の見解には、「国民経済の地域的循環」を鍵《キー》概念として「地域経済」をとらえようとする基本的立場、およびこれに基づいてなされた個々の分析には、学ぶべき多くの指摘がある。と同時に、「地域経済論」体系化を模索する筆者の立場からすれば、指摘したようないくつかの重要な問題を有していると言えるであろう。

(1) 竹内正己『地域経済の構造と致策』法律文化社　一九六六年。
(2) 同右　はしがき。
(3) 同右　一四四頁。
(4) 本編　第二章一。
(5) 竹内前掲書　一一頁。
(6) 同右　一四頁。
(7) 同右。
(8) 同右　一五頁。
(9) 同右　一八頁。
(10) 同右　一九頁。
(11) 同右　二三頁。
(12) 同右　二三～四頁。
(13) 同右　二四頁。
(14) 同右　二二頁。
(15) 同右　一六九頁。
(16) 同右　二〇七頁。
(17) 同右　一六九～七〇頁。
(18) 本編　第一章一　一二頁。
(19) 同右　六三頁。
(20) 竹内前掲書　二二頁。
(21) 同右　二三頁。
(22) 同右　二一五頁。

(3) 「地域間の平等・均衡」と「地域経済」―川島哲郎氏の見解をめぐつて

竹内正巳氏が「国民経済的視

角」からの「地域経済」の構築にかなりの程度成功しているにもかかわらず、「あるべき地域構造」の模索という姿勢が弱く、地域政策の点で迫力を欠いたのに対し、同じく「国民経済的視角」に立ちながら、「あるべき地域構造」を真正面から論じたのは、川島哲郎氏である。氏は、論文「地域間の平等と均衡について[1]」で、大略以下のように論じている。

まず、「地域問題を基本的には地域的不平等の問題として理解する考え方[2]」に賛意を示し、そのうえで、「地域間不平等」を「一国の地域構造とどう結びつけて理解するかということ[3]」が問題であると説く。そして、とりあえず、「地域間不平等」を「地域間の経済的不平等」に限定して考察するとしつつ、その代表的指標として「所得の地域格差」にしぼって、検討を進めていく。

氏によれば、所得の地域格差は、「地域とはほんらい直接の関連をもたない部門間、業種間、企業間、階級間、階層間の所得格差」といった「経済主体間の所得格差のいわば空間的投影ともいうべきものである[4]」とする。そのうえで、「これらの所得格差一般が上述のように地域に投影され、所得の地域格差という形態をとるためには、いま一つの条件、すなわち産業構造の差異を基礎とする地域間の経済構造の差異が不可欠の条件となる[5]」と指摘する。こうして、「地域間の経済構造の差異」なる考え方を導き出し、これを「平準化」しなければならないと説く。それは、①労働力の地域間移動なしに就業機会の均等を確保する、②産業の盛衰や交替、景気の変動などからくる地域経済への影響を緩和する、③国内資源とくに水・土地などを有効に利用する、④消費生活の平等を保証する、⑤公害や自然環境の損壊・衰失など犠牲負担を平等化する、以上の諸点から必要であるとみる[6]。こうして、「地域間平等の問題は、たんなる地域間の所得の平等化などよりは、むしろ地域間の産業構造を基礎とする経済構造の平準化の側にある[7]」と結論づけている。

そこで、「経済構造の平準化」の単位となる「地域」が問題となる。この点については、「地域は地理学でいう機能地域（統一地域、または結節地域）のカテゴリーに属するものでなければならない[8]」とし、「国民経済はただ一種の、唯一の機能地域をもって構成されているわけではない。その内部には全国を二分するような超地方的な機能地域があり、さらにその内部にいくつかの地方的規模の機能地域が存在し、地方的規模の機能地域はさらにその内部に数個の地区的規模の機能地域を包含するというように、いわば重層的に構成されている[9]」と述べている。さらに、「一般に地域経済とよばれるものは、空間的にはこのように国民経済という機能地域を構成する各層の機能地域のことである」、「地域経済は、一定の機能的統一をもつ地域として実在する。すなわちそれは生産、流通、分配、消費にかんする核をもち、ある範囲の経済循環をもっぱら域内で行っている。そして同時により規模の大きい上位の地域経済の機能的統一に組みこまれ、最終的に国民経済につながるのである[10]」と、「地域経済」概念を規定している。

以上のように、「地域間平等の問題を機能地域概念に結びつけ、国民経済の空間的編成に対応する経済構造の平準化[11]」を主張する川島氏の見解には、いくつかの特徴がみられる。

第一は、「地域経済」を、「現代資本主義社会での経済の空間的展開と、それがつくりだす経済の地域構造[12]」のなかで明確に位置づけながら概念規定しており、「国民経済的視角」が重視されていることである。

しかも、「国民経済の内部にこのような経済の地域的循環と機能の地域的統一が形成される[13]」といった「地域構造」は、「その少なからざる部分を現代資本主義経済の構造とビヘビアーに負うている[14]」との立場をとっている。つまり、「規模の経済性の限界、集積の不利益の問題」や「立地制約産業」の存在が、「経済活動の空間的制約」をもたらし、それゆえに、「社会的分業の進展と細分化に伴う地域的分業の展開は、地域間の産業構造の差異を、一面的に激化させていくとは限らない[15]」として、「地域的分業の徹底化」と地域の機能特化を一面的に描き出している通説的理解を批判している。つまり、地域的分業の展開のなかに地域間の産業構造の平準化への芽をみいだしている、と言うことができるのである。

これは、「全国市場をもつ産業の集積は、他の集積地との関係でおのずから集積の累積的拡大も制約をうける。すなわち、国内市場の拡大にともなって地域市場が一定の大きさをもつようになれば、当該市場を対象として集積の利益を発揮しうる生産手段の新たな集積が可能となるからである」、「東西両経済圏の存在と両者の産業構造の類似化傾向」が生じるのは、「東の市場には東の集積地からの輸送が、西の市場に対しては西の集積地からの輸送がより輸送費の節約にかなう条件があるからである。地域市場がさらに発展すれば、さらにいくつかの地域市場を前提として、集積の利益を発揮しうる新たな集積地を求めることも可能となるであろう[16]」という竹内氏の指摘とも共通している。

また、筆者が「大資本支配型の工業においても、『一点集中型』の立地ではなく、地域市場分割に対応してそれぞれの市場の拠点に立地を展開するという『投資戦略』が基本となっている、全国一拠点から東西二拠点、さらには三―四拠点というかたちで立地の『分散』化がみられる[17]」として、「独占段階における独占資本の市場の地域分割的な立地戦略によって」、「経済地域」が「より明確なかたちを呈してきた[18]」と述べたこととも深く関連している。しかも、これらのことは、筆者を含む「地域構造研究会」の一連の分析によっても確認されている[19]。

こうした、現実をより正しく反映した認識は、ここにあらためて繰り返えすまでもなく、国民経済の空間的展開とそれがつくりだす地域構造という「国民経済的視角」から、「地域経済」の重層性を位置づけたがゆえに可能であったといえる。

第二の点は、第一の点とかかわってでてくる。すなわち、氏は、「あるべき地域構造」について、「地域間の経済構造の平準化による地域間平等と均衡の実現」と明確な目標を提示しており、しかも、それは、「観念の上だけに存在しうる理想モデルであってはなら」ず、「現実の経済の空間的展開の延長上に、少なくともそれとの関連において存在するものでなければならない[20]」とする立場をとっていることである。現代資本主義の発展のなかでつくられた地域構造、とくに重層的に編成された地域経済について、そのなかに新たな社会のなかで実現されるべき「地域構造」の芽をみいだし、これを「地域間の経済構造の平準化」という視点から修正することに「地域問題」解決の方向をみいだそうとしている。中村、野原、清成氏らのように、歴史的発展の論理との断層のなかで「理想的モデル」を提示するわけでもなく、また、日山、竹内氏らのように現実の地域分業を基本的に是認するのでもない、現実的かつ変革的な政策提起となっている。ここに、川島見解の積極性をみいだすことができよう。

このように、川島氏の「地域経済」概念なるものは、中村氏の「地域性」、野原氏の「地域的再生産圏」、清成氏の「地域内循環」など「地域的視角」からの諸概念とちがって、むしろ竹内氏と同様に「国民経済の地域構造」のなかから抽出し、その意味でより社会科学的とみることができる。にもかかわらず、野原、清成氏らに対して提起した疑問点が川島氏に対してもあてはまる部分を有している。それは、「超地方的規模」、「地方的規模」、「地区的規模」といった「機能地域」のスケールを具体的にどのように考えているのか、依然不鮮明なことである。「超地方的規模」については、「全国を二分するような」という形容詞がついているが、他の二つについては何ら言及されていない。また、いかなる生産・流通・分配・消費が、それぞれいかなる範囲での経済循環を行なっているのかについても明らかにされていない。つまり、地域経済の重層的編成なるものに、ほとんどふれておらず、前述の二氏同様抽象的・一般的指摘にとどまっている、と言えるのである。川島氏の問題意識の根底に現実に生起している「地域問題」を解決する「地域政策」の提起があるとするならば、少なくとも日本資本主義を対象とした具体的分析があってしかるべきであり、これが第三点である。

最後に、氏が地域構造の把握に際して、「機能地域」的把握を強調し、「等質地域」的とらえ方に消極的な点である。これについて、「都市地域と農村地域、工業地帯と農業地帯といった地域把握からは、つねに両地域の所得の格差や成長の不均衡といった種類の問題がもっぱらとりあげられることになる。しかしくりかえすまでもなく、両地域の所得の格差、成長速度の差とは、非農業と農業との、工業と農業との所得格差であり、成長速度の差に他ならない」[(21)]と述べている。しかし、一国の地域構造の総体を把握する場合、それがたとえ経済主体間の価値収奪や成長速度の差異の仮象であっても、「地域間の価値収奪や不均等発展」として現象する以上、等質地域間の経済関係分析は不可欠であろう。こうした経済関係が、機能地域間の経済構造のアンバランスを加速するとともに、経済力の局地的集積・集中を強化することを軽視すべきではないであろう。国民経済の地域構造は、機能地域的視点と等質地域的視点との統一的把握によって、はじめて立体的にとらえられうるのではなかろうか。重層的に編成されている機能地域の結節点を結ぶことによってできるネット・ワーク、その網の糸と結び目を通って所得・資金が吸いあげられていくのであり、また、中枢管理機能による支配が最末端まで貫徹していくのである。都市と農村、大都市と地方都市との間の支配と従属、格差の拡大は、こうした機構を通じて再生産されている。この点をより明確に位置づける必要があるのではなかろうか。

(1)　川島哲郎「地域間の平等と均衡について」『経済学雑誌』七九巻一号　一九七八年。
(2)　同右　一頁。
(3)　同右　三頁。
(4)　同右　七頁。
(5)　同右。
(6)　同右　一一～四頁。
(7)　同右　一三頁。
(8)　同右　一五頁。
(9)　同右　一六頁。
(10)　同右。
(11)　同右　一七頁。
(12)　同右　一一頁。

(13) 同右　一六頁。
(14) 同右　一一頁。
(15) 同右　一〇頁。
(16) 竹内前掲書　五八頁。
(17) 本書　六七頁。
(18) 同右　六八頁。
(19) 地域構造研究会（代表北村嘉行）は、日本経済の地域構造についての実証分析を共同作業のかたちで進め、すでに、北村嘉行・矢田俊文編著『日本工業の地域構造』大明堂　一九七七年。長岡顕・中藤康俊・山口不二雄編著『日本農業の地域構造』大明堂　一九七八年。北村嘉行・寺阪昭信編著『流通・情報の地域構造』大明堂　一九七九年。伊藤達也・内藤博夫・山口不二雄編著『人口流動の地域構造』大明堂　一九七九年。以上の四巻を刊行している。その後以下の二巻が刊行されシリーズは終了した。朝野洋一・寺阪昭信・北村嘉行編著『地域の概念と地域構造』大明堂　一九八八年。千葉立也・藤田直晴・矢田俊文・山本健兒編著『所得・資金の地域構造』大明堂　一九八八年。なお、地域構造研究会の会長であった北村嘉行氏に加え伊藤達也（人口問題研究所）、山口不二雄の三氏はすでに鬼籍の人となった。時の流れを感じざるをえない。
(20) 川島前掲論文　五頁。
(21) 同右　一四～六頁。

4　むすび

いままでの検討によって、わが国の「地域経済論」において、二つの視角が存在することが明らかとなった。一つは、個々の具体的な地域の分析、あるいはその地域のあるべき方向の検討のなかから積みあげられ、一般化されつつある「地域経済論」である。一言でいえば、「地域」からの、ないしは下からの「地域経済論」である。他の一つは国民経済の発展とそのもとでの経済の空間的展開のなかで「地域」をとらえようとする「地域経済論」である。つまり、「国民経済」からの、ないしは上からの「地域経済論」である。今松英悦氏が、「地域経済研究について筆者はまだ、確立した方法論はないと考えている。つまり、経済地理学から出発した場合には、地域および立地論についての蓄積はあるにしても、地方自治や地方財政の契機は入りにくい。また、地方財政論から出発した場合には、産業構造論・地域構造論的な観点が欠如しがちである。また、別の表現をすれば、経済地理学的地域経済研究は国民経済的な地域構造論から出発し、小レベルでの地域に至り、地方財政論的地域経済論は、国民経済的視点をふまえつつも基本的には地域から出発し、国民経済に至るというものである[1]」と指摘しているのも、こうした「地域経済論」についての二つの視角を「経済地理学的」と「地方財政論的」という用語でとらえているのである。

しかし、経済地理学のなかにおいても二つの視角が存在し、十分に統一されないままになっていることは、すでに筆者がサーヴェイした通りである[2]。すなわち、「地域的視角」を重視する立場は、地理学の伝統である「地誌」を引き継いで経済地誌を主張し、他方で経済の空間的展開を重視する立場は、立地論や配置論の系譜を受け継いでいる。杉野圀明氏が次のように述べているのは、まさにこうした状況をとらえているといえよう。

「経済学は資本主義社会の経済構造とその運動法則を明らかにするものである。もしこの研究課題が認められるなら、経済地理学なるものは、まさにその『地理』という形容規定によって特殊化されたものとして[3]」課題が設定される。一つは、「資本主義社会における『一定地域』の経済構造とその運動法則を分析し、これを明らかにする[4]」ことである。この場合の「地域」は、「まさしく研究の出発点として現存する具体的な『地域』であり、また、一定の課題意識をもってする分析対象としての地域であったし、いうなれば、現状分析論としての経済地理学がとりあつかう『地域』であったのである。したがって当然のことながら問題の力点はその『地域』におかれているのである[5]」。

他の一つは、「『国民経済の構造とその運動法則を地理的側面から一般的なかたちで明らかにする科学』であると考える(6)」ことである。「ここにおいては、力点が特定の地域にではなく国民経済にあり、それを構成する部分として地域経済が問題になるにすぎない」、(だからここでは、地域経済の相互的関連とその全体的構造の究明が中心課題とならざるをえない(7)」(以上傍点引用者)ということになる。

したがって、「地域経済」を把握するにあたっての二つの視角は、なにも最近流行になりつつある「地域経済論」に特有なものでなく、それ以前に長い間「地域」を研究対象としてきた経済地理学においてすでに存在してきたのであり、両者の統一が未解決のまま現今の「地域経済論」に引き継がれているのである。個々の論者がこのことを意識するか否かにかかわらず、これは客観的な事実である。

ところで、「経済地理学」や「地域経済論」における二つの視角の内容上の統一は、はたして可能であろうか。もし可能ならば、いかなる点を克服すべきなのであろうか。最後にこの点についてふれてみよう。

たしかに、「一定地域の住民が、その地域の風土的個性を背景に、その地域の共同体に対して一体感をもち、地域の行政的・経済的自立性と文化的独立性とを追求する(8)」といった玉野井芳郎氏のいう「地域主義」と、地域的分業と協業の発展のなかに「労働の社会化の法則」の貫徹と進歩的役割をみようとする日山宏氏の「地域経済論」とは、ほとんど歩みより不可能な距離を感じさせる。しかし、中村氏らの個別地域の分析のなかに「国民経済の地域構造」が考慮されたり(9)、野原氏が「地域的再生産圏の重層的編成物としての国民経済」というとらえ方をしたり、清成氏が「経済の地域内循環」領域の重層的な編成を主張しているところに、「地域」的視角の側からの「国民経済」との統一の方向をみることができる。他方、竹内氏は「国民経済の地域循環」のなかで経済地域を考え、筆者も「国民経済の地域構造」のなかで個別の地域経済を位置づけられるものと主張している。つまり、下から上へ(地域から国民経済へ)の研究方向と、上から下へ(国民経済から地域へ)の研究方向が接近しつつあると考えることも不可能ではない。

ここに両者の統一の芽をみることができる。にもかかわらず、両者の内容上の統一は依然なされていない。それには、二つの問題点が存在していると思われる。

第一は、「地域的視角」の側からは、生活圏レベルの「地域」については、きわめて鮮明にとらえながら、それ以上の範囲の「地域」については、あまりに一般的・抽象的にとどまっており、逆に「国民経済的視角」の側からは、東西経済圏レベルのきわめて広域的な「地域」の摘出のみに成功し、それ以下のものについては、あまりに不鮮明となっていることにある。つまり、中間的な範囲の多層な「地域」の解明が、近年努力されつつあるにもかかわらず、依然として弱く、地域の重層性なるものが理論的にも実証的にも十分にとらえられていないのである。

第二は、より本質的な問題とかかわっている。すなわち、「地域的視角」に立つ論者の多くは、地域住民の生活圏レベルでの地域問題と深くかかわっており、これを解決しようとする実践的課題のなかから「地域経済論」を構築しようとしており、きわめて問題意識の鋭い方法論追求となっている。したがって、国民経済の地域構造といったスケールが大きく、また個々の地域と直接かかわりにくい研究にはあまり興味を示さず、逆に「事実を事実としてとらえる」という研究態度を生ぬるいとして、しばしば激しく糾弾するほど「近視眼的」姿勢を示す。しかし繰り返すまでもなく、国民経済の地域構造の形成論理のなかで個々の地域を科学的に位置づけることなくして、有効な「地域政策」を提起することはできない。他方、「国民経済的視角」に立つ論者の多くは、既存の経済学の成果のうえに立つて、「机上」で論理展開を行ないがちとなり、地域問題といっても過密と過疎、都市と農村、地域間格差など相対的に一般的なとらえ方に興味を示し、個別の「地域問題を解決し、地域経済を育成していく主体的な運動と結合」(10)しにくい弱さを示しがちである。したがって、「地域問題」を解決するためにいかなる「地域構造」を歴史の発展の継続性と断続性のなかで構築すべきかという視点がしばしば欠落してしまう。本稿でとりあげた日山氏や竹内氏にこうした点をみることができる。

こうした二つの視角の底に横たわる問題意識の違いは、個々の論争のなかに常にあらわれており、より複雑な様相を呈している。真の意味での両者の統一は、資本主義社会における地域構造の形成の論理の解明を相対的に独自な課題として確認し、これを理論的・実証的に解明するとともに、「地域問題」を真に解決するという立場から、地域住民運動とともに、こうした地域構造の変革の方向を模索し、個々の地域経済の再建もこれとの関連で追求していくことであろう。

(1) 今松英悦「レビュー・北海道立総合経済研究所」『地域』三号 一九八〇年 一二二頁。
(2) 本編、第一章二。
(3) 杉野圀明「経済地理学方法論における『経済地域』について」『立命館経済学』二十巻三号 一九七一年 三三頁。
(4) 同右 三三頁。
(5) 同右 三七頁。
(6) 同右。
(7) 同右。
(8) 玉野井芳郎『地域分権の思想』東洋経済新報社 一九七七年 七頁。
なお、地域主義についての筆者の見解については、本編、第二章四を参照のこと。
(9) たとえば、宮本憲一編著『大都市とコンビナート・大阪』筑摩書房 一九七七年。
(10) 中村第三論文 四二頁。

本節は、文部省科学研究費・総合A(課題番号二三三〇〇三)の報告書『都市過密化と農・山・漁村過疎化現象の統計的研究』(代表者田口時夫・小林謙一)に掲載した「経済地域概念をめぐって」という筆者の論文をもとに大幅に書き改めたものである。また、本節で取りあげた論文・著作の多くは、法政大学大学院社会科学系の私の講義(一九七九年度)で検討したものである。共同討議に加わった高橋友雄、鎌田誠、儀間久米男(以上法政大学)、千葉立也、西岡陽子、松橋公治、松原宏（以上東京大学）、田村和彦（日本大学）、太田理子（お茶の水女子大学）、田村均（明治大学）ら院生、および戸倉信一（都立鳥山工高）、三浦真（都立小石川高）氏らに記して感謝したい。なお、討議のなかで、筆者と異なる評価、あるいは重要な論点の提示が院生の側からなされたが、それらの見解については、あえてここでふれないことにした。

三　地域問題をめぐる諸研究
―上原信博、宮本憲一、野原敏雄氏らの著作にふれて―

戦後日本資本主義の高蓄積が、過密・過疎問題、都市問題、大規模工業基地建設にともなう地域破壊など、「地域問題」として一括することのできるような諸矛盾の激化をもたらしたことは、周知のとおりである。また、この間の政府の地域開発政策が、こうした「地域問題」を助長し、先導的役割さえはたしたことは、あらためて論ずるまでもない事実である。こうした「地域問題」の激化と地域開発政策の展開のなかにあって、都道府県、市町村といった地方自治体がいかなる立場に立ち、いかなる政策を行なうかは、「地域問題」に苦しんでいる地域住民にとって、決定的に重要な意味をもっているのである。このことは、「地域問題」が激化するにともなって、各地で住民運動が活発化し、各級の地方自治体の選挙で保守と革新の激烈なたたかいがみられ、かなりのところで「革新自治体」が誕生していったことからも明らかである。

こうした「地域」をめぐる事態の展開は、既存の社会科学、とくにその中心である経済学にたいし、多くの課題を提起した。それは、「地域問題」の実態の詳細な把握であり、また、そうした「地域問題」発生のメカニズムを経済機構とのかかわりあいのなかで解明することであり、さらには、革新自治体のとるべき地域政策の基本的方向の提示であった。しかしながら、わが国の経済学、とくにこうした問題提起に積極的に寄与しうるはずのマルクス経済学は、事態の進展に敏速に対応できるほどの理論的・実証的蓄積を十分にもちあわせているわけではなかった。なぜなら、国民経済内部の地域経済を対象とする独自の分野がほとんど確立しておらず、この側面での蓄積が極端に弱かったからである。経済学体系のなかで、この分野は、いわば「エアーポケット」となっていた。そのため、事態の進展に対応して、多くの関連研究分野がこの「エアーポケット」に積極的に参入するかたちで研究が進むことになった。農業地域の分析の蓄積をもっていた農業経済学、地場産業研究をも自己の分野に包摂していた中小企業論、地方財政分析との関連でその経済的基盤に関心を拡大していった地方財政学、経済地誌という名のもとに地域の経済的諸現象の調査・記述という伝統を有していた経済地理学、といった経済学内の分野だけでなく、地方政治学、地域社会学、都市工学などの隣接科学も新規参入を試みてきたのである。

これらの研究成果は、一九六〇年代後半からいくつかではじめ、七〇年代にはいってかなりの出版がみられるようになった。しかしながら、これらの研究の多くは、当面する「地域問題」、住民運動、革新自治体の政策といった緊急の課題に応じたもので、地域経済論の課題や方法をも独自に追究したものは必ずしも多くはない。既存の経済学諸分野の「地域版」的なものにとどまっているのが圧倒的である。その意味で、こうした研究の蓄積のうえにたって、地域経済論のあり方が真剣に模索されねばならないであろう。この過程をへなければ、「地域問題」の真の意味での解決の方向が展望しえないし、他方で「地域問題」という新しい矛盾を包摂した経済学体系の発展も不可能であろう。

本節は、以上のような問題意識のもとに、最近あいついで発刊された三つの労作、すなわち、上原信博編著『地域開発と産業構造』(1)、宮本憲一編『大都市とコンビナート・大阪』(2)、野原敏雄著『日本資本主義と地域経済』(3)を検討するとともに、そのなかで筆者なりの地域経済論の方向について模索しようとするものである。

（1）上原信博編著『地域開発と産業構造』御茶の水書房　一九七七年。
（2）宮本憲一編『大都市とコンビナート・大阪』筑摩書房　一九七七年。
（3）野原敏雄『日本資本主義と地域経済』大月書店　一九七七年。

1　地方自治体と地域

まず、上原信博編著『地域開発と産業構造』から検討しよう。

本書は、静岡大学人文学部法経学科の経済学専攻教官を主体とした共同研究の成果のうえに、新たに教育学部・教養部教官をも加えた研究グループを発足させ、一九七五年度の文部省科学研究費（一般研究）に基づく共同研究「東海地方における産業構造および社会構造の変容に関する研究」の成果をまとめたものである。執筆者は、経済学の諸分野だけでなく法律学、地理学、社会学研究者も加えており、総勢一六名におよぶ「学際的な調査研究」のかたちをとっており、本文五八五頁にのぼる大作となっている。

「はしがき」（上原信博）によれば、本書は、「戦後日本資本主義の『高度成長』段階―それは同時に重化学工業の創出過程―に進行した地域構造再編の基礎過程とその特質を明らかにしようとしたもの」であり、そのために「『高度成長』の下で、大きく変貌をとげた地域の経済・社会構造の実証的研究が不可欠であると考え、具体的には、東海地域を対象に、この課題に応えようとした[1]」ものであるとされている。より具体的にいえば、「戦後の地域開発政策が、『高度成長』過程で顕在化した産業部門間・地域格差の是正、さらには地域経済の振興を基本目標としつつも、具体的にはいかなる手続きと過程をへて実施され、またその結果、地域の産業・経済構造にいかなる変動がもたらされ、あるいは地域住民の生産活動・社会生活ないしは社会構成にどのようなインパクトが与えられたかを、東海地域について経済・行財政・労働・社会の諸側面より分析・検討するのが本書の主題[2]」であり、研究対象を東海地域とくに静岡県をとりあげた、と指摘している。

したがって、本書の構成は、序章で東海地域・静岡県の全国的位置づけ、第一編「地域開発と経済計画」で「高度成長」期の経済開発計画ないし開発方法の形成経過と問題点、第二編「地域行財政の諸問題」で自治体財政、公共投資、地方公社について、それぞれ論じたものとなっている。また、第三編「地域産業＝経済構造の実態分析」では、静岡県の工業、電力、農業、海外貿易の諸問題について、第四編「地域の労働力構成と労働問題」では、人口・労働力移動、就業構造、賃金、労働組合について、第五編「地域社会と住民」では、地域社会構造の変容、公害・環境問題について、それぞれ分析している。

このように、本書は、地方国立大学の社会科学の研究スタッフが、それぞれの専門分野から地元の「地域経済」の実態についての共同分析を試みたものであり、そうした意味で一つの研究者運動としての熱気を感じるものである。また、多くの大学の社会科学研究者が、このように地元の都道府県経済の実態分析を共同で行なうならば、当該地方自治体の置かれている経済的状態が客観的に明らかにされるとともに、あるべき自治体政策追求の重要な材料を提供することになろう。その意味でも、本書は一つの先導的試みとして積極的に評価することができるであろう。

しかしながら、冒頭にのべた筆者の問題意識からするならば、いくつかの疑問が生じてくる。

その最大のものは、諸科学・諸分野が静岡県という地域を対象に分析した結果、総体として何が明らかになったかということである。

個々の論文が、若干の例外を除いて、共通に静岡県という一つの「地域」を対象にして、各々の分野の視点からの分析を行ない、項目のうえでは多角的かつ総合的に叙述されているかたちをとっている。しかし、内容的にみると、相互の研究が十分に総合化されているとは必ずしも評価することができない。多角的側面からの論文の集合で、それだけで「地域経済」の総合的把握になるものではなく、そこに一つの方法論上の困難が横たわっているはずである。

本書において、この点が十分に考慮されていたかどうか疑問である。

なるほど、第六章「静岡県工業の構造と地域開発」（小桜義明）に述べられているように、「これまでの多くの地域研究が一国単位としての〝地域〟研究であり、国家内の行政区域としての〝地域〟が正面から分析されたことが少ない」、「例えば経済学の分野でのこれまでの地域経済、地域産業の分析は、日本資本主義分析における一つの課題・問題の解明を基本目的としており、その地域はその問題の解明の一例証として、あるいは一典型として取り上げられたにすぎない」との反省のうえに、「〝静岡県〟という地域の総合把握、すなわち政治・経済・社会・文化等のあらゆる側面からの地域の全面的分析(3)」を強調した論者もみられる。しかし、こうした問題意識がどの程度研究者全体の共通認識となっていたのか、あるいはそうであったとしても、諸側面からの個々の分析の集合と「地域の総合把握」、「地域の全面的分析」との間の質的断層をどの程度考慮したのか、本書を一読するかぎり疑問は解消されない。その最大の根拠は、本書には「まとめ」の部分が欠落していることである。さらに、「地域の総合把握」、「地域の全面分析」の方法論を欠如したままで、諸側面からの地域の実態分析をするならば、「一つの課題・問題の解明を基本目的」とした地域の実態調査にみられた研ぎすまされた問題意識までも稀薄になり、単なる地域の統計操作や事実の羅列に終わってしまうことになりがちである。本書のいくつかの論文に、そうしたものが散見されたのは残念である。もともと、特定の地域の経済的諸特徴を総体として把握し、記述するのを学問的テーマとすると主張してきた経済地理学(地誌学派)が、実際上の分析結果においてほとんど成功しえず、分析上の甘さを暴露してきたという事実を厳粛にみつめるべきであろう。これは、経済地理学に社会科学的蓄積が弱いことに基本的要因があるのではなく、方法論上の弱さにあるとみるべきであろう。一定の社会科学的蓄積をもった研究者の共同研究成果たる本書を読んで、ますますその感を深くした。

第二は、「地域経済」における「地域」にたいする考え方である。

小桜氏によれば、「行政区域としての『静岡県』という〝地域〟の総合的分析を基本目的としている」との立場を表明したうえで、行政区域つまり「国家権力によって支配の単位として人為的に区分された地域」について、つぎのように位置づけている。「この国家権力による支配の単位としての地域は、一応そこでの階級支配の中心機関としての地方自治体＝『静岡県』によって統轄されている。この『地域＝静岡県』での社会的・経済的諸矛盾は、それ自体日本資本主義の一般的性格から派生するにしても、地域的には一応静岡県という行政権力にむかって集約される。すなわち、日本資本主義の発展における階級的諸矛盾、階級闘争は『地域』という場所において『地方自治体』という行政権力をめぐる闘争にかなりの部分が集中されることとなる」、「行政権力としての地方自治体は、……国家権力の下部機構でありながら、同時に住民の自治組織という矛盾した二側面をもち、国家権力の中で最も弱い環となっている」とのべ、「行政区域としての静岡県域を統轄する地方自治体としての『静岡県』をめぐる諸階級の対立・矛盾の経済的諸条件、その物質的基盤」(4)（筆点引用者）の分析の意義を強調している。そして、その際の立脚点として「地域論」を強調し、つぎのようにのべている。「地域論の立場とは同時に、その地域を変革する立場でもある。……静岡県を分析対象としたのは、まったく筆者自身が静岡県に居住し生活し働いているという理由以外の何ものでもない。自分達の生活の場としての静岡県をよりよい地域とするために静岡県を研究対象とするのである。同時にそれはこの地域を統轄する地方自治体としての静岡県が、地域の住民の生活擁護のために機能するためである」(5)。ここには、社会科学者であるとともに、地域住民の一人である氏の積極的な実践への取り組みの姿勢を感じ、読者を感動させるものがある。しかし、氏の論旨のなかには、日本資本主義の発展における階級的諸矛盾、階級闘争における「地方自治体」の役割を過大に評価し、そのうえに立って、実践的立場からこの「地方自治体」を一つの「地域」単位とすることの重要性を論証し、その経済的諸条件の分析をもって「地域経済」論の課題であるとする考え方を読みとることができる。なぜなら、「国家権力によって支配の単位として人為的に区分された地域」と一資本主義経済発展による地域の変容と一定程度背離せざるをえない」(6)としながらも、後者つまり資本主義発展のなかで行なわれる全国土的な地域的編成、およびそのなかで形成される「経済地域」についての分析がほとんど欠落しているからである。本書の他の論文の多くも、静岡県を一つの「地域」とみなし、その位置づけを全国との単純な対比で行なっている。分析対象とした地域が、全国的地域編成のなかにどのように位置づけられるのか、明確な分析がほとんどみられない。地域経済論が自治体闘争と結合するかたちで発生してきたケースが多いだけに、こうした地方自治体を単純に「地域」の単位としてしまう傾向が強く、この点は再検討されるべき時期にきているのではないだろうか。

(1) 上原前掲書　五頁。
(2) 同右　六頁。
(3) 同右　一八三頁。
(4) 同右　一八五頁。
(5) 同右　一八六頁。
(6) 同右　一八五頁。

2　地域経済分析のあり方

「地域の経済・社会構造を総括的に把握する」という一般的なテーマのもとに「学際的な調査研究」を行なった前者にたいし、「学際的研究では十数年以上の経験をもっている」とされる編者が「学際的研究あるいは共同研究の方法論の弱さ」を十分に意識しながら、地域経済分析を共同で行なってきた成果の一つが、宮本憲一編『大都市とコンビナート・大阪』である。

本書は、関西水俣病問題研究会が発展的に改組し、地域問題全般にわたる恒常的調査研究をめざして、関西地域の若手研究者によって組織された地域自治体問題研究会の手でつくられた講座『地域開発と自治体』全三巻の第一巻であり、第二巻『公害都市の再生・水俣』、第三巻『開発と自治の展望・沖縄』も発刊されており、完結したものとなっている。したがって、本書（第一巻）の序章「地域開発の現実と課題」（宮本憲一）において本講座全体の論点が提示されている。

この序章において、宮本氏は「地域開発論の新しい研究方法を確立したい(1)」という本講座のねらいを明示したうえで、「地域開発」の定義、「地域開発研究の方法と理論的課題」を提起し、最後に「本講座は、戦後地域開発の決算書とその事後対策を明らかにするとともに、その史的教訓の上にたって、こんごの開発を展望しようとするものである(2)」と指摘している。そして、第一巻を、「戦後の高度成長の原動力となった拠点開発方式の典型として、堺・泉北コンビナートをとりあげ(3)」たものと位置づけている。つまり、本書の目的は、ひとことで表現すれば、「コンビナートの実態を素材的にも体制的にもどれだけ正確に把握し、従来の産業規制や環境管理政策のうち、どれが有効でどれが無効か、また新しい課題はなにかを明らかにする戦後決算書をつくること(4)」にあるとしている。したがって、本書はきわめて明瞭な問題意識のもとにつくられた共同研究の成果となっている。

本書は、序章とⅠ～Ⅶ章、三三四頁からなっており、第Ⅰ章「コンビナートと地域開発」（中村剛治郎）、第Ⅱ章「コンビナートと開発行財政制度」（横田茂・水口憲人）、第Ⅲ章「土地利用計画と地域空間の変容」（住田昌二・梶浦恒男）、第Ⅳ章「堺・泉北臨海工業地帯造成と税財政」（遠藤宏一）、第Ⅴ章「コンビナートの公害と災害」（塚谷恒雄）、第Ⅵ章「コンビナートと都市政治」（加茂利男）、第Ⅶ章「大都市臨海地域開発の展望」（宮本憲一・保母武彦）、といった章だてである。これらの個々の論文は、前述した明確な問題意識のうえに立ち、しかも「この四年間毎月のように研究会をひらき、さらに、執筆をおわった後も、各巻とも数回の編集会議をして調整した」（はじめに）だけあって、一、二の例外を除いては水準の高いものである。とくに、第Ⅱ章の「大阪府という大規模自治体の擁する行政を基礎として、府政の最重点施策として設定された開発プロジェクトを最も機動的に実施する組織として生まれた(5)」企業局方針の詳細な分析は説得的であり、「地域開発の決算書」をめざした本書にとって、もっともふさわしい論文となっている。しかし、ここではこれ以上個々の論文に立ちいらないことにし、冒頭でかかげた筆者の問題意識、つまり地域経済論の方法上の模索にかかわる点にしぼり、これに直接関連して序章、第Ⅰ章、第Ⅵ章、第Ⅶ章を中心に検討してみよう。

まず、第一に注目されることは、堺・泉北コンビナートの進出の論理を「日本の素材型重化学工業独占資本の新規立地要求の高まりと、その実現を柱とする政府の産業立地政策(6)」といった全国土的スケールでの資本の立地運動および政府の立地政策という視点と、関西財界をリードする「地域有力資本の企業戦略」およびそれと結びついた府の地域政策、以上の二つの動きを統一的にとらえることによって説明したことである。この点はとくに第Ⅰ章と第Ⅵ章に展開されている。すなわち、前者については、素材型重化学工業の立地運動が集積利益の享受を求めて大都市圏につづく太平洋ベルト地帯に集中・集積するかたちで展開し、政府の産業立地政策が徹底した産業政策であり、社会資本の投資効率を高める立場から、この地域の立地条件の整備に力をいれたと説明する。他方、後者については、「明治以来、大阪『市民』の中核をなしていたのはもちろん繊維資本などの産業資本家、これと結びついた商業資本家であった(7)」が、戦後の重化学工業化のなかで「大阪経済の地盤沈下」がみられると、「在来の資本を基盤に、大都市に定着しうる機械工業などの拡大をはかろうとする」「加工型重化学工業化」という、「大阪経済の『自前の改革』が志向された(8)」ととらえる。しかし、住友、三和などのように「営業範囲を地域的に制約されることのない関西の独占資本は、戦後の技術革新の波に乗り遅れまいとすることに急で、自工場の近代化・合理化投資にのみ関心が集中し、しかも関東指向がきわめて強かった。あくまで、自己本位であって、従来、大阪に本拠があったからといって、大阪をどう発展させるかという大局的見地から積極的に責任ある対応を行なうという姿勢は全くなかった(9)」。こうした「脱大阪」の姿勢から、関西財界のリーダーは、「営業範囲の地域的制約の強い第三次産業（電力・ガス・私鉄）独占資本に移行しつつあり(10)」、なかでもその中心となった関西電力が、「加工型重化学工業化」から自己の電力需要の拡大をねらって「素材型重化学工業化」に府の政策を転換せしめたとするのである。

注目すべき第二の点は、とくに第Ⅰ章において、鉄鋼、石油、石油化学などの新規立地工場の原料・製品の授受関係を地域的に考察することによって、「臨海コンビナートの装置型素材産業が、大阪経済を支える家庭電器、繊維産業、医薬品工業の成長とほとんど無関係に高度成長した」[11]と結論づけていることである。つまり、地域的な産業連関視点を導入することを通じて、「経済的にみて、大阪は外からの超絶的な力によって『開発』されたにひとしいのである。それはたしかに大都市における開発でありながらそのじつ、『植民地型開発』であった」[12]ことを実証した。従来、臨海性コンビナートの『植民地型開発』的性格が一般的・図式的に指摘されていたが、これが大阪という大都市圏内に立地したコンビナートにもあてはまることを実証したことは、その手法の開発とともに一定の意義を有しているといえよう。

そして、以上のような分析をへて、「堺・泉北コンビナートを典型としてみるごとく、大都市圏におけるコンビナートは集積不利益をまねき、住民の生活環境を破壊するという点で都市政策としては失敗であり、また大都市圏内に立地する既存の都市型産業との関連が稀薄であるという点では、産業政策としても失敗であったと評価されよう。大都市圏のコンビナートを改造あるいは廃棄するということは、日本の大都市政策のみならず国土政策における最大の課題といってよい[13]」と大胆に本書の結論をのべている。

このように、本書は、個々の論文がそれ自体水準の高いものであるとともに、大都市圏に新立地した臨海性コンビナートの「決算書」の作成という共通した問題意識に導かれており、全体として統一のとれたものとなっている。しかも、「地域開発という新しい分野は、対象領域や方法論が未熟」（はじめに）な状態にあるなかで、いくつかの新しい手法を「開発」しつつある点で、筆者の問題とする地域経済論の構築からみれば、本書は確かに「一里塚」となっているると評価できよう。

にもかかわらず、この視点からあえていくつかの疑問を呈してみたい。

その一つは、本書の地域経済分析の手法が、一般的にみられる政府の地域開発政策→地方自治体の従属的対応とコンビナート立地→地域破壊という単純図式に対し、企業の国土的視点からの立地運動→政府の地域開発政策→コンビナート立地・地方自治体の地域政策←地域の有力資本の動向、といったより立体的かつ現実に近い分析に進んだ点で積極的に評価できるが、それは必ずしも十分でないことである。なぜなら、「高度成長」過程においておこなわれた独占資本による全国的な地域的編成がそれ自体として解明されていないからである。したがって、堺・泉北コンビナートに立地した企業の立地運動も全国的なそれとの関係で十分位置づけられておらず、また、なによりも関西経済圏が全国土的な地域的編成のなかでどう位置づけられ、かつ変貌していったかの分析がほとんど欠落している。たとえば、臨海性コンビナートに関連して、「住友、三和を含めて、大阪の巨大資本＝独占体は、……みずからは結局それほど深くかかわろうとしなかった」こと、および「逆に最後までいちばん意欲的に堺・泉北進出をはかったのは、関電を別にすれば、もともと大阪とのかかわりあいをあまり持たぬ三井グループであった」と、この二つをもって「素材的重化学工業化の進展とともに大阪経済は、土着の自由な産業資本のものではなくなって、土着性をもたぬ巨大資本が支配するところとなり、中央集権的な経済構造にくみこまれた[14]」と判断するところに、こうした弱さをみることができる。こうした類推からすれば、京葉工業地帯に立地した企業の多くは関西系資本であり、このことをもって首都圏経済の関西資本への従属化と評価するということになってしまう。問題は、中央資本による大阪経済の掌握という中央→地方図式でなく、住友、三和をも含めた独占資本による全国土的な地域的再編成の一環として理解すべきであろう。上原信博編著に関連して指摘したように、地域の具体的分析にあたって中央対地方という視点で当該地域をみることはあまりに単純すぎはしないであろうか。独占資本による全国土的な地域的編成を立体的に把握し、そのなかで当該地域を位置づけることがますます必要となっていると感じざるをえない。

こうした全国土的な地域的編成ないし地域構造は、まさに国民経済的視点からの分析を必要とするのであって個別の地域経済の分析の積み重ねによっては到達しえないものであり、また、この視点を欠落させた「地域問題」研究はあきらかに一面的であろう。しかも、国民経済の地域構造の解明には、既存の立地論や地域論をマルクス経済学の視点から再評価したかたちでの理論体系の構築が必要とされるのである。このようにみてくると、つぎのような宮本氏の指摘には賛成できない。「国民経済一般からのあやまった類推ではなく、個別の地域経済の構造分析なしには、地域開発は論じられない(15)」、地域論のような「素材はゆたかだが理論の立ちおくれている分野では、過去の理論的武器をどれだけ鍛え直しても、現実分析には歯が立たない。どうしても素材そのものを長年かけて調査して、帰納法で理論を構成しなければならない(16)」。ここには、地域の実態分析を積み重ねてきた氏の自負とともに、その他の接近の仕方を軽視する狭さが同居していると感じざるをえない。

(1)　宮本前掲書　一五頁。
(2)　同右　二八～九頁。
(3)　同右　二九頁。
(4)　同右　三一五頁。
(5)　同右　一一一頁。
(6)　同右　五六頁。
(7)　同右　二六八頁。
(8)　同右　二七〇頁。
(9)　同右　六七頁。
(10)　同右　五八頁。
(11)　同右　七四～五頁。
(12)　同右　二七四～五頁。

(13) 同右　二九五頁。
(14) 同右　二七四頁。
(15) 同右　二四頁。
(16) 同右　一五頁。

3　国民経済の地域構造をさぐる

最後に、野原敏雄著『日本資本主義と地域経済』について検討してみよう。

本書は、著者自身の言葉を借りれば、「資本主義のつくり出す地域経済にはいくつかの矛盾がある。……(中略)……これらの諸矛盾を通じて展開する資本主義のもとでの地域経済の複雑な動向をとらえ、展望を与えること、それがこの著作の基本的テーマ」であるとともに、「経済地理学の基本的視角と方法論をつくりだす[1]」ことをも試みた著作である。本書は、序章の「経済地理学の課題と展望」と三つの篇によって構成されている。「第一篇は地域経済をとらえるにあたっての基本的観点を、経済地理学の立場から考察したもの」であり、「第二篇は、地域経済の明治以降についての歴史的展開過程のあとづけを、比較的手近にある統計を使って行なったもの」である。また、第三篇は、「地域研究はなによりもそこに住み労働する人たち自身で深められることがなによりも必要だ」という立場から著者自身が「そこで生れ育ち、学び働いている愛知[2]」を中心とした実態分析である。

本書の最大の特徴は、「伝統的美風たる地域＝現場主義」に基づき、「実態調査さえやればよいとか、理屈はともかくまずフィールドだという盲目的なフィールド主義に堕する[3]」傾向の強かった経済地理学の内部から、こうした傾向を自己批判するかたちで「地域経済」論の方法を提起した点であろう。かつて、著者野原氏は、森滝健一郎氏らとともに『戦後日本資本主義の地域構造』（汐文社、一九七五年）を著わしたが、今回は氏独自の見解を披瀝している。したがって、本書の中心は、当然序章と第一篇「資本主義地域経済論―その定義と分析方法」にあり、第二篇「日本における地域経済の展開と資本主義」、第三篇「地域経済の実態分析」には、とくに方法論上の新しさは認められない。なかでも、第三篇は著者自身が指摘する経済地理学の「現状分析の甘さ」を十分克服しているとはいいがたい感じさえ残る。そこで、著者自身の冒頭での問題意識もあって、序章と第一篇を中心にして検討することにしたい。

まず、序章では、「経済地理学研究の課題」について、「第一に現在の深刻かつ全面的な国土・地域問題の解明とその解決を展望するための地域経済構造の科学的把握であり、第二に、それを通じて、民主的な国民経済の下での地域配置―つりあいのとれた国土づくりの内容を明らかにすることである」[4]と述べている。そして、「第一の課題は、さらに①巨大独占資本を中心とした総資本の資本蓄積のために、したがって独占資本の最大限利潤確保のためにすすめられる経済の地域配置の法則性と現状を明らかにする《国家独占資本主義的経済配置論》であり、ついで②独占資本本位の経済の地域配置のもとで、どのように地域経済が存在するかを、独占資本と住民の対抗関係のもとで解明する《経済地域論》である。この両者の統一的把握のもとで、《民主的経済配置論》が研究されることになる」[5]と論じている。そのうえに立って、それぞれのテーマの内容について簡単に展開している。

ここには、「国土・地域問題」の解明と解決を展望する「地域経済構造の科学的把握」の方向を、従来のように具体的地域の実態分析を積みあげるという経路ではなく、国家独占資本主義のもとでの経済配置と経済地域の形成の法則的把握、およびこれに対置するものとしての民主的経済配置を考えるといった国民経済的視点からの経路を提起しており、積極的に評価することができよう。しかし、それぞれの課題の内容がいくつかの特徴を指摘するにとどまっており、理論的に体系化されていない。これが確立されない限り氏の考える方向での経済地理学の質的発展は困難であろう。とくに、経済配置と経済地域との関連がほとんど解明されていないことが決定的な弱さとなっている。このことが、「巨大資本の合理性」による「物的生産の側面での分散」によってつくられるところの「地域的経済循環」としての「経済地域」と、「生活と勤労の場を含む、日常生活物資の地域的需要に応える生産部門をも加えた範囲」としての「国民生活の維持向上という側面からみた基本的経済地域」[6]の二つを機械的に対立させることになるのである。「ある限られた範囲に経済循環をもった相対的に独自な地域」としての「経済地域」は、諸部門・諸機能の立地・配置とそれをベースにした製品の流通および所得・資金の地域的移動の結果として重層的に形成されるものであって、このように二元的にとらえられるものではないであろう。

ところで、野原氏は、第一篇の第二章、第三章で、独特な地域経済論を展開している。すなわち、第二章で「マルクス、エンゲルスの地域把握について」整理したあと、第三章「資本主義地域経済の定義と分析方法」において、つぎのような地域論を提起している。「資本制生産のもとでの地域は、①都市と農村の対立、都市による農村の支配、②都市のいちじるしい膨張と拡散、農村の衰退・崩壊、③都市と農村の対立止揚の可能性と必要性の増大、大工業の全国的分散を軸とした共同体（コミューン）形成をめざす諸階級のたたかいの三つに集約される。これがマルクス主義による第一の地域論、一般的・普遍的理論であり、資本主義社会を通じてどこでもあらわれる問題である。現在、われわれの直面している数多くの地域問題を科学的に把握するにあたって重要なみちびきとなる。しかし、大都市ではまず確立した資本制生産関係が、国の全域に拡大し確立していく過程で、各地方の諸条件、とりわけ小生産の存在形態、その基盤となる土地所有のちがいによって、この普遍的資本主義的関係が地域的性格をおび、ある面で特殊な様相をもつ。そうした特殊な側面を帯びた資本主義的関係の中心舞台となる地方の都市を核として周辺農村と相互に影響しあって、一定のひろがりをもつ地域経済が成立してくる。①こうした地域経済の生成、発展、消滅の過程、②そのなかにつらぬかれる普遍的一般的地域問題としての構造、および、③そうした地域経済を下部構造とする上部構造の運動が地域経済に及ぼす影響などを検討するのがマルクス主義の第二の地域論、特殊化された地域理論である」[7]。

この文章だけでは、第一の地域論と第二の地域論の相互の関係、さらには序章で定義された「経済地域」との関係が、必ずしもあきらかでない。しかし、全体として読むと第一の地域論は全国土的な規模で展開される地域間の不均等発展、支配・従属の構造をそれ自体として問題とする分野であり、第二の地域論は、「地方的に強じんな小生産者層の存在、その基盤としての土地所有の性格[8]」によって、特殊化され、地域化されるところの「国民経済と区別される地域経済」で、「地方の都市とそれに密接にくみ込まれていく周辺の農村を含んだ地域[9]」を問題とする分野として理解される。そうであるならば、国民経済と区別される相対的独自の存在としての地域経済なるものは、資本制生産関係が十分に貫徹していない小生産者層の存在があってはじめて成立するものであり、資本制生産関係が全国的に貫徹すると消滅してしまうものとなる。したがって、こうした段階での地域論は、全国土的視点での地域的対比ないし、対立を論ずるという第一の地域論だけが残ることになる。つまり、第二の地域論は歴史的・過渡的なものにすぎないという立場になってしまう。「ある限られた範囲に経済循環をもった相対的に独自な地域」の存在をこのように生産関係の歴史的・地域的特殊性の残存によって根拠づける考え方に筆者は賛成できない。資本主義的生産様式のもとでの資本の立地・配置と経済圏形成といった独自の空間的運動の総体として「地域経済」が成立するものと考えるべきであろう。そして、このメカニズムを理論的・実証的に解明することこそ重要な研究課題となっているのである[10]。

右にみられる「地域的特殊性」と「全国的一般性」を対立させ、前者を最大の指標として地域区分を考えるという発想は、野原氏自身が厳しく批判したところの経済地理学が伝統的にもっていた「現象追随的な『地域的特殊性』」の強調といった傾向を、必ずしも十分に脱却してはいないのではないであろうか。たとえば、この点は、「全国的な生産諸関係の構造がつくりだす全国的な産業構造は、自然的、技術的条件に導かれつつ、各地域につくられている地域的な産業構造を把握しそれを改変ないし再編成しながら、次第に各地域に固定化する」、「このようにしてすすむ地域的産業構造の変化によって、地域的生産諸関係の構造は、全国的生産諸関係の構造にみあったかたちに変質を迫られる」[11]という文章にもみられる。つまり「全国的な産業構造」と「地域的な産業構造」とを機械的に対比している。事実は、「全国的な産業構造」をになう諸部門の立地・配置の結果が特定の「地域の産業構造」となるのであって、両者は対比されるべきものではなく、一つの事象の「盾の両面」でしかないのである。

以上のように、本書は、「国民経済の地域構造」の解明を研究課題として、その具体的構成を大胆にうちだした点で、特定の地域の実態分析に固執する最近め地域経済関係の研究傾向に対して特異な存在となっている。しかし、その内容が必ずしも十分にねられているとはいえず、今後多くの人びとの議論の素材となって、深められていく必要があるだろう。そうした意味では、一つの問題を提起した著作である。

(1)　野原前掲書　まえがき。
(2)　同右。
(3)　同右　三頁。
(4)　同右　四頁。
(5)　同右　四～五頁。
(6)　同右　九～一〇頁。
(7)　同右　六六頁。
(8)　同右　六八頁。
(9)　同右。
(10)　なお、この点についての野原氏から反論は、野原敏雄「地域経済と労働市場」『中京商学論叢』二八巻二号　一九八一年に展開されている。
(11)　野原前掲（1）書　七三頁。

4　むすび

以上、あいついで刊行された地域経済関係の三つの労作を検討した。内容の紹介が十分でなく、また、編著者の意図にそったかたちでの評価をしなかったことは、書評として必ずしも適当なものとはなっていない。この点の失礼をおわびしたい。ただ、執筆の目的が「学界展望」であったことから、一般的な書評の枠を大きくはみだして、筆者自身の問題意識からの多少強引な評価をあえて行なってみた。最後のまとめもこうした視点から述べることにしたい。

「高度成長」にともなって激化した各種の地域問題にたいして、多くの研究者が単独で、あるいは共同的ないし学際的に研究に取り組んできたことは、すでに述べたとおりである。これらの多くは、地域問題に真正面から立ちむかう地域住民運動や革新自治体と結びついて、その実態の解明に全力を投球してきた。こうした一連の研究のなかで、もっともすぐれた成果といえるのは、今回検討の対象とした宮本憲一氏らの書であろう。地域問題にかかわる実態分析の多くが、その緊急性のために、また、学際的研究のもつ未熟さのために、全般的に分析の甘さが目立つなかにあって、本書は一段とび抜けた存在となっている。

しかし、本書も含めて、地域問題研究のほとんどが、問題の発生している地域の具体的分析にいきなりはいりこみ、そこでの実態解明にのみ腐心する傾向が強く、国民経済的視点からの地域問題解明の姿勢が非常に弱い観をあたえていることは否定できない。ここでいう国民経済的視点とは、独占資本の高蓄積メカニズム一般だけでなく、持殊的にはその過程で形成されてきた全国土的な規模で展開された資本の地域的ないし空間的編成のことであり、筆者が国民経済の地域構造と名づけているものである。この視点が欠落しているがゆえに、地域問題発生のメカニズムを独占資本の高蓄積との関連で有機的にとらえられないだけでなく、分析対象となっている当該地域を全国土的なかで正確に位置づけられず、「中央対地方」、「全国対地域」といった単純図式で当該地域をとらえる結果となっている。しかも、分析結果をふまえた一般化にあたっては、一事例と称した経験主義的なものになるか、単なる記述に終わってしまいがちである。ここに具体的地域の実態から出発するところの地域問題研究の限界がある。

こうした限界を脱却しようとする野原敏雄氏の著作は積極的に評価できるであろう。しかし、筆者は氏の提起する「地域構造論」とは必ずしも一致した考えをもっているわけではない。いずれにしても、今後地域経済論が独自の領域として発展するには、具体的地域の水準の高い実態分析と野原氏や筆者らが強調する全国土的視点での地域構造分析、さらには立地論・地域論などの理論的研究などが有機的に統一される必要があるであろう。

四　地域主義について

多くの論者によって〝地域主義〟が積極的に主張され、〝地域〟となんらかのかかわりあいをもってきた経済地理学が、これをどう評価するかは一つの重要な論点となるであろう。ここでは、東洋経済新報社の〝東経選書〟としてあいついでだされた三冊の本を紹介し、それぞれの代表的論者の〝地方分権〟、〝地域主義〟、〝地域分権〟なるものの考え方を検討してみたい。

1　地方学の提唱

まず、坂井正義著『地方を見る眼―よみがえるか地方社会』[1]から検討しよう。

この書は、「『地方』とは何か、とりわけ、現代の地方とは何か、その中に、何を見るべきなのか、地方社会の本質は、そして、地方を見るのに、なにか有効な方法があるのだろうか。」、「こうした疑問に答える手がかりとして、〝地方学〟を提唱し、この地方学の視座によって現代の地方社会の総括的な分析を試みたものであると」[2]、その趣旨を述べている。

同書の構成は、第一章「地方学とは何か」、第二章「経済構造と地方社会」、第三章「政治構造と地方社会」、第四章「地域格差の研究」、第五章「断層の歴史的展望」、（終章）「日本人は地方社会を再建できるか―結びにかえて」となっている。このうち、とくに本書の主張が前面にでているのは第一章である。

ここでは、まず〝地域〟という用語について、「用語としての地域は一つのトリックを持っていることが知られている。それは支配関係を指示しない言葉である点である。人が地域とか地域社会というときは、ここに本来内在するタテの構造をほとんど無視して、平面的、地理的にしか観察しないことになる。そこでタテの構造の、その内部に含まれている各種の仕組み、少数者の支配、系列化、内部の著しい不均衡、社会的犠牲などは自動的に隠蔽または無視されてしまう。要するに地域という概念は、高さや奥行き、凹凸をすべて無視して、あらゆる風景を平面でしか見えなくするおばけレンズのような役を果たすことができる(3)」として批判する。そして、「政治的、経済的、文化的タテ構造」が指示されている「地方」、「機能を通じて支配されている空間」としての「地方」という概念の重要性を強調する。具体的には、「政治と行政の権力中枢機構としての国家があり、この国家に従属した組織としての地方」(政治的機能)、「本社対支店・工場が示され」るところの「地方」(経済的機能)、「文化、情報、知識、教育のクリエイティブな中心地とその被影響圏」としての「地方」(文化的機能)、「これらの三つの側面の、それぞれの機能のなかに〝地方〟を認めることができる(4)」という。

以上のように、〝地方〟を定義したのち、第一章の三、「現代諸学のなかの地方」で、政治学、近代経済学、社会学、地域学、歴史学、マルクス主義がそれぞれ〝地方〟をどのように取り扱っているか検討している。このなかで、近代経済学については、「近代経済学の中の『地方』とは、植民地としての位置づけ以上を出ることができない(5)」と指摘しており、また、「地域内には生産、流通について核があり、同時に経済の地域的循環が独立して行なわれる場合に、初めて地域経済といえる(6)」という地域学の考え方に対して、「もし地域という一つの統一的循環があるとすれば、それは現代にあっては国家以外にはありえない。そして国家の内部を細分する、いわゆる地域とは、実は内容のない虚像的境界線(7)」として否定する。さらに、マルクス主義の「都市対農村という対置法は現実のとらえ方として適当でない(8)」として、「いわゆる農村も地方であり、いわゆる都市もまた地方である。農村も都市も成熟期の資本主義社会では本質的に等質的であり、同じ課題を突きつけられ、共通して管理の城としての中枢支配と対置する」と述べて、

「農村対都市という対置の代わりに地方対国家を一つの試案として提示する」[9]こうした諸科学の批判のうえに立って、「管理または支配される空間としての地方を科学的な研究の対象とする学問体系」としての「地方学の提唱」[10]を行なっている。

第二章以下は、「経済構造」、「政治構造」、「地域格差」、「日本的断層」という側面から〝地方社会〟を考察し、その主要特徴を指摘したものである。ここでは、重要な指摘のみを紹介するにとどめておこう。

第二章では、国内市場、地方労働力、土地の三つの側面からとらえているが、そのなかで「地方の経済社会とは、広い意味の子会社の集積体にほかならない」[11]との指摘は注目される。そして、これらの「子会社の本質は地方社会を分解、再編成する媒体である」[12]とともに、その強い影響力のもとに「地場産業は、中小企業、零細企業を問わず横向きから、タテ向きに置き直され、同時に産地特有の有利性は必要がなくなり、産地はくずれていく」[13]と述べている。こうした「巨大企業が子会社を通じて、どのように地方社会に根をおろし、経済的支配から進んで政治的支配に加わっていくかを観察しなければならない」[14]とする。

第三章では、保守党による地方の政治支配の構造として、「①公職ポスト網の操作、②行政権力の援用、③企業、団体の主導権による影響力行使、④後援会組織の活用、⑤個人的な人脈網の管理運営、などの五つの政治的な固定装置のネットを地域住民の上に幾重にもかぶせる」[15]実態を解明し、また、地方財政・人事支配・行政実務を通じた国家権力の地方自治体支配、地方公務員の相対的高賃金や腐敗的行動などによる地方自治体と住民との乖離を強調している。第四章では、いくつかの指標で地域格差を検討し、「一人当り地方税額が経済の地域格差の指標として総合性と集約性にすぐれているといえる」[16]と指摘したあと、地域格差の成因を分析している。ここで、「地域格差とは、おおむねこれら経済主体間の所得格差と地域経済構造との相乗積に相当するものである」[17]との通説では、不十分であるとし、「地方学的な観点に立つとき、地域格差を規定するものとして別に①大規模化と正比例しない、②二重構造と比例する、③系列化と逆比例する、④本社機能喪失と比例する、の四つのルール」[18]をあげている。とくに、③に関連して、「大手企業は系列化を通じて利益の独り占めに全力を傾ける。したがって経済循環は系列内の循環にとどめられ、地域内には循環しなくなる。系列と地域は分裂し、系列が地域を圧倒する」[19]という指摘は含蓄がある。第五章では、こうした日本社会の内部改革をはばむものとして、「落差の恐怖」なる概念をもちだし、「現代日本における、上下二層の分離状態における、それぞれの層での自由人としての資質形成の前途には巨大な障壁が横だわっている」[20]ことを問題にしている。

以上の展開ののち、「結びにかえて」において著者はつぎのように結論づけている。

「現代日本社会の病弊の実像は、『中央によって地方が席巻され、敗滅していくことである』」、「当面のわが国の国内問題の根幹は、『地方』であり、その抜本的解決は、いま死に頻する地方社会の再建をたたかいとることによってはじめて可能である」[21]と主張する。そして、「地方社会の再建」とは、「国民（地方住民）が、それぞれの地方を、政治の核、経済の核、文化の核を内包する、中央の支配を受けない、独自の特色をもったコミュニティ（生産共同体）に改造することである」[22]と規定し、「現代日本におけるコミュニティづくりをさまたげている三大要因として、過度集中的な官僚制度、子会社をテコとする巨大中央企業の系列システム、歴史的実在としての上下の社会的断層」[23]の存在を強調する。さらに、「これらの障壁を乗り越える」ための第一のステップとして「現代地方社会の実態の正確な認識」、第二のステップとして「地方住民の連帯感を芽生えさせ、育てあげること」、第三のステップとして「広い意味の所得分配関係の是正を要求する広範で積極的な住民運動を展開すること」[24]を指摘している。

以上の紹介にみられるように、同書は、高度成長過程において全国土的に展開した、独占資本の生産拠点の立地・中小資本の系列化・子会社の設立、きめ細かな地域的市場戦略、本社・支社・営業所といった中枢管理機能のネットワークの確立とそれをパイプとした所得・資金の集中、さらには中央政府による地方自治体の従属化の強化、といった一連の動向を、「中央によって地方が席巻され、敗滅していく」ものととらえ、その実態を告発するとともに、こうした立場に立った〝地方学〟を提唱したユニークな書である。著者が永年地方に在住するジャーナリスト（新潟日報論説委員）であるだけに、〝生活実感〟を基盤にした意見を披瀝しており、前述したような個々の指摘も鋭く、一読に値するものとなっている。

このように、独占資本および国家による政治・経済・文化など全分野にわたる〝地方〟支配の構造をそれ自体告発したことは、事態の一面をえぐりだしているだけに積極的に首肯できるものがある。しかし、他面〝中央〟対〝地方〟といったタテ構造を前面にだしたことから、独占資本の立地展開や地域的市場戦略、中枢機能の地域的配置といった一連の空間運動がつくりだしたところの、地域的な重層性および多様性、つまり〝地域性〟とよばれるものが著しく軽視されてしまう結果になっている。大工業地帯と農林漁業地帯との対比、巨大都市・地方都市・農山漁村といった階層性の形成、さらには首都圏・中京圏・阪神圏といった経済圏の形成、こういった〝空間的構造〟がほとんど問題にされず、いかなる地域も〝中央〟に対置される〝地方〟として一括されてしまっている。このことが地域学における〝地域経済〟概念の単純否定、マルクス主義の「都市対農村対置法」の否定といった大胆な結論をいとも簡単にだしてしまう結果となっている。要は、著者のような垂直思考＝タテ構造的とらえ方だけでなく、これを軸にしながらも、資本の空間的運動によって形成されるところの〝地域性〟の把握といった水平思考＝ヨコ構造的とらえ方をも重視し、両者を相互に結み合わせた〝地域構造〟を総体としてとらえることであろう。それによってはじめて、地域的多様性をともないながら進行している〝中央〟による〝地方〟支配が立体的に把握されるのではないだろうか。

（1）坂井正義『地方を見る眼―よみがえるか地方社会』東洋経済新報社　一九七五年。
（2）同右　はじめに。
（3）同右　一〇頁。

（4）同右　一一頁。
（5）同右　二七頁。
（6）同右　三八頁。
（7）同右　三九頁。
（8）同右　五一頁。
（9）同右　五二頁。
（10）同右　五八頁。
（11）同右　八四頁。
（12）同右　八七頁。
（13）同右　八九頁。
（14）同右　八九～九〇頁。
（15）同右　一五五頁。
（16）同右　二〇一頁。
（17）同右　二〇二頁。
（18）同右　二〇二～三頁。
（19）同右　二二二頁。
（20）同右　二四六頁。
（21）同右　二五一～二頁。
（22）同右　二五二頁。
（23）同右　二五三頁。
（24）同右。

2 〝地域主義〟の主張

つぎに、杉岡碩夫著『地域主義のすすめ―住民がつくる地域経済』(1)をとりあげてみよう。

この書は、「あとがき」によれば、「〝地域主義〟と名付けたわたくしの考え方をもとにして、一定の問題意識をもって書いたもの」(2)を集めたものである。同書の構成は、Ⅰ「地域主義のすすめ」、Ⅱ「伝統工芸と近代化」、Ⅲ「観光開発と地域主義」、Ⅳ「地域性を模索する農業」、Ⅴ「大型小売店の進出と地域社会」、Ⅵ「『開発』を拒否する地域主義の芽生え」、以上の六章よりなっている。いうまでもなく、著者の主張は、第Ⅰ章に集約されている。

この章で、「地域主義の最大のねらいは、……中央集権的な行政機能や社会・経済・文化の機能を可能な限り地方分権型に移すことであり、その過程でわたくしたちの生活をより自主性のある自由なものに転換していこうという展望、つまり一種の〝文化革命〟の主張である」(3)ことを明確に提示している。具体的には、「巨大企業が担当する重化学工業の基幹的部門以外の分野、すなわち商工業、サービス産業部門における中小企業や農業の分野はもともと地域の自主性に任せるほうが望ましい」(4)にもかかわらず、「全国一律の方式でとらえて画一的な近代化政策をおしつけ」(5)ていったことを、中小企業近代化政策や中央卸売市場の全国的な組織化を例にあげて批判している。そして「今日の余りにも行きすぎた社会経済運営の中枢管理体制を、可能な限り地方分権化する」(6)〝地域主義〟を改めて強調している。

こうした〝地域主義〟について著者は、「わたくしの唱える〝地域主義〟は時代の転換のための一つのポイントを指摘した未完成な考え方にすぎない」とその限界性を認めつつ、「地域主義の思想と運動が、〝個から全体〟をおおうまでには、何よりも地域主義のベースである都市（著者によれば〝地域〟〝地方自治体〟といずれも同義語、四一頁―評者）

が、〝自治の思想〟と〝力〟をもたなければならない(7)」と主張し、これを「都市化された社会構造のなかでなお残っていた伝統的な共同体意識」ないし「大都市の市民層が日常の生活を守るために打ち出した生活圏意識(8)」に依拠した住民運動に期待している。

第Ⅱ章以下は、こうした「地域主義的な考え方で現実の矛盾を克服しているケースを集めてそれを積み重ねていく以外にない(9)」という著者の思想に基づく、ケース・スタディーである。第Ⅱ章では、「木製であった素地をプラスチックにかえ、機械によって大量に作れるようにし、また塗装を漆から化学塗料のカシューにかえた(10)」山中塗と「下手に近代化をすべきではない、伝統はあくまでも守るべきだ(11)」とする輪島塗の対比、「ほとんど化学染料を用いた〝色染め〟で」、「緯糸だけの絣で模様をつくる簡単な織り」の本土側の〝大島紬〟と「本来の草木染め」で、「経緯の絣で模様を作る(12)」伝統的な奄美大島の〝大島紬〟との対比をあげ、これらの考察によって、GNP信仰で猪突猛進することが実は地域経済を破壊し、伝統的な工芸を守ることが、実は地域経済の崩壊をかろうじて食いとめている(13)」、「高度成長がおき忘れた伝統工芸産地が、すなわち〝負の原型〟が身をもって提示した方向は、少なくとも現状を脱出する際の一つの啓示である(14)」と結論づけている。

第Ⅲ章は、「独得の観光開発をおこない、それに一応の成功をおさめた(15)」木曽妻籠、「自然環境を守り、観光地としてのヴィジョンを示し個性的な町づくりに成功した(16)」大分湯布院、「巨大な外部資本の開発に身を任せた(17)」紀伊白浜、以上の三つの観光地を考察し、「外部の大資本の進出を排除したところが自然と文化的ならびに歴史的伝統を守りえた(18)」、「自然や文化に関することは地域に住む人達の自主的な判断に任せるほかはないのではないか―というのが、わたくしの説く地域主義なるものの一つのポイントである(19)」と主張している。

第Ⅳ章では、〝八郎潟モデル農村〟についてふれ、「農業の場合は地域の実態から技術を学ばねばならない(20)」ことを強調し、「福島生協と高畠有機研の新しい試み」のなかから「現在の中央卸市場のもつ大量流通システム」に代わる

「新しい産直のシステム」＝「生産者と消費者の直接の結びつきを、小規模にしかも無数につくること」(21)を提案している。また、第Ⅴ章では、大型小売店の進出と地域社会について考察し、「価格効果において必ずしも高い評価が与えられない中小小売業者も、地域とのかかわり合いという意味合いでは、実はもっと違った効果があるのであり、そのような側面を見直す」(22)べきこと、「これ以上の中央集権化を拒み、地域住民の主体性を貫いた街づくりをスタートさせる」ことこそ「〝地域主義〟のきわめて重要な柱の一つ」(23)であることを強調している。最後の第Ⅵ章では、沖縄の開発についてふれ、「『農業は豊かである』と開き直ることによってしか今日の地域が陥ったこのアリ地獄からはい出すことはできない」(24)と述べている。

以上ののち、第Ⅵ章の最後に、「私はかねてから地域主義という主張をかかげている。高度成長が日本の社会をゆがめてしまった根源の一つは、余りにも中央集権的な行政システムと産業政策にある。それがもたらした病弊を克服するためには、地域、具体的には都市が自主性をもった独自の産業政策をもつべきである」(25)と本書の結論的な文章を書いている。

いままで紹介した本書の内容からも明らかなように、著者の主張する〝地域主義〟なるものは首尾一貫したものである。高度成長の過程で強引に行なわれた国家と独占資本による地域破壊に対して、その実態を具体的に解明して告発するだけでなく、さらに一歩すすんで〝地域経済〟をどう再建するかという方向を模索し、地場産業だけでなく、観光業、小売業、農業といった「地域産業」の地域住民の手による再興を提起している。こうした著者の〝地域主義〟は、現代日本社会のなかにあって積極的な意義をもっていると言えるであろう。したがって、これを「反進歩主義的なロマンチシズムにおちいりがちな〝地域主義〟」と一刀両断することには賛成できない。また、本書にでてくる地域の実態分析は、必ずしも詳細なものではなく、詳細を売りものにする地理学の側から不満がでるだろう。こうした結論直結型の簡略な実態報告には、評者も若干のとまどいを感じるが、しかし、主張が明確でなく、ただ詳細さだけを重視するよりは、はるかに読者を引きつけることは否定できない。

にもかかわらず、評者はこうした〝地域主義〟について大きな疑問をもっているものである。それは、〝地域主義〟に基づいて、地方自治体単位に〝地域経済〟をつくりあげることと国民経済とがどのように統一されるのであろうか、という点である。たしかに、〝地域主義〟の対象とすべきものを「巨大企業が担当する重化学工業の基幹的部門以外の分野」としているが、これらの分野についてはどうするのであろうか。個別の地域への「巨大企業」の進出を排除できても、「巨大企業の担当する重化学工業」が存在する限り、どこかに立地しているが、その地域の経済はどうすべきなのか、という疑問は解消しない。つまり、〝地域主義〟に基づく「地域産業」の興隆だけでなく、「巨大企業の担当する重化学工業」の規制とそのもとでの立地・配置のあり方をも問題にしない限り、〝地域主義〟はあくまで個々の地域の〝処方箋〟の域をでず、国民経済のあり方、さらにはそのもとでの地域構造の方向についての体系を提示しえないのではなかろうか。その意味で〝地域主義〟は、〝文化革命〟、〝意識革命〟の域をでないであろう。

(1) 杉岡碩夫『地域主義のすすめ—住民がつくる地域経済』東洋経済新報社　一九七六年。
(2) 同右　二六五頁。
(3) 同右　四二頁。
(4) 同右　三四頁。
(5) 同右　三八頁。
(6) 同右　六七頁。
(7) 同右　六八頁。
(8) 同右　七一〜二頁。
(9) 同右　七二頁。
(10) 同右　八五頁。
(11) 同右　九一頁。

(12) 同右　一〇二頁。
(13) 同右　一〇七頁。
(14) 同右　一一八頁。
(15) 同右　二二四頁。
(16) 同右　一四七頁。
(17) 同右　一一九頁。
(18) 同右　一六四頁。
(19) 同右　一六六頁。
(20) 同右　一八一頁。
(21) 同右　一九三頁。
(22) 同右　一九七頁。
(23) 同右　二三七頁。
(24) 同右　二五八頁。
(25) 同右　二六〇頁。

3　〝地的渾一〟への疑問

最後に、玉野井芳郎著『地域分権の思想』(1)について考察しよう。

本書は、著者が「『地域主義』を主題にこれまで発表したものの中から比較的専門的な論文を除いた数篇を、二つの対談とともに(2)」まとめたものである。本書は、Ⅰ、Ⅱ、Ⅲの三つの章と、それぞれ細分した一二の節からなっている。しかし、本書が論文集ということもあって、全体の構成が一定の順序に従った論旨展開をともなっているとは必ずしもいえず、同じ指摘が繰り返えされているため、章立てにそった紹介はあまり意味をなさない。そこで、著者が強調しようとしている論点をいくつか整理するにとどめたい。

まず、著者は、「同じく近代化の歴史を経験しながら、ヨーロッパとちがって日本の近代化は、いわば『地域』を切り捨て、『地域』から分離することによって成り立ったものであること[3]」、「ヨーロッパのどの国とくらべても、一点中心型の単一国家日本の、行政はもとより経済も文化も、ほとんどすべてが首都東京に集中し、地方的個性の喪失寸前にある姿は、まさしく異常でさえある[4]」、ことを強調する。そのうえに立って、「国民の巨大なエネルギーを今や東京から地方へと逆流させて、個性と多様化に満ちた国民生活を再生させること」、「地方から欠落した地域的個性を再生させ、伝統と文化の地域差に満ちた多様性の中に新たな国民的統一を求める[5]」、といった〝地域分権〟を提唱する。それは、他方で「一定地域の住民が、その地域の風土的個性を背景に、その地域の共同体に対して一体感をもち、地域の行政的・経済的自立性と文化的独立性を追求する[6]」〝地域主義〟再生の途でもあるという。

この場合、〝地域〟とは、「その地域にアイディンティティを認めるというか、そこに一体化できる人間が存在するということ」、「そこに一体化できるほどの自然と環境と文化とが待っている[7]」（傍点引用者）ものとしてとらえるべきだと著者は主張し、「中央に対する反対概念」、「空間の多様な広がりが消えてしまう」〝地方〟といった概念ではなく、「一定の空間が中に含まれており」、「個性にみちた」ものとしてとらえられる〝地域〟という用語がふさわしいとする。こうした〝地域〟の考え方は、必然的に生態学と結びつく。すなわち、「私は…リージョナリズムにエコロジカルな基礎をおいて考えています[8]」、「生産および再生産の過程を、その基礎にこうした自然生態系を包摂してとらえる」べきであるが、「自然生態系は画一的なシステム一般から成っているのではなく、地域ごとのまとまりを示すLokalitätとでもいってよい個性的多様性をつくりあげている[9]」との考え方を明らかにしている。そしてさらに、この考え方は、「共同体を統合する共有規範はエコシステムにもとづく個性的な生態域による生活環境を基盤に成り立ちますし、このいわゆる自然景観は、人間の歴史的営為の加わった『文化空間』(Kulturlandschaft) の域にまで高められてゆくことになる」[10]といった「共同体」論にまで発展する。

この点に関連して著者は、玉城哲氏との対談(「『資本論』と現代」)において、「共同体というのは、まさしく生態系の特性が示すように、それ自身たいへん個性的な、言いかえると地域的な差異に満ち満ちているものですが、その地域的な差異に基づく複数の開かれた共同体から出発し、そのうえに、この開かれた共同体を重ね合わせていってはじめて国が成り立つはずのもの」[11]と述べている。また、「今日、地域的な土地と水の利用を中心とするムラの社会的機能は依然として農村に存続し、そうした地域生活の基幹的な単位集団として〈集落〉が存在する」、「私は〈集落〉を農村における自治の単位組織として、新たな意味での営農集団の母体として、今日の時点で高く評価したい」[12]と「村落共同体」の復権を主張している。そして、以上の文脈のなかで、「小さい規模の、人間の背丈に合った生産や経営」、「生態系の法則に適合し」、「地域的個性をもった」「中間技術」の必要を強調している。

以上に示される著者の見解は、〝地域主義〟、〝地域分権〟なる思想をヨーロッパ各国との比較、多くの論者からの導入、生態学の摂取などを通じて肉づけしたかたちをとっている。しかし、ここにみられる、生態学的視点の導入、自然・環境・文化が一体化した〝地域〟把握、その多様性の強調、さらには、〝地域共同体〟としてのムラや集落の位置づけ、といった一連の主張は、『人文地理学説史』や『地理学方法論』で繰り返えし強調された飯塚浩二氏の見解とほとんど同じものであり[13]、経済地理学を学ぶものにとってことさら新しいものではない。

いずれにしても、国家と独占資本による全国土的な支配の強化とそのもとでの地域破壊や地域的個性の喪失が進んでいるわが国において、著者のいう〝地域主義〟や〝地域分権〟を主張することは、それ自体一定の積極的意味をもつものである。にもかかわらず、その思想的基盤をかつて明確に批判されたはずの〝地的渾一〟的把握にもとめることに、評者は賛成できない。国民経済が成立して一世紀以上経過した時点で、自然と文化とが統一された集落的規模での〝地域〟の存在とその分権を主張することは、あまりにも非現実的であり、アナクロニズム的ではないであろうか。同じく、〝地方分権〟や〝地域主義〟を主張している前二著作の著者も、さすがに〝地的渾一〟的発想に基づく〝村落共同体〟の分権までは言及していない。地方のジャーナリストとしで、また、各地の実態を調査したものとしての前記の著者らは、しっかりと現実をみすえているがゆえに、玉野井氏のような観念的かつ「反進歩的なロマンチシズム」を色濃くもった〝地域主義〟には簡単におちいるはずがなかったのではなかろうか。現代のわが国において、〝地域主義〟を主張する場合、〝地域〟の実態を正確にふまえてこそ説得力があり積極的役割をはたすのであって、単純に西ヨーロッパの歴史や思想を導入するだけでは、かえって〝ロマンチシズム〟という批判をうける結果となってしまうであろう。

(1) 玉野井芳郎『地域分権の思想』東洋経済新報社　一九七七年。
(2) 同右　はしがき。
(3) 同右。
(4) 同右　一〇頁。
(5) 同右　五頁。
(6) 同右　七頁。
(7) 同右　五九頁。
(8) 同右　一〇三頁。
(9) 同右　一〇四頁。
(10) 同右。
(11) 同右　一六一頁。
(12) 同右　一九一頁。
(13) 本編第一章二参照。

4　〝地域主義〟の限界

三つの著作の検討から明らかなように、現在わが国で主張されている〝地域主義〟なるものは、生産拠点の拡大、市場戦略の展開、中枢管理ネットワークの形成などにみられる独占資本の全国土的支配の強化、さらにはこれを補強するかたちでの国家機構の中央集権化といった事態の進行に対する、〝地方〟ないし〝地域〟の側からの告発であり、また、抵抗の論理として提起されたものである。そして、その限りで積極的な意義を有していると言えよう。〝地域〟の実態調査を伝統的に重視してきた経済地理学も、こうした〝地域主義〟の主張を取り入れて、「中央に支配される地方」、「独占資本の管理のもとに包摂されていく地域」の実態を克明に描きだすことは、それなりに意味をもつであろう。

しかし、他方で〝地域主義〟のもつ限界性をも認識すべきではなかろうか。その一つは、〝地域主義〟の思想的根拠を〝地的渾一〟的発想にもとめるといった、非現実的・観念的思想への退却である。これは、〝地域〟の現実をふまえた〝地域主義〟とは異質のものであり、その意味で〝地域主義〟のもつ思想的多様性ないし各々の個性をしっかりと仕訳けする必要があろう。他の一つは、現実に立脚した〝地域主義〟にあっても、国民経済とのかかわりあいがほとんど欠落していることである。たとえば、『地域分権の思想』で玉野井氏に対して玉城氏が、「日本みたいな国では巨大化した産業システムが現実に存在するわけです。この巨大化した産業システムを一体どのように運営し管理していくかということを考えた場合には、地方分散だけではどうにもならない。ある意味では集権的な管理システムがどうしても必要になってくる。ただし、その集権的なシステムの基礎には、そのなかでの分権化に基づく、参加の原理によるシステムが開発されなければいけないと思いますが、いずれにせよ全国の経済というものは、集権的に管理されなければいけない面がありますね。それと地域における分権的な産業構造の確立を、どういうふうに組み合わせていくのかというのが、たいへんむずかしくてよくわからないのですが」[1]と述べていることは重要である。

要するに、国民経済内部にある個々の〝地域〟を任意にとりあげて、そこでの実態とあるべき姿を〝地域主義〟の立場から考察していくといった従来の〝地域主義〟者の分析手法に問題があるのではないだろうか。そうではなく、国民経済の地域構造、とくにその支配者たる独占資本と国家が自己の論理のもとにつくりだした立地・配置の体系と市場圏の形成、そのもとでの重層的な経済圏、これらを正確に把握することが重要なのである。そして、そのなかでそれぞれの〝地域〟を位置づける必要があり、それによってはじめて〝地域主義〟的発想も現実的な力をもってくると考えるのである。

（1）　玉野井前掲書　一六七〜八頁。

〔付記〕

本編第二章の一は、同名のタイトルで『一橋論叢』七九巻一号　一九七九年、に掲載したものである。第一章二が、伝統的地理学にあきたらず、飯塚・鴨沢両氏に代表される経済地誌論に傾倒してきた筆者の、経済地誌論からの脱却の契機となった論文とすれば、第二章一の論文は、その後しばらくの間よりどころとしてきた島・宮本両氏に代表される地域的不均等論の影響から脱けだす契機となったものである。しかしながら、経済地誌論や地域的不均等論を単純に清算したのではなく、両者の成果をかなり吸収していることは、行間から読みとることができるであろう。

ここでは、その後の筆者の考え方の変化に基づいて、「市場圏」、「経済圏」、「経済地域」の用語を区別し、「立地」

と「配置」の使い方を多少変更した。また、地方自治体を「地域」の単位として、どう位置づけるかについても表現を若干変更した。いずれも、本編第四章の見解と大きく食い違わないように配慮した。

第二章二は、同名のタイトルで『経済志林』四八巻四号、一九八一年、に掲載したものである。第一章二と第二章一の論文執筆後に、筆者が読んだ著書・論文のなかから印象に残ったものを、「地域的視角」と「国民経済的視角」に区別しながらサーヴェイしたものである。このうち、吉村正晴・竹内正巳両氏の著作を除いて、ほとんど最近書かれたものであり、なかでも中村剛治郎・野原光・川島哲郎氏の論文は、筆者の見解にふれているので、これに対するコメントという意味も含まれている。

ここに掲載するにあたっては、竹内氏に対する批判の第二点を書き直し、第三点は、氏の別の著作『転換期の地域開発』法律文化社、一九七一年、を考慮して削除し、第四点を第三点とした。

第二章三は、「地域問題をめぐる最近の研究」というタイトルで『経済』一九七八年三月号、に掲載されたものである。一九七七年に相次いで出版された地域経済関係の著作の書評というかたちを借りながら、やはり、「地域的視角」と「国民経済的視角」による地域経済論を対比させ、前者の有効性と限界性にポイントをおいて論じたものである。本論文は、一の論文とともにかなりの反響をよんだ。

なお、野原敏雄氏は、このほかにも本書と同じタイトルの「産業配置と地域構造」（野原敏雄・森滝健一郎編著『戦後日本資本主義の地域構造』汐文社　一九七五年）、「戦後日本資本主義と地域経済」（鶴田満彦・二瓶敏編著『日本資本主義の展開過程』大月書店　一九八一年）など注目すべき論文がある。

第二章四は、『経済地理学年報』二四巻一号　一九七八年、に掲載された地域主義に関する三つの著作の書評である。地域主義についての筆者の見解を体系的に整理するつもりでいたが、あまりにたくさんの著作が出され、かつ多様な内容をもっているため、いまだ十分になしえていない。

第三章　国土利用論と地域構造

一　資源問題と経済地理学

古来、地理学は、二つのテーマに固執し続けてきた。一つは「自然と人間とのかかわりあい」であり、他の一つは「地域」である。しかし、この二つのテーマが、それぞれどのような体系をもち、また相互にどうかかわっているのかとなると、多数の見解がだされながらも、多くの人々を納得させるだけの深さをもったものは、ほとんどみあたらない。ただ、「地域」に関しては、論理体系はともかくとしても、詳細な実態調査に基づいた膨大な研究報告がだされており、それなりの「蓄積」があることは確かである。これに対し、「自然と人間とのかかわりあい」となると、研究成果ははるかに少ない。しかも、「地域」研究がまさに「手」と「足」だけを使った調査報告が大勢を占めているのに比し、「自然と人間」研究は、「風土論」に代表されるように、「頭」だけを使った思弁的・観念的なものが一般的である。でなければ、「地誌」という名の「地域」分析の「前座」として登場するにとどまっている。いずれにしても、「自然と人間とのかかわりあい」について、理論的にも、実証的にも本格的に分析した成果は、わが国の地理学界に関する限り、きわめて少なく、わずかに災害研究や土地利用分析などに一端がみられるにすぎない。

そもそも、「自然と人間とのかかわりあい」といったテーマのもとに、具体的に何を、どう分析し、最終的に明らかにすべきことは何なのか、一向に明確になっていない。とくに、地理学においては、「地理的決定論」が完膚なきまでに批判されてから、それに代わる研究目標が設定されたわけでもなく、ただテーマだけが宙に浮いたかたちで残り、「自然と人間」の関係についての見方などという抽象的な表現のみが「地理教育」のなかで生きているだけで、具体的な分析はほとんど進んでいなかったといっても過言ではないであろう。このように、戦後日本の地理学が、「地理的決定論」が批判されたのち、「自然と人間」のテーマだけを後生大事にかかえこみながら、ただオロオロしている状況にあったなかで、世界的にも、また日本国内においても、まさにこのテーマと密接にかかわる事態が大規模に発生し、深刻化していったのである。「エネルギー危機」を中心とする資源問題の発生であり、公害を中心とする自然破壊の深刻化である。「わが意を得たり」と地理学が前面に躍りでて、日頃の研究成果を武器に本質究明と問題解決に縦横無尽の活躍が斯待されたにもかかわらず、長い間の研究の空白による力量不足は覆いがたく、資源問題については経済学、公害問題については生態学や都市工学にその役割を任せざるをえなかったのである。地理学者は、本来それはわれわれのテーマであったと嘆くだけにとどまっている。

ここまでくると、そもそも「自然と人間とのかかわりあい」というすぐれて哲学的ないし科学全般のテーマを、なぜ地理学固有のテーマでありうると地理学者たちが主張するのか、が問われざるをえなくなってくる。これに対する答えは、地理学史だけでなく科学史全体のなかから用意されねばならないであろう。それは、当然膨大な作業を必要とするし、筆者がよくなしうることではない。そこで、本稿では、こうした疑問を根底におきながら、「自然と人間」研究の一分野と思われれる資源論と地理学の一分野である経済地理学とのかかわりあいについて、日ごろ考えていることの一端を披瀝してみたい。

1　資源論の二つの潮流

資源論の潮流にふれるまえに、「資源」という用語の使い方について簡単に述べておこう。資源論にとって名著の一つとされている『日本資源読本』（旧版）を編集した小出博氏は、労働過程における労働対象、労働手段、労働力の三つの契機をあげたのち、『労働対象のうち、『直接に自然から与えられる』ものをわれわれは資源とよぶことにしよう[1]」と述べ、「資源」をいわゆる『天然資源』に限定し、その科学的定義を試みている。これに対し、科学技術庁などでは、「資源とは人間が社会生活を維持向上させる源泉として働きかける対象となりうる事物である[2]」として、より広い定義をし、石光亨氏も、「資源の意義については今日ではもはや天然資源にのみ限定するのではなく、きわめて広汎な内容をもった概念として受け取られるようになってきた[3]」として、後者の考え方を支持している。

しかし、後者の考え方に立つならば、生産に動員される生産手段（労働対象と労働手段）や労働力といった生産要素一般が資源の範囲に包摂されてしまい、あえて「資源」という用語を使用することの意義について疑問が生じてくる。ましてや、現在生じている「資源問題」を分析するにあたって、こうした定義はかえって混乱をきたしてしまうであろう。やはり、「自然」との深い関連を残した前者の概念規定のほうが、問題の本質把握としてはより有効であろう。したがって、「資源」を「天然資源」に限定して論じてみたい。

ところで、わが国の経済地理学において、資源論について多く語られたのは、戦後初期の一九五〇年代から六〇年代前半にかけてであった。それは、主として「地理的決定論」への批判のなかで論じられていった。その最も代表的な見解は、小原敬士氏の次の文章にみられる。「……イギリス全土の豊富な埋蔵炭の大部分は徒らに地下に眠っていた。それを地中からよび起こし、イギリスの貴重な経済資源たらしめたものは、木炭熔鉄の没落と、石炭製鉄方法の発見、蒸気機関の発明といったような生産技術の進歩と、それを基礎とする近代的資本主義産業の発展であった」、「自然条件の社会経済的意義は、歴史過程の中に実現され、発揮されるのである」(4)（傍点引用者）。ここでは、単なる「自然」の一部にすぎなかったものが、人間社会にとって有用な「資源」として登場するといった「自然の現実化」過程における、技術およびその背景にある経済社会の発展の規定的役割を強調し、そこに資源に対する社会科学的な見方を呈示している。これは、第二次大戦前・戦中において大きな影響力をもった「地理的決定論」に対する批判として展開されたイデオロギーの「資源論」への適用の一つであろう。それはまた、「自然と人間とのかかわりあい」というテーマに固執し、しかも他の社会科学に対して一定の独自性を出したいという願望から、依然として「地理的決定論」を十分に払拭し切れなかった戦後のわが国の地理学界において、かなり積極的な役割をはたしたことは否定できない。しかし、このテーマ自体は、すでに史的唯物論のなかで定式化されていたもので、これを単に繰り返すだけでは、複雑な展開をみせる資源問題の分析の有効な武器となりえないだけでなく、より複雑な装いをもって再三登場してくる「地理的決定論」に対してさえ、イデオロギー的に十分に立ち向かいえないと言えよう。

いずれにしても、資源論がこの水準にとどまってよいほど資源問題の現実は甘くはないのである。そこで、事態の深刻化のなかで、いくつかの分析視角が登場ないし再登場してきた、大きく分ければ、それは二つの潮流に整理されるであろう。

一つは、世界的規模での生産力の急速な発展および人口の爆発的増加にともなう資源需要の急増とそれに対応する資源供給力との関連の考察であり、他の一つは、地域的に極端に偏在している各種資源をめぐる資本間・国家間の確執に関する政治・経済学的考察とそのなかでの資源利用のあり方についての分析である。

第一の潮流は、ローマ・クラブが一九七二年に発表した『成長の限界』（The Limits to Growth）に典型的に示されている。ここには、このまま推移すれば、二一世紀において資源枯渇・食糧不足・汚染の進行が決定的な段階に進む、と「宇宙船地球号」の将来がきわめてペシミスティクに描かれている。こうした立場からの資源問題分析は、わが国にも強い影響を与えており、経済地理学の分野でも石光亨氏によって、別のかたちで強調されている。石光氏は、地理学における「環境決定論」の批判のなかで優勢となってきた「人間の環境に対する主体的な働きかけの可能性を重視する」ところの「環境克服論」の独走ないし暴走をきびしく戒め、「いまや文明発展の原動力自身が、文明の育つ土台である自然環境に対して、破壊力を示すに至っている。ことに、先進社会では、一方で自然の物質循環によってたくわえるよりもけた違いに速く、鉱物原料や燃料を消耗し、他方で自然には歯の立たない人工物質や既存物質をこえて環境に廃棄するので、環境を汚染し、生態系に破壊的影響をおよぼし、自然の物質循環系を乱しつつある。つまり、一方では工業原料、燃料問題を逼迫化させ、他方では環境汚染問題を深刻化させている」[5]と指摘する。そして、この視点から個々の資源について考察し、こうした原因を「社会主義社会と資本主義社会とにかかわらず」、「先進社会では原料や燃料の種類も量もまるで違ったのに、大量に生産し、大量に消費して、大量に捨てる」という肥大化しすぎた「開回路経済」にもとめ、「経済自身の内部に、自然の物質循環速度と人間社会での消費速度との大きい資源生産物に関して人工的な物質循環を取り込む」「閉回路経済」[6]への移行を強く主張している（傍点引用者）。

第二の潮流は、メジャーズなどの資源多国籍企業とＯＰＥＣなどの資源産出国の対立を軸とした資源・エネルギーをめぐる複雑な政治・経済的なからみあいの分析に典型的にみられ、ミクダシ[7]や経済理論学会[8]などの成果がある。経済地理学の側においても、こうした視角ははやくからだされていた。たとえば、入江敏夫・林礼二氏らは、「資源の開発は、国際的にも国内的にも最大限の利潤の獲得をめざしておこなわれるかぎり、これを合理的なものたらしめることは不可能だといわねばならない。そして資源の不足も、資源の独占的支配とそれをめざす国際資本間の闘争であるかぎり、たえず生起する現象なのだ。だから、資源問題の本質は、資源の不足より、その所有と配分にかかわっている」[9]と述べ、資源問題を国際資本間の独占的支配のなかでみようとしている。また、石井素介氏も、「資本主義経済体制のもとでは資本の利潤追求原則のゆるす範囲でのみ、資源開発がおこなわれるのであって、支配階級の利益を最大限に確保するためには、略奪的利用による資源の浪費や破壊すら強行される」[10]と指摘して、資源の浪費を資本主義的な開発とのからみでとらえようとしている。

しかし、これらの指摘もまたきわめて一般的であり、しかも、より体系的には、すでにレーニンの『帝国主義論』にあたえられていたのである。このなかの「一〇．帝国主義の歴史的地位」[11]において、レーニンは、「独占の四つの主要な種類、あるいは独占資本主義の四つの主要な現われ」についてふれ、①生産の集中、③金融寡頭制、④植民政策とともに、②「もっとも重要な原料資源の独占的占有」をあげている。そして、これに関連して、以下のような指摘がみられる。「集中が非常にすすんだので、一国のすべての原料資源だけでなく、……数カ国、いな全世界にわたってすらすべての原料資源（たとえば鉄鉱石の埋蔵量）を概算できるほどになった。そして、このような計算がおこなわれるだけでなく、これらの原料資源は、巨大な独占体によって一手に掌握されている」[12]、「……独占体は、すべての原料資源が一手ににぎられるときに、もっとも強固である」、「資本主義の発展が高度になればなるほど、原料の不足がつよく感じられるようになればなるほど、また全世界における競争と原料資源の追求が激しくなればなるほど、植民地獲得のための闘争はますます死にものぐるいになる」[13]、「金融資本にとっては、すでに発見されている原料資源ばかりでなく、ありうべき資源も重要性をもっている。なぜなら、今日では技術は信じられないような速度で発達しているので、きょうは役にたたない土地でも、新しい方法が発見されれば……またより多くの資本支出がなされれば、あすは役にたつものになりうるからである。……そこで金融資本は不可避的に経済的領土の拡張を、それどころか領土一般の拡張をめざすようになる」[14]。ここでは、原料資源の掌握が独占体にとって最も重要な基盤であり、そのために全世界的な原料資源獲得、さらには領土一般の拡張の競争が激しく展開されることが指摘されている。こうした独占資本による資源獲得競争と占有に、一九六〇年代後半以降強まった資源産出国による資源主権の主張に基づく一連の動きを加味していけば、現在の資源問題の基本的構図を描き出すことができるであろう。

また、資本（私的企業）になる資源の略奪と支配が資源の浪費と破壊をもたらすことについては、カップの『私的企業と社会的費用』[15]に生き生きと指摘されている。ここでは、「動物資源の減少と絶滅」、エネルギー資源の早期涸渇」、「土壌の浸食、地力の消耗および森林の濫伐」が、私的企業の競争との関連で興味深く考察されている。たとえば、「商品経済の競争的過程は、野生動物資源の採取が動物の正常な再生産を許容するに必要な枠内に止められるであろうという保証を与えない[16]」こと、地下で自由に移動する石油や天然ガスの採掘にあたっては、「新貯油層の発見と共に、通例井戸掘り競争が始まり[17]」、これに「ガスを空気中に放出するにまかせるやり方」も影響して、「石油埋蔵層の圧力が早期に失われ」、「そこから再びこれを採取することができないような地下の層に残されてしまう石油の割合を増加せしめる[18]」こと、「既存の油田から急速に原油を採取しようとする競争の結果、生産は需要を著しく超過するに至り」、「石油の相対的供給過剰は価格を低落せしめる傾向があり、限界的な油井の閉鎖、および場合によってはその放棄をすら惹き起す[19]」ことなどが述べられている。また、「競争の圧力のもとに個々の採炭業者は、……『貯炭層の中で最も容易に得られる部分のみを採炭する』ことによって、さしあたっての支出を最小にすることが有利となるのである。下層の厚い炭層から採床すれば上層の薄い炭層からの採炭が不可能となる[20]」、「一般的な物価低落は、遂には限界的な炭坑を閉鎖せしめるに至る場合もあり、この際には多額の維持費用をかけるか、早期に放棄してしまう」、「早期の放棄は、石油の場合と同様に、炭坑の悪化、破壊を進行せしめ」、「再開が非常な疑問となって来るようになる[21]」ことが述べられている。さらに、借地農業者の利益の追求、重税と小作制の存在、低農産物価格などが地力を消耗させること、「森林地の私的所有者がその最初の投資からできるだけ速やかに最大の所得を得ようとする欲望が、伐木事業の急速な拡張をもたらし、木材の生産競争を激化せしめ」、「異なった木材生産地間の競争は程なく破滅的となり、価格低落をもたらし、この低価格がつぎには破壊的な生産方法の採用に至らしめ」、「選択的な伐木を行って、組織的な樹木の更新をはかる代わりに、—これを行わなければ森林資源は劣悪化して早晩涸渇するに至るのであるが、—木材会社は無差別に木を伐り倒すことをもって、少なくとも短期的には、一層有利であるとなし」、「かくて或る場合には最良の樹木のみが伐り出され、また他のある場合には、これに反して、幼若な木すらも—特にそれらが容易に到達しうる場所に存する場合には—伐り倒すこと[22]」、などが説得力をもって語られている。

以上にみられるように、現在の資源論は、結局のところマルサス流の「資源限界論」とレーニンの「資源争奪競争論」の二つにその起源をたどることができ、これにカップの「資源浪費分析」を加えることによって、基本的な図式ができあがっているとみてよいであろう。当然のことながら、「資源限界論」には、資源をめぐる複雑な政治・経済的視点は欠落しており、科学的検討抜きで自己の都合のよい資料を安易に引用して立論する傾向が強い。他方、「資源争奪競争論」には、現在の資源問題の解明に鋭く迫っているものが少なくないものの、地球上の資源の限界についてはあまりに楽観的すぎるきらいがある。後者の視角を基礎にしながらも、前者の視角をも含みこむ必要があろう。

いずれにしても、これらの二つの潮流は、経済地理学と直接かかわりのないところでつくりあげられたものであり、現在でも斯学との関係はそれほど深いものではない。むしろ経済地理学がこれらの成果を導入してきて、「教科書」などに結論部分だけ叙述するにとどまっているきらいがある。その意味では、資源論を経済地理学固有の領域として主張することは、ほとんど無理と言えるであろう。では、両者はいかなるかたちでかかわっているであろうか。

（1）　小出　博編『日本資源読本』東洋経済新報社　一九五八年　二四頁。
（2）　科学技術庁資源調査会『日本の資源』ダイヤモンド社　一九六二年。
（3）　石光　亨「資源論へのアプローチ」『人文地理』一六巻五号　一九六四年　一三三頁。
（4）　小原敬士『近代資本主義の地理学』大明堂　一九六五年　一三三～四頁。

（5）石光　亨『人類と資源―生きのびるための英知』日経新書　一九七三年　一九五頁。
（6）同右　一九一～二頁。
（7）Z・ミクダシ著、青木訳『資源問題の国際構造』東洋経済新報社　一九七七年。
（8）経済理論学会編『現代資本主義と資源問題』青木書店　一九七五年。
（9）入江敏夫・林　礼二『現代の人文地理学』日本評論新社　一九六一年　一七七～八頁。
（10）石井素介「自然対人間」（入江敏夫編『現代の地理学―人文地理』広文社　一九六三年）四一頁。
（11）レーニン「資本主義の最高の段階としての帝国主義」（レーニン全集刊行委員会訳『新版レーニン選集2』大月書店　一九六八年）。
（12）同右　七〇五頁。
（13）同右　七五三頁。
（14）同右　七五四頁。
（15）K・W・カップ著、篠原訳『私的企業と社会的費用―現代資本主義における公害の問題』岩波書店　一九五九年。
（16）同右　一一一頁。
（17）同右　一二五頁。
（18）同右　一二七頁。
（19）同右　一二五頁。
（20）同右　一二八頁。
（21）同右　一二九頁。
（22）同右　一五五頁。

2　資源論と経済地理学

川島哲郎氏は、「自然的生産諸力」について考察し、「一口に人間と自然との質量転換の過程だといわれる労働過程も、実は人間労働の生産物が、人間労働の生産物に働きかける過程、労働生産物対労働生産物の関係」と「労働の生産物でない自然物が自然物に働きかける過程、自然物対自然物の関係[1]」の二面性をもっていると指摘している。そして、「第一の関係において生産に参加する諸契機を、その結合の姿において、労働の社会的生産諸力と呼び、第二の関係において生産に参加する諸契機を、その結合の姿において、労働の自然的生産諸力と呼ぶことができる。いわゆる社会の生産諸力が、厳密な意味での『労働の歴史的に発展せる社会的生産諸力』と『自然によって制約された労働の生産諸力』との統一[2]」であると結論づけている。そして、両者の関係について、「自然的生産諸力に表現される関係が、社会的生産諸力の出現をまつまでもなく、歴史的にも実在しえたのに対し、逆に自然的生産諸力を欠いた単なる社会的生産諸力のみの存在は、考えられない」という意味で、「前者は後者にたいして」、「より基礎的な位置を占め」、他方、「生産諸力のより本質的な純粋な側面をなすものが、自然的生産諸力ではなくて、社会的生産諸力だという逆の関係が[3]」存在すると述べている。しかも、「自然的労働対象にしても、自然的労働手段にしても、総じて自然的生産諸力は社会的生産の発展とともに、たえず生産過程内部における主導的な地位から追われて、ますますみすぼらしい役割をふりあてられていく」、生産諸力の発展は、「もっぱらその社会的側面たる社会的生産諸力に負うている[4]」と両者の性格のちがいを強調している（傍点引用者）。

また、「与えられた社会的生産諸力のもとで、自然的労働手段として、自然的労働対象として、労働過程に参加する自然的生産諸力の範囲や性質も地域ごとに異なる。このことは、地理的条件が、自然的生産諸力という形態を通じて、社会の物質的生産諸力中に、独自の地位を築いていることを意味する」(5)こうした「自然的生産諸力の局地性」は「生産諸力が自然的生産諸力を包含する程度に応じて、生産諸力そのものの地域的構造の差異、労働生産性の地域差として現われざるをえない」、「たとえば、こんにちでも採取産業の多くがそうであるように、天然の労働対象に依存する生産は、この対象の所在を離れて成立しうるものではないがゆえに、その生産にはいちじるしい地域色がつきまとうであろう」(6)と注目すべき指摘をも行なっている（傍点引用者）。

こうした整理は、資源問題と経済地理学との関係を考えるにあたって、いくつかの示唆を与えてくれる。

一つは、資源そのものの概念規定について冒頭で述べた小出博氏の「自然的労働対象」にだけ限定すべきでなく、これに「自然的労働手段」をも加えるのが適当であるということである。なぜなら、これによって「自然的生産諸力」に参加する諸契機が「資源」という用語で語ることができる。また、「人間のために最初から食料や完成生活手段を用意している土地（経済的には水もそれに含まれる）は、人間の手を加えることなしに、人間労働の一般的な対象として存在する。労働によってただ大地からの直接的な結びつきから引き離されるだけの物は、すべて、天然に存在する労働対象である。それは、たとえばその生活要素である水から引き離されて捕えられる魚であり、原始林で伐り倒される木であり、鉱脈からはぎ取られる鉱石である」、「もっと広い意味で労働過程がその手段のうちに数えるものとしては、その対象への労働の働きかけを媒介し、したがってあれこれの仕方で活動の媒体として役だつ物のほかに、およそ過程が行なわれるために必要なすべての対象的諸条件がある。それらは直接には過程にはいらないが、それらなしでは過程はまったく進行することができないか、またはただ不完全にしか進行することができない。この種類の一般的労働手段はやはり土地そのものである。なぜならば、土地は、労働者に彼の立つ場所を与え、また彼の過程に仕事の場を与えるからである」(7)とのマルクスの指摘からも明らかなように、一般的労働対象および一般的労働手段としての土地および水が、こうした役割をはたすかたちで「資源」の概念に包摂しうることになるのである（傍点引用者）。

もう一つは、「自然的生産諸力の局地性」に関することである。「自然的労働対象」や「自然的労働手段」を資源とみる立場からすれば、一般に資源産業とよばれるものは、「自然的生産諸力を包含する程度」の高い鉱山業や漁業・林業などの採取産業が典型としてあげることができ、農業もこうした分類に含まれなくもない。これらの産業の立地・配置は、当然のことながら資源の分布に影響されざるをえず、また、逆に、立地・配置のあり方が資源の利用形態を規定するという相互関係にあると言えるであろう。具体的には、資源多国籍企業が、世界的な資源の賦存状況を考慮しながら資源の占有と資源産業の配置をつくりあげていく。しかもその過程で、独占間の激しい競争と協調が、資源利用の著しい地域的不均等と浪費・破壊をもたらしていく。こうした資源産業の立地・配置の具体的形態、およびそれをめぐる資源多国籍企業・資源産出国・資源消費国の三者の複雑なからみあい、さらにはそのなかでの資源の浪費や不足の深刻化といった一連の事態が現在の資源問題をもたらしたと言ってよいであろう。

また、このことは、国内の資源問題についてもあてはまる。すなわち、鉱山資本などの資源関連企業が、国内資源の分布状況、資源消費産業の配置状況を考慮しながら、資源の占有競争を展開し、その結果、資源産業の立地・配置がつくりあげられる。このことは、他面で、資本の資源の包摂というかたちを通じて、一国の資源利用のあり方を規定し、多くの場合不均等開発・浪費・破壊・放棄などの非合理的利用をもたらすことになる。鉱山業や漁業・林業などの採取産業だけでなく、水力発電や工業・都市・農業用水などの水資源利用、あるいは農業・工業都市など生産・生活すべてにかかわってくる土地資源の利用のあり方も、諸産業の立地・配置と密接に関連していることは詳細に論ずるまでもない。水不足や土地問題の発生が工業や人口の局地的な集中・集積といった一国の地域構造と切り離しては語りえないことからも明らかであろう。

経済地理学の課題を筆者らが指摘するように「経済諸現象の空間的展開とそれがつくりだす国民経済の地域構造」とするならば、「資源の局地性」は資源産業の立地・配置を通じて全体の地域構造の形成に一定の影響を与えるとともに、地域構造自体が一国の資源利用の具体的形態を規定するかたちで、資源問題と経済地理学は密接にかかわってくることになる。また、筆者は「国民経済の地域構造とは、一言でいえば、一国の国民経済における地域的分業体系のことである」とも考えており、ここから、当然世界経済の地域構造は、世界経済における地域的分業体系と解することができ、したがってまた、世界的レベルでの資源問題と経済地理学とのかかわりも同様に考えることもできるであろう。

以上のように、資源問題を世界的・国内的な地域構造との関連で解明するところに、資源論と経済地理学の接点をみいだすことができるのである。この点で筆者が、経済地理学の第三の研究分野として資源利用をも含むところの国土利用論をあげてきたわけであり、『戦後日本の石炭産業』[8]において、石炭資本による石炭生産配置の歴史的形成と「エネルギー革命」に伴う石炭産業の崩壊の地域性を解明し、そのなかで石炭資源放棄の過程を実証的に分析し、産業配置論と資源論の統一を理論的・実証的に試みた。こうした問題意識は、もともといままで述べてきた資源論と経済地理学の接点を求め続けてきた筆者の研究姿勢のなかから生まれたものと言ってよいであろう。それは、川島氏のいう「生産諸力の地域性と、自然的生産諸力の局地性との具体的連関や、社会的環境条件との関連を求める」という「今後の開拓をまつ」「経済地理学の重要な研究分野の一つ」[9]に、具体的に踏みこんでいったものと考えることもできるのである。

(1)　川島哲郎「生産諸力と地理的条件」『現代地理学講座・第七巻・生産の地理』河出書房　一九五六年　一五頁。
(2)　同右　一六頁。
(3)　同右　一九頁。
(4)　同右　二二頁。
(5)　同右　一六頁。

（6）同右、二二五頁。
（7）マルクス『資本論』（大内・細川監訳『マルクス＝エンゲルス全集』二三巻　大月書店　一九六五年）二三七頁。
（8）矢田俊文『戦後日本の石炭産業―その崩壊と資源の放棄』新評論　一九七五年。『石炭産業論―著作集第一巻』原書房　二〇一四年。
（9）川島前掲論文　三二頁。

二　地価理論について

高度経済成長とともに一貫して上昇を続けてきたわが国の土地価格は、外貨のたまりすぎによる超金融緩和と田中内閣の「日本列島改造論」を背景とした企業の激しい土地投機によって、ここ一、二年の間に爆発的な値上りを示し、いまや、「土地問題は政治が直面している最大の課題」（田中首相施政方針演説）となるに至った。この土地問題の激化とそれに対する世論の批判の高まりに対処するため、政府は、一九七三年一月二六日の地価対策閣僚協議会で『土地対策要綱』を決定した。政府は、土地利用計画の策定と土地利用の規制、土地税制の改善、宅地供給の促進の三つからなる今回の『要綱』について、「現時点で精一杯の努力」であり、「相当の効果を上げ得る」（田中首相記者懇談）と自画自讃しているが、『要綱』決定後ただちに新聞・雑誌などによって多くの問題点が指摘され、その実効性を危ぶむ声が強くなっている。

ところで、これらの批判は、「土地対策要綱の中で実施に移せるものは〝骨抜き〟〝しり抜け〟にせず、実効のあがる形で運用することが必要となる」（二月一日付日本経済新聞）という見解に代表されるように、「要綱」そのものの趣旨よりも、その〝骨抜き〟、〝しり抜け〟の危険性を指摘する傾向が圧倒的に強く、しかもその場合、全く異なる二つの立場が同時並列的に指摘されているものが多い。すなわち、一つは、不動産会社を中心とする大企業の大規模な土地買占めと保有の規制に対する〝骨抜き〟、〝しり抜け〟の危険性を指摘するものであり、具体的には、「土地利用計画の策定と土地利用の規制等」に関して大企業の土地買いや乱開発の規制に対して実効性が疑問視されること、「法人の土地譲渡益に対する課税強化」に関して多くの不動産会社が適用除外となる可能性が強いこと、「特別土地保有税の新設」に関して大法人の土地買いについてかなりの部分が網からはずれることが予想されること、などが指摘されている。いま一つは、農地の宅地化推進のための一連の政策が〝骨抜き〟、〝しり抜け〟されることへの強い危惧であり、具体的には、「特別土地保有税の新設」に関してあらゆる農林漁業者は事実上適用からはずされる公算が大きいこと、「固定資産税の課税の適正化」に関して市街化区域内農地にかかわる固定資産税課税の適正化を困難視していること、などがあげられている。この二つの立場は、基本的には、現代の地価形成のメカニズムをどのように把握するかによって異なってくるのであって、地価政策を提起する側も、それを批判する側も、ともにその背景にある地価理論自体が問われているのである。この点をあいまいにしたまま、二つの立場を並列する政策は、所詮「焦点のあいまいな総花的要綱」に終らざるをえないし、それに対する批判も単純な〝骨抜き〟〝しり抜け〟への危惧に終始しているならば、「焦点のあいまいな総花的批判」にとどまらざるをえない。したがって、地価問題が激化し、それに対する政府の政策が次々と打ち出されつつある現在、地価形成のメカニズムの冷静な把握がより一層重要となっている。本稿は、以上のような動機から、わが国における地価理論とくに住宅地地価理論について代表的見解を検討し、若干の問題を指摘することによって地価形成のメカニズムのより正確な把握への接近を試みようとするものである。

1　住宅地地価理論の検討

（1）新沢・華山見解

現在のわが国の地価形成のメカニズムについて最も体系的に整理されているのは、新沢嘉芽統・華山謙両氏の見解であり、地価形成をめぐる論争も事実上両氏の理論をめぐって展開されていると言えよう。そこで、まず、著作『地価と土地政策』(1)に集約されている両氏の見解の検討からはじめよう。

両氏は、冒頭で「現在、われわれの周囲に見られる大都市圏の住宅地の地価形成の論理を解明するために、原理的地代論を直接適用しようとしても、成功しないことは明らかである」(2)とし、「住宅地の現象そのものを検討して、そのなかから現象を貫徹している法則を見いださなければならない[3]」として基本的視点を表明したのち、とくに住宅地地価形成のメカニズムを解明し、大略次のような結論に到達した。

両氏は、まず都心への通勤時間が一・五〜二・〇時間の地点が通勤の限界となっていることから、これを通勤限界地＝住宅限界地とし、大都市圏の住宅地価格は、この住宅限界地によって基本的に規定されるとした。そして、限界地では宅地需要が供給を著しく上回っているがゆえに、その価格は「需要者の支払能力の最大値を示している[4]」と主張する。この場合、著しい需給不均衡は、高度成長期における大都市圏への激しい人口の集中と大都市サラリーマンの所得・貯蓄・借金可能額の増大による持家需要の着実な増加に起因するよりも、むしろ、それに対応する土地の供給可能量は交通条件と自然条件だけからは無限に大きいにもかかわらず、農民の零細土地所有が宅地の供給を強く制限していることに主に起因しているとみなしている。すなわち、農家は、農業によって生計を立てているから宅地として自己の農地を売却する内在的必然性はなく、しかも土地所有が零細であるため農地の切り売りも農業としての自立性が失われることから強く制約される。この結果、宅地需要の増大に供給が対応しえなくなり、地価の上昇が生ずる。そのうえ、物価上昇による貨幣価値の低落という要因が加わって、農地の供給がますます制限されて地価上昇が加速され、上昇率が利子率を越えるに至って、ただちに土地は「その商品としての対象性を失[5]」い、地価はさらに激しく上昇せざるをえない。そして、農家が農地を宅地として供給するのは、消費的動機・投資的動機・投機的動機の三つのケースに限定されているから、住宅限界地においては、需要の著しい増大にもかかわらず農家が「一方では土地供給の制限因子になり、他方では部分的に供給因子となる」というような「矛盾する二重性格の下で土地の供給が行なわれるので[6]」著しい需給不均衡が生じ地価が支払可能限度一杯となる、と主張するのである。なお、この限界地周辺の土地売買機構の考察に当っては、持家需要だけが真の需要量であり、農家の土地供給だけが真の供給量であって、両者を仲介するにすぎない不動産業者を含む「土地ブローカー的な仲買の要素を捨象する必要がある[7]」として、

「地価の異常な上昇の原因を不動産業者の土地投機によるもの[8]」とする見解を否定している。

ところで、住宅限界地の地価が支払限度一杯を上回った場合、持家需要がさらに遠隔地に移る。つまり、限界地が外側に移動し、元の限界地は広範な農地を残しながら優良地に転化する。この限界地の移動は、多くの場合漸次的ではなく、断続的に進む。なぜなら、住宅地としての物理的条件の整備自体が断続的であるからであり、この結果として宅地化が適地を蚕食して拡大し、スプロール現象がマクロ的にもミクロ的にも生ずる。このように、限界地の拡大とスプロール現象を関連づけて説明している。

限界地の地価規定ののち限界地内の地価について論じ、「中間地域の地価は、限界地の通勤条件に対する相対的有利性によって、内側にゆくにしたがって高くなる必然性[9]」があり、この相対的高地価は、通勤の便を優先する高所得の持家需要者の存在に支えられる。しかし、地価上昇率は、「限界地から都心の方向に地価と逆方向に需要が低減するということと、投機的需要が外側ほど増加するということとのために」、「外側ほど高」く、「通勤時間—地価曲線の勾配が時の経過とともに緩やかになる[10]」と大都市圏内住宅地の地価と地価上昇率の空間的差異の機構を解明している。

以上の住宅地地価形成のメカニズムの解明ののち、この理論を基礎に「土地政策」を提起している。この政策は、「現体制の中で実現可能なぎりぎりの提案[11]」であり、その目標は「地価の上昇率を利子率の水準以下に抑えることに定めるべきである[12]」とし、その具体的政策として、「(1)持家政策から貸家政策への転換、(2)土地保有税の強化、(3)法律による土地の利用制限または利用促進の三つの政策を柱とし、さらに副次的な政策を組合わせて同時総合的に実行すること[13]」を提案している。要するにその内容は、第一の政策を主体にして宅地需要を激減させる一方、第二の政策により農地の宅地化という形で供給を増やすことによって、宅地をめぐる著しい需給不均衡、売手独占的傾向を緩和して地価上昇率の低下を実現させ、住宅問題は貸家・アパートの大量建設によって解決しようという政策である。

以上の新沢・華山見解の特徴は、住宅地の地価は限界地が規定し、それより内側は、位置の有利性に対応して都心ほど高くなるという限界地規定理論と、限界地地価が支払限度一杯となるのは農民の土地保有にある、とする理論の二つに集約される。このうち、第一の理論は、「地価決定に重要な影響を与えるのは（住宅地にかんするかぎり）郊外の周辺部の地価である。実需要の集まる郊外の地価といってもよい」、「差額地代形成の論理に似たものがここに働き」、「地価上昇の波が限界地から中心部へと波及しだすのである。ちょうど地価は中心部が高く、遠ざかるにしたがって低くなるという富士山のような形をしているが、この山の裾野が外側に拡大されるにつれて、中心部は自然に高くなっていくのである」(14)という伊東光晴氏の指摘を体系化したものである。また、第二の理論は、農民の土地保有に集中的に打撃を与えることによって宅地需給不均衡を緩和させようという地価政策と必然的に結びつき、冒頭で述べた地価政策の二つの立場のうちの一方の側の理論的支柱の役割を果していると言えよう。

(1)　新沢嘉芽統・華山謙『地価と土地政策（旧版）』岩波書店　一九七〇年。
(2)　同右　五頁。
(3)　同右　六頁。
(4)　同右　一五頁。
(5)　同右　三五頁。
(6)　同右　五二頁。
(7)　同右　四八頁。
(8)　同右　四四頁。
(9)　同右　七五頁。
(10)　同右　七八頁。
(11)　同右　二一八頁。
(12)　同右　二一九頁。

(13) 同右　二一九〜二一〇頁。
(14) 伊東光晴『保守と革新の日本的構造』筑摩書房　一九七〇年　一五三〜四頁。

(2) 岩見、佐藤哲・佐藤美見解

この新沢・華山見解に対し、すでに多くの批判がなされているが、ここでは両氏の理論の根幹にふれる見解について検討しよう。

第一は、限界地規定理論に対する批判であり、その代表的なものは岩見良太郎氏の見解である。氏は、論文「マンションの地価形成メカニズム[1]」において、限界地規定理論は「限界地地価を住宅用地地価を規定する要因として極端に重視する誤りを犯している[2]」と批判し、都心におけるマンション地価自体も住宅地地価を吊り上げる作用をしていることを主張している。すなわち、新沢・華山両氏がマンションの分譲価格は用地費プラス建築費であり、「業者は土地を買って、その上に住宅を建て、これを売って、つぎの土地を買うわけだから、買いと売りとの間の地価上昇を分譲価格に含めざるをえない。地価上昇率が利子率以上に達している現状では、地価上昇マイナス金利すなわち買売差益が・業者の利潤の源泉と考えられている[3]」として、利潤源泉を用地の異時点間売買に求めているのに対し、岩見氏は、「分譲価格は『買い手の購買欲と支払能力』とによってのみ規定される」一種の「独占価格」であり、これと用地費プラス建築費つまり前貸資本との差がマンション資本の利潤の源泉であると主張する。そして、この利潤部分は、前貸資本に対する平均利潤とそれを上回る超過利潤によって構成されており、このうちの超過利潤は「終局的には地価上昇によって、土地所有の手に帰す」のであり、一般的には「マンション建設によって急激に地価が上昇し、しかる後、地価上昇は緩やかなカーブを描く[4]」という見解を提起している。この両見解を対比するならば、明らかに岩見見解が妥当であると考えられる。なぜなら、利潤の源泉を用地の異時点間価格差に求めるという新沢・華山見解に従うならば、マンション自体の建築投資は何ら利潤を生むものではなく、その意味で、資本にとって全く無意味な投資となり、用地のみの転売の方がはるかに有利という結論となるからである。このように岩見見解が妥当性を有する限り、伊東氏によって提起され、新沢・華山両氏によって体系化された限界地理論は、明らかに部分的修正を余儀なくされ、富士山状の地価曲線における「裾野の押し上げ」作用とともに「山頂の引っ張り」作用をも認めねばならないことになろう。

第二は、農民の土地保有による需給不均衡理論に対する批判で、佐藤哲郎・佐藤美紀雄氏らの見解がある。

まず、佐藤哲郎（田之倉覚）氏は、論文「現代土地問題の焦点(1)〜(4)[5]」において、新沢氏を含む従来の地価理論に共通する欠陥として、「不動産資本の土地投機の事実をほとんど無視している」か「不動産資本の土地投機という事実を指摘するばあいでもこれを地価形成との関連で正しくみようとしない」ことを指摘したのち、「不動産資本のほうは農民と都市生活者とのあいだにわりこんで不動産を商品として売買するほんとうの当事者であり」、「不動産資本の存在は土地価格の形成について、決定的な意味をもっていると考えざるをえない[6]」から、「現在の地価形成の法則を解明するうえですくなくとも問題のひとつはこれら不動産資本の運動法則を究明することでなければならないはずである[7]」と主張している。そして、この不動産資本の運動法則に関連して、不動産資本こそが「すでに地価が一定の高さに達している限界地ではなく、その外圏部、ときにはその内部にさえひろがっている資本にとっての未開発地」を買収し、「この未開発地を限界地に転化させるうえで」「主導的な役割[8]」を果しているのであり、その際、「農民の不動産資本への売却価格」という低地価を「不動産資本の都市生活者への売却価格」という高地価に転化することによって、膨大な利潤を獲得していると述べている。そして、この売却価格こそは独占価格であると主張している[9]。

また、佐藤美紀雄氏は、全く独自の立場から首都圏における不動産会社の宅地供給独占の実態を詳細に分析し、住宅地地価形成のメカニズムに関して多くの論点を提起している。氏は、論文「現代の土地投機とその影響[10]」で、昭和四〇年ごろから「地価の高騰や法律の規制などによって、個人の零細な土地投機はふるい落とされ[11]」、代って「住宅産業に進出した企業が、首都圏を用地買収でかけずりまわ[12]」り、その結果「一〇社そこそこの大手デベロッパーによって、首都圏の宅地造成と供給がほぼ独占されかかっている」[13]と指摘している。すなわち、昭和四二年度には社団法人不動産協会会員業者（主に一、二部上場会社の関連不動産会社）は首都圏における宅地造成の六七・七％を供給していること、昭和四五年春の会員業者の首都圏での分譲宅地用の土地所有面積は七、五三〇万平方メートルで「首都圏における宅地造成の七年から一〇年分の用地が確保済み」[14]であること、土地処理能力をはるかに超えて取得された土地は大手デベロッパーによって長期間〝塩漬け〟にされていること、などの事実を例示している。また、大手不動産業者の土地取得方式について、都心より五〇キロの「取得単価の安い地域が重点的に物色される」こと、そこでの山林原野などの未造成地が豊富な資金によって大量に買収されていること、買収単価は「標準的な相場がなかなかつかまえにくく、買収にあたる企業側の指し値が標準値になりやすい現象か目立つ」[15]ことなどの具体例をあげながら指摘している。そして、最後に、こうした「特定の大企業に用地取得が集中していく現象は、その傾向が強まるにつれて宅地供給の独占化をまねき、分譲価格の操作や住宅入手の自由に制約をあたえる」ことになり、「仕入れ原価が三・三平方メートルあたり数千円くらいの土地が、造成工事費・金利負担・諸経費をおりまぜて一般に分譲されるときは、三・三平方メートルあたり八万円から一〇万円という高価格になる」というように、「明らかに企業が不当とも思える利潤を得ている」[16]と結論づけている。

以上の佐藤哲・佐藤美両氏の主張は、両者に若干の見解の相違があるものの、全体としては、大手不動産資本が限界外地の農地や山林原野を低価格で大量に買収し、しかも長期間保有することによって宅地の供給を独占し、限界地化した段階で独占価格で需要者に販売していることこそ地価上昇の原因であると強調しており、新沢・華山見解と著しい対比を示している。したがって、地価政策の二つの立場のうちの他方の立場の理論的支柱の役割を果している。

ところで、新沢・華山見解と佐藤哲・佐藤美見解を対比するならば、「不動産資本がどの程度の土地売買をやっているかについて、事実資料を事例的にさえあげないで」[17]、不動産資本を含む「土地ブローカー的な仲買の要素を捨象する必要がある」[18]とする前者の見解は、捨象すべきでないものまで捨象してしまい、「捨象能力ともいってよいと思うが、研究者に必要な資質」[19]を著者自身が問われていると言えよう。それに対し、後者の見解は、後述するように若干の理論的問題を含んでいるものの、佐藤美氏の詳細な実態調査にみられるように、「住宅地の現象そのものを検討して、そのなかから現象を貫徹している法則を見いだ」[20]す態度としてははるかに優れており、現代日本の大都市圏における住宅地地価形成のメカニズムの把握の仕方としては、より妥当性を有していると言えよう。このようにみるならば、新沢・華山見解の第二の理論は根本的な修正を迫られているとみられる。

(1) 岩見良太郎「マンションの地価形成メカニズム」『経済評論』一九七二年九月号。
(2) 同右　九七頁。
(3) 新沢・華山前掲書　一二四頁。
(4) 岩見前掲論文　九二頁。
(5) 田之倉覚「現代土地問題の焦点(1)〜(4)」『経済』一九六九年六、九、一〇月号、一九七〇年二月号。
(6) 同右(1)　四七頁。
(7) 同右(1)　五三頁。
(8) 同右(2)　一一九頁。
(9) 同右(2)　一五九頁。同右(2)　一五四頁。
(10) 佐藤美紀雄「現代の土地投機とその影響」『ジュリスト・特集土地問題』一九七一年四月一〇日号。
(11) 同右　六七頁。
(12) 同右　六八頁。
(13) 同右　六九頁。
(14) 同右。
(15) 同右　七二頁。
(16) 同右　七四頁。

（17）　田之倉前掲論文(1)　四八頁。
（18）　新沢・華山前掲書　四八頁。
（19）　同右　一六八頁。
（20）　同右　六頁。

（3）　早川・都留見解

以上、新沢・華山見解とこれに対する批判を中心に検討してきたが、そのほかに無視しえない重要なものとして早川和男・都留重人両氏の見解がある。

まず、早川氏は、論文「市街地の価格形成[1]」において、商業地地価に続いて住宅地地価について論じている。氏はここで、職場への時間距離、日常生活の利便性（生活利便施設の整備）、自然環境・土地の風格性（空気、日照、通風、緑、高燥、静寂、温暖、地質、地盤）の三つが中心となって住宅地の効用価値が形成され、この効用価値が最も劣等な住宅地、すなわち「位置的に、環境的に、あるいは都市施設の不備な劣等住宅地が開発されるときは、その住宅地は常にその都市における最低限の地代水準を示し、他の住宅地代上昇のテコあげの役割を果たすのである[2]」が、「その都市の最も条件の悪い住宅地と優れた住宅地との効用価値の差が貨幣価値に換算されて、住宅地代の源泉となる[3]」、つまり「地価は……、住宅地であれば住宅地の効用価値を源とする差額地代を基礎として決まる。位置的要素を離れて地価は論じられない。もし地価が需給関係のみによって決まるものならば、都心から郊外へ向かうにしたがって下がる地価曲線は生じないといえる[4]」と主張している。この主張は、相互に矛盾した見解を内包している。なぜなら、「効用価値の差が貨幣価値に換算される」という見解は、それ自体何も説明していないのであり、「効用価値」と「貨幣価値」との中間に「需給関係」が媒介してはじめて意味をもつのである。つまり、位置を中心とする住宅地の「効用価値」の優劣が潜在的需要をも含む需要の強弱ひいては需給関係の緊迫の度合の強弱に反映し、この「需給関係」のみによって「都心から郊外へ向かうにしたがって下がる地価曲線」が生ずるのであり、「効用価値を源とする差額地代」なるものも「需給関係」を離れて成立しえないのである。その意味では、前述の新沢・華山見解における限界地内地価規定の論理の方がはるかに一貫性を有しているといえよう。

早川氏は、さらに、大規模宅地開発は、追加投資によって土地の自然的資質そのものを変化させ、住宅地としての効用価値を高めるのであり、追加投資による住宅地代形成の一形態[5]であると規定したのち、この場合の住宅地価上昇のメカニズムについてふれ、「開発時の周辺地の最低価格」は、「マスタープランのイメージがつくりだす地価上昇」、「公共施設の整備がもたらす地価上昇」、「集積に伴う地価上昇」、「需要増による地価上昇」の四つの作用によって著しく上昇し、「最終地価」となると説明している。

この宅地開発に伴う地価形成メカニズムに関しては、これ以前にすでに都留氏が興味ある視点を提起している。すなわち、氏は、著作『物価を考える』[6]において、宅地価格の形成要因として、「農地ないしは山林として利用したと仮定した場合の価格にほぼ等しいと見なして差支えないだろう」ところの「宅地として素地価格」（第一要因）、「道路、上下水道、ガス、交通通信施設等、いわゆる環境施設のための費用」[7]（第二要因）、「別に、費用をかけないのに周辺が便利になり有利になったためのいわゆる『外部経済』的便益」[8]の地価への反映（第三要因）、「投機的要因」（第四要因）、以上の四つをあげている。この早川・都留氏の見解については、前述の佐藤哲・佐藤美氏らの「独占価格」規定との関連もあるので次に検討する。

（1）早川和男「市街地の価格形成」（『住宅問題講座・8土地問題』有斐閣　一九六八年）。
（2）同右　六三頁。
（3）同右　五四頁。
（4）同右　六二頁。
（5）同右　六六頁。

（6）都留重人『物価を考える』岩波新書　一九六七年。
（7）同右　一六〇頁。
（8）同右　一二四頁。

3　住宅地地価理論の残る二、三の問題

以上、わが国の住宅地地価理論の主要な見解を紹介し、そのなかで限界地規定理論の有効性と限界性の問題、および需要者の支払限度一杯となる限界地の地価を支えるものは農民の土地保有か大手不動産資本の土地買占めかという問題の二つが主要な論点となっていることを指摘したが、これ以外に論者相互間には明確に意識されていない二、三の理論上の問題が残っていると考えられる。以下、これらの点について論じてみよう。

第一は、主として不動産資本による宅地開発において、限界外地の農地ないし山林原野を買収して宅地造成し、限界地化した段階で需要者に販売する場合、「買収価格」と「販売価格」との著しい価格差をどのように説明すべきかということであり、また、この点での早川、都留、佐藤哲、佐藤美氏らの見解の相互の関連をどう評価すべきかということである。まず、「買収価格」つまり都留氏の「素地価格」は、事実上佐藤美氏のように「企業の指し値」で決められるとしても、その相場は周辺の農地ないし山林原野の価格に大量買収による需要増加に伴う一定の地価上昇分が付加された「値」であり、早川氏の「開発時の周辺地の最低価格」プラス「マスタープランのイメージがつくりだす地価上昇」と実態としては大きな差はない。また、この「買収価格」の上積み要因としての「公共施設の整備がもたらす地価上昇」（早川氏）、「道路、上下水道、ガス、交通通信施設等、いわゆる環境施設のための費用」（都留氏）、「造成工事費、諸経費」（佐藤美氏）は、いずれも宅地造成費用を表現しており問題はない。したがって、問題はこの

「買収価格」プラス「造成費用」つまり「費用価格」と「販売価格」との差をどう説明するかにある。

この点について、都留氏の「外部経済的便益」要因と早川氏の「集積に伴う地価上昇」の評価がとくに重要となる。都留氏は、「新市街地開発のための施設は、道路にしろ通勤列車にしろ、その当該市街地の周辺や沿線にまで便益を与える」が、「便益が生ずると、そのための費用を負担するしないにかかんせず、その土地は値上りする傾向をもつ」[1]と説明している。この規定は「社会的生産一般の進歩は一方では、地方的諸市場をつくりだし交通運輸機関の建設によって位置をつくりだす」[2]（傍点引用者）、というマルクスの規定とほぼ同一の内容を示している。すなわち、位置を「物理的あるいは自然地理学的な地表上の一定地点といういみでの絶対不変のたんなる位置のことではなく、固定資本投資の結果人為的につくりだされる可変的位置」[3]と理解するならば、交通運輸機関の建設だけでなく、周辺におけるその他の「新市街地開発のための施設」や「生活利便施設」の整備も、また住宅地の位置を有利するものとみることができよう。このようにみるならば、「外部経済的便益」による地価上昇も「集積による地価上昇」も、周辺の固定資本投資が位置の有利化をもたらし、このことが住宅地の「効用価値」を高め、需要増加を通じて、地価上昇を招来する、という脈絡で理解することができる。したがって、住宅地の需要者への「販売価格」は、「費用価格」に何らかの要因を上積みすることによって成立するものとみるべきではなく、「生産物の一般的生産価格によって規定される価格にも生産物の価値によって規定される価格にもかかわりなく、ただ買い手の購買欲と支払能力だけによって規定されている価格」[4]、すなわち恒常的需給不均衡によってもたらされるところの一種の「独占価格」であり、この場合の需給関係は位置を中心とする「効用価値」を軸にして成立するとみるのが最も妥当であるといえよう。その意味では、早川氏の「集積に伴う地価上昇」と「需要増による地価上昇」の二者は勿論のこと、都留氏の「外部経済的便益」による地価上昇と「投機的要因」による地価上昇の二者をも明確に区別することは妥当ではないと考えられる。

第二の問題は、この種の「独占価格」と独占資本主義特有の生産と市場の独占を基盤として成立する本来的独占価格とは概念上明確に区別する必要があることである。この点をあいまいにしているのが佐藤美氏の「特定の大企業に用地取得が集中していく現象は、その傾向が強まるにつれて宅地供給の独占化をまねき、分譲価格の操作や住宅入手の自由に制約をあたえるといったデメリットをつくり出すことになりかねない」[5]（傍点引用者）という指摘であり、鶴田俊正氏の次のような批判を受ける結果となった。氏は、論文「住宅政策と民間デベロッパー」[6]において、佐藤美氏の規定に対して「近年、大手不動産業者の市場占有率が上昇しているとはいえ、全国の宅地市場に占める大手業者の占有率は、きわめて小さいこと、したがって、大手業者同士が協調して宅地供給制限を行なったり、談合によって価格をつり上げることはまず不可能に近い」[7]こと、「住宅需要者の立地点の選択も、特定地域でなければ絶対駄目だというものではなく、かなり選択の範囲が広い」から、宅地は「きわめて代替性をもった財だということ」[8]を指摘し、「住宅市場は価格操作可能な寡占市場ではなく、比較的参入障壁の低い競争的市場であ」[9]り、このような「市場構造をもつ住宅市場においては」、「特定地域における宅地供給が特定の業者に独占されていたとしても」、「ここで形成される価格が独占価格ということはありえないし、大手業者の高利潤も独占利潤であるとも断定できない」[10]と批判している。この批判は、本来的独占価格規定に対する批判としては概して妥当性を有していると言える（その場合でも土地という移動不可能の商品市場において、大都市圏の高占有率に対して、全国における低占有率を対置することは無意味ではあるが）。しかし、「買い手の購買欲と支払能力だけによって規定される価格」としての「独占価格」規定への批判としては、的はずれとなっている。なぜなら、この種の「独占価格」は、参入障壁の高い寡占市場における「価格操作」によって成立するのではなく、需給の恒常的不均衡によってのみ成立するからである。そして、事態は、この種の「独占価格」規定が最も適するような形で進行していると言えよう。すなわち、佐藤美氏の詳細な実態調査が示しているように、大手不動産資本による大都市圏の宅地の大量買占めと長期間保有こそが需給の著しい不均衡をもたらし、「需要者の支払能力の最大値」一杯の価格を恒常的に維持する結果をもたらしているのである。とくに、私鉄関係を中心とする大手不動産資本がみずから交通運輸機関を新設することによって、限界外地の自己の保有地の位置を有利化し、限界地化することができるのに対し、中小不動産資本や農民にはこの能力を欠くことを考慮するならば、肝心の限界地での需給不均衡要因としての大手不動産資本の大規模な宅地保有の役割は決定的と言えよう。この場合の土地所有者としての大手不動産資本の役割は、独占地代規定における「土地所有が未耕地での無地代の投資に制限を加える結果として穀物がその生産価格よりも高く売られるだけではなくその価値よりも高く売られるような場合[11]」の土地所有者の役割とほぼ同じと考えられる。すなわち、後者は、土地所有者が未耕地への投資を制限することによって、土地生産物の需給不均衡を恒常的に維持し、一種の「独占価格」を成立させているのに対し、前者は、大手不動産資本が限界外地の大量保有を通じて急速な宅地化を制限することによって、限界地における土地そのものの需給不均衡を恒常的に維持し、一種の「独占価格」を成立させているのである。

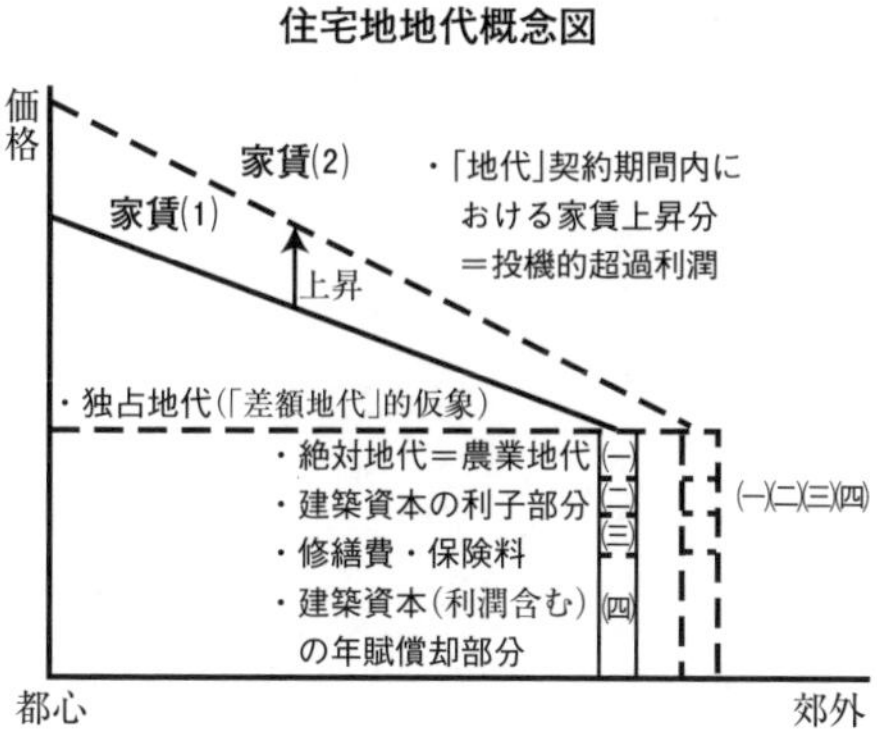

第三は、マルクスの地代論の適用に関する問題である。新沢・華山両氏は、「差額地代、絶対地代、独古地代、……いずれの地代も土地が資本制企業によって生産手段として使用される場合に、土地を除く投下資本に対する平均利潤を超える超過利潤の地代化としては共通の性質を持っている。そして地価は地代の資本還元額として成立する[12]（傍点引用者）という地代論の「直接的あるいは類推によっては住宅地の経済現象は説明できない[13]」（傍点引用者）としている。他方、「地価は地代の資本還元額であるというマルクスの基本的な命題は絶対にくつがえしてはならない[14]」として直接的適用をめざす佐藤哲氏も、肝心の住宅地地代の説明になるとマルクスの建築地地代に関する断片的叙述を繰り返えすだけにとどまっている。[15]

では、マルクスは住宅地地代をどのように理解していたのであろうか。資本論第三巻第四七章「建築地地代・鉱山地代・土地価格」における建築地地代に関する断片的叙述を手懸りに筆者なりに整理してみよう（図参照）。

マルクスは、当時のイギリスの大都市における住居供給の一般的様式として、土地所有者と彼から地所を借り受けて建物を建築し、その家屋を賃貸する建築業者および家屋を賃借する居住者の三者の関係によって成立しているものとみなしていた。そして、この場合の建築業者の居住者に対する「家賃」は、基本的には、「買い手の購買欲と支払能力だけによって規定されている価格」である一種の「独占価格」であり、需給関係によって成立するとみなしていた。これが「建築用の土地については、……多くの場合に独占価格が優勢である[16]」という意味である。住居需要は位置によって強弱が著しく異なるから、当然需給逼迫の度合も位置によって異なり、「独占価格」である「家賃」自体も位置に対応して異なった価格が成立する。賃貸家屋に要する費用は一般に位置による差がないから、「家賃」の価格差がそのまま建築業者にとっての超過利潤の差となり、これが「差額地代」の源泉となる。つまり、「建築用の土地については、……位置が差額地代に圧倒的な影響を及ぼす」のであり、とくに「大都市の建築地の場合にはこの影響が非常に大きい[17]」のである。ところで、住宅地が郊外の農業地と接する位置的に最劣等な住宅地つまり限界地では、「家賃」は「(二) 建築資本（建築業者の利潤を含む）にたいする利子部分、(三) 修繕費と保険料とにあてられる部分、(四) 家屋の徐々の摩損におうじる建築資本（利潤をふくむ）の年賦償却（割賦償還）部分」、それに（一）地代部分」として「本来の農業地代[18]」部分によって構成されている。すなわち、「家賃」がこれ以下となる位置では建築業者は資本投下しないのであり、「本来の農業地代」が住宅地地代における「絶対地代」的役割を果していると言えよう。これが「建築用の土地については、……その地代の基礎がすべての非農業用地の地代と同様に本来の農業地代によって規制されている[19]」という意味である。そして、それより内側つまり優等地では、位置の有利性による「独占価格」としての「家賃」の上昇に対応して生ずる「超過利潤」部分が「差額地代」に転化し、住宅地地代として「本来の農業地代」に付加される。ところで、需給関係は、同時代的には空間的差異によって規定されるが、時間的推移としては人口の増大や固定資本投資による位置の有利化によっても逼迫の度合を強めるから、「人口の増加、したがって住居需要の増大だけではなく、土地に合体されるかまたは土地に根を下ろしてその上に立つ固定資本の発達も、……必然的に建築地代を増大させる[20]」のである。また、当時のイギリスでは、建築業者と土地所有者との借地契約期間は一般的に長かったから、人口増加や固定資本の発達による「家賃」の上昇に伴って発生する「超過利潤」の増大は建築業者によって獲得されるのであり、「急速に発展しつつある諸都市では、特にロンドンでのように建築が工場的に営まれるところでは、建築投機の本来の根本対象をなすものは地代であって家屋ではない[21]」という事態が生ずるのである。しかし、「賃貸契約が満期になった後には、土地は、その上にあるすべての建物といっしょに、またその間にたいていは二倍以上にも三倍以上にも上がった地代といっしょに、建築投機師またはその権利継承者から再び土地の最後の原所有者の手にもどる[22]」から、「建築用の土地については、……所有者のまったくの受動性が非常に明瞭[23]」となるのである。

以上のように、住宅地地代は位置を中心として成立する「家賃」の一種の「独占価格」的性格を軸にして説明すべきであり、その場合の「差額地代」は、事実上一種の「独占地代」の位置による差として把握すべきであろう。その意味で、マルクスの地代論の他方の直接的適用者である奥山好男氏の労働力商品の輸送費（いわゆる交通費そのものと通勤に伴って追加的に消耗する分をふくむ）が「住宅地地代においても、差額地代の形成におおいにあずかっている[24]」という見解、つまり労働力再生産費の位置による差を「差額地代」として把握する見解には賛成できない。

いずれにしても、持家制度が住居供給の一般的様式となっているわが国の住宅地地価の説明としては、以上のマルクスの住宅地地代概念を「直接適用」することはできない。しかし、「類推」は可能である。つまり、当時のイギリスでは居住者と建築業者との間に「住宅の一時的使用権」が売買されたのであって、現代の日本では持家需要者と土地所有者との間の「宅地」自体の売買が問題となっている。したがって、地代によって地価が規定されるのではなく、「家賃」の価格形成と同じ論理にしたがって「宅地」価格自体が位置を中心とする需給関係を媒介に一種の「独占価格」が形成されるのである。そして、このような解釈は、まさに新沢・華山両氏の限界地内の住宅地地価を説明する見解と一致している。その意味では、限界地内の住宅地地価格差を説明する論理に関する限り、直接的適用をめざした佐藤哲氏や奥山氏ではなく、直接的適用だけでなく類推さえも拒否した新沢・華山両氏の見解の方が、皮肉にもマルクスの地代論の適用としては妥当であると言えよう。しかも、この限界地規定理論こそが、わが国の住宅地地価理論発展の一つの画期をなしたのであり、この点での両氏の功績は評価さるべきであって、佐藤哲氏のようにイデオロギー的側面のみから両氏の見解を全的に否定する態度には同意できない。

(1)　都留前掲書　一六二頁。
(2)　マルクス『資本論』(大内・細川監訳『マルクス＝エングルス全集』第二五巻、一九六七年、八三九頁)。
(3)　田之倉前掲論文(4)　一五〇頁。
(4)　マルクス前掲書　九九四頁。
(5)　佐藤美紀雄前掲論文　七四頁。
(6)　鶴田俊正「住宅政策と民間デベロッパー」『経済評論』一九七二年九月号。
(7)　同右　三五頁。
(8)　同右　三六頁。
(9)　同右　三五頁。
(10)　同右　三六頁。
(11)　マルクス前掲書　九九四頁。
(12)　新沢・華山前掲論文　五頁。
(13)　同右　六頁。

(14) 田之倉前掲論文(4) 四七頁。
(15) 例えば、佐藤哲郎「都市における土地所有・地代・地価をめぐる問題―古典から現代へ」、『ジュリスト・特集土地問題』一九七一年四月一〇日号。
(16) マルクス前掲書 九九一頁。
(17) 同右。
(18) エングルス「住宅問題」(大内・細川監訳『マルクス＝エングルス全集』第一八巻 一九六七年 二二三頁)。
(19) マルクス前掲書 九九一頁。
(20) 同右 九九二頁。
(21) 同右 九九二〜三頁。
(22) 同右 九九三頁。
(23) 同右 九九一頁。
(24) 奥山好男「地代論への若干の補足―林業地代・工業地代・商業地代そして住宅地代と地価について」『経済地理学年報』一六巻一号 一九七〇年 六三頁。

4 むすび

以上、わが国における住宅地地価理論の現状と、そこにおける若干の論点を指摘してきたが、諸氏の見解に学びつつ筆者の見解を整理すると以下のようになる。すなわち、大都市圏の住宅地地価は、すべて需給関係を基礎として形成されるところの「買い手の購買欲と支払能力だけによって規定される価格」である一種の「独占価格」であり、そのなかで規定的作用をなしているのが住宅限界地の地価であって、これは、大手不動産資本による限界外地の農地や山林原野の大量買占めと長期間保有に起因するところの限界地周辺での宅地の著しい需給不均衡によって、「需要者の支払能力の最大値」まで上昇している。そして、限界地内の地価は、位置の有利性による需要の増大に対応して差額地代的論理にしたがって内側ほど高くなっていくのである。そのうえ。都心周辺では、マンションによる地価上昇などの一定の引上げ作用が付加される。このように現在のわが国の住宅地地価形成のメカニズムを把握するならば、地価対策の根幹は、将来的には土地所有制一般が問題となるとしても、少なくとも「現体制の中で実現可能なぎりぎりの提案」としては、大手不動産資本の土地買占めの規制と保有土地の大量吐き出しを強制することにあるのであって、決して大都市周辺の農地を農民から取り上げて近郊農業を破壊することにあるのではないと言えよう。

なお、本節は法政大学経済学部の私のゼミナールでの一九七二年度の議論を参考に執筆した。学生諸君に記して感謝したい。

三　大都市における地帯構成と地価形成

戦後日本経済の高蓄積が「都市問題」を深刻なものにしたことは、周知の通りである。この「都市問題」の激化は、当然のことながら、「都市問題」に対する社会経済学的側面からの分析を活発化させ、すでに少なからぬ成果をあげている。とくに、住宅問題・土地問題・交通問題・ゴミ問題・下水道問題などの具体的な諸問題、さらには自治体の行財政問題についての実践的視点からの実証的分析は膨大な数にのぼり、わが国の社会科学において誇るべき実績をあげていると言えるであろう。しかも、これらが住民運動や革新自治体の政策と結合することによって、一つの現実的な改革の力になっていることは、高く評価されるべきであろう。

しかし、「都市問題」の総体としての把握、ないし「都市問題」と戦後日本資本主義の高蓄積メカニズムとの内的連関の分析、さらには世界的視野での現代資本主義と都市問題との関係の理論的研究といった、いわば大局的・理論的な側面からの業績は、十分であるとみることはできないであろう。これはわが国の経済学の二つの対照的な欠陥、すなわち、一方で、資本主義のメカニズムを総体として把握しようとする理論的分野の研究者が「都市問題」・「公害問題」などの緊急に解決を迫られている具体的な問題を自己の視野に入れて研究をするといった姿勢にとかく欠けていること、他方、社会的実践と結合して緊急課題に真剣に取り組んでいるいわゆる実証的な分野の研究者が、当面の問題分析に急で大局把握という面での理論的なつめが弱いこと、と結びついているものとみることができよう。地理学においては、都市地理学が比較的長い伝統と一定の蓄積を有しているものの、現代的な「都市問題」と真正面から取り組むといった実践的意識に乏しく、また、現代資本主義との関連を追求するという視角も十分でなく、詳細な実証分析か、「理論化」と称した単純な「類型化」に終る傾向が強い。にもかかわらず、都市地理学の研究成果から学ぶべき点は少なくない。本節は、まず都市地理学の成果について検討を加え、その「空間的視点」の一定の有効性と限界性を問題にするとともに、そのなかから、大都市における地帯構成研究の「都市問題」分析における独自の有効性を強調し、その形成機構を大都市における諸部門・諸機能の立地・配置と地価形成を軸にして説明しようとするものである。こうした研究は、日本資本主義の高蓄積と「都市問題」との関連の研究の一部を構成するものであるとともに、都市地理学の「社会科学化」にも寄与しうるものであると考えるからである。

1　「大都市の内部構造理論」の検討

大都市内部の地帯構成ないし地域構造に関する研究は、アメリカを中心とする諸外国での都市地理学の領域でかなりの成果をあげている。(1)

そのなかで最も代表的なものとしては、一九二五年に発表された Ernest W. Burgess のいわゆる「同心円理論」がある。これは、都市は一般に①中心業務地区（Central Business District）、②漸移地帯（Zone in Transition）、③労務者住居地帯（Zone of Workingmen's Homes）、④住宅地帯（Residential Zone）、⑤通勤者地帯（Commuter's Zone）の五つの地帯からなり、各々の地帯は外側の地帯に侵入しながら、全体として都市の拡大を行なっているとするのである。また、Ernest M. Fisher は、「修正同心円理論」なるものを提唱し、都市を①金融・業務地帯（Financial and Office Zone）、③中心小売業地区（Central Retail District）、③卸売・軽工業地帯（Wholesale and Manufacturing Zone）、④重工業地帯（Heavy Manufacturing Zone）、労働者居住地帯（Zone of Workingmen's Homes）、⑤住宅地区（Residential District）、⑥通勤者地帯（Commuter's Zone）の六つに地帯分化するとした。

こうした都市の内部の地帯構成を「同心円的構造」として把握する考え方に対し Homer Hoyt は、一九三九年に

「扇形理論」を提起した。すなわち、卸売・軽工業地帯、重工業地帯、労働者居住地帯などは、都市の中心部を取り囲むかたちで地帯を構成しているわけではなく、その意味で「同心円」的ではなく、、むしろ「扇形構造」として把握するべきであるとの見解を明らかにした。そして、とくに住宅地の分布を問題にし、高地代、中地代、低地代の住宅地域は、セクターごとにいちじるしい差異をもって分布していることを指摘した。さらに、Chauncy D. Harris と Ebdward L. Ullman は、「同心円理論」も「扇形理論」もともに単一の都市核を前提としていると批判し、、事実は次の六つを核心とする「多核心構造」であると主張する。すなわち、①中心業務地区、②卸売・軽工業地区、③重工業地区、④住宅地区、⑥文化センター・公園・周辺業務地区・小工業中心などの小核心地、⑥郊外と衛星都市がそれで、それぞれの機能は、「専門的便益」をもち、また異なるものが集まる不利益と、類似したものが集まる利益などの要因のために、機能分化するとみるのである。

以上のほか、大都市の拡大およびその過程での地域分化が形成される機構について、いくつかの代表的見解がだされている。

たとえば、C. C. Colby は、一九三三年に都市を核心地帯・中間地帯・周縁地帯の三つに分け、これらの分化をともなった人口・機能の移動過程を、「都市の中心部の機能を周縁地帯へ移す遠心力―Centrifugal Forces」と「若干の機能を中心部にひき止め、また他の機能をそこにひきつける求心力―Centripetal Forces」の二つの力の合成として把握すべきであるとしている。また、Robert E. Dickinson も、一九四七年に、都市を中心地帯・中間地帯・外方地帯の三つに区分したうえで、これらの地帯分化とその外延的拡大は、「都心の吸引と集積との求心力」、「分散と分解との遠心力」、「空間的分化の諸力」の三つの基本的な力の所産であるとの見解を発表している。さらに、H. Blumenfeld は、一九五四年の論文で、大都市における人口の集中と分散とによる人口集積が都市部から近郊地帯の方向に「潮汐波」のように移動していくことによって、大都市地域が形成されると言う、いわゆる「波状理論」を提唱した。

以上のようなアメリカの都市地理学を中心とする諸外国での大都市内部の地域構成および形成要因の研究の影響のもとで、わが国の都市地理学研究者も積極的にわが国の大都市を対象とした実証分析を展開していった。最も先駆的なものをして木内信蔵氏の研究があり[2]、体系的にまとまったものとして、ともに大都市・東京を扱った山鹿誠次、服部銈二郎両氏の分析がある[3]。

このうち山鹿氏は、東京を①都心―中央官庁地域・経済（業務）地域、②都央地域（市街地）―商業地域＝下町低地、工業地域＝江東低地から東京湾岸、住宅地域＝山手台地、③周辺地域―江戸川デルタ・北多摩、④外縁地域―西多摩、以上の四地域に分化しているとし、「このような地域的分化をおこす要因」として、「ビジネス・商業・行政機関のように、中心部に集中 Centralization して都市を立体的に膨張させる機能と、工場・住宅・学園のように、周辺部に分散進出 Decentralization して、都市を平面的に膨張させる機能[4]」の二つの都市機能の作用をあげている。

また、服部氏は、都市が①都心地区（C. B. D）、②副都心（Sub-Center）、③商業地区（Commercial District）、④工業地区（Industrial District）、⑤住宅地区（Residential District）、⑥郊外地域（Subburb）、⑦外縁地域（Hinterland）、の七つに地域的に機能分化することを確認したうえで、東京の中心地機能の研究を行なった。それは、「東京の区部を対象に、都心性の分布を基礎データとして、中心地の空間配置・相互関係・空間秩序を究明し、中心地パターンを支配している地域発展の原因を明らかにする[5]」こと、「巨大都市の地域構造における都心・副都心・副々都心など高次中心地の空間的役割の相違を解明、中心地の配置を規定する空間法則を追究[6]」することを目的として、「都心性」を指数化し、これを因子分析することによって、階層区分および類型化の作業を行なった。その結果、「一見複雑にみえる中心地の空間配置も、空間秩序の視点からその分布の生態を追究してみると、地域の中心核として、強い空間法則の支配を受け、かなり単純化された図式に置き換えることができる。すなわち、全域を支配する第一位階層の都心、四方向のセクターを支配する新宿・池袋・渋谷・上野浅草などの第二位階層の副都心、その外周リング上に位置し、一～二の区を支配する第三位階層の副々都心などの相互の勢力均衡が、東京の機能地域構造を形成し(7)」、全体としての「中心地群の配置は、……圏状構造・蜂房構造・放射状構造などの枠組みを基本的なパターンとして形成されている(8)」と解明した。

ところで、以上のようなアメリカおよび日本の都市地理学者による大都市内部の地帯構成ないし地域構造の実証的分析とそこから帰納した「理論」は、近代の大都市内部で展開している地域分化といういうきわめて重要かつ複雑な事態を体系的に整理したという点で、その意義は大きい。そして、この点が都市地理学の最も重要な研究成果であるとみることができよう。

しかし、そこには、社会科学的にみていくつかの問題点が含まれている。

第一は、こうした大都市内部の地域分化を体系的に示しながらも、こうした地域分化が形成される機構の社会科学的分析が欠落していることである。この点については国松氏の見解が示唆に富んでいる。すなわち、氏は、Burgessの「同心円理論」について、「いわゆる経験的研究によってえられた理論、つまり法則は確率的な関係を語るにとどまるものであり」、「都市が外延的に拡大することにともなって同心円的地域構造を形成するに至る過程の叙述はあっても、何故にこのような地域構造を形成するかについての説明は殆ど見られない(9)」と批判している。また、Hoytの「扇形理論」についても、「それは結局確率的な関係を語るにすぎない。それが普遍妥当的な必然的な関係を語るためには論理的な基礎づけを必要とする(10)」と厳しい評価をしている。さらに、HarrisとUllmanの「多核心理論」について、「ある時点のスナップ写真を与えるにすぎない」もので、「多核心理論が単純な記述以上のものであろうとするならば、それぞれ新しい核心がそのもとに発達する諸条件を説明し(11)」なければならないとの見解を示しているのである。

地域分化の形成機構を説明する論理がまったく欠落しているわけではない。しかし、説明する論理として用いられたものはColbyの「遠心力・求心力論」、Blumenfeldの「波状理論」などのように、「力学」的原理あるいは「生態学的」説明なのである。わが国においては、山鹿氏も前述したような「集中力・分散力」論で説明し、服部氏にいたっては、地域社会における中心地が形成されるのは、「人間社会が人間同志《ママ》の相互接触行為を基本的媒介として発達するからである」[12]とし、また、中心地を「人間社会の基本的欲求・理想追及の処理場」[13]であると規定している。ここには、人間集団の行為一般という「力学的」、「生態学的」理解が先行しており、社会科学的論理の弱さを伺うことができる[14]。

大都市内部の地域構造「理論」の第二の問題点は、これをとりまく社会経済機構、特殊的にはアメリカないし日本資本主義の機構との内的連関を欠いていることである。この点についての奥田義雄氏の「都市に関する空間的モデルの法則定立が、これに先行する国民経済の構造分析と切り離されて遂行しうるはずもないのであるから、現在の社会経済体制の総体的な把握と不可分な地域モデルの構築こそが必要なのではなかろうか[15]」という指摘は正当である。こうした欠陥が生じたのは、第一の欠陥とも関連して、もともと都市を人間集住の一形態、都市の地域分化を人間同士の相互接触にもとづく、などという人類一般の生態としてしか把握しえなかった点に根ざしているものとみることができよう。資本の高蓄積の一環としての全国土レベルの資本と人口の地域的集積・集中に起因するところの大都市の形成、あるいは大都市を舞台に展開する資本や諸機能の立地・配置のメカニズムといった視点を積極的に導入しない限り、資本主義の機構と都市の地帯構成との内的連関を把握することは困難であろう。

第三の問題点は、大都市内部の地域分化の研究において、「非歴史的な空間モデル」の構築ないし検証に急なこともあって、現在まさに緊急に解決を迫られている「都市問題」を正面にみすえたものが少ないことである。とくに、アメリカの都市地理学の成果のみを直輸入した観のあるわが国の研究にこうした傾向が強く、「空間秩序」といったモデルの摘出でこと足れりとする研究が少なくない。大都市内部における地帯形成そのものが、一点集中型都市構造の形成、スプロールをともなった急速な都市の外延化を拡大再生産し、このことが住宅問題、通勤・交通問題、「都市改造」にともなう諸問題といった具体的な「都市問題」を増幅させる結果となっているだけに、こうした点はぜひとも克服されなければならないであろう。

（1）以下の Burgess, Fisher, Hoyt, Harris, Ullman, Colby, Dickinson, Blumenfeld らの紹介は、主としてつぎの文献に負った。石水照雄『都市の空間構造理論』大明堂　一九七四年　および国松久弥『都市地域構造の理論』古今書院　一九七一年。
（2）木内信蔵『都市地理学研究』古今書院　一九五一年。
（3）山鹿誠次『東京大都市圏の研究』大明堂　一九六七年、および服部銈二郎『大都市地域論』古今書院　一九六九年。
（4）山鹿前掲書　二三頁。
（5）服部前掲書　二八頁。
（6）同右　二九頁。
（7）同右　一九一頁。
（8）同右　九二頁。
（9）国松前掲書　一一四頁。
（10）同右　一三七頁。
（11）同右　一四六頁。
（12）服部前掲書　二五頁。
（13）同右　二六頁。
（14）都市地理学の説明論理が「力学」的発想にとどまっていると指摘してくれたのは栗原尚子氏（のちのお茶の水女子大学教授）である。
（15）奥田義雄「都市の地理的調査の動向と問題点」『都市問題』六三巻九号　一九七二年　三六頁。

2　地帯構成の形成メカニズム

以上に考察してきたように、一点集中型の都市構造の形成とそのなかでの地域分化、大規模なスプロールをともなった大都市の急速な外延的膨張といった、まさに大都市内部の地帯形成そのものが「都市問題」に大きくかかわっている現状においては、「空間構造」を前面にだした都市地理学の「社会科学化」が強く要求されているのである。つまり、大都市内部における地帯構成（または「空間構造」、「地域構造」）の形成メカニズムの社会科学的論証が必要なのである。その場合、「同心円」か「扇形」か、「単一核心」か「多核心」、かといった形態上の論争が重要なのではなく、いかなる論理のもとで大都市内部の機能の地域分化と外延的拡大が行なわれるかを社会科学的に解明することが大切なのである。この点に関してかなり深い分析を展開しているのが国松氏である。氏の論理を検討してみよう。

国松氏は、まず、「都市は経済地理学の立場から見ればさまざまな経済立地の集積体である。都市に集中する経済立地は専ら生産立地としての第二次産業および第三次産業の立地と家計の立地としての、即ち消費立地としての住居とである。というよりはこれらの生産立地および消費立地が局所的に集中することから都市が成立すると見ることができる(1)」として、都市を定義づけている。このように都市を産業部門および諸機能の立地集積体とみることは重要である。なぜなら、これによって部門・機能をになう資本および労働力の全国土レベルでの立地展開との関連が明確になり、この立地展開を規定する国民経済機構も十分に視野に入ってくるからである。

つづいて氏は、「都市内に形成されるさまざまな経済立地は相互に密接な有機的関連をもちつゝ形成されたものであり、従って都市内における数々の機能地域もまた相互に密接な有機的関連をもちつゝ形成されたものである。それらの配列、組合わせは一定の地域秩序 regional order をあらわしているのであり、この秩序のうちには一定の規則性 regularity、Gesetzmaszigkeit が内在していることが認められる[2]」と述べ、これを「都市の地域構造」と定義づけている。そして、この「都市の地域構造」形成の機構について論を進めていく。すなわち、「一度発生した都市が成長するにともなって、数多くの経済立地がここに局所的に集中するので、都市域は次第に拡大し、その内部における立地条件の空間的、場所的な差違が次第にいちじるしくなってくる」、「その結果として特定の都市的機能、即ち経営は都市内の何れの場所に立地するかによってその利益に違いを生ずることが明らかになってくる」、こうした条件のなかで「何れの経営も可能な限りより有利な立地条件の場所に立地しようとする[3]」（傍点引用者）のである。その場合、「都市的機能がさまざまであり、そしてそれぞれの都市的機能の立地因子が必ずしも同じではない[4]」から、各々が最適立地を追求すること自体が「都市内における立地分化」ないし「機能的地域分化」を促進することになる。これは Harris と Ullman らの「多核心理論」の論理的根拠になりうる。他方、「同一の立地、即ち同一の立地条件をもつ場所が諸々の産業部門にとって最適な立地として評価される[5]」場合も多い。とくに、都心ではこうした「立地の重合」が発生する。ここに「同一立地をめぐる企業間の競争」としての「立地競争」が発生し、こうした「立地競争の結果として、特定の都市的機能が他の都市的機能に優先して都心に立地し、この他の機能は都心外に追いやられること」になり、都市に集中する機能は、「順次その外側に立地することとなり、都市は外延的に拡大していく[6]」と説明している。これは、Burgess らの「同心円理論」、さらには Colby の「遠心力・求心力理論」を論証するものとみることができよう。

こうして、立地条件の違いによって生ずる「立地分化」と「立地重合」・「立地競争」の結果として生ずる都心からの各種機能の配列といった、二つの動きがともに働くことによって、大都市内における諸機能の地域分化が形成されるのである。したがって、多核的構造を示すとともに、都心という中心核をめぐる同心円的構造をも示すことになるのである。そこで、問題は「立地競争」によって生ずる諸機能の地域的配列機構の説明に収斂されていく。これについて、国松氏は、「都市内におけるさまざまな都市的機能の間の立地競争において他に優先するのはその土地の立地条件の有利さを最も有効に利用して最も多くの利益をあげることのできる機能、即ち土地利用の仕方である」と述べ、「与えられた土地の立地条件の有利さそのものから生ずる特別な余剰利益[7]」つまり「立地余剰」の格差が「立地競争」の帰趨を決めてくるとみている。すなわち、「必要な土地を手に入れることのできる企業は最高の借地料としての地代を申入れるものであるはずである。しかしてこの企業の借地料としての地代支払能力はその立地を現実にその生産に利用したときに得られるはずの土地地代、即ち立地余剰であると見られるのであるから、この場合においてもこの土地の土地利用を決定するものは現実においては土地地代、即ち立地余剰であるとみることができる[8]」のであると説明する。こうして、「地代機構が土地利用を決定する」という見解を提示してくることになるのである。ここには、明らかにチューネン理論への類似性を認めることができる。

いずれにしても、国松氏は大都市内の諸機能の地域分化とそれによって生ずる地帯構成の形成メカエズムを、諸機能の立地集積→立地分化および立地重合→立地余剰による地代支払能力の差異と立地競争における優劣、という一貫した論理で説明しており、それは個々の思考においてチューネンをはじめ多くの立地理論に負っているとしても、その体系的整理という点でかなり重要な意義をもっていると言えよう。とくに都市内部の地帯構成形成の論理として、諸機能の立地展開と地代（地価）機構とを統一して把握する必要を前面にだしたことは、「空間構造論」の社会科学化にとって重要な橋頭堡となりうるであろう。

しかし、国松氏の論理展開によって大都市内の地帯構成形成メカニズムが十分に解明されたとみることはできない。なぜならば、肝心の「立地余剰」概念があいまいであり、また、「立地余剰」発生機構の説明にもかなりの問題が含まれているからである。つぎにこの点について検討しよう。

国松氏は、「立地余剰」について、「この与えられた土地の立地条件の有利さそのものから生ずる特別な余剰利益は、チューネンにあっては土地地代Landrenteと呼ばれている」[9]と述べている。ところが、チューネンの土地地代なるものは、周知の通り単位面積当たりの総売上高または粗収入から総生産費用と総輸送費用を差し引いたものであり、「平均利潤」部分と本来の「地代」部分を混在させたままの概念規定である。したがって、「立地余剰」なるものも、マルクスやリカードのいう「差額地代」そのものではなく、これに「平均利潤」部分を包含したものとなっている。これでは、経営者は「平均利潤」を確保することができずに、「余剰」部分をすべて土地所有者に「地代」として支払わねばならないことになり、論理的にありえないものとなってしまう。「地代負担能力」としての「立地余剰」は、「全余剰」ではなく、少なくとも「平均利潤」を差し引いた「差額地代」として明確化すべきであろう。その意味で、「チューネンの地代理論は、リカードウの地代理論が豊度差額地代理論であるのに対して、位置差額地代理論と呼ばるべきものである」[10]との指摘は、厳密性を欠くものとなっている。

国松氏の「地代支払能力」としての「立地余剰」概念の問題点は、「絶対地代」的部分の欠落にも見出すことができる。すなわち、氏は、「この特別な余剰利益は、立地条件が劣等となるにともなって減少し、遂にはゼロとなる立地があらわれてくるはずである。この立地条件の有利さそのものに基因する余剰利益がゼロとなる立地をその種の経営にとっての限界立地marginal locationと呼ぶこととすれば、限界立地よりも立地条件がすぐれた立地には多かれ少なかれ余剰利益が生ずる。この余剰利益がそれぞれの立地の、その経営にとっての土地地代にほかならず、そしてそれがその経営の借地料としての地代支払能力rent paying abilityをきめることとなる」[11]と述べているが、これによれば限界立地地点においては、「余剰」がゼロになるがゆえに、一切の「地代」が発生しないことはもちろん、さきに指摘した「平均利潤」も生じないことになる。したがって、限界立地地点では、土地所有者は無料の地代で土地を貸付け、経営者は利潤ゼロで経営を行なうことになり、論理的にはありえないことになる。つまり、限界立地地点においては、「平均利潤」はもちろん、何らかのかたちで「絶対地代」的なものが成立するとして立論しなければならないのである。

以上、国松氏の「立地余剰」概念は、有利な立地条件から生ずる特別の余剰といいながら、肝心の平常の余剰（平均利潤）が明確に観念されておらず、また、限界立地地点における「地代」（絶対地代的部分）発生についても意識されていないという、重要な欠陥を内包している。[12] このように、「地代負担能力」としての「立地余剰」概念自体に基本的な問題点を残しつつ、「立地余剰」の発生機構について国松氏は論を進めていく。

すなわち、「一般に立地余剰が最も多く、地代支払能力の大きな第三次産業が都市域内では一般に立地条件の最もすぐれている都心を占有し、立地余剰がこれよりも少なく、地代支払能力が小さな第二次産業は外側を占有し、地代支払能力の最も小さな住宅的利用は最も外側を占有することとなる」[13] と概括したうえで、「小売商業はあらゆる産業部門のうちで、即ち土地利用の仕方のうちでは一般に最高の立地余剰を創出することが可能であり、従って、地代支払能力または地価支払能力が最高である」[14] として、とくに小売商業の「立地余剰」を重視する。そして、「小売商業にあっては、一般に売上げの多少がその経営の立地選択の支配的な基準である。売上げの多少は小売商業の立地因子としての収入因子にほかならない」[15] と述べ、「交通上の位置のすぐれた場所」すなわち「接近性 accessibility」に富んだ地点において「立地余剰」が高くなるとする。しかも、こうした高い「立地余剰」によって小売業が「偶然集積」すると、この「集積そのものが売上げの増加という集積利益」[16] つまり「純粋集積」にともなう「立地余剰」が発生するとみるのである。そして、こうした収入因子の作用によって生ずる「特別な余剰利益は位置差額地代であるというよりは、むしろ豊度差額地代であると見るのがより現実に合致しているのであろう」[17] としている。こうした機構は、卸売商業においてもほぼあてはまるとみたうえで、「卸売商業の立地余剰創出力は小売商業のそれよりも一般に劣っていると見られるので、卸売商業は小売商業との立地競争においては劣勢であり、その結果、例えば都心の核心といわれるような場所は小売商業に占有されることとなり、卸売商業地域はそれよりも外側に形成されることとなる[18]」と述べている。

そのほか、第二次産業の「立地余剰」については、収入因子よりも費用因子を重視し、そのうちの運送費と労働費のなかで、「都市内における賃金水準の空間的違いは恐らく無視してもさしつかえないであろうから、都市内の立地条件の空間的違いは交通上の位置、いわゆる接近性 accessibility の空間的違いがその中心となることが認められる[19]」として、運送費因子を中心的なものとみている。また、住宅については、「土地を住宅用地として利用することから生ずる効用 utility とか、満足を観念[20]」し、この「効用をａ、居住者の貨幣単位に対する限界効用をｗとすれば、居住者がこの土地に対して支払いうる金額は a/w であらわすことができ」、「この土地から職場までの交通費をＦとすれば a/W—F はこの土地からえられるチューネン的意味においての土地地代とみることができる」とし、「この場合において観念されている土地地代は一般に都心への通勤地としてのそれであり、従ってそれは専ら都市への接近性の如何に依存している[21]」と指摘している。そして、工業における「土地地代」も、住宅の「土地地代」も、ともに運送費の多少に依存しているから「位置差額地代」と認識すべきであるとみている。

以上にみられる国松氏の各部門・各機能の「立地余剰」発生機構なるものの説明は、商業においては販売高が、工業においては輸送費が、住宅においては「効用」が、立地条件の違いによって発生する「余剰」に決定的な意味をもっていることを強調したものであって、住宅における「立地余剰」を観念することに疑問をもつほかは、常識的なものである。その意味で、「立地余剰」発生機構を社会科学的に十分に論理展開したとみることはできない。これは、いわゆる「立地論」からの接近の限界性を示すものとみてよいであろう。国松氏の提起した「立地競争」を決するところの「地代負担能力」ないし「地価負担能力」なるものの本格的な理論展開は、「立地論」の成果を視野にいれたうえでのマルクスの「地代論」からの接近にまたねばならないであろう。そこで、最後に、わが国における「地価形成理論」を検討しつつ、若干の見解を提起してみよう。

(1) 国松前掲書　七頁。
(2) 同右　二八頁。
(3) 同右　三四頁。
(4) 同右　三五頁。
(5) 同右　四五頁。
(6) 同右　四六頁。
(7) 同右　四七頁。
(8) 同右　四八頁。
(9) 同右　四七頁。
(10) 同右。
(11) 同右　五四〜五頁。
(12) この点については、中島清氏の示唆によるところが大きい。
(13) 国松前掲書　八二頁。
(14) 同右　一六八頁。
(15) 同右　七六頁。
(16) 同右　一六九頁。
(17) 同右　七六頁。
(18) 同右　二〇一頁。
(19) 同右　七四頁。
(20) 同右　七七頁。
(21) 同右　七八頁。

3　商業・サービス業地の地価形成

わが国における大都市内部の建築地地代ないし市街地価格理論に関して、少なくない成果が発表されているが、その多くは住宅地代ないし住宅地価形成論であって、肝心の大都市中心部の高地代（地価）を主導する商業ないしサービス業に関する地代（地価）理論を本格的に展開したものはほとんどみあたらないのが現状である。そのなかで、検討の対象となりうる見解を提示しているのが早川和男氏であろう。そこで、氏の『空間価値論』に展開されている理論を検討してみよう。

早川氏は、大都市の高地価を主導する商業地地価について、つぎのように述べている。

「都市の巨大化、政治と経済の結合、通信輸送機関の発達、それに伴う地域圏の支配は、利潤創出という観点からみた都市の空間価値をかつてない大きなものにしてしまった(1)」。

「現在の大都市における高地価は、こうした大都市に立地することによってえられる超過利潤、いわばこれらの大都市空間が資本に対して保障するところの空間価値の経済的反映である。つまりは、これらの大都市ではそういう高い地価で土地を買収しても経営採算が引き合うほどに、大企業にとって有利な経済空間となっているのである。高度の段階に達した資本主義経済のもとで、『大都市』が国土の中でどのような存在となっているか、高地価はその一表現形態であるとみるべきである。それゆえ大都市の地価上昇は、政治の中央集権化、資本の集中がとまらねばやまない(2)」。

ここには、大都市の地価上昇が国土全体のなかにおける資本・人口の地域的集中およびそれを規定する政治経済機構のなかで発生するものであること、また、大都市の地価を「超過利潤」の形成との関連で把握すべきであること、といった重要な論点が明示されている。そのうえにたって、氏は商業地価の形成機構について、以下のように把握している。

「人通りの多い駅前と人通りの少ない路地奥の二つの喫茶店を考えると、一般に駅前の喫茶店のほうが売上げも利益も多い。その場合、路地奥の喫茶店でも、平均的な利潤が得られるのでなければ経営されないわけであるから、それより場所のよい駅前の喫茶店はより大きな利潤—超過利潤をあげることができる。この超過利潤の創出は、この段階では、資本と労働力の差によるのではなく、その土地のほかに比べた位置的優位性によって生じたものである。だから、土地所有者は、このような土地を人に貸すとき、路地奥の土地よりも高い地代を要求することができる。借りる側も、高い地代・地価を支払っても利潤が大きいのであるから、これを借りて経営する」(3)。

これは、明らかに商業地代における差額地代の第一形態を位置の差を前面に出して規定したものであり、つづいて第二形態についてつぎのように論じている。

「超高層建築やマンモスビルなどの大型資本投下によってはじめて発生する超過利潤は、たんなる位置の差から生じるものとは性格が異なっている。この超過利潤は、巨大で新しい型の土地利用資本の活動によってはじめて生じたものであり、他の弱小資本ではつくりだしえないものである。したがって、ビルの高層化などによって生じた超過利潤は、はじめは当然ビル経営者（資本）そのものにくみ入れられる」(4)、しかし、「資本間の競争が存在するかぎり、新たな資本投下によってはじめて生ずる超過利潤であっても、しだいに土地所有に転化し、土地所有は労せずして成果を吸収するようになる。資本は、自らの土地投資としての超過利潤を、終局的には必ず土地に吸収されるという運命におかれているからである」(5)。

さらに氏は、差額地代の「第三形態」なるものについて、つぎのように展開している。

「差額地代の第一形態は位置の差によって、第二形態は個別資本の追加投資によって超過利潤が生まれ、地代をつくる」、ところが、「第三の投資、公共投資によって都市の構造を変化させ、意識的に位置をつくりだす。しかもそれは結果としてではなく、資本自らが権力を誘導してつくろうとさえする。いわば差額地代第一形態における位置の意識的創造である」。「以上の経過によって発生する超過利潤は、与件としての位置の差によるものでもなければ、個別の追加投資によるものでもない」、「この型の地代は、『差額地代の第三形態』として注目すべきではなかろうかと思われる」(6)。

以上が早川氏の商業地代（地価）論の骨子である。これは、明らかにマルクスの地代論の適用を意図したものである。しかし、多くの問題点を含んでいる。

まず、第一に、マルクスは資本主義的経営がすべての部門において貫徹していることを前提とした立論であり、それゆえ理論的なものであって、現代日本の大都市における商業地代（地価）形成にそのままでは適用できない。とくに、資本主義的経営と個人経営、あるいはその中間形態が混在しているわが国の商業部門においては、この点の検討がまずなされなければならない。にもかかわらず、いきなり個人経営的なものの多い喫茶店を例にして、その「平均利潤」と「超過利潤」、さらにはその転化形態たる「商業地代」なるものを論ずるのは、具体的でわかりやすいようで、じつは非科学的なものになってしまう。マルクスが商業地代をそれ自体として論じていない以上、まず、資本主義経営が貫徹している状態での地代形成メカニズムを論じ、その後に現代日本の大都市における商業・サービス業の経営形態との関連を考慮しながら、その適用を図るべきであろう。明らかにふむべき研究のステップをとびこえた立論となっている。

第二に、資本主義的経営の貫徹している状態で早川氏の立論を了解するとしても、果たして氏の言うように、追加投資にともなう超過利潤が終局的には差額地代の第二形態として土地所有者の手に帰する、と言えるかという点に疑問が生ずる。高層化といった明らかに土地面積あたりの売場面積が増加し、それにともなって「超過利潤」が増える場合はともかく、売場面積を変えずに売上高を増やすことによって超過利潤を増加させるような改良投資の場合、この「特別超過利潤」に相当する部分までも終局的に土地所有者の手に帰するとは一義的には言えないであろう。なぜなら、この部分は他の資本が同じような改良投資を行ない、これが一般化するにともなって比較的短期間のうちに消滅するものであり、これが地代に転化して固定化するか否かは、土地所有契約期間および土地所有者と資本との間の力関係によって決まると考えられるからである。

第三は、差額地代の第三形態なるものについてである。もともと「位置」とは自然的・絶対的なものではなく、社会的・歴史的な概念である。マルクスは、農業における位置について、「社会的生産一般の進歩は一方では、地方的諸市場をつくりだし交通運輸機関の建設によって位置をつくりだすことによって、差額地代の原因としての位置を平等にする方向に作用するとともに、他方では、一面から見れば農業を製造工業から分離することや生産の大きな中心を形成することにより、他面から見れば農村を相対的に孤立化することによって、いろいろな土地の地方的な位置の相違をはなはだしくする(7)」と述べ、「位置」の歴史的相対性と、その場合の交通運輸機関の役割および地域的分業との関連を強調している。「位置」をつくりだす交通運輸機関などの「社会資本」が民間投資でなされるか公共投資によってなされるか、自然発生的につくられるか意図的につくられるかは、「位置」概念にとって基本的な問題ではない。どちらでもよいのである。したがって、「公共投資によって都市の構造を変化させ、意識的に位置をつくりだす」ことを特別にとりあげて、それによってもたらされる超過利潤の転化形態たる差額地代を「第三形態」として新しい概念をつくりだす必要はないと思う。氏の「第三形態」なるものは、「位置」概念の倭少化に基づくものにすぎないと言えよう。

第四は、差額地代形成機構を論じるにあたって、展開が常識的かつ表面的であって、商業利潤の形成、とくに回転の問題が十分に位置づけられていないことである。「Bと同じ部門で商売するAの資本が諸回転の平均数よりも多く、……回転することがある。……〔中略〕……彼はこの場合には超過利潤をあげるのであって、それは、ちょうど、産業資本家が平均よりも有利な条件で生産する場合に超過利潤をあげるようなものである。……〔中略〕……彼のためにより速い回転を可能にする条件が、それ自身買うことのできる条件、たとえば販売場所の位置のようなものならば、彼はそれにたいして特別な賃料を支払うことができる。すなわち、彼の超過利潤の一部分は地代に転化するのである(8)」というマルクスの商業利潤と商業地代との関連についての指摘をどう理解するかが不明確である。

第五は、差額地代について比較的詳細に論じながら、商業地代において最も困難な問題である「絶対地代」についてまったくふれられていない点である。氏の例示にしたがえば、平均的な利潤をあげている路地奥の喫茶店（資本主義的経営が行なわれているとして）においては、いかなる地代が発生するのか、について論じられていない。商業において最劣等地なるものが存在するのか否か、あるとすればそこでの、「絶対地代」とは何か。この点の解明が商業地代論の最大の問題であって、これを抜きにした議論にはほとんど創造性を期待することはできないであろう。

以上のように、早川氏の商業地代（地価）論は、その全国土的視点からの位置づけ、大都市内の地価形成の主導性などについての鋭い指摘を有しながら、理論自体の展開には、いくつかの誤った理解を含みつつ、全体として平板かつ常識的なものにとどまっている。商業地代論の展開が学問的に十分に行なわれていないだけに、これはやむえないことでもあろう(9)。筆者も十分な論理を提示しえていないが、早川氏批判のなかで形成された見解を試論的に述べてみよう。

ここでは、すべての商業が資本主義的経営のもとで行なわれているという前提にたって議論を進めることにする。

いま、ある企業が面積Sの土地を地代Rで借りて商業を開始したとする。商品の購入価格をB、これに対応する不変資本部分をK（単純化のためすべて流動不変資本とする）、可変資本部分をb、年回転数をn、平均利潤率をp'、とすると、商品の費用価格、販売価格、年間利潤、年間地代は次のようになる。

費用価格：$B+K+b$

販売価格：$(B+K+b)(1+p'/n)+R/n$

年間利潤：$(B+K+b)\times p'$

年間地代：R（面積あたりR/S）

ここで、B、K、b、p′、さらにはRをも与件として考えると、この企業が平均利潤を確保するには、一定の販売価格とそれにみあった回転数が要求される。販売価格が高ければ回転数は少なくてすみ、低ければ多くなければならない。いま、販売価格が社会的に一定の水準で決まっているとすると、平均利潤を確保するために必要な回転数が必然的に決まってくる。地代が高ければ、多くの回転数が要求され、低ければ少なくてすむ。

次に、何らかの要因でこの商店の売上高が増えたとする。つまり、年回転数が増加したのであり、これを$n+\Delta n$としよう。この場合、費用価格は、$B+K+b$、販売価格$(B+K+b)(1+p'/n)+R/n$には変化がない。したがって、一回転あたりの利潤は$(B+K+b)\times p'/n+R/n$であることにも変わりはない。ところが、年間の総利潤は$\{(B+K+b)\times p'/n+R/n\}\times(n+\Delta n)$であるから、以前よりも$\{(B+K+b)p'/n+R/n\}\times\Delta n=\Delta n/n\{(B+K+b)p'+R\}$だけ超過利潤を発生したことになる。何らかの要因とは、「周辺の人口が増大したり、交通事情の変化から人通りが多くなったり、要するに当該商店の『位置』が優等となったこと」であると考えると、この超過利潤は土地所有者のものとなり、地代は$R+\Delta R$に増大することになる。ただし、$\Delta R=\Delta n/n\{(B+K+b)p'+R\}$である。こうして、位置の有利化によって、回転数が増加して超過利潤が発生し、これを吸収するかたちで地代、したがって地価が上昇するというメカニズムが明らかとなる。何らかの要因が追加投資であって、これにともなう回転数の増加が超過利潤を発生するに必要な数以上となった場合は、企業と土地所有者の一定の力関係のもとで、一部または全部が地代に吸収されていき、差額地代の第二形態が形成されることになる。

ところで、以上の立論には同義反復的にみえる側面がある。地代を規定するメカニズムを論じるのに、すでにベースとなる地代を与件としており、その上昇のみを論じているにすぎないからである。しかし、つぎのように考えると、この同義反復は同義反復でなくなってしまうであろう。すなわち、与えられた地代とは、すでにそれ以前に立地していた周辺の商店によって規定されてきたものであり、このような順序でつぎつぎにさかのぼっていくと、結局のところ住宅地など他の土地利用を行なっていた土地に新たに立地した商店の地代にいきつくことになる。そして、その地代とは他の土地利用に規定された地代、たとえば住宅地地代となる。つまり、この時点での他の土地利用に規定された地代が商業地代に与件として入りこんでき、その意味で「絶対地代」的役割を果たすことになる。商店街が住宅地を蚕食して拡大していく場合、拡大の最先端の商業の地代は住宅地代とほぼ同じか若干これを上回る水準にとどまっている。その意味で、商店街の最先端は、当該商店街の最劣等地であり、住宅地代が「絶対地代」的役割をはたす。しかし、商店街が固定化してしまって相当の時間がたってしまった場合、最先端にある商店が住宅地代水準の地代にとどまっているとは限らない。なぜなら、前述した論理によって回転数が増加して超過利潤が発生し、これが地代に吸収されてしまえば、地代は以前の水準を大幅に上回ってしまうからである。ここで、超過利潤が地代に吸収されるまえに、この獲得をねらって他の企業が新規参入してくることが考えられる。もともと商業は、一定の商圏での需要を前提としているから、同業種の新立地によって需給が緩和され、売上げがおち、回転数が減るのが一般的であり、それが平均利潤を確保する水準でとどまる見通しであれば新立地が行なわれ、それが困難との予想がたてば新規参入はなされないであろう。あとの場合超過利潤の発生とその地代への転化は固定化されるとみるべきであろう。その場合、最劣等地なるものは現存するわけではなく、歴史的にのみ先行的に存在したとみることができよう。

商業地代を論ずる場合、早川氏のように同じ業種の優等地と劣等地の差を論ずる必要はなく、販売する商品やサービスにかかわりなく商業資本同士の比較を問題とすべきである。商業資本が一定の地点に立地した場合、周辺の地域の需要を前提として、いかなる業種を選択したら、既存の地代を支払い、かつ平均利潤をあげるだけの売上げ、つまり回転数が確保できるかが問題なのである。したがって、同一の商店街において同じ業種が複数存在しなければ「差額地代」が発生しないなどと単純に考える必要はないのではなかろうか。たとえ、一軒でも隣接の土地利用地代、たとえば住宅地代を支払ってもなお超過利潤が発生するような売上げがなされる場合は、それが位置に基づくものである限り「差額地代」とみるべきであろう。

商業経営が資本主義的に行なわれない場合、たとえば個人経営的になされるケースでは、一般に平均利潤原理ではなく、経営者の生活が保障される生活ないし賃金原理が収入の最低限を規定するから、必要とされる回転数は少なくてすみ、その分だけ繁華街から離れた住宅地域の奥にまではいりこんで立地することが可能となるであろう。資本主義的経営と個人的経営が混在しているわが国の大都市では、実態はより複雑で、具体的調査にまたねば十分に解明することはできない。

以上が筆者の考える商業地代（地価）論である。

(1) 早川和男『空間価値論』勁草書房　一九七三年　五六頁。
(2) 同右　五七頁。
(3) 同右　二七頁。
(4) 同右　四五頁。
(5) 同右　四八頁。
(6) 同右　六二頁。
(7) マルクス『資本論』（大内・細川監訳『マルクス＝エングルス全集』第二五巻　大月書店）八三九頁。
(8) 同右　三九二頁。
(9) 以上の早川氏の見解に対する評価については、松橋公治氏の見解と大筋で一致した。

4　住宅地の地価形成

このように、大都市の高地価を先導する商業・サービス業地代（地価）は、一方で中枢管理機能を中心とする諸機能および人口の集中にともなう商業・サービス業の膨大な超過利潤の発生によって中心部の地価上昇をもたらすとともに、他方でその底部が他の土地利用にともなう地代、とくに住宅地代（地価）によって「絶対地代」的に支えられている。したがって、各々の商業・サービス業地区の地価を下支えするのが、各々の地区周辺の住宅地地価であり、その意味では住宅地代（地価）の都心を軸とする分布が商業・サービス業地区の最低地価の分布を規定することになる。そこで、大都市の地価形成機構の解明にあたっては、住宅地代（地価）の形成機構の検討が重要な問題となってくる。すでにわが国の住宅地地価理論については、第二章二―1で述べたので、ここではこれについての頭川博氏の論文(1)を紹介し、コメントを加えるにとどめたい。

頭川氏は主として新沢・華山両氏の見解を批判した。それは、第一に、限界地地価が住宅地地価を規定するという見解、第二に、そのうえで立論された地価高騰のメカニズムについての見解、の二点に集中している。第一の点については、「限界地地価がいかなるメカニズムによって基準として作用するのかが明らかでない(2)」こと、「限界地地価高騰がその内部の地価を押し上げていくメカニズムが存在するか(3)」が疑問であること、「都心部一帯など資本と住宅が混在している場合(4)」の住宅地地価は限界地規定論などではとうてい論じられないこと、を批判している。また、第二の点については、高度成長によって加速された土地需要量の総体を著しく過小に評価していること、地価高騰の最大の原因を近郊農民の土地売り惜しみに求めていることは誤りであり、そうした事実を確認することができないこと、などが主要な批判点となっている。そのうえにたって頭川氏は、「両氏において『高度成長』視角が欠落しそのために土地の需給関係の総体的把握に失敗し」、「両氏の所説が体系的に崩壊した(5)」と断じている。

こうした批判のなかから頭川氏みずからの構想として「新たな地価理論構築の基礎的論点」なるものを、大略つぎのように提起している。

高度成長下の地価高騰は、土地の著しい需給不均衡に基づくものであり、その主要な側面は、民間設備投資・公共投資・労働者の流入・不動産資本の投機などによる土地需要の増大であり、これに交通機関の整備の遅れや不動産資本の売り惜しみなどによる供給制限が副次的側面として作用した。こうした大都市圏における土地の著しい需給不均衡のもとで、都市中心部へ資本が位置的有利性に基づく超過利潤の獲得をめざして集中し、超過利潤の差額地代への転化とその資本還元としての地価の騰貴が生じた。そして、中心部一円の住宅地も近辺の資本立地点の地価に規定されて高位平準化していった。他方、労働者の持家需要は、こうした中心部の高地価地域を離れて郊外に向かい、通勤条件の関係から中心部に近い地域に需要が集まり、遠隔化するほど需給関係が緩和して地価は低下する。しかも、通勤圏が交通整備の不十分さや不動産資本の供給制限などによって、宅地の供給が十分になされないため、郊外住宅地の需給関係が悪化し地価は際限なく高騰する。

以上の頭川氏の新沢・華山両氏への批判および氏自身の論点提示は、両氏の基本的弱点を鋭くえぐりだしている点で積極的に評価できるであろう。なぜなら、新沢・華山両氏は、高度成長による資本と人口の大都市集中と、それに基づく土地需要を分析の前提に置くだけで、その内面の検討を等閑視していたし、また、大都市圏の地価形成機構の分析にあたって、各々の土地利用にもとづく地価形成が別個の論理で行なわれることを強調し、相互の内的連関についての検討が弱かったからである。しかも、各々の土地利用に基づく地価形成機構の分析において、事実上体系的に整理しているのは住宅地地価理論のみであって、その他の地価理論に関しては、いわば常識の域を脱しておらず、成功しているとはみられない。とくに、都心の高地価を主導する商業・サービス業地の地価理論は弱い。こうした両氏の弱点が、高度成長下の大都市の地価高騰の主導的な要因を、資本と人口の大都市集中をもたらし、かつ都心部の地価上昇を促した独占資本に求めず、限界地周辺の農民の土地供給制限を一面的に強調させる結果におわらせてしまったのである。こうした点での頭川氏の指摘は、きわめて当然のことと言えよう。

にもかかわらず、大都市圏の地帯構成と地価形成、およびその過程で生ずる大規模なスプロール、こうしたもののメカニズムの分析をめざす視点からは、頭川氏の批判に全面的に賛成しがたい点がある。それは、新沢・華山両氏の提起した限界地規定論に対する批判についてである。すなわち、氏は、「地価高騰の論理的順序は都心部一帯が最初でありそれに対応して郊外住宅地地価が形成される。換言すれば、資本の都心部一円への急速な集中により高地価地帯が膨脹するから、持家需要がその一帯を回避して郊外に向かわざるをえないのである」[6]とし、その場合、「通勤条件の関係から中心部に近い地域に最大の需要が集まり遠隔化するほど需給が緩和して地価は低下する」[7]との見解にたっている。この考え方でいくと、都心の高地価地域の周辺から郊外にかけては、都心への通勤条件によって規定される宅地への需要の強さに対応して住宅地地価が決定され、かつ高地価負担能力のあるものから順次郊外へ向かって占拠していくことになる。つまり、原則として連続的な宅地化が都心周辺から郊外に向かって進み、その間に点々と存在する「空地」に代表されるスプロール化は、当該土地所有者の偶然的な行動によって発生するものとの考えにたっているとみざるをえない。また、最遠隔の住宅地とその周辺に広がる農地や山林原野との間の著しい地価格差は、氏の論理からは十分に説明できない。むしろ、新沢・華山両氏のように「限界地」概念を明確に設定し、限界地周辺の特殊な需給機構による価格形成と、限界地の急速かつ断続的な外延化によるスプロールの発生を説明した方が、はるかに事実の解釈に有効であると言えよう。頭川氏の強調点は、都心における商業・サービス業地の地価の資本による独自の高騰と周辺住宅地への波及であって、住宅地自体の地価形成機構については都心周辺から郊外にかけての需給の逼迫度合に対応した地価低下といった一般的な指摘にとどまっている。住宅地地価形成機構の分析の有効性は、内部に大規模な「空地」を残しながらの遠隔地への拡大というような現象をも視野にいれた相対的に独自な住宅地地価の高騰メカニズムの解明にあるのであって、その点では新沢・華山両氏の「限界地」概念の設定の意味は依然として重要であると言えるであろう。

以上、大都市市街地の最も典型的な土地利用である商業・サービス業地と住宅地の地価形成理論について、代表的な見解を紹介・批判しつつ筆者の考えを述べたが、ここで簡単に整理してみよう。

大都市の高地価形成は、頭川氏の指摘するように、独占資本の高蓄積に主導された資本と人口の極端な大都市集中と、それにともなう膨大な土地需要の発生に基本的な原因がある。そうした、全国土的な視点からの資本の空間的運動に大枠を規定されつつ、そのなかで大都市圏内部で独自な論理による地価形成がみられた。都心のほとんどを占拠する商業・サービス業地においては、位置の有利さに基づく資本回転の早さによって、「差額地代」に転化すべきところの超過利潤が形成され、最終的に高地価となって反映していくメカニズムがみられる。これは、当然周辺の住宅地にも波及し、ここでの「高位平準化」をもたらす。しかし、商業・サービス業地の地価は、他方では住宅地地価によって、「絶対地代」的論理にもとづいて下支えされており、住宅地地価の形成には相対的に独自の機構が働いている。すなわち、住宅地地価は、需給関係を基礎として形成されるが、そのなかで規定的作用をなしているのが住宅限界地の地価である。ここでは、大手不動産資本による限界外地の農地や山林原野の大量買占めと長期間保有に起因する宅地の著しい需給不均衡によって、高価格が維持されている。そして、限界地内の地価は、位置の有利性による需給逼迫の強化に対応して内側ほど高くなっていくのである。

なお、商業・サービス業地内には、ビジネス街に代表されるビル用地、百貨店・スーパーなどに代表される大規模小売商店街、個人経営であっても高利潤（地代部分を含めて）をえている飲食店・小売店の集中する繁華街、個人経営で利潤確保も困難な住宅地内の商店街などそれぞれ微妙に異なった地価形成を行なっており、また、住宅地といってもマンションと持家では当然地価形成の機構が異なっている。しかし、ここではこれ以上立ち入らないことにしよう。

（1） 頭川博「『高度成長』下の地価高騰メカニズム―新沢・華山両氏の所説の批判」『一橋論叢』七五巻二号 一九七六年。
（2） 同右 一七九頁。
（3） 同右 一八〇頁。
（4） 同右 一八二頁。
（5） 同右 一九二頁。
（6） 同右 一八一頁。
（7） 同右 一九三頁。

5 むすび

以上、都市地理学の大都市分析の有効性と限界性、大都市地価形成に関する諸説について検討してきた。都市問題を一層激化させる大都市における特異な地帯構成の形成のメカニズムを解明しようとする視点に立てば、都市地理学者の研究からは空間的視点を積極的に継承する必要があり、そして、これを国松氏の分析した方法、つまり立地集積・立地分化・立地重合・立地競争概念を導入した論理から整理するとともに、早川・新沢＝華山氏らの見解をさらに発展させた地価理論を導入することによって、体系化することが可能となるであろう。以下、こうした問題意識からの筆者の見解を簡単に整理してむすびとしよう。

現代の大都市は、産業資本の確立期から営々と築かれてきた工業の巨大な集積をベースにして、国家独占資本主義段階においてとくに強化された国家機構・金融機構・大企業本社などの中枢管理機構の集積および卸売・小売・サービス業などのいわゆる第三次産業の集積によって、ますます巨大化かつ複雑化していった。これらの大都市を担う産業およびこれに従事する人々の住居は、前者は「経営の原理」、後者は「効用の原理」に基づいて最適の立地地点を選択しようとする。各々の最適立地地点が異なる場合はそのまま「立地分化」が行なわれて、諸部門・諸機能の配置網ができあがるが、多くの場合、部門間・企業間・個人間で同一立地地点をめぐる競争が発生する。とくに、中枢管理機能が集中し、交通の中心ともなっている都心およびその周辺での「立地競争」が激しく展開される。この「立地競争」に決着をつけるのが、当該立地地点で活動した場合に発生すると予想される「平均利潤を上回るところの超過利潤」の量、つまり地代ないし地価負担能力である。一般に、商業ないしサービス業を担う資本が高い利潤を発生するから都心・周辺を占拠することになり、そのなかで「超過利潤」の多い順に都心からその周辺へ向かっての資本の立地が行なわれる。こうして、都心の繁華街、問屋街、オフィス街、貸ビル街、マンション街、さらには副都心の繁華街などの商業・サービス業の「立地分化」がなされる。そして、住宅は、商業・サービス業に主導された高地価地帯を避けて郊外に立地していく。その場合、通勤限界地への持家の実需要が集中し、ここが住宅地地価の下支えの役割を果たすとともに、内部に広大な空地を残しながら急速に遠隔化していく傾向が強い。

この結果、中枢管理機能や商業・サービス業資本が集中する都心および周辺では、激しい「立地競争」に基づく地価高騰が恒常化し、かつその立地地域は着実に拡大していく。他方、住宅地域はこれらの地域をとりかこみつつ、さらに郊外へ郊外へと延びていく。こうして、大都市は、一点集中型の都市構造を示し、かつ諸部門・諸機能の地域分化および諸部門・諸機能の混在（スプロール）といった相反する現象を示しながら、全体として拡大し、巨大化していくのである。このことが、資本の高蓄積およびそのもとでの資本と人口の地域的集積・集中に基づいて発生する各種の都市問題を一層加熱する役割を果たしているのである。

本稿は、一九七六年度前期の一橋大学社会学系大学院での筆者の講義および討論に基づいて書いたものである。したがって、本論文の作成にあたっては、出席者から多くの示唆をえた。とくに重要な論点については、筆者の了解するかぎりで注の箇所で記した。ここに記された、栗原尚子、中島清、松橋公治の三氏のほかに、山口不二雄、北折朋哉、頭川博、西岡陽子、山本健兒、水岡不二雄、小金沢孝昭氏らのレポートからも示唆されるところが少なくなかった。記して感謝したい。

四　『公害の経済学』について

一九五〇年代後半より本格化した日本経済の「高度成長」は、同時に公害という名の環境汚染の激化の過程でもあった。この公害の多発と深刻化を背景に、六〇年代後半に入って公害に関する多くの著作が続々と出版されたが、これらの著作を内容的にみると、大きく二つに分類することができる。

第一は、公害発生地域の実態、とくに公害の発生経過と発生のメカニズムおよび被害の実態、それに対する被害者、地域住民、労働組合の動き、さらに発生源企業ならびに地方自治体の対応などに焦点をあてた実態の具体的な記録であり、主なものとして、宇井純『公害の政治学―水俣病を追って』(三省堂新書　一九六八年)、石牟礼道子『苦海浄土―わが水俣病』(講談社　一九六九年)、滝沢行雄『しのびよる公害―新潟水俣病』(野島出版　一九七〇年)、五十嵐文夫『新潟水俣病―おそるべき昭和電工の水銀公害』(合同出版　一九七一年)、萩野昇『イタイイタイ病との闘い』(朝日新聞社　一九六八年)、毎日新聞社編『骨を喰う川―イタイイタイ病の記録』(一九七一年)、林栄代『八幡の公害』(朝日新聞社　一九七一年)、近藤秋太郎『公害四日市の記録―青空をかえせ』(風媒社　一九六七年)、小野英二『原点・四日市公害一〇年の記録』(勁草書房　一九七一年)、などがある。これらの著作は、公害発生地域と密着したジャーナリスト、作家、医師などの手による場合が多く、それだけに事実を生き生きとして伝えており、読む者に深い感動を与えるものが少なくない。

第二は、これらの個々の公害の実態をふまえたうえで、公害問題を一般的に論じたものであり、代表的なものとして、庄司光・宮本憲一『恐るべき公害』(岩波新書　一九六四年)、都留重人編『現代資本主義と公害』(岩波書店　一九六八年)、村田喜代治編著『公害問題の考え方』(産業能率短大出版部　一九七一年)、などがあり、そのほかに公害反対運動を中心にして論じた宮本憲一編『公害と住民運動』（自治体研究社　一九七〇年）、本多淳亮・片岡昇編『公害と労働者』（法律文化社　一九七一年）、などもこの分類に入れることができる。

以上のうち、著者たちの地道な努力によって、個々の公害の実態が次々と解明されていっているのに対し、公害問題を総括的に論じた著作、とくに人類社会の発展なかんずく資本主義社会の発展、特殊的には日本資本主義の発展のなかに公害を明確に位置づけて論じた社会科学の側からの著作は少なく、例えば『恐るべき公害』と『現代資本主義と公害』をあげることができるにすぎない。こうした社会科学的分析が不十分なまま、公害が一層広域化、多様化、深刻化していくならば、発生源企業や政府・地方自治体の姿勢、さらには地元労働組合や地域住民の消極的姿勢のみを問題とする傾向が浸透し、これが極端な政治不信や人間不信と容易に結合して、虚無的傾向の発生を促し、公害反対運動の発展と公害問題の解決に多大の混乱をもたらすことになるであろう。その意味で、今後、公害の実態の具体的な分析とともに、あるいはそれ以上に公害一般の社会科学的な研究が必要とされていると言えよう。

1　社会科学的分析の成果

中村孝俊氏の『公害の経済学』[1]は、こうした公害一般の社会科学的分析を試みた数少ない著作の一つであり、また、この種のものでは最もまとまった著作の一つである。評者が数多い公害関係の著作のなかからとくに本書をとりあげたのは、以上のような理由からである。

本書の構成は、「はじめに」、Ⅰ「現代の公害とは何か」、Ⅱ「『高度成長』と環境破壊」、Ⅲ「環境破壊と国民生活の破壊」、Ⅳ「国民の意識・行動と公害対策」、となっている。

このうち、Ⅰでは公害の定義、公害と現代資本主義の関連について理論的に論じ、Ⅱ、Ⅲ、Ⅳでは「高度成長」期における「環境破壊」と「生活破壊」、さらには公害に対する反対運動や政府の政策について、著者の理論に基づいて最近の一連の事実を簡潔に整理している。以下、Ⅰに重点を置きながら著者の論ずるところを要約しよう。

まず、「はしがき」において著者は、「公害問題を経済学的にとらえる」には、「越えなければならない二つの障害がある」とし、「経済学の領域に、従来あまり取入れられなかった大気とか水域（河川、地下水、海洋）とか、これらの基盤のうえに成育している生物世界などの自然系を経済学に取入れること、いいかえれば経済学の領域を拡げること」と、「これらの自然現象を理解しながら、しかもそれらを社会現象として、どんな経済法則によってひき起こされているものであるかをとらえなければならない」こと、つまり経済学のなかに自然系を取り入れ、これを社会科学的に分析する必要を指摘している。

次いで、「はじめに」では、現代の公害には二面性があるとし、一面では、「資本主義体制のもとで不可避的に発生している問題であるとはいっても、その影響は全地球的規模に及び、自然と人間との正常な物質循環が破壊され、したがってまた人類の生存の脅威の問題になっているという意味において」、また、「今日においては、体制の問題を超えた、人類の問題としての性格をもって起こっているという意味において、人類共通の問題」となっており、他面では、このような「環境破壊に関して、発生の原因においても、発生した場合における対処の仕方においても、資本主義国と社会主義国では全く異なる側面をもって」おり、こういう意味において、「両体制の優劣が問われる問題でもある」[2]（傍点引用者）、と指摘している。つまり、現代の公害は、人類一般の問題であると同時に、社会体制の問題でもあると主張している。

本書の最も中心的な章であるⅠ「現代の公害とは何か」は、㈠「人間と自然との関係」、㈡「現代資本主義と公害」の二節から成り立っている。そして、㈠においては、「人間は、労働によって自然に働きかけ、生活に役立つものを生産する」[3]、つまり自然と人間との間に物質循環が行なわれると述べたのち、「人間が自然を支配するにつれて、自然界に存在する相互関係＝物質循環の関係に大きな影響を与え、正常な物質循環の関係を破壊する可能性がある」[4]ことを指摘している。さらに、「人間が自然に働きかけるのは、……一定の社会的関係を結ぶことによって」[5]であり、この社会関係の一形態である具体的な社会体制が、「われわれの日常的生産行動から起こる遠い自然的結果まで知って、それを支配できるようになっているにもかかわらず、日常的な生産行動に固執してそこから起こる遠い自然的結果を無視し、それに反する行動しかとれない社会体制」であるならば、「その存在そのものが問われ、『ますます不可能になる』ほかない」[6]と述べている。具体的には、資本主義社会では、「科学・技術を資本主義的に適用するに当たっては、それから起こる『遠い自然的結果』をどれだけ想定するかどうかは、科学・技術的可能性に基づいてではなく、その適用が、資本の自己増殖の目的にどれだけ合致しうるかに基づいて決定され」、これと「矛盾するかぎり、『遠い自然的結果』は軽視ないし無視され」るとし、「現代資本主義の高度な産業発展─高度に発展した科学・技術の自然の法則に反した適用─による、あらゆる形態の環境破壊と、自然と人間との正常な物質循環の破壊は、まさにこのような性格をもったものとして展開されて」おり、現在「人間が自然に働きかけるために結んだ社会的関係＝資本の自己増殖の目的に主導された生産様式そのものが、自然によって報復され、裁かれている」[7]と指摘している。つまり、自然と人間の正常な物質循環は、「遠い自然的結果」を無視ないし軽視し、自己増殖だけを目的とする資本主義的生産様式によって著しく破壊されていることを概括的に論じている。

(二)では、より詳細に展開され、「資本主義体制のもとで、いわゆる公害が発生するのはなぜ不可避的であるのか、また、現代資本主義のもとでいわゆる公害がいっそう深刻になるのはなぜであるのかを、資本主義的生産と蓄積との関連において明らか」[8]にされている。すなわち、「資本主義的生産は、私的企業の利潤獲得を動機として行なわれる」[9]ことが、第一に「利潤獲得に直接結びつかないか、期待利潤が少ない部門にたいしては、資本投下が回避される傾向」[10]をもたらし、第二に「企業の利潤獲得に直接結びつくかぎり、社会的富の生産には役立たないか、あまり役に立たない部門にたいしても、むしろ、富の浪費にすぎない部分にたいしても、資本投下・費用支出が積極的に行なわれる」[11]傾向をもたらし、これらの結果として多様な社会的災害がひき起こされると指摘している。具体的には、第一の傾向は、①保安・安全施設に対する投資の節約、②生産物の品質・性能の維持に対する投資の節約、③産業廃棄物の回収に対する投資の節約、④個々の企業にとって外部の、もしくは複数の企業にとって共通の環境施設（用地、用水、鉄道、道路など）に対する投資の回避と国家・地方自治体の投資の肩替わり、⑤勤労大衆の生活を維持するための環境施設（住宅道路、上・下水道、清掃施設、公園など）に対する投資の回避と国家・地方自治体への肩替わりならびに大衆への負担の転稼をもたらし、この結果、各種の災害（自然災害、工場・鉱山災害、労働災害、都市災害など）、職業病、欠陥商品、公害による環境破壊と国民の健康・生命の破壊をもたらす。また第二の傾向は、①自動車生産などのように、社会的有用量を超えて生産が行なわれる、②巨大都市の各種のサービス、レジャー、情報部門なども利潤獲得の対象となり、巨額な資本が投下される、③独立の、巨大な産業としての軍需産業に巨額の資本が投下される、④天然に存在する資源のうちで、占有の対象となりにくい大気、水などの乱費が行なわれる、などの諸現象をもたらし、その結果として多様な社会的災害がひき起こされると述べている。

以上によって、公害を含む社会的災害が資本主義においては不可避的に発生することを論じたのち、現代資本主義のもとで一層深刻となることを指摘し、「公害がより深刻になる理由」について述べている。すなわち、「現代資本主義のもとでは、とくに第二次大戦後、技術の発展に伴って工業の巨大な集積が進み、かつ、経済にたいする国家の介入の進展に伴って巨大都市への人口の集中が進むことによって、産業のための共通の環境施設に対する資本投下…と、都市住民の消費のための共通の環境施設に対する経費支出はますます巨額に行なわれることを必要とするのに、財政支出はこの必要を満たすように配分されない」[12]こと、「巨大企業が文字通り地球を分割・支配するようになって、従来、人類の『共有財産』とみなされていた天然資源が、空気と水の範囲にとどまらず、ほぼ全面的に事実上占有されるにいたった」こと、「巨大企業と巨大独占体の発展に伴って、従来は、『人類の共有財産』とみなされていた科学知識にまで独占体の占有が進展し、これが、科学の成果の誤用・正しくない『自然支配』を生みだしている」[13]ことの三つをその理由としてあげている。

Ⅰの最後に、以上を総括して公害を次のように定義している。少し長くなるが、最も重要な部分なのでそのまま引用しよう。「…いわゆる公害は、社会的災害の一種であって、その他の各種の社会的災害と紙一重であったり、それらとからみ合って発生するが、やはり特殊な社会的災害」であり、「基本的に資本と労働との対抗的性格の生産にもとづいて、私的企業が最大の利潤を獲得する目的で、第一に、商品の生産過程から生ずる廃棄物の処理のための投資・費用支出を回避し、商品の消費過程に伴う環境施設に対する投資・費用支出ならびに消費に伴う廃棄物処理に必要な費用支出を回避して、これらを社会に転稼することによって、第二に、本来人類の共有財産と考えられていた天然に存在する生産手段を、企業が占有することによって、これを乱費することによって、第三に、やはり人類共有の財産と考えられていた科学知識をも、企業が占有することによって、科学・技術を誤用し、自燃の報復をうけることによって、第四に、生産・消費活動に伴う社会的に通常認められる程度の環境汚染が累積され、量から質への転化が生ずることによって、第五に、とくに工業の巨大な集積と人口の大都市への集積に伴って、生産のための共同の環境施設と消費のための共同の環境施設の整備の必要が増大するのに対し、整備がたちおくれることによって、人間の生活環境が破壊され、自然と人間との正常な物質循環が破壊されることによって、人間の健康と生命が脅かされるにいたる社会的災害」であり、「…単に、労働者階級の新しい貧困のあらわれであるだけでなく、ひろく、都市住民から、さらに農村の住民をもまきこんだ貧困の新しいあらわれということができる」[14]（傍点引用者）。

Ⅱは、三節に分かれ、㈠「環境破壊の基本的原因」では、「第二次世界大戦後の経済発展＝『高度経済成長』のなかで、なぜ公害がとくに激しくなったか」[15]について、「早期償却・安全性軽視を特徴」[16]とする現代の技術発展、エネルギーの石炭から石油への転換による重化学コンビナートの巨大な結集、政府の国土開発計画の強化をその原因として指摘している。(二)「天然資源の乱費」では、「天然に存在する生産手段が、資本主義的に…利用される」[17]ことによる乱費の実態についてふれている。さらに、(三)「産業廃棄物の野放図な放出」では、公害の中心をなす産業廃棄物による環境汚染の実態を整理している。すなわち、まず、産業廃棄物を「古い型」と「新しい型」に分け、前者に比し後者が「質的にも多様・複雑」で、「量的には膨大」で、かつ「有害物質」が多くなったと指摘し、次いで産業廃棄物による環境破壊を大きく二種類に分けて述べている。第一は、単独企業の廃棄物による環境破壊であり、「銅、亜鉛など金属製錬過程で排出される微量の重金属・金属化合物が大気および河川に廃棄され、大気および河川を汚染する」[18]場合(三井金属による神通川汚染など)と「農漁村地帯に単独で立地する化学工場からの有害物質の廃棄による環境破壊」[19](チッソによる水俣湾汚染、昭和電工による阿賀野川汚染など)をあげている。第二は、「産業が高度に発達した段階における環境破壊」[20]であり、重化学工業によるコンビナートの形成と太平洋ベルト地帯への巨大な結集がもたらす多様な有害物質の膨大な廃出による大気、河川、海洋汚染、巨大都市の形成とそこにおける「交通・消費過程を媒介として廃棄物が大量に発生する」[21]ことから生ずる各種の汚染(自動車による大気汚染、光化学スモッグ、都市廃棄物による河川、海洋汚染など)をあげている。そのほか、「生産と消費の過程そのものが環境を破壊すること」[22](騒音、地盤沈下、日照妨害など)についても若干検討している。

Ⅲでは、以上の国民の生活環境の破壊とその帰結としての国民生活の破壊とを概念上明確に区別したうえで、「両者の独自性と両者の相互関係を統一的に理解することが」[23]であると指摘したのち、(一)「進行する農・漁民の生活破壊」と(二)「都市住民の健康と生活の破壊」の実態について簡潔に整理している。このうち(一)では、農民の生活破壊として、「イタイイタイ病」、「弗素公害」、「亜鉛による水稲被害」、「自動車排気ガスによるミカン被害」、「農薬による農業の被害」について、漁民の生活破壊として「熊本水俣病」、「新潟水俣病」、「田子の浦汚染」について、それぞれ述べている。また、(二)では、工業都市住民の生活破壊として「四日市ぜんそく」に代表される呼吸器疾患、大都市住民の生活破壊として、「鉛公害」、「オキシダント公害」について述べ、最後に「都市〝再開発〟による生活破壊」(ガス漏れ、騒音、日照権侵害など)についてふれている。

Ⅲの(三)「自然の浄化作用のマヒ」では、「人間の生産・消費活動を通じて、人間は自然に働きかけて、天然資源を消費し、自然の状態を変え、廃棄物を放出するが、自然は、廃棄物を分解して自然に還元し、自然の諸条件を一定のバランスに維持する能力をもっている[24]」として人間と自然との物質循環を概括したあと、「資本主義的生産様式が確立し、産業革命を経過し、さらに第二次世界大戦後、生産力の飛躍的発展に基づいて、資本主義的生産においては天然資源の乱費と廃棄物の野放図なたれ流しが行なわれ、この結果は、人間による自然の諸関係の攪乱が、ついに、自然の浄化・還元能力を追い越してしまい」、これが「人間の生活環境の破壊として、したがって人間の健康・生活の破壊としてあらわれ[25]」たと、資本主義的生産が自然と人間との物質循環の破壊をもたらしたと指摘し、これを具体的に考察している。すなわち、大気を中心にした循環過程では、「産業活動が巨大になってから…、大気浄化作用に限界があらわれ[26]」、炭酸ガスや一連の有害物濃度が上昇したこと、海洋を中心にした循環過程では、都市集中に伴う多種多様な廃棄物が河川の浄化機能をマヒさせ、産業の発達に伴う膨大な産業廃棄物が海洋の浄化機能をマヒさせたこと、大地を中心にした循環過程では、大地に還元されにくい固形廃棄物やプラスチックが大量に出現したこと、および農薬の乱用が食物循環を通じて人間生活の破壊と天敵への打撃による人間生活への影響などについて、具体的に考察している。

Ⅳの(一)「公害と住民運動」では、最近の公害に対する意識の変化とその原因について述べたあと、住民運動についてふれ、「公害に反対する住民運動は、…差当たって、地域社会に基づく運動として展開されるが」…、次第に「地域的連係を強めながら全国的な運動として展開[27]」されること、住民運動発展の鍵は、労働組合運動との結合にあること、地方自治体のもつ二面性のうち「住民の自治組織としての面」が住民運動の支えとなること、などを指摘している。(二)「公害と企業」では、「日本の企業の態度は、……公害に対する企業の社会的責任を全く否定する傾向」[28]であり、「発達した資本主義国のなかでも特殊なものであること」[29]、(三)「政府の公害対策」では、公害対策の基本的性格が「①対症療法的であり、②有害物質の拡散が中心政策とされ、③地方自治体の独自な施策展開にわくをはめる役割をもつこと」[30]にあることをそれぞれ指摘し、最後の(四)「二つの公害対策」では、欧米資本主義国と社会主義国の公害対策についてごく簡単にふれている。

(1)　中村孝俊『公害の経済学』毎日新聞社　一九七〇年。
(2)　同右　三～四頁。
(3)　同右　九頁。
(4)　同右　一〇頁。
(5)　同右　二二頁。
(6)　同右　一二～三頁。
(7)　同右　一四～五頁。
(8)　同右　一六頁。
(9)　同右。
(10)　同右　一七頁。
(11)　同右　二一～二頁。
(12)　同右　二五～六頁。
(13)　同右　二七頁。
(14)　同右　三一～二頁。
(15)　同右　三七頁。
(16)　同右　三九頁。

(17) 同右　四五頁。
(18) 同右　五六頂。
(19) 同右　五九頁。
(20) 同右　六四頁。
(21) 同右　六五頁。
(22) 同右　八九頁。
(23) 同右　九九頁。
(24) 同右　一五三頁。
(25) 同右。
(26) 同右　一五五頁。
(27) 同右　一八七頁。
(28) 同右　一九九頁。
(29) 同右　二〇三頁。
(30) 同右　二二一頁。

2　いくつかの疑問

以上の要約からもわかるように、この『公害の経済学』は、日本経済の「高度成長」期に生じた多種、多様な公害を資本主義的生産様式との関連で明確に説明しており、経済学の側からの公害分析として優れた著作と言えよう。この点を高く評価したうえで、評者が感じた若干の疑問について以下簡単に述べてみたい。

第一は、現代の公害が、「人類共通の問題」と「両体制の優劣が問われる問題」という二面性を有していゝるとの指摘に関してである。すなわち、著者は、両体制において現実に起こっているがゆえに人類共通の問題であり、発生原因と対処の仕方において全く異なるがゆえに「両体制の相違を浮彫りにする問題だ[1]」とし、資本主義体制では不可避的に公害が発生するのに対し、社会主義体制では「一定の歴史的条件のもとで[2]」過渡的に発生するにすぎないと指摘している。ところで、著者は、公害を「自然と人間との正常な物質循環の破壊」とみており、評者もこの指摘には基本的に賛成であるが、この場合、この物質循環の破壊が、生産力の急激な発展に伴う膨大な天然資源の利用と多種多様かつ多量の廃棄物の排出が自然の浄化・還元能力を超えた結果生じたものとみるか、資本主義的生産における天然資源の乱費と廃棄物の野放図なたれ流しが自然の浄化・還元能力を超えた結果生じたものとみるかは、決定的に異なる見解である。前者は、物質循環の破壊を生産力の巨大化一般にもとめる見解であり、その意味で体制を超えた人類共通の問題として公害をみる見解であり、一般に生態学を中心とする自然科学者たちがとる見解である。後者は、原因を資本主義という生産関係にもとめる見解であり、その意味で体制そのものの問題としてみる見解であり、一般に社会科学者がとる見解である。著者は、明らかに後者の見解に立っており、社会主義体制に現実に生じている公害を現在の社会主義そのものの弱さにその根拠をもとめており[3]、その意味で、人類共通の問題であるという指摘には、一般的に言われているものと著者のものとは明らかに相違している。この点に関して著者は、「公害は、社会体制にかかわりなく、工業化・都市化に伴って発生するものだという」各国の企業に共通した態度を「本能的に公害発生の真の原因を認めようとしない[4]」として一蹴しているが、公害に関して「生産力説」と「生産関係説」が鋭く対立している現在、この指摘といい社会主義における公害発生の原因の説明といい、「生産力説」批判としては余りに不十分であり、良心的に「生産力説」を提起ないし支持している自然科学者に対して十分説得力を持っているとはいい難いのではないかと考えられる。「公害問題の研究には、自然科学者と社会科学者の協力が必要であり、「これらの研究家の間の社会科学的な理解を統一させ、多方面にわたる現象を一貫して経済学的にとらえる[5]」ことを主張する以上、この点の十分な展開が必要だったのではないかと思うのである。

第二は、公害が現段階になぜ激化したかに関する著者の見解についてである。著者は、私的企業の利潤獲得による費用の節約と富の浪費が公害を不可避的に発生させるとして、資本主義的生産様式一般から公害発生を説明したのち、現代資本主義のもとでは、①工業の巨大な集積と巨大都市への人口の集中、そのなかでの社会資本投資の不足、②天然資源の私的占有の確立による乱用、③科学知識の私的占有による科学の成果の誤用、以上の三つの要因が加わって公害が一層激化したと指摘している。この場合、現代資本主義とは経済学的にいかなる段階をさしているのか、独占資本主義段階であるのか、もっと特殊的に国家独占資本主義であるのか、さらには単に第二次大戦後の資本主義であるのかが明瞭でない。したがって、なにゆえに三つの要因が現代資本主義において発生したのか、つまり三つの要因が資本主義の一般法則からではなく、これを含みつつも段階固有の特殊法則からいかにして発生したのかの理論的説明がなされていないと考えられる。これがなされていない以上、公害発生の資本主義的不可避性は説明しえても、現在における公害激化の不可避性の説明としてはやはり不十分ではないであろうか。

第三は、公害問題はいかにして解決しうるかという点である。この点について著者は体系的に論じていないが、公害が資本主義体制において不可避的に発生すると述べている以上、基本的には体制変革によってしか解決しえないとの見解に立っているとみることができよう。しかし、著者は、住民運動の力によって一定程度の解決が可能であるとの見解にも立っているようである。いずれにしても、本書では、公害問題解決に関する方向性、とくに「体制変革」と「体制内改良」との関連が不明確であるように考えられる。例えば公害の発生と激化を資本主義的生産様式とくに現代資本主義から説明したとしても、独占資本主義において、①私企業の手によって公害防止施設を設置し、費用を独占価格を通じて大衆に転稼する、②国家の費用によって公害防止施設を設置し、最終的に大衆の税負担に転稼する、③革新自治体ないし政府の権力的強制によって独占的高利潤の一部によって公害防止施設を設置する、などの方法によって公害問題が「解決」される可能性があり、これを資本主義体制における公害発生の不可避性と公害の基本的解決の不可能性との関連でどう位置づけるのかという疑問が生ずる。本書において、実践的方向性を欠いた科学的説明の限界性を見出すことができないであろうか。

以上は、評者自身が解決しえない問題であり、その意味では本書に対する積極的批判ではなく、評者の疑問をそのままぶつけてみたにすぎない。評者も本書に学びつつ、以上の諸問題を追求してみたいと考えている。

(1) 中村前掲書　四頁。
(2) 同右　三頁。
(3) 同右　五～六頁。
(4) 同右　一九九頁。
(5) 同右　はしがき。

3　公害問題と経済地理学

最後に、本書に関連して、公害問題の研究に経済地理学の側からいかなる接近が可能であるか評者の若干の考えを述べてみたい。

第一は、著者が「自然系を経済学に取入れること、いいかえれば経済学の領域を拡げること」、「自然現象を理解しながら、…それらを社会現象として」[1]経済法則に基づいてとらえることを指摘している点である。この文章から評者は、「社会的・歴史的な存在としての人類とその生活環境としての自然との関係を如何にみるべきか。これは…、近代経験科学のうちでは主として『人文地理学』がこれを…、自己の課題として取上げることを期待されてゐる」[2]（傍点引用者）、「人類と自然環境との交渉」において「…本質的に重要なのは、……純然たる社会科学的な関係である」[3]（傍点引用者）、という人文地理学の側からの「権利」の主張を想起するのである。人文地理学の側からのこの課題に対する「権利」の主張が「リッターによって新たな生気を与へられ[4]」て以来、多くの地理学者によって強調されてきたにもかかわらず、本書のように、他の学問からこの課題の研究の必要性が最近とくに強調されているのは、いかなる意味を持つであろうか。それは、戦後の日本の人文地理学に関する限り、この課題についての具体的研究成果が余りにも不十分なためであるとみることはできないであろうか。とくに経済地理学においては、自然決定論の反動性を指摘することにのみ性急で、この課題の地道な研究を軽視する傾向が強かったのではないであろうか。しかも、自然決定論批判においても、「地理的環境は社会発展の主要な原因、決定的原因とはなりえない」（スターリン）という史的唯物論の一般的規定を繰り返すにとどまってしまい、理論的にも、実証的研究においても、創造的発展がほとんどみられなかったことが強く影響していると言えよう。学問の領域論はともかくとしても、「自然と人間の関係」を自己のテーマとして主張し、一定程度の蓄積を有し、陸水学、気候学、地形学、生態学を周辺科学としている人文地理学が、「自然と人間との物質循環の破壊」である公害について積極的に取り組み、一定の成果をあげうる余地はまだ残されているのではないだろうか。この点での戦後日本の経済地理学の方法論的反省が必要なのではないかと考えるのである。

第二は、本書において、現代資本主義で公害がより深刻になる理由として工業の巨大な集積と巨大都市への人口の集中をあげていることに関してである。この点について宮本憲一氏も、わが国の公害の増大の原因の一つとして、「鉱工業資本は、……できるだけ大きな利潤をあげようとする結果、早くから立地条件のよい地域に集中集積して、国土や資源の利用を独占しようとした[5]」（傍点引用者）ことを指摘している。つまり、資本ならびに人口の地域的集中・集積が公害激化の重要な要因となっているわけである。この資本と人口の急激な地域的集中・集積は、独占資本主義とくに国家独占資本主義に特有な現象であると考えられるが、このメカニズムを具体的に解明すること、とくに日本経済の「高度成長」過程における太平洋ベルト地帯への集中・集積、大都市の一層の巨大化、およびその対極としての農山漁村の過疎化のメカニズムを具体的に解明することが、公害、都市、過密、過疎問題の解明にとって非常に重要な課題であると考えられるが、この点においても、立地論や地域的分業論ないし地域性形成論を独自なテーマとしてきた日本の経済地理学界の成果は、余りにも不十分な役割しか果たしえなかったのではないだろうか。これは、戦後の経済地理学が経済地誌を強調する余り、立地研究を「資本主義企業が合理的に立地を決定すること、つまり資本主義の合理性を主張することにもなり、資本主義の競争性、無政府性をかくすことにもなる」[6]として一面的に批判し、マルクス経済学を主要な方法として取り入れた経済地理学による立地論の批判的摂取の努力が行なわれなかったことが、大きく影響していると考えることができないであろうか。研究の方向における大局的見通しのないままの具体的地域の具体的研究重視の研究傾向こそが、公害、都市、過密、過疎問題激化の今日、再度方法論的に反省を迫られていると言えよう。

(1) 中村前掲書　はしがき。
(2) 飯塚浩二『地理学批判—社会科学の一部門としての地理学』帝国書院　一九四七年　序論。
(3) 同右　四六頁。
(4) 同右　三七頁。
(5) 宮本憲一『恐るべき公害』岩波新書　一九六四年　一六九頁。
(6) 鴨沢巌『経済地理学ノート』法政大学出版局　一九六〇年　七四頁。

〔付記〕

一は、同名のタイトルで、籠瀬良明氏の古希記念として出版された沢田清編著『自然と人間のかかわり』古今書院 一九八一年、に掲載されたものである。資源論と地域構造論の関係について論じ、筆者の考える地域構造論の第三テーマである国土利用についての位置づけを試みた。転載を了解して頂いた沢田清氏、古今書院に感謝したい。

二は、「住宅地地価理論の現状と若干の問題」というタイトルで、『ジュリスト・特集土地・人間・生活』一九七三年五月二五日号、に掲載されたものである。当時、相次いで出された地価に関する理論的著作・論文をサーヴェイし、著者の建築地地代解釈を述べた。新沢・華山氏は、その後『地価と土地政策（第二版）』を一九七六年に出版し、農民の土地保有による需給不均衡論を基本的に維持しながら、大手不動産資本の地価上昇に対する一定の役割を認めている。『ジュリスト』からの転載を了承された有斐閣に感謝する。

三は、同名のタイトルで、山崎不二夫・森滝健一郎他編著『現代日本のスプロール問題・上』大月書店、一九七八年の第二章・Ⅱとして書かれたものを、一部割愛して転載したものである。割愛した部分は、2「『都市問題』の位置づけをめぐって」（七一〜八二頁）の部分で、主として宮本憲一氏の都市問題把握を批判したものである。この部分に関して、多くの人々から批判を受け、筆者ももう一度体系的に整理する必要を感じたので、いまの時点での転載を思いとどまったためである。また、本書の構成上この部分が不可欠なわけでなく、残りの部分で十分であると判断した。また、住宅地地価理論に関する箇所も重複するので削除した。転載を快諾して頂いた森滝健一郎氏、大月書店に改めて感謝したい。

なお、筆者の住宅地地価に関する見解については、佐藤哲郎『現代日本の土地問題』御茶の水書房 一九七四

年　二四四～二五六頁、および飯島充男「不動産資本と住宅地地価形成」『商学論集』（福島大学）四六巻四号一九七八年、で批評されている。また、商業地地価に関する考え方については、水岡不二雄「商業部門に成立する地代について」『経済地理学年報』二四巻三号、一九七八年、で批判されている。

二、三は、諸部門・諸機能の立地・配置→地域分化と地価形成→土地利用といった相互関係から理解できるように、筆者なりの土地利用論を模索するなかで書かれたものである。こうした経済の空間的運動と従来の地理学にみられる自然地理的条件との関係を基礎とした土地利用の実証分析とを有機的に結合することによって、「地域構造論」の一環としての土地利用論が構築されるものと考えている。

第四節は、『経済地理学年報』一八巻一号　一九七二年、の書評として掲載されたものであり、今後、地域構造と生態系破壊との関連をより深く分析する必要を感じている。

第四章　産業配置と地域構造―経済地理学の体系化プラン―

一　序　論

筆者は、法政大学経済学部で経済地理の講義をほぼ一〇年間にわたって担当し、その間経済地理学とは何か、経済学体系のなかでいかなる位置を占めるのかを模索し続けてきた。幸か不幸か、この一〇年間、つまり一九七〇年代は、五〇年代後半から七〇年代初頭まで続いたわが国経済の異常な高度成長のなかで累積した諸矛盾が一挙に噴出した時期であり、そのなかで都市問題・過疎問題・地域格差などの一連の地域経済に関する諸問題、公害開題・資源問題・自然破壊などの国土利用にかかわる諸問題が顕在化した。こうした社会的諸矛盾に真正面から対峙するかたちで各地で住民運動・公害反対運動が活発となり、これを背景にいままでの社会科学体系のなかで等閑されがちであった諸分野、たとえば地域経済論（地域主義論、都市経済論を含む）、地域社会論、公害論、資源・エネルギー論などの研究が盛んとなり一定の理論的・実証的成果をあげてきた。経済地理学もまた、一連の社会問題と他分野の研究成果に刺激され、長い間の研究蓄積を踏台にして再び活性化する動きを示しはじめた。

筆者の経済地理学の体系化の模索は、こうした「恵まれた」研究状況のなかで行われたためであり、当然のことながら諸学説の成果の検討と吸収・批判として展開せざるをえなかった。筆者が十分に納得できる既存の理論体系なるものをそのなかから発見することは、少なくともいまのところ経験できなかったし、したがって、そうした理論体系の内的延長として、自己の研究を進めることもできなかった。しかし、他方では、個々の研究成果のなかで、たくさんの重要な論点をみいだすことができ、大いに吸収することができた。もちろん、こうした作業は緒についたばかりであり、諸外国の研究成果も含めれば、気が遠くなるほどの長い道程が必要となろう。にもかかわらず、これらの作業のなかで考えたことを、不十分を承知のうえで、一つは自己の勉強の覚え書きとして、また他の一つは学界へささやかな問題提起として、すでにいくつかの論文をものしてきた[1]。これらの論文は、筆者の予想を上回って、多大な反響をよび、いくつかの厳しい批判・非難をあびることになるとともに、経済地理学の方法論論議の活性化の捨て石の一つともなった[2]。本章は、こうした一連の批判をうけて、一〇年間の経済地理学体系化の模索を中間的にまとめようとするものである。個々の学説からの詳細な引用は、すでに発表した諸論文のなかで行なわれているので、繁雑さを省くため必要不可欠の範囲にとどめ、また、いままでの筆者の諸論文に対する批判や非難に対する筆者なりの弁解と反論も、それ自体が本章の目的ではないので、最小限にふれることにしたい。

かく述べたからといって、経済地理学の体系化を模索する理由が「経済地理」の講義のためだけにあったわけではないことは、改めて断わるまでもない。それは、大げさにいえば、現代社会が提起している地域問題・国土問題に既存の経済学体系が十分に対応しえていないという事実、もしこれらの諸問題と積極的にかみあう分野を経済学のなかで見い出すとしたら、経済地理学が重要な分野の一つであり、経済地理学の見直しこそが焦眉の課題であると考えたからである。というのは、経済学の体系は、基本的には国民経済を基礎とし、国民経済の相互関係というかたちで世界経済が措定されていると考えることができる。こうした枠組みを基軸とする場合、国民経済分析の前提となるべき具体的な国土条件、この国土条件のなかではじめて問題となる国民経済の空間的構成、およびその一分肢としての地域経済、といった分野の研究がどうしても捨象されがちになってしまう。こうした捨象されがちであった諸分野の研究を曲がりなりにも追い求めてきたのが地理学と密接な関係を保ちながら発展してきた経済地理学であった。経済地理学の蓄積の見直しとその経済学体系のなかへの位置づけの明確化によって、地域問題・国土問題と経済学との関連がより鮮明となるとともに、経済地理学の再生を期待することができると考えたからである。

本章が経済地理学体系の模索への道程の筆者なりの中間的総括であるといっても、それはきわめて限定された部分に光を照らそうとするものにすぎない。その意味で経済地理学体系化への第一歩であり、序説の域をでないことは、まず最初に述べておきたい。つまり、本章で展開することは、現代資本主義段階にある一国の国民経済の地域構造を、立体的に組みあげる場合の分析の「枠組み」をどのように設定するか、という点についての大雑把なデッサンという性格をもつにすぎない。この「枠組み」に基づいて具体的に国民経済の地域構造を分析するにあたっては、国土の自然地理的条件、当該国民経済の資本主義的発展段階とその特殊性、現段階における当該国民経済の世界経済における位置づけ、以上の三つが十分に考慮されねばならない。また、資本主義社会における地域構造というテーマをより抽象的・一般的に論ずるには、主要資本主義国における地域構造を史的発展という視角からとらえ、相互比較のなかから一般的かつ論理的法則性を抽出しなければならないであろう。本章は、本格的な実証の領域、国際比較による理論化の領域、いずれにも踏み込んでいない。これらは、いずれも今後の課題として残されている。

（1）　主なものは以下の通りである。
「経済地理学について」『経済志林』四一巻三・四号　一九七三年（本編第一章二、以下第一論文とする）。

「所得・資金の地域的集中と配分」（野原敏雄・森滝健一郎編著『戦後日本資本主義の地域構造』汐文社　一九七五年　二一二～二一六頁、二二二～二五二頁―第二論文）。

「地域的不均等論批判」『一橋論叢』七九巻一号　一九七八年（本編第二章一―第三論文）。

「地域問題をめぐる最近の研究」『経済』一六七号　一九七八年（本編第二章三―第四論文）。

「経済地理学の課題と展望」『地理』二四巻一号　一九七九年（本編第一章一―第五論文）。

「資源問題と経済地理学」沢田清編著『自然と人間のかかわり』古今書院　一九八一年（本編第三章一―第六論文）。

「地域経済論における二つの視角」『経済志林』四八巻四号　一九八一年（本編第二章二―第七論文）。

（2）　経済地理学や地域経済の方法論の論議のなかで筆者の見解にふれたものとして、次の文献がある。

山本健児「地域的不均等論について」『経済地理学年報』二三巻一号　一九七七年。

森滝健一郎・島崎稔「現代資本主義の危機としての地域問題―地域概念再検討の視点」『経済地理学年報』二三巻三号　一九七七年。

中村剛治郎「地域経済・地域問題・地域開発―基礎視角に関する一試論」『現代と思想』三一号　一九七八年。

野原光「産業構造転換と地域開発(1)」『日本福祉大学研究紀要』三六号　一九七八年。

川島哲郎「地域間の平等と均衡について」『経済学雑誌』七九巻一号　一九七八年。

山川充夫「経済地域の重層構造とその設定―最近の経済地理学の動向から」『経済地理学年報』二五巻一号　一九七九年。

田村均「地域的不均等論に関する基本的考察」『経済地理学年報』二五巻二号　一九七九年。

地域問題研究会「地域問題研究の課題と方法」『日本の科学者』一四巻三号　一九七九年。

池田善長・加藤和暢「日本における地域開発政策研究の現状（一）・（二）―地域開発政策論の対象規定を中心として」『開発論集』（北海学園大学開発研究所）二八、三〇号　一九七九、一九八一年。

今松英悦「北海道立総合経済研究所」『地域』三号　一九八〇年
今松英悦「現代資本主義と地域経済論」『地域』五号　一九八〇年。

山口不二雄「地域概念と地域構造概念」『地域』四号、五号　一九八〇年。

田村和彦「都市経済論の意義と問題点―宮本憲一氏の所説を中心にして」『経済地理学年報』二七巻一号　一九八一年。


いずれも、筆者の経済地理学の体系模索にとって有意義な指摘をいただいた。記して感謝したい。

二　産業配置論

筆者は、すでに経済地理学の諸学説を検討し、経済地理学の対象を「国民経済の地域構造」の解明にあると規定した。(1) 国民経済の地域構造とは、一国の国土を基盤にして、長い歴史的経過をへて作りあげられた国民経済の地域的分業体系のことであり、世界経済の地域的分業体系のなかに有機的に包摂されたところのそれである。したがって、地域的分業体系としての地域構造は、社会的分業体系としての再生産構造によって基本的に規定されるし、地域構造の史的形成も再生産構造の史的展開によって大きく枠づけられ、世界経済の地域構造における位置づけも、世界資本主義の再生産構造のなかでの当該国民経済の再生産構造の役割によって決まってくる。こうした意味では、国民経済の地域構造の解明にあたっては、再生産構造そのものの把握が不可欠の前提となる。この点は当然のこととして最初に確認されねばならない。

ところで、国民経済の地域構造は、相互に有機的に関連した四つの部分によって構成されると考えられ、これが経済地理学の主要な四分野を構成するものとみてよいであろう。すなわち、産業配置、地域経済、国土利用、地域政策の四つである。(2) まず、産業配置論の検討からはじめよう。

再生産構造を担う諸部門・諸機能は、一定の国土の上に、それぞれ固有の配置を展開する。この個別産業の配置と、それらの総体としての産業配置の全体像が形成され、これが国民経済の地域構造の基底をなす。この部分を解明するのが産業配置論の課題であり、地域構造分析の第一テーマとなる。

産業配置を全体として解明するにあたっては、まず個別の生産過程の配置の論理を解明し、そのうえで、これらの個別の生産過程の集合としての個別の部門の配置、さらには諸部門間の産業連関、国民経済の再生産構造を視角に入れて全体としての産業の配置像を有機的にうかびあがらせる作業が必要となってくる。

（1）本編第一章二（前掲第一論文）。
（2）前掲第一論文では、生産配置論、経済地域論、国土利用論、地域経済政策論の四つの研究分野を設定したが、ここでは産業配置論、地域経済論、国土利用論、地域政策論という呼び方に修正したい。

1　個別生産過程の配置

再生産構造を担う諸部門・諸機能には、後述するように多様なものがある。しかし、当面、再生産構造の最も基礎的な物質的財貨の生産部門に着目し、そこでの個別生産過程の配置について考察しよう。

ところで、物質的財貨の生産部門における個別生産過程の配置の考察にあたっては、シュミット・レンナーの分析が参考となる。[1]

資本主義的生産過程は、「労働過程と価値増殖過程との統一[2]」であり、「労働過程は、使用価値をつくるための合目的的活動であり、人間の欲望を満足させるための自然的なものの取得であり、人間と自然とのあいだの物質代謝の一般的な条件であり、人間生活の永久的な自然条件であり、したがって、この生活のどの形態にもかかわりなく、むしろ人間生活のあらゆる社会形態に等しく共通なものである」[3]。したがって、生産過程の立地、つまり「場所的固定性」というすぐれて素材的契機が問題となる場合、それは労働過程の立地として、まずとらえなければならない。

労働過程は、労働対象、労働手段と人間の合目的的活動としての労働そのものの統一としてとらえることができる。このうち、労働対象は、「労働によってただ大地との直接的な結びつきから引き離されるだけの物」としての「天然に存在する労働対象」と、「それ自体すでにいわば過去の労働によって慮過されている」ものとしての「原料」があり、(4)「労働者によって彼と労働対象とのあいだに入れられてこの対象への彼の働きかけの導体として彼のために役だつ物またはいろいろな物の複合体」としての労働手段には、「全体として生産の骨格・筋肉系統の呼ぶことのできる機械的労働手段」、「ただ労働対象の容器として役だつだけでその全体をまったく一般的に生産の脈管系統と呼ぶことのできるような労働手段」、および「直接には過程にはいらないが、それらなしでは過程はまったく進行することができないか、またはただ不完全にしか進行することができない」ような「一般的労働手段(5)」がある。さらに労働は、労働力の消費であり、いうまでもなくその担い手は労働者そのものである。

このうち、労働対象のなかでの原・材料は、すでに労働の生産物として一般に地域的移動が可能であり、労働者はいわゆる通勤のかたちで日々地域的に移動してくる。したがって、「場所的固定性」としての立地を基本的に規定するものは、労働手段の立地であり、一般に、ここで労働対象、労働手段、労働力が結合して労働過程が遂行される。ただ、農林漁業、鉱山業あるいは建設業などは、天然に存在する労働対象としての土地が基底的役割をはたすから、労働手段の「場所的固定性」なるものは、労働対象の「場所的固定性」に強く緊縛することは考慮されねばならないであろう。いずれにしても、生産過程の立地＝労働過程の立地なるものは、労働手段の立地としてとらえることが可能である。そして、この労働手段の立地↓労働過程の立地によって、「労働者に彼の立つ場所〔locus standi〕を与え、また彼の過程に仕事の場（field of employment）を与える(6)」土地が「一般的労働手段」となるのである。(7)

以上のように、生産部門の立地を労働手段の立地として狭義にとらえることが可能であるとしても、なおいくつかの問題が残る。たしかに、労働手段の立地地点で労働対象、労働手段と労働が結合して労働過程が遂行されるとしても、労働の担い手たる労働力の立地、つまり労働者の居住が労働手段の立地と不即不離の関係にあり、一般に機械制大工業の場合は、前者は後者とは分離し、かつ周辺に立地する。こうして、労働力の立地地点から労働手段の立地地点への日々の通勤現象が生ずる。他方、個別の生産過程における生産管理機能は当該立地地点にあるとしても、経営が大規模化し、異なった地点に複数の同一の生産過程を有していたり、同一の生産過程のなかでの分業工程が異なった立地を示す場合、つまり経営内の分業が地域的に離れて行なわれる場合、それらを全体として統括する機能＝経営内の中枢管理機能の立地地点も個々の生産過程から自立する。ここでは、原材料の調達、経営内分業の有機的結合のコントロール、経営全体の労働者の統一した管理、製品の販売対策、さらには資金調達、投資戦略をも含めた経営全体の意思決定が行なわれる。

このようにみてくると、労働過程の立地とは、たんに労働手段の立地だけでなく、労働力の立地および中枢管理機能の立地をも含めて、より広義にとらえることも可能であろう。

さらに、労働過程の配置を考えるにあたっては、労働手段・労働力・中枢管理機能の立地のみに着目するわけにはいかない。これらを軸にして、とくに労働手段の立地地点を拠点に、労働対象としての原材料、労働の生産物としての半製品・製品の地域的移動が恒常的に行なわれる。それは、同一経営内の異なった立地地点間であり、異なった経営の立地地点との間でもある。この反復される地域的移動によって、当該の労働過程にとっての原材料調達圏、製品市場圏が形成される。また、労働手段の立地地点と労働者の居住地点との間に行なわれる日常的な労働力の地域的移動も通勤圏という地理的領域を形づくる。

結局のところ、労働過程の配置とは、労働過程を構成する労働手段・労働力・中枢管理機能の立地、および労働対象・労働生産物・労働力の恒常的な地域的移動の統一したものとして把握するべきであろう。

すでに述べたように、資本主義的生産過程は価値増殖過程でもあるから、労働過程の配置自体が資本の価値増殖の論理のなかに包摂されてしまう。すなわち、労働過程の立場から「使用価値または財貨」の生産過程としてとらえられたものが、価値増殖過程の立場からは「剰余価値」の生産過程として把握される。また、「労働過程の立場からは客体的な要因と主体的な要因として、生産手段と労働力として、区別されるその同じ資本成分が、価値増殖過程の立場からは不変資本と可変資本として区別される」[8]。したがって、労働過程の立地地点では同時に価値増殖が具体的に行なわれる地点でもあり、資本はここで不変資本と可変資本を結合して価値増殖をはかる。言い方を変えれば、労働過程の立地の基軸である労働手段の立地は、資本による固定的不変資本部分の投資であり、労働対象（原材料）の調達とは流動的不変資本部分への、また労働力の調達とは可変資本部分への投資である。その意味で、資本の循環なるものは、地域的には労働過程の立地地点＝労働手段の立地地点＝固定的不変資本部分の投資地点を拠点として行なわれるとともに、これらの立地地点の選択自体は資本の価値増殖の論理＝投資戦略の一環として、それに規定されて行なわれるものとみることができる。

生産過程を価値増殖過程としてみる立場からすれば、生産過程は産業資本の循環、すなわちその典型的な形態としての$G—W\left|\begin{matrix}A\\Pm\end{matrix}\right|\cdots P\cdots W'$（W＋w）—$G'$（G＋g）といった運動形態の一手段として位置づけられる。「生産過程は、この循環過程の形態そのもののなかで、形態的に、また明言的に、資本主義的生産様式のなかで生産過程がそれであるとおりのものとして、すなわち前貸価値の増殖のための単なる手段として、現われているのであり、したがって、致富そのものが生産の自己目的として現われているのである」[9]。この視点から生産過程の配置を考えるならば、産業資本の地域的循環というとらえ方が必要となってくる。それは、前貸される価値（貨幣資本）の調達を地域的側面からとらえることであり、生産過程で不変資本と可変資本に転態され、そこで価値増殖がなされるが、増殖された価値の地域的な移動をとらえることである。具体的には、生産された価値（V＋M）のなかから、労賃部分への支払い、企業利潤の生産現場から中枢管理機能立地地点への移動という経営内の地域的移動だけでなく、商業利潤への転化、各種サービス業所得への転化、さらには税金の支払いを通じての国家機構への所得移動といった経営間・部門間への各種の所得再配分を地域的側面からとらえ直すことである。さらに、「ある期間を限っての貨幣の譲渡、貸付、そして利子（剰

余価値）をつけてのその回収」という「固有な運動形態[10]」をとる銀行資本を典型とする「利子生み資本」の運動をも地域的に把握することが、現代資本主義における産業配置を総体として解明するには決定的に重要となる。また、土地・その他の不動産所有に基づく地主や不動産部門の各種の地代収入の地域的動きをも視野に入れなければならない[11]。

（1）シュミット・レンナー著　経済地理学研究会訳『経済地理学基礎理論』古今書院　一九七〇年　一一〜一二頁。
（2）カール・マルクス『資本論』（大内・細川監訳『マルクス＝エンゲルス全集』第二三巻　大月書店　一九六五年）、二五八頁。
（3）同右　二四一頁。
（4）同右　二三五頁。
（5）同右　二三五〜七頁。
（6）同右　二三七頁。
（7）シュミミット・レンナーの指摘は、筆者には理解しにくい部分が少なくないが、「労働過程の立地においてーさしあたりなおすべての歴史的および地理的（地域的）特性は捨象してー労働者と労働対象と労働手段が結合する。立地はそれ自身が一般的な労働手段である。」（傍点引用者、前掲書、一九頁）という文章は、このように解釈すべきであろうか。
（8）マルクス前掲書　二七三頁。
（9）カール・マルクス『資本論』（大内・細川監訳『マルクス＝エンゲルス全集』第二四巻　大月書店　一九六六年）七一頁。
（10）カール・マルクス『資本論』（大内・細川監訳『マルクス＝エンゲルス全集』第二五巻　大月書店　一九六六年）四三五頁。
（11）こうした所得・資金の地域的循環を扱ったものとしては、九州経済調査会『九州における資金循環構造論』研究報告　三三、三七号　一九五四年および五六号　一九五五年。土居英二「清水市の市民所得と地域経済循環」『法経研究』（静岡大学）二八巻　三・四号　一九八〇年　などが参考となる。
また、筆者も前掲第二論文、および「サービス産業の分布と所得の地域移動・地域格差」（千葉立也・藤田直晴・矢田俊文・山本健児編著『所得・資金の地域構造』大明堂　一九六八年）などでもある程度論及してみた。

そのほか、ダグィド・ハーヴェイ著、竹内・松本訳『都市と社会的不平等』日本ブリタニカ　一九八〇年　の「第六章都市的生活様式と都市――一つの解釈」にも「価値の地域的循環」という視角がみられる。

2　総体としての産業配置

以上のように、個別の生産過程の配置を、「生産現場」、「居住地」、「管理地」の三つの契機の立地とこれとのかかわりでの原材料、半製品、労働力、所得・資金の地域的移動を統一したものとしてとらえることができる。こうした考察は、主として鉱・工業、ガス・電気・水道業、建設業、農林水産業などの物質的財貨の生産部門に着目して行なったが、他の部門・つまり流通部門（卸・小売業）、金融・保険部門、不動産部門、サービス部門、国家機構、さらには運輸・通信部門などへのある程度の適用は可能である。

つまり、労働手段を各々の部門における土地に固着およびこれに付随する諸設備とし、労働者をそれぞれの従業員とすると、「現場」、「居住地」、「管理地」の立地を考えることができるし、原材料や半製品・製品も各々が取り扱う財やサービスとみるならば、それぞれの地域的移動や供給圏を考察することができる。また、運輸・通信部門を除けば原則として価値を形成しない部門と考えるべきであるから、(1) これらの部門の「生産過程」をそのまま「価値増殖過程」ととらえるわけにはいかないが、「価値の再分配」に何らかの形で関与していることを考慮すれば、所得・資金の地域的移動の分析もまた必要となる。

ところで、個別生産過程の配置は、単数であるいは複数で特定の経営の一環としてなされ、当然経営戦略に従属する。資本主義的経営では、それは資本の蓄積原理の手段としてなされる。したがって、個別経営の配置の実態とその論理の解明が最初になされなければならない。それは当然、経営内の工程間分業、製品間分業、生産・販売・管理などの機能間分業の地域的な反映としての「経営内地域的分業」を包摂することにもなる。さらに、多数の個別経営の配置の集合としての特定の部門の配置の全体像が解明されてくる。それは、部品や下請などを含む同一部門内の経営間の水平的・垂直的分業の地域的反映の姿をも組み込んだものとしてとらえられるべきであろう。こうした、個別経営、個別産業の配置の実態とその論理については、産業立地論による分析の歴史的蓄積が存在する。(2)

こうした個別産業の配置の総体として国民経済レベルでの全産業の配置の全体像が明らかとなる。しかし、そこには単純に総和できない困難さが存在する。なぜなら、個別産業や個別経営の配置を解明するにあたって、多くの産業立地論がそうであるように、他の部門や経営の配置はあらかじめ前提される。つまり、当該産業・当該経営にとっては、原材料の供給地、製品の市場地、労働力の分布、さらには交通・通信手段の配置などを前提としたものとして操作する。しかし、事実は「産業連関」や「地域産業連関」分析でも明らかなように諸部門・諸経営の配置は相互規定的であり、これらの総体としての姿を解明するには、これらを立体的に組み合わせる作業が必要となる。

それには二つの考え方を導入しなければならない。一つは、産業立地の実態分析が暗黙に前提しているように、歴史的に先行する産業配置を与件とすることであり、他の一つは産業構造分析が明らかにしている産業部門間の重要度のちがいを考慮することである。後者については、資本主義の一定の発展段階における産業構造のちがい、たとえば「繊維工業段階」から「重化学工業段階」への展開といったちがいのなかで、それぞれ「鍵産業」といわれる戦略産業が存在する。「重化学工業段階」といわれる高度成長期におけるわが国経済では、鉄鋼—機械が基軸として、石油—石油化学が副軸として一般に位置づけられてきた。(3)

戦後日本資本主義の産業配置の全体像は、したがって、次のようなプロセスによって解き明かされる。すなわち、第二次大戦前・戦中によってつくりあげられた産業配置、戦後の国際経済の地域的分業のなかにおけるわが国の役割、こうしたものを前提としつつ、鉄鋼—機械、石油—化学など独占的大企業が掌握する戦略的成長部門での設備投資＝

産業配置が積極的に展開し、これらの部門の地域的集中・集積と外延的膨張がなされた。これらは、部品供給、下請などを担当する同一部門内部の中小企業の周辺への配置をもたらすとともに、電力、ガラス・セメント、その他の関連重化学工業部門をも牽引するにいたった。こうして、太平洋ベルト地帯という巨大な重化学工業地帯＝わが国産業配置の背骨をつくりあげた。この重化学工業地帯の形成とこれを基軸とする新しいかたちの地域的分業は、農林漁業地帯の再編成、これらの地帯に基盤をおく食料品、製材・家具、漆器、織物、陶磁器などの「地域産業」ないし「地場産業」の地域的分布に強いインパクトを与え、激しい変容を迫った。また、大都市における日用消費財工業の配置に対しても、製品競合、素材転換、土地競合、労働力競合などを媒介として変化をもたらした。

戦後を特徴づける「重化学工業段階」は、原・燃料の輸入、中間製品の部門間・経営間取引、最終消費財の販売と輸出といった商取引の規模を一挙に拡大し、その取扱商品構成をも劇的に変化させた。このことは、商業部門内の業種間・経営間の不均等発展をもたらし、輸出入や生産財取引に強い商社、耐久消費財の販売を掌握する独占的産業資本の販売部門、さらにはスーパー・百貨店・チェーン＝ストア等巨大小売資本などの影響力を強めることになった。この過程で、在来の卸・小売業の配置は大きな変化を余儀なくされた。それは、一言でいえば、巨大資本をピラミッドの頂点として零細な小売商を底辺とする流通ネット・ワークの全国土的規模での確立である。

さらに、原・燃料輸入、生産財の地域的移動、最終消費財の国内での移動や輸出を支える輸送手段の配置が政府の公共投資によって系統的に整備された。港湾の拡充であり、全国土的な道路網の建設であり、これらを基盤とする運輸業の拡大である。

こうした物質的財貨の生産と流通・輸送にかかわる部門の配置を一つの柱とすれば、もう一つの柱となる諸部門の配置が考慮されなければならない。それは、「重化学工業化」のなかで、その主体となった独占企業集団の中枢的地位を確立した金融・保険業であり、また、巨大な財政機構を通じて、あるいは産業・貿易・金融など一連の経済政策を通じて、「重化学工業段階」の日本経済に深く介入している巨大な国家機構である。これらの一国の政治経済の中枢的地位にある部門の配置は、金融独占が強まり、中央集権化が進むにつれて首都への集中傾向がますます顕著になるとともに、都市の階層的ネット・ワークに沿った全国土的な出先機関の配置を行なう。さらに、物質的財貨の生産・流通・輸送部門内部の本社・本店などの中枢管理機能も、国家機構・金融機関との結合を深めるとともに、相互の地域的接近も強まり、ほぼ類似した配置を形づくることになる。

これらの諸機構は、全国土的レベルでの管理の中枢であるとともに、財政資金・金融資金・各種の所得の地域的循環をも統括しており、これらの機構の立地地点は所得・資金の地域的集中・分配の結節地ともなる。したがって、これらの諸機関と関連の深い第三次産業、たとえば、情報サービス、調査広告、その他の事業サービス業、専門サービス業、学術研究機関など一般に事業関連サービス業とよばれるもの、新聞・雑誌等出版業、放送業などのマスコミ業、さらには企業交際費にかかわる各種飲食店が巨大都市に集中するかたちの配置となる。当然のこととして、これらの第三次産業の地域的集中が従業者を大量に吸収し、そのことが消費者の拡大をもたらし、医療・福祉・教育・娯楽・その他の消費関連サービス業、小売業、飲食店などのほかの第三次産業の地域的集中を加速することになる。

こうした中枢管理機構や多様なサービス業の配置を通じて、全国土的レベルでの人的交流や情報伝達が活発化し、これを円滑化するものとして旅客輸送手段や各種の通信手段の配置が政府の公共投資によって系統的に整備された。新幹線の建設、航空網の整備、そして電信電話網の飛躍的な発展である。

以上の簡単なデッサンからも明らかなように、全体としての産業配置なるものは、独占的企業の掌握する戦略的重化学工業部門の配置＝太平洋ベルト地帯を基軸とする物質的財貨の生産・流通・輸送部門の配置体系（地域的分業体系）を一方の柱とし、国家機構・独占企業集団の管理機構の拠点＝首都を頂点とする都市のネット・ワークを他方の柱とし、その両者を統一したものとして把握することができるであろう。(4) そして、こうしたものの結果として、人口

の地域閣移動を含む人口の配置を考えるべきであろう。(5)

（1）　飯盛信男氏は、「マルクス労働価値説の一般的理解としては、物質的財貨を生産する労働のみが価値、したがって国民所得を生産すると考えられているが、私は、有形的形態をとらぬサービス提供も無形の使用価値（有用効果）を素材的担い手として価値、したがって国民所得を生産すると考えている」（『生産的労働と第三次産業』青木書店　一九七八年　一二頁）とし、その最大の根拠をサービス労働が「社会的分業の一環を担っている」こと、すなわち「社会のための使用価値を提供する」こと（同、一二五～六頁）にもとめている。しかし、「社会的分業の一環」として確立したことだけで価値形成的と論ずることには明らかに根拠が弱い。価値の担い手である商品が、まずもって使用価値でなければならず、「使用価値形成者として」の具体的有用労働は、「人間の、すべての社会形態から独立した存在条件であり、人間と自然とのあいだの物質代謝を、したがって人間の生活を媒介するための、永遠の自然必然性である」（マルクス前掲書＝第二三巻　五八頁）こと、さらに抽象的人間労働と価値との関係について、「流動状態にある人間の労働力、すなわち人間労働は、価値を形成するが、しかし価値ではない。それは、凝固状態において、対象的形態において、価値になるのである」（同　六九頁）として把握すべきこと、以上の二点を考慮する必要があろう。つまり、人間と自然の物質代謝の一環として位置づけることができず、かつ「有用性」なるものが人間の労働の流動状態のまま発揮されるサービス産業を、価値形成的つまり本源的所得の発生部門とみることは、やはり無理ではないかと思われる。この点については、頭川博「価値形成労働の概念―労働価値論の発端命題の理論的分析」（『一橋論叢』八四巻二号　一九八〇年）が参考になる。

（2）　筆者は、産業立地論の歴史的蓄積について十分なサーヴェイを行なっていない。さしあたり次の二つの文献をあげるにとどめておく。山名伸作『経済地理学』同文館　一九七二年、西岡久雄『経済地理分析』大明堂　一九七六年。

また、高度成長期の個別産業の配置を扱ったものとして、以下のものがあげられる。

北村嘉行・矢田俊文編著『日本工業の地域構造』大明堂　一九七七年。

長岡顕・中藤康俊・山口不二雄編著『日本農業の地域構造』大明堂　一九七八年。

北村嘉行・寺阪昭信編著『流通・情報の地域構造』大明堂　一九七九年。

矢田俊文『戦後日本の石炭産業』新評論　一九七五年。

竹内淳彦『工業地域構造論』大明堂　一九七八年。

山口不二雄「電気機械工場の地方分散と地域的生産体系」『経済地理学年報』二八巻一号　一九八二年。

Yamamoto, S. The Changing Locational Patterns of the Iron and Steel Industry and Its Relevance in Japan, Journal of Saitama University, Faculty of Education, Vol. 29. 1980.

（3）玉垣良典『日本資本主義構造分析序説』日本評論社　一九七一年。

（4）日本経済を対象にした具体的分析については、本書第四編参照。

（5）もちろん、こう述べたからといって、人口分布が逆に産業の配置を規定する側面を否定しているわけではない。

三　地域経済論

1　等質地域と機能地域

再生産をになう諸部門・諸機能の配置＝全体としての産業配置は、国民経済の地域的編成としての地域構造を基本的に規定する。その意味で、国民経済内部の地域経済なるものは産業配置の従属変数とみることができる。大都市や過疎地域、衰退産業地域などの個々の問題地域分析や地域住民運動・自治体革新と結びついた自治体経済分析もこうした全国レベルの産業配置によってつくりあげられた国民経済の地域的編成のなかに個別の地域を位置づけてこそ、その有効性が十分に発揮されるものと考える。とはいっても、地域経済分析は産業配置分析に解消されるものではない。そこには相対的独自の論理があり、地域経済論の課題は、こうした産業配置の論理に基本的に規定されながら、なおかつ相対的独自性を有している地域経済の論理を解明することである。それは、まず「地域」なるものの抽出からはじめなければならない。

国民経済のなかで「地域経済」を設定しようとするとき、一方でさきに述べた産業配置の論理のなかで考えなければならないが、他方で伝統的地理学における地域概念を援用するのが適当と考える。それは、当然のことながら「形式地域」ではなく、「地表面の事物事象の差別に基いて区分された地域[1]」、「本来、地的内容をもつ実質的な存在であり」、「内容に従って合理的に規定される[2]」地域、つまり「実質地域」を問題とすべきである。

こうした「実質地域」を対象にしたうえで、「同質的な事物事象の分布範囲によって規定される[3]」、ないし「一定のカテゴリーに属する事象が支配的である地表面の部分[4]」としての「均等地域」homogeneous regionまたは「等質地域」uniform regionという概念、「同一の機能によって結合されている範囲を指すもの[5]」、あるいは「構成者が種々なカテゴリーにわたっているがそれらが結合し[6]」た地域としての「統一地域」integrated region、「機能地域」functional regionまたは「結節地域」nodal regionという概念、この二つの概念に依拠して「地域経済」区分をすることが適当であろう。

すでに述べたように、産業の配置なるものは、立地の側面からみれば「生産現場」、「労働力」そして「管理機能」の立地としてとらえることができるし、また「地域的循環」の側面からみれば原材料、半製品・製品、サービス、労働力、さらには所得・資金の地域的循環としてとらえることができる。前者の立地ないし分布にこだわって「地域」設定する場合、「等質地域」的発想となり、後者の地域的循環のあり様を基準に「地域」設定する場合、「機能地域」的発想が重要となる。

（1）木内信蔵・西川治「地域論」（辻村太郎編『地理学本質論』朝倉書店　一九五五年）二五四頁。
（2）木内信蔵『地域概論』東京大学出版会　一九六八年　九七頁。
（3）木内・西川前掲論文　二五七頁。
（4）木内前掲書　九五頁。
（5）木内・西川前掲論文　二五頁。
（6）木内前掲書　九五頁。

2　等質地域＝産業地域

　個別の経営戦略の一環として、個々の生産過程の立地がなされ、その結果としてほぼ同一ないし同種の部門や機能の立地がある一定の空間的範囲のなかで卓越するならば、「等質地域」としての「産業地域」を摘出することは可能である。もちろん、どの程度の産業分類で同一ないし同種の部門とみるのか、どれだけの空間的範囲で卓越か否かを判定するか、そして「卓越」なる判断基準をどこに置くのかによって、「産業地域」の摘出そのもののスケールや内容が変わってくる。空間的範囲を狭く設定すれば、山川充夫氏のいう「経済基地」として把握できるし、非常に広く設定すれば、「経済地帯」としてとらえることもできる。(1) どこに両者のあいだの質的差異を見い出すのか著しく困難となる。いずれにしても、国土をこうした「産業地域」＝「等質地域」の集合体として解明することができるし、逆にまた「地域区分」も一定の産業分類、一定の空間的範囲、一定の指標のもとで多数の「産業地域」に分けることができる。こうした考え方は、シュミット・レンナーのいういろいろな段階をもった「立地複合」としてとらえる考え方(2)や西岡久雄氏の「立地の集合」としての「地域」、「地域」の配列・重合としての「地域構造」とする考え方(3)とも共通している。

　産業分類や空間的範囲を最も大きくとって、わが国土を「産業地域」に分けると、重化学工業を中心とした巨大工業地帯たる太平洋ベルト地帯、その中枢に位置する管理機能および第三次産業の集中する三大都市圏、そして東北・西南日本に広範に分布する農林漁業地帯、の三つに大別される。さらに、太平洋ベルト地帯は、素材・エネルギーなどコンビナートを形成する臨海工業地帯、自動車・電気機械などに代表される内陸の機械工業地帯、さらには大都市圏内部の軽工業地帯などに分けられ、大都市圏も管理機能の集中する都心のビジネスセンター、その周辺の産業・サービス業の集中する地帯、郊外の住宅地帯に分けられる。また、農林漁業地帯のなかには、重化学工業・軽工業の集中する地方工業地帯もあり、管理機能・第三次産業の卓越する地方中核都市・県庁所在都市も分布し、それらの地帯とのかかわりのなかで平場農業地帯、山村農業地帯などが形成されている。

こうした「等質地域」区分は、地域間不均衡、地域間格差の形成機構を考える場合に重要となる。

第一に、一国の再生産構造の中軸をになう部門の立地地域が同時に一国の地域的編成の基軸ともなり、他の諸部門の立地地域に対して外圧的に激しい変動をもたらす。高度成長期におけるわが国で、戦略産業としての重化学工業の立地が太平洋ベルト地帯を形成し、これが土地・海岸・水などの労働手段の収奪、労働力の吸収、さらには農機具・肥料・飼料・農薬などの農業用の労働手段、自動車・家電・その他の耐久消費財などの生活手段を農山漁村に売り込むことを通じて、既存の農林漁業地帯に強いインパクトを与えた。また、ベルト地帯や巨大都市圏の形成は、近郊農業地帯、園芸・酪農地帯の拡大をもたらした。これらは、基本的には重化学工業地帯や巨大都市圏のイニシアティブのもとで生じたことであって、こうしたイニシアティブを喪失したという意味では、農林漁業地帯は「従属」的地位にあると表現してよいであろう。これは、原材料・燃料転換、労働力競合、製品競合を媒介とする地方工業地帯の再編成の場合にもあてはまるであろう。

第二に、現代資本主義においては、こうした地域的分業におけるイニシアティブの問題だけではなく、部門間の価値収奪の地域的投影としての価値の地域的移動をも考慮に入れなければならない。すなわち、現代資本主義のもとでは一般的には、主として鉱工建設部門にその基盤をおく独占的大企業による独占的高利潤の獲得と、その対極としての中小零細企業による低利潤の確保、さらには農林水産部門で多数存在する独立自営業における利潤のみならず自家労賃部分の不十分な確保、というかたちで独占利潤の法則が貫徹している。これは、独占的大企業による生産財、消費財の独占価格での供給と中小零細企業、自家営業の生産物の低価格販売を通じて行なわれる。このことは、地域的にみれば、農林水産業地帯ならびに地場産業を中心としている地方工業地帯で生産された価値の一部分が、独占的大企業の支配する大工業地帯に移転することを意味する。つまり、独占資本による中小零細資本、自営農林漁家の収奪が、大工業地帯による地方工業地帯、農林水産業地帯の収奪というかたちで現象するのである。このことが大工業地帯での〝富〟の集積と地方農山漁村での〝貧困化〟という地域間格差、地域的不均衡の形成・拡大をもたらす。

第三に、国家機構および独占企業集団の中枢管理機構の集中する首都をはじめとする巨大都市は、すべての地域の動向を決める多くの事項についての最終的意思決定が行なわれる地域である。これらの意思決定は巨大都市に集まる人材・情報・調査研究、さらには「世論」などの影響を強く受けるから、巨大都市が〝地域ぐるみ〟で「管理地域」化し、逆に重要な意思決定にほとんど参加できず、ただその決定の承認と実施だけを一方的に押しつけられるその他の地域が「被管理地域」化しているとみることができよう。その意味では、巨大都市とその他の地域の間を「支配」と「従属」の関係としてとらえることも可能である。

第四に、国家機構や独占的企業集団の中枢管理機構の集中する巨大都市は、たんに全国土を管理する拠点地域だけではなく、まさにこれらの機構が集中するがゆえに、全国から所得や資金をかき集め再配分する拠点地域伴っている。多くの独占的大企業は、工場をベルト地帯などの工業地帯に置き、本社を東京・大阪などの巨大都市に置いている。この場合、工業地帯で生産された所得は、賃金部分のみが地元に居住する労働者に支払われるだけで、他部門・他企業から収奪してきた独占的超過利潤を含む膨大な利潤部分のほとんどは本社に移転されていく。つまり、本社の存在する巨大都市に利潤が集中していく(4)。本社に集中した利潤の一部は、一般管理費、販売費、広告費、金融的諸費用といった「利潤の費用化部分」として大都市に散布され、これに依存してすでに述べたような事業関連サービス業、マスコミ業、各種飲食店、さらには消費関連サービス業などが集中し、巨大都市はますます繁栄する。

さらに、各種の金融機関は、全国に張りめぐらされた支店網を通じて、あるいはコール市場、手形売買市場を媒介として、零細資金をかき集め、資金需要の強い巨大都市に集中する。また、国家機構も、膨大な徴税機構や全国のすみずみにまで分布する郵便局を通じて、国税、郵便貯金、各種年金をかき集め、その再配分の権限を一手に握る国家中枢の存在する首都に集める。こうして巨大都市は、民間資金・財政資金のうずまく地域となり、これに引きつけられて独占企業集団の中枢管理機能は一層集中し、それだけでなく中小零細企業や地方公共団体などの出先機関までもが集まってくる。(5)

こうした所得・資金の異常ともいえる巨大都市集中は、巨大都市とその他の地域との間の地域間格差、地域間不均衡を拡大していくのである。

第五に、政治経済における管理拠点であり、また所得・資金の集中地域でもある巨大都市は、マスコミ、教育、研究、芸術、文化機関の集中するところともなり、「宗教的な、芸術的または哲学的な諸形態」つまり「社会的諸意識形態」(6)の支配拠点ともなる。これが巨大都市とその他の地域の文化や意識の地域間格差として「認識」され、いわゆる「方言」としての「地域的なことばを話すことは行儀が悪く、粗野でみっともなく、恥ずかしいことだという恥の感覚」(7)をも作りあげてしまう。「都市と農村の対立」という表現に象徴される地域間格差、地域間対立は、こうして完成する。

以上、等質地域的発想に基づく産業地域区分、および産業地域相互間の関係について述べたが、個々の産業地域内部の分析については、すでに「産業地誌」として経済地理学では多くの研究業績を蓄積している。それは、特定の産業が卓越している地域を対象にし、その産業に焦点をあてながら、その地域の史的形成、地域内部の企業経営の実態、経営相互間の関係、労働者の生活実態、他産業とのかかわり方、地方自治体の産業政策など、当該地域の政治経済をトータルとしてとらえようとするものであり、等質地域的発想に基づく地域分析として引き続き蓄積されていく必要があろう。

（1）山川前掲論文。
（2）シュミット・レンナー前掲書。
（3）西岡前掲書　三頁。
（4）宮本憲一『地域開発はこれでよいか』岩波新書　一九七三年。
（5）矢田前掲第二論文　二一四～六頁
（6）カール・マルクス『経済学批判』（大内・細川監訳『マルクス＝エンゲルス全集』第一三巻　大月書店　一九六四年）六～七頁。
（7）田中克彦「地域と言語」（玉野井芳郎・清成忠男・中村尚司共編『地域主義』学陽書房　一九七八年）二一九頁。

3　機能地域＝経済圏

木内信蔵氏によれば、「結節地域」は、「その全領域に亙って内部循環（機能）が結合されたデザインを持つこと、組織の焦点があること、機能型とは交通・通信・人々の移動・支配・サービスなどによって規定されること、焦点の地域の各部分との関係は、その粗密、性質においてそれぞれ違うことである」[1]と規定されている。また、川島哲郎氏も「地域は地理学でいう機能地域（統一地域または結節地域）のカテゴリーに属するものでなければならない」[2]とし、「地域経済は、一定の機能的統一をもつ地域として実在する。すなわちそれは生産、流通、分配、消費にかんする核をもち、ある範囲の経済循環をもっぱら域内で行っている。そして同時により規模の大きい上位の地域経済の機能的統一に組み込まれ、最終的に国民経済につながるのである」[3]と、「地域経済」概念を「機能地域」的発想で規定している。

そこで、こうした考え方を参考にしながら「機能地域」的発想から地域経済を考えてみよう。

さきに述べたように、産業配置は、地域的循環の側面からみれば、原材料、半製品・製品、サービス、労働力、所得・資金の地域的循環としてとらえることができる。しかし、これらの循環するものは、それぞれ性質を異にする。大別すれば、原材料、半製品・製品などの「素材の地域的循環」、これと密接にかかわった所得・資金などの「価値の地域的循環」、さらには「労働力の地域的循環」の三つに整理される[4]。

このうち、素材の地域的循環についていては、それが生産財であるか消費財であるかによって、地域的循環のあり方が基本的にちがってくる。消費財のなかで国内市場を対象とするものは、生産の立地とは別に、卸・小売業の全国的ネットワークを通じて販売される。すでに商業経済論や多くの商圏研究が明らかにしているように、「個人的消費に固有の小規模性、分散性、個別性[5]」に対応して、小売業が全国的に散在して分布する。その散在の程度は、取扱う商品が最寄品の場合は最も広範に分布し、買回品の場合は比較的規模の大きい都市に、高級品の場合は一般的に大都市に立地する。そして、卸売業のなかでも分散卸売業やその上位にある仲継卸売業[6]は、こうした小売業の立地を統括する位置にある都市に立地する。この卸・小売業の立地のネット・ワークを通じた消費財の販売によって、それぞれ固有の小売市場圏や卸売市場圏が形成される。いわゆる商圏である。もちろん、取扱われる商品によって異なるが、一般に卸・小売業のネット・ワーク的な立地の階層性なるものは、東京・大阪—地方中核都市—県庁所在都市—県内拠点都市—中小都市といった都市の階層性とほぼ対応している。したがって、全国土は、一定の階層的秩序をもった消費財の市場圏によって覆われていると考えることができる。これは明らかに「機能地域」的とらえ方と言えるのである。

同じようなとらえ方は、個人の消費生活とかかわりの深い消費関連サービス業のサービスの供給圏、飲食店の顧客の吸収圏にも適用することができる。観光地のサービス業や飲食店とちがって、消費者の日常的生活と直結したサービス業や飲食店のつくりだす顧客圏は、その広狭においてそれぞれ多様性をもつものの、ほぼ小売市場圏と一致するものと考えることかできる。

金融・保険業においても、信用金庫・信用組合、相互銀行、地方銀行、都市銀行などの支店網の形成は、ほぼ都市の階層性に対応しており、卸・小売市場圏と似たかたちで重層的な金融圏をつくりあげている(7)。さらに、多少性格が異なるものの、保険代理店、農協、郵便局など資金を取扱う諸機関の立地網を加えると、国土のすみずみにわたるネット・ワークがつくりあげられていることがわかる。さらに、こうした卸・小売サービス、飲食、金融・保険業を除く民間企業の本・支店網の形成もそれが販売戦略など営業と密接にかかわっているだけに、ほぼ都市の階層性に対応している場合が多い。

以上にみられる全国土に重層的に張りめぐらされた市場圏（消費財）、サービス圏、金融圏といった各種の「機能地域」に大きな枠をはめこみ全体的に統合するのが国家機構の「管理圏」である。それは国家機構の頂点たる中央政府とその出先機関の立地および管理領域であり、なによりもまた都道府県、市町村といった地方自治体の管轄領域である。それは便宜的に設定された「形式地域」という側面を残しながらも、中央・地方政府の役割が強まれば強まるほど「実質地域」化していく。卸・小売業、サービス業、金融・保険業、さらには民間企業の支店などの立地が、県庁所在都市を都道府県域の拠点として集中することからも明らかである。もちろん、巨大都市圏における大スケールの各種機能地域、あるいは都道府県内の各種機能地域には、都道府県や市町村域を越えた範囲のものを多数見出すことができるが、他方で都道府県域や市町村域が重層的な機能地域の重要な一階層を形成する場合が多いことも否定できない。

物質的財貨生産部門で生産された「価値」は、本社、支社費用、商業利潤、サービス所得、利子・地代、租税などの形で本社・支社、卸・小売業、サービス業、金融機関、国家機構の立地網を通じて再配分される。また、金融機関や国家機構の立地網は民間資金や財政資金の吸収・散布の媒体ともなる。つまり、所得・資金の地域的循環もこうした重層的な「機能地域」とほぼ対応して行なわれるのである。

さらに、労働力の再生産圏としての生活圏(8)も、別の側面からみれば小売業の市場圏、個人消費サービスのサービス圏、教育・福祉・その他の公共機関のサービス圏、および通勤圏の総体として形成されるものであって、重層的な「機能地域」の最末端に位置するとみることができる。労働力の再生産に直接かかわる諸部門の立地と市場圏・サービス圏の形成が、消費者の生活の必要からではなく、経営の論理によってなされるところに、生活圏レベルの労働力の再生産の困難性という特有の「地域問題」が発生するのである。

こうして、消費財の市場圏、個人消費関連のサービス圏、金融圏、民間企業の管理圏、そして国家機構の管理圏、さらには生活圏といった多くの種類の「機能地域」が消費財やサービスの地域的循環、所得・資金の地域的循環、労働力の地域的循環のなかでつくりあげられる。しかも、これらの多様な「機能地域」の重層的編成がまったく別個に形成されているわけでなく、東・(中)・西日本―北海道・東北・関東・東海・北陸・関西・中国・四国・九州などのブロック圏域―都府県域―県内の地方都市圏域―市町村域といった重層的な地域編成といずれの「機能地域」もほぼ対応している。その意味で、これらの複合的な「機能地域」を総合的な機能地域＝経済圏として把握するのが適当である(9)。

こうした重層的な経済圏の編成は、国家機構、独占的企業集団の中枢管理機能による東京を頂点とする国土の空間的管理の一環として歴史的に作りあげられたものであり、結節的な地位にある大・中・小都市間の階層的な交通・通信網の整備によってますます強固に形づくられつつある。

重層的な経済圏の摘出は十分になされているとは言えないが、商圏や金融圏の分析の蓄積はすでにかなりの水準に達している。また、個別の経済圏内部の総合的な分析も不十分であるが、近年地方自治体単位での分析が盛んである。

それらは、地域内の産業構成、産業立地、階級構成、住民生活、自治体政策をトータルとしてとらえようとするものであり、経済圏内分析の一つの典型を示しつつあるといえるだろう。(10)

(1) 木内前掲書　九五頁。
(2) 川島前掲論文　一五頁。
(3) 同右　二八頁。
(4) 竹内正巳『地域経済の構造と政策』法律文化社　一九六六年　一八〜九頁。
(5) 森下二次也『現代商業経済論（改訂版）』有斐閣　一九七七年　一四一頁。
(6) 同右　一三五頁。
(7) 近年この分野の研究成果が多くだされている。主なものは次のとおりである。
高橋伸夫「わが国における中小金融機関による金融圏の構造」『地理学評論』五一巻一号　一九七八年。

吉津直樹「明治期〜第二次大戦前における金融網の地域的展開過程─『五大銀行』を中心として」『経済地理学年報』二六巻二号　一九八〇年。

阿部和俊「一八九六〜一九四〇年におけるわが国の銀行支店網について」『経済地理学年報』二六巻二号　一九八〇年。

藤田直晴「大銀行資本の店舗網展開と資金の地域的循環」『経済地理学年報』二六巻二号　一九八〇年。

谷川尚哉「北海道における金融機関の地域構造─店舗配置と資金循環」『経済地理学年報』二六巻二号　一九八〇年。

千葉立也「地方銀行の県外店舗網の展開と資金移動」『経済地理学年報』二六巻四号　一九八〇年。

福原正弘『経済成長と銀行店舗』古今書院　一九八一年。
(8) 野原敏雄『日本資本主義と地域経済』大月書店　一九七七年　一七〇〜一頁。
竹内前掲書　二四〜五頁。
山川前掲論文　八〜九頁。
(9) 竹内正巳、川島哲郎両氏も同じような指摘をしている。「中枢機能をもった地域に求心的に結びついて、経済が運営されている地域を一つの経済地域として設定することができるであろう。かりに、このような地域を経済の機能地域─経済圏─と呼ぶとすれば、既述のように東京・大阪は日本経済の機能中枢地としての役割をもち、日本を東西経済圏にわけて、各地域の経済をそこに求心的に結びつけているといえる。もちろん、両経済圏の内部には、それぞれ小さい経済の機能中枢地をもつ、いくつかの小経済圏ないし商圏を設定しうるであろう。」（竹内前掲書、一二三頁）。

「国民経済はただ一種の、唯一の機能地域をもって構成されているわけではない。その内部には全国を二分するような超地方的な機能地域があり、さらにその内部にいくつかの地方的規模の機能地域が存在し、地方的規模の機能地域はさらにその内部に数個の地区的規模の機能地域を包含するというように、いわば重層的に構成されている。」（川島前掲論文　一六頁）。

（10）代表的なものとしては、上原信博編著『地域開発と産業構造』御茶の水書房　一九七七年、宮本憲一編『大都市とコンビナート・大阪』筑摩書房　一九七七年、などがある。

4　産業地域・経済圏と経済地域

以上のように、経済圏を消費財、個人消費サービス、所得・資金、労働力の地域的循環、さらには民間企業や国家機構の管理圏などの総合化として摘出できるものと考えている。このなかには、生産財の地域的循環はふくまれていない。また、消費財ももっぱら中継卸売業から末端の小売業までの流通段階を問題としており、生産地との地域的結合にはふれなかった。前者は、「産業地域」間の循環であり、後者は「産業地域」と卸売業の分布と関連しているからである。つまり、経済圏なるものは、鉱工、農林水産、電気・ガスなどの物質的財貨生産地域の分布とは一応切り離し、個人的消費とのかかわりに重点をおくとともに、卸・小売、サービス、金融・保険、国家関連、さらには運輸・通信など都市および相互の結合を支える第三次産業に主として着目しながら摘出されたものである。

したがって、物質的財貨の生産地域（以下、前述の第三次産業を除くという意味で狭義の産業地域＝「産業地域」と略す）と経済圏との関連、端的にいえば両者の整合性如何という問題が生ずる。川島氏は、「地域経済」の規定に、「生産、流通、分配、消費にかんする核をもち、ある範囲の経済循環をもっぱら域内で行っている」[1]（傍点引用者）として「生産」を包摂しているし、竹内氏も「日本の地域経済を考える場合には、まずこの二つの大きな経済の結節点（東京・大阪‐引用者）を中心とする東西両経済圏を考えるということが必要となる」、「しかも、そこにおける産業は、両経済圏内の各地域産業の頂点部門を形成し、またあらゆる関連産業部門をもつという形をとっている」[2]として、東西といった大きなレベルでの経済圏と「産業地域」との一致に言及している。両者は、果たしてどの程度に対応するのであろうか。

この点では、個別生産部門の立地と市場圏といった視点から詳細な実態分析を行ない、そのうえで総括しなければならない。すでに、「地域構造研究会」などでかなりの分析成果が蓄積されているが[3]、まだ十分な総括がなされているわけではないので、ここではこれらの成果に基づいて簡単にふれるにとどめたい。

まず、「地域住民を市場として成立（立地―引用者）した」「地域産業」[4]は住民の生活圏としての市町村域、地方都市圏域、さらには県域レベル内部に立地し、これらの域内を製品の主要市場としている。つまり、重層的な経済圏の編成と「産業地域」の分布に整合がみられる。日常生活にとって基礎的な食料で、したがって全国的に市場が分散し、また、鮮度や重量性などから遠隔地輸送に限界性のある農産物、具体的には米や一般的な野菜などが典型である。また、牛乳などの生産もより大きい市場圏を形成するものの、市場圏内に主産地が形成される傾向にある[5]。また、消費財工業のなかでも、とうふ、製パン、菓子、みそ、清酒などの食品工業、製材、家具などは「地域産業」としての性格を依然強く残している。これらの産業は、一般に市場規模の零細性もあって中小企業によって担当されているが、大企業が掌握する消費財工業部門でも、ビールやコーラなどの清涼飲料、ハムなどの食肉加工部門も、重量物か鮮度を要求されるがゆえに、単独ないしいくつかの府県域市場に対応した分散立地の傾向を示している[6]。

他方、同じ農産物でも、自然条件の影響を強くうける暖地性や寒地性の野菜、果樹、あるいは各種の工芸作物などは、一般に「立地偏在」がみられ、生産物の市場圏と産地のあいだに地域的な乖離がみられる[7]。織物・衣服、陶磁器、漆器、都市型雑貨など「全国マーケットないし輸出市場」を対象として産地形成している「地場産業」[8]も、経済圏に対応した分散立地を示さず、特定産地に集中する傾向が強い。さらに、家庭電気機械、自動車などの耐久消費財は、独占的大企業に主導されて地域的に集中立地しており、市場圏に対応した立地の動きを示しているとはいい難い[9]。

生産財についてみると、化学肥料、農業機械部門のように、対象とする市場が農業で全国的に分散している場合は、その市場圏と対応した立地を示している。しかし、工作機械、重電気機械など生産手段としての機械部門は、消費手段としての機械部門同様特定地域への集中傾向が強く、全国をいくつかの市場に分けた形での立地を認めることは難しい[10]。また、戦後輸入原料にほとんど依存するようになって、国内原料立地から市場立地に転換した鉄鋼、石油精製、電力などの素材・エネルギー部門も、太平洋ベルト地帯への集中という大枠をはずした立地を示していない。ベルト地帯に拠点を置いたうえでの東・中・西日本市場圏に対応した立地が鮮明になったにとどまっている。北海道・東北・北陸などの市場規模に対応したスケールのコンビナートの形成は、いままでのところみられない[11]。

以上のようにみてくると、経済圏と「産業地域」との整合性について、単純に結論できないほど複雑となっていることがわかる。しかし、「重化学工業段階」の再生産構造で中枢的位置を占めるだけでなく、関連産業の地域的集積、労働力の地域的集積を媒介として一国の工業地帯形成に決定的役割をはたす機械工業の分布が[12]、その市場圏に対応しておらず、極端な集中を示していること、さらに重化学工業部門のもう一つの柱たる素材・エネルギー部門も市場圏との対応がベルト地帯集中の枠を抜けえていないこと、などを考慮すれば、経済圏と「産業地域」はいまだ基本的に不整合な関係にあると言えるであろう。したがって、竹内氏の指摘するように、東・西日本レベルでの「産業構成の類似化」[13]や産業連関を確認できても、それより下位の経済圏における産業連関の有機的結合なるものは、容易にみい出しえないであろう。

もし「産業地域」が経済圏と整合しているならば、すなわち重層的な市場圏の内部にそれぞれの市場規模と対応したかたちで各種の産業部門が立地し、生産された製品が基本的に域内で循環しているならば、経済圏内部に有機的な産業連関が確立し、しかも同じレベルの経済圏相互の産業構成は類似化するであろう。こうした経済圏と「産業地域」が整合した総合的な地域を、筆者は厳密な意味の「経済地域」とよぶことにしたい。

現代資本主義のもとでは、資本主義的経営の論理のなかで個別の産業配置がなされ、その総体として、一方で産業地域が不均衡的に形成され、他方でこれとは別個に経済圏が重層的に編成され、両者が不整合となり、真の意味の経済地域が成立しなくなってしまう。川島氏が、①労働力の地域間移動なしに就業機会の均等を確保する、②産業の盛衰や交替、景気の変動などからくる地域経済への影響を緩和する、③国内資源とくに水・土地などを有効に利用する、④消費生活の平等を保証する、⑤公害や自然環境の損壊・喪失など犠牲負担を平等化する、などの点をあげて「地域間の産業構造を基礎とする経済構造の平準化[14]」を主張したのは、まさに筆者のいう真の意味の「経済地域」の確立の必要を説いたものと考えてよいであろう。逆に言えば経済圏と「産業地域」の乖離なる事態は、五点にわたる事項が実現しえておらず、現代資本主義のつくりだす地域構造の矛盾の重要な側面となっている、とみることができるのである。

いずれにしても、現代資本主義のもとでの国民経済の地域的編成は、経済圏と「産業地域」といった二つの不整合な地域編成によってできあがっているのである。ただ、この場合、両者を統一して、全体としての地域編成を把握する場合には、産業地域の編成を基軸にすることが適当である。なぜなら、前述した産業地域間の不均衡・格差・対立こそが経済圏間の平準化を阻害し、他方で重層的な経済圏を媒介とした財・サービス、所得・資金、労働力の地域的移動が産業地域間の不均衡・格差・対立を拡大している、といった関係として両者をとらえられるからである。

（1）川島前掲論文　一六頁。

(2) 竹内前掲書　二二三～四頁。
(3) 北村・矢田前掲書、長岡・中藤・山口前掲書、北村・寺阪前掲書など。
(4) 杉岡碩夫編著『中小企業と地域主義』日本評論社　一九七三年　一四頁。
(5) 山口不二雄「農業の生産配置と流通の地域構造」(長岡・中藤・山口前掲書)。
(6) 森川滋「食品工業」、渡辺盾夫「木材工業」、北村嘉行「立地展開の類型化と立地体系」(北村・矢田前掲書)。
(7) 山口前掲論文。
(8) 杉岡前掲書、一四頁。
(9) 上野和彦「繊維工業」、西岡陽子・北村嘉行「雑貨工業」、宮川泰夫「自動車工業」、赤羽孝之「電気機器工業」など(北村・矢田前掲書)。
(10) 北村嘉行「化学工業」、長岡顕「農業機械工業」、吉田隆彦「産業機械工業」など(同右)。
(11) 村上雅康「鉄鋼業」、矢田俊文「石油精製業」、隅倉直寿「電力産業」など(同右)。
なお、石油精製業の各社が全国一基地から東西二基地体制へ移行したことについては、早くから石油業界で話題となっていたものであり、政治経済研究所編・板倉忠雄著『日本の石油産業』東洋経済新報社　一九五九年、海老原章三・岡部彰・木村徹・高橋毅夫『石油精製業』東洋経済新報社　一九六六年などでも指摘されている。筆者は、これを関連各社の聞き取り、各社の設備投資動向、地域別販売動向を追跡することによって具体的に検証した(『日本における製油所立地の動向―エネルギー産業の流通・立地問題の研究(一)』日本エネルギー経済研究所　研究報告二号　一九六七年、本書第四編第三章五)。

鉄鋼業の立地については、そのほかに山口不二雄「戦後日本資本主義における工業配置の諸類型について」『法政大学地理学集報』六号　一九七七年などがある。
(12) 川島哲郎「日本工業の地域的構成」『経済学雑誌』四八巻四号　一九六三年。
(13) 竹内前掲書　二三頁。
(14) 川島前掲論文(「地域間の平等と均衡について」)一一～三頁。

四　国土利用論

現代資本主義のもとにおける産業配置とそれがつくりだす地域的編成、つまり地域構造なるものは、当然のこととして、国土を基盤として展開するし、国土を抜きにして語りえない。したがって、国土利用論も産業配置論や地域経済論とともに経済地理学の不可欠の一分野とみるべきであろう。地域構造と国土利用との関連については、すでに第三章一で詳論したので、中間総括としての本章の性格上、その要点をここに転載するにとどめておきたい。

川島氏は、「自然的生産諸力」について考察し、労働過程が「労働生産物対労働生産物の関係」、「自然物と自然物の関係」の二面性を有することを指摘し、ここからいわゆる社会の生産諸力なるものが「労働の歴史的に発展せる社会的生産諸力」＝社会的生産諸力と「自然によって制約された労働の生産諸力」＝自然的生産諸力との統一であると結論づけている。もちろん、両者の関係については、自然的生産諸力がより「基礎的な位置」を占めているものの、社会的生産諸力がより「本質的な、純粋な側面」をなしているとして、後者の主導的役割を強調している。[1]

そのうえで、「与えられた社会的生産諸力のもとで自然的労働手段として、自然的労働対象として、労働過程に参加する自然的生産諸力の範囲や性質も地域ごとに異なる。このことは、地理的条件が、自然的生産諸力という形態を通じて、社会の物質的生産諸力中に、独自の地位を築いていることを意味する[2]」と「自然的生産諸力の局地性」に言及している。しかも、この「自然的生産諸力の局地性」は、「生産諸力が自然的生産諸力を包含する程度に応じて、生産諸力そのものの地域的構造の差異、労働生産性の地域差として現われざるをえない[3]」（傍点引用者）と指摘する。

そこで、「自然的労働対象」や「自然的労働手段」を資源とみるならば、一般に資源産業とよばれるものは、「自然的生産諸力を包含する程度」の高い鉱業や漁業・林業などの採取産業を典型としてあげることができ、農業もこうした分類に含まれなくもない。これらの産業の配置は、当然のことながら資源の分布に影響されざるをえず、また、逆に配置のあり方が資源の利用形態を規定するという相互関係にあると言えるであろう。具体的には、鉱山資本などの資源関連企業が、国内資源の分布状況を考慮しながら資源の占有競争を展開し、その結果、資源産業の配置がつくりあげられ、鉱業地域が形成される。このことは、他面で資本の資源の包摂というかたちを通じて、一国の資源利用のあり方を規定し、多くの場合不均等開発・浪費・破壊・放棄などの非合理的利用をもたらすことになる(4)。

鉱業や漁業・林業などの採取産業だけでなく、水力発電や工業・都市・農業用水などの水資源利用、あるいは農業・工業・都市など生産や生活すべてにかかわってくる土地資源の利用のあり方も、諸産業の配置や地域の形成と密接に関連していることは論ずるまでもない。水不足や土地問題の発生が工業や人口の局地的な集中・集積といった一国の地域構造と切り離しては語れないことからも明らかであろう。

地域構造と国土利用との関連は、生産過程の諸契機として参加してくる資源だけを問題にするわけにはいかない。生産や消費過程からでてくる各種の廃棄物による「自然と人間との正常な物質循環の破壊(5)」としての「公害」を含める必要がある。「公害」は、基本的には、巨大な生産力段階に達した現代資本主義のもとで、生産や生活過程から生じる各種の廃棄物や騒音・振動などの処理・防止技術のための支出を節約し、また処理・防止技術が未開発のまま「実用化」し、あるいは、産業や人口の地域的集中・集積によって廃棄物などの量が「自然の浄化・還元能力(6)」の破壊をもたらすなどによって激化したものである。

このように、生産や人口の地域的集中・集積といった産業配置のあり方そのものが、現代における「公害」の激化の重要な原因の一つとなっている。また、「公害」の発生形態も、産業配置と深くかかわって多様な地域性を示す。重化学コンビナートの集中・集積する太平洋ベルト地帯における海洋や大気汚染、中枢管理機能や各種の第三次産業の集中する巨大都市での生活廃棄物による河川や海洋汚濁、自動車による騒音・振動や大気汚染、さらには地方に立地する鉱山や化学工場による有毒廃棄物のたれ流しによる大規模な「殺人行為」、水田地帯における農薬汚染などの「公害の地域性」については、詳しく論ずるまでもない。

「公害」問題研究は、「人間社会と自然環境」という一般的・抽象的にとらえたり、逆に「公害」が深刻化している地域を個別に深く解明する方法が多くの具体的成果をあげているが、そのなかにあって国民経済の地域構造とのかかわりで「公害」問題の発生・激化の過程をとらえ、その地域的多様性を解明する視角は依然として弱いように思える。

いずれにしても、社会における生産と生活過程そのものが、有用な資源を利用し、廃棄物を排出するかたちで国土と深いかかわりをもっている。[(7)]生産と生活が「立地」というかたちで「土地に固着」して行なわれ、産業配置とそれによってつくりだされる地域構造それ自体が国土利用と密接不可分にあり、こうした視角での資源問題や公害問題研究が必要不可欠であることは、以上によって明らかであろう。ここに、国土利用論が国民経済の地域構造の解明を独自のテーマとする経済地理学体系のなかに重要な一分野として自己を確立する根拠がある。

（1）　川島哲郎「自然的生産諸力について―ウィットフォーゲル批判によせて」『経済学年報』二号　一九五二年。川島哲郎「生産諸力と地理的条件」（『現代地理学講座第七巻　生産の地理』河出書房　一九五六年）。「生産諸力と地理的条件」一六頁。

（2）　同右　二五頁。

（3）　筆者は、これら地殻を相手にする産業を「地べた産業」と呼んでいる。これらの産業の立地・配置は、「地代論」によって解明することができる。本著作集第一巻は鉱山地代によって日本の石炭産業の配置と崩壊過程を分析した。

（4）　中村孝俊『公害の経済学』毎日新聞社　一九七〇年　一五頁。

（5）　同右　一五三頁。

（6）　自動車を中心として産業廃棄産業の立地を詳細に分析した力作として、外川健一『自動車とリサイクル』日刊自動車新聞社　二〇〇一年がある

五　地域政策論

現代資本主義のもとでの地域構造は、すでに述べてきたことから明らかなように、「地域問題」といわれる諸矛盾をその内部で醸成する仕組みとなっている。

第一に、資本主義的経営の論理に包摂された産業立地は、等質地域としての産業地域の分化を明確にし、産業部門間の不均衡・格差の地域的反映としての産業地域間の不均衡・格差・対立をもたらす。巨大都市圏や太平洋ベルト地帯の経済的「繁栄」と農山漁村の「停滞」の累積的拡大がその典型である。

第二に、市場圏、サービス圏、金融圏、管理圏、生活圏などの総合としてできあがった経済圏が、基本的には国家機構や独占企業集団の管理機構の主導のもとに、彼等の有利なように編成されるがゆえに、生活圏の整備が十分に行なわれず、労働力の再生産に困難が生ずる。通勤難・住宅難・学校など公共施設の不足といった都市特有の問題、教育・医療など日常生活に直結する消費サービスの供給圏からの疎外によって発生する過疎問題がその代表である。

第三に、「産業地域」と経済圏との基本的なずれ、つまり真の意味で経済地域が確立しえていないことである。これは、独占企業集団が主として掌握する機械工業を中心とする重化学工業部門の立地のあり方とその市場圏形成との乖離に基本的原因を求めることができる。この結果、各層の経済圏同士の産業構成の著しい相異、経済圏内部の有機的産業連関の弱さを生じ、経済圏間の不均衡・不平等をもたらしている。こうして、各層の経済圏間の地域格差が定着してしまった。

第四に、以上にみられる産業配置の偏倚性とこれに基づく歪んだ地域構造が国土の非有効利用と破壊をもたらしている。大都市圏やベルト地帯での土地・水の高密度・大量使用と著しい環境汚染、農林漁業地帯、とくに過疎地域での耕地や林地の放棄、観光地化による自然破壊などから明らかである。

経済地理学の第四の研究分野である地域政策論は、現代資本主義のもとでの産業配置の偏倚性とこれに基づく歪んだ地域構造の形成、さらにはこれによって生ずる各種の地域問題に対して、中央・地方政府がいかなる地域政策によって対応し、いかなる結果をもたらしてきたかを独自の課題として解明しようとするものである。

この点でも、川島氏は、本来資本主義社会における地域政策は、「企業の営利を唯一の目的とする自由な立地選定と開発の累積が、工業の巨大な地域的集積・集中と都市の膨張をまねき、公害をはじめとする都市生活環境の荒廃をひき起し、他方では工業の地域的偏在による一国経済の地域的不均衡発展をもたらし、こうした矛盾や弊害の堆積が、資本主義体制維持の見地からも、看過できないような状況に立ちいった段階で、その部分的な除去や緩和を目的に、国家の介入をまって行なわれる政策[1]」であり、「福祉政策的な性格[2]」をもっているのに対し、わが国の地域政策は「一貫して『徹底した産業政策』であった[3]」と指摘している。さらに、地域問題の実態そのものを地域構造との関連で解明し、これに対する地域住民運動および運動の側の提起する地域政策をも独自に研究する必要があろう。これらの研究については、地域問題の激化という現実に支えられて多くの成果がだされている[4]。

筆者は、中央・地方政府の地域政策、地域問題の実態、地域住民運動と運動の側の提起する地域政策などについて、十分な検討をしていないので、これ以上の言及は避けたいが、多くの論者から筆者自身の「あるべき地域構造」を提示していないという批判を受けているので、この点について簡単にふれるにとどめておくことにする。

すでに述べたように、『あるべき地域構造』なるものは、まったく別のモデルを観念的に対置するのではなく、歴史的に形成された地域構造のうえに、独占資本によって歪められた部分を修正するかたちで提起される必要があり、現代資本主義のつくりだすトータルな地域構造を十分に解明することが不可欠である。その意味では、筆者は、いまだ「あるべき地域構造」を説得的に提起するにいたっていないことは否定できない。にもかかわらず、現在の段階では、少なくとも以下の点を指摘できるのではないかと考えている。

第一に、「あるべき地域構造」の前提としての「あるべき産業構造」の確立、つまり、農林漁業・鉱業の復興による可能な限りの自立的な再生産構造の確立である。「加工モノカルチャー」[5]構造の是正なしでは「あるべき地域構造」の確立はありえない。

第二に、「産業地域」と経済圏を可能なかぎり一致させ、真の意味での重層的な経済地域を確立する。これによって、経済圏内部の地域内循環が形成され、有機的な産業連関がつくりあげられる。野原光氏の「地域的再生産圏」、清成忠男氏の「地域内循環」、川島哲郎氏の「地域経済」[6]の確立とほぼ共通した考え方である。その際、とくに必要なのは機械工業を中心とする重化学工業の各経済圏への均等配置である。ただ、一部の地域主義者の主張するように、これらの部門の生産規模を著しく縮小し、下位の経済圏ごとに分布させるという非現実的な考え方には賛成できない。規模の経済性を維持し、それと対応した市場圏ごとの配置を考えている。したがって、各部門の経済圏ごとの均等配置といっても、それぞれの部門の単位生産規模のスケールによって経済圏の階層は異なるのである。

第三に、こうした重層的な経済地域の編成のうえにたって、これを実質的に統括している中央集権的な国家機構や独占的企業集団の管理機能を分権化することである。具体的には、独占的企業は経済地域ごとに企業分割し、国家機構も可能なかぎり下位の行政体に権限を移行する。この場合、都道府県や市町村の自治を拡大するとともに、経済地域に合った行政地域編成を行ない、市町村連合、都道府県連合機構を作りあげる必要がある。道州制は、都道府県の権限をとりあげる限り問題であるが、逆に中央政府の権限を譲り受けるならば、経済地域との対応上必要である。

第四に、こうして再編成された重層的経済地域の中味を検討し、企業経営の論理からだけでなく、労働力の再生産圏つまり生活圏を十分に確立するかたちで再編成することである。重化学工業が分散し、中央集権化が弱まった段階でのベルト地帯や大都市の産業と人口の地域的集中・集積が緩和されるが、そのうえで都市構造の再編成、内部の産業配置の変更、生活基盤の整備などを通じて生活圏の改善を図る。また、鉱業、農林漁業の復興を前提として過疎地域の生活圏の整備を行なうことが必要となる。

第五に、以上の産業構造の是正、偏倚的な産業配置の修正、中央集権的地域編成から分権的経済地域の確立、生活圏の整備などを通じて国土の有効利用、公害や自然災害の防止を図ることである。

第六に、こうした「あるべき地域構造」の確立は、地域住民運動、国政革新運動と結合し、これらの運動間の調整とイニシアティブのもとで実現することである。保守・革新を問わず単なる上からの産業立地の分散や地域再編成、権限移譲によっては、十分に実質化しえないと考える。

(1) 川島哲郎「高度成長期の地域開発政策」(『講座・日本資本主義発達史論・V　昭和三〇年代』日本評論社　一九六九年) 三六三頁。
(2) 同右　三六四頁。
(3) 同右　三六一頁。
(4) 経済地理学における地域開発論の主な著作には、川島哲郎氏の前掲論文のほか次の成果がある。
伊藤喜栄「日本資本主義と地域開発」(大内秀明・鎌倉孝夫・新田俊三編著『講座　現代資本主義⑤　戦後日本の基本構造(下)』　日本評論社　一九七五年。

川島哲郎・鴨沢巌編『現代世界の地域開発』大明堂　一九八八年。

山﨑朗『日本の国土計画と地域開発』東洋経済新報社　一九九八年。

中藤康俊『戦後日本の国土政策』大明堂　一九九九年。

矢田俊文『二一世紀の国土構造と国土政策』大明堂　一九九九年。
(5) 南克巳「戦後重化学工業段階の歴史的地位—旧軍・封構成および戦後＝『冷戦』体制との連繫」(島・宇高・大橋・宇佐美編『戦後日本資本主義の構造』有斐閣　一九七六年)。
(6) 本編　第二章二　3—(3)。

六　結　語

上野登氏の『経済地理学への道標』に導かれて、筆者が、経済地理学の対象を国民経済の地域構造の解明であると規定し、その構成を産業配置論、地域経済論、国土利用論、地域政策論の四分野であると述べてから、その具体的内容と四分野の相互連関について筆者なりに模索し続けてきた。その過程でなお一層諸先学の見解に学び、一応中間的に到達したのが、いままで述べてきたことである。それは、産業配置を立地と地域的循環の統一としてとらえること、立地から等質地域＝産業地域、地域的循環から機能地域＝経済圏なる概念を導き出し、両者の整合性を問うこと、地域構造と国土利用との関連で「自然と人間の物質代謝」という考え方とともに「自然的生産諸力の局地性」という視角を援用すること、「あるべき地域構造」を提起するにあたって、すでに多くの人々の主張する「分権化」、生活圏の整備とともに、「産業地域」と経済圏の統一としての重層的な経済地域の確立という考え方を導入したことに、本章の意義があると思う。多くの人々の積極的立場からの批判を期待したい。

〔付記〕

第四章は、「産業配置と地域構造・序説—経済地理学の体系化プラン」というタイトルで、『経済地理学年報』二八巻二号　一九八二年に掲載したものである。現時点での経済地理学体系化についての筆者の中間的結論であり、本書の他の箇所の叙述と重複する部分もあるが、そのまま再録した。

はしがきでふれた法政大学経済学部の経済学会で本章の概要を発表したが、そのなかで増田寿男氏（前法政大学総長）が「構造」としてのとらえ方は成功していても、それをつくりあげるダイナミズムが欠落しているのではないかと指摘し、山口不二雄氏も産業配置の論理をもっと具体的につめるべきではないかと批判した。また、川上忠雄氏は、経済の空間的論理は、ある程度「原論」の枠の中で解明できるのではないかとコメントした。いずれも、筆者が日頃から考えていながら十分に展開できないでいた最も重要な点であった。今後、産業配置の論理を軸とする資本の空間的運動を体系的に整理することによって、「地域構造」の把握にダイナミズムを投入したいと考えている、その点では、最近翻訳された、スチュアート・ホラント著　仁連・佐々木他訳『現代資本主義と地域』法律文化社　一九八二年は大変参考になる。また、平田喜彦氏が、この考え方を世界経済の国際分業論に導入したら面白いのではないかと示唆し、江村栄一氏が地域の人々の具体的な生活をどういう形で包含していくのかという疑問を呈示した。いずれも、筆者にとっては重要な指摘であった。

第二編　地域構造論の展開

第一章　地域構造論論争

一　地域構造論概説

1　世界経済と地域構造

今、世界経済を一つの空間的システムとしてとらえる「世界システム論」が一世を風靡している。その代表的な論者であるウォラシュティン（Wallerstein, I.）[(1)]によれば、「世界経済には唯一の世界資本主義システムが存在している」と自らを「世界システム的perspective」として位置づけ、自立的なシステムとしての国民経済、その結合形態としての世界経済という従来の把握の仕方を「発展論的perspective」として否定する。他方で、国民経済の内部において、「地域主義論」が浸透し、その単位としての「自治体経済」の自立的な「発展」が強調されている。いずれも、自立的な発展の基礎的な社会単位としての「国民経済」を相対化する点で共通している。

こうした理論は、一方で、多国籍企業内部の生産システムがグローバルな範囲で立地している状況を反映する理論であるとともに、他方で、まさに企業のグローバリゼーションによって国民経済内部の地域社会たるコミュニティの

1－1図　世界経済・国民経済・地域経済

	世界経済	国民経済	地域経済
A 発展論的把握	国民経済の結合	国民経済の発展＝基礎社会単位	
	先進国　－　中進国　－　途上国 advanced　newly industrialized　developing countries		
a 自治体経済論			自治体経済＝自立的単位
b 地域構造論		国民経済の空間システム＝地域構造（その一部分＝地域経済）	
B 世界システム的把握	世界資本主義経済＝単一の社会システム	国民経済の自立的発展はない＝世界システムの一部分	
	中　核　－　半周辺　－　周　辺 core　semi-periphery　periphery		

矢田作成

崩壊が進んでいるなかで、そのアンチテーゼとして提起された理論であり、それだけに多くの人びとの共感を得ている。ともに、ボーダレスと呼ばれる時代にふさわしい問題提起でもある。

しかし、われわれは、こうした立場はとらない。国民経済間の関係がより緊密になり、相互依存関係は深まっているものの、依然として、国民経済が基礎的・自立的な社会単位であるとともに、国民経済の内部は、一つの空間システムを構成しており、そのなかの一部分として地域経済があるのであって、「自治体経済」なるものが自立的に発展するというのは現実を正確に反映する理論だとはみていない。

地域構造論なるものは、国民経済の空間システムないし地域システムを解明する理論であり、また、世界経済の空間システムについても国民経済の空間システムが結合した結果として形成されるものとみている。もちろん、多国籍企業のグローバルな立地展開が独自に世界的な空間システムの再編を行ない、それがそれぞれの国民経済内部の空間システムに反作用するという複雑な事態をも十分に視野に入れてのことである。こうした世界経済・国民経済・地域構造、そして地域経済の把握の仕方は、1—1図に示されている。われわれは、世界経済については、B世界システム的把握ではなく、A国民経済を基礎単位とし、その結合という把握の立場をとるとともに、国民経済をａ自立的な経済単位たる「自治体経済」の集合とみるのではなく、ｂ国民経済を一つの空間システム＝地域構造としてとらえ、その一切片として地域経済を位置づける立場に立っている。

2　産業構造と産業配置

まず、国民経済の地域構造について、その基本的枠組についてデッサンしてみよう。

すでに第一編第四章で規定したように国民経済の地域構造とは、「一国の国土を基盤にして、長い歴史的経過をへて形成された国民経済の地域的分業体系」のことであり、現代風にいえば、国民経済の空間的システムである。それが世界経済の地域的分業体系の一部分として有機的に包摂されていることは、改めて繰り返すまでもない。ところで、地域的分業体系なるものは、社会的分業としての産業構造によって基本的に規定されるから、地域構造の史的形成もまた、産業構造の史的展開によって規定されることになる。その意味では、1―2図のように、国民経済の地域構造の解明に当たっては、産業構造そのものの把握が不可欠の前提になる。

産業構造と地域構造の関係を以上のようにとらえるならば、地域構造は、まず第一に、産業構造をになう諸部門・諸機能の地理的配置＝産業配置として把握することができる。この産業配置は、諸部門・諸機能の立地と、これを基礎にして展開される使用価値＝財・サービスおよび価値＝所得の地域的循環という二つの側面を有している。

ここで問題としているのは、一国というマクロレベルでの産業配置であるが、それは、基本的には個別企業の「事業所」立地やこれとかかわるモノ・ヒト・カネ・情報の地域的移動というミクロレベルの運動の集合としてとらえることができる。したがって、ミクロレベルの立地運動の理論として長い歴史的蓄積をもった産業立地論から多くの成

1－2図　地域経済の位置づけ

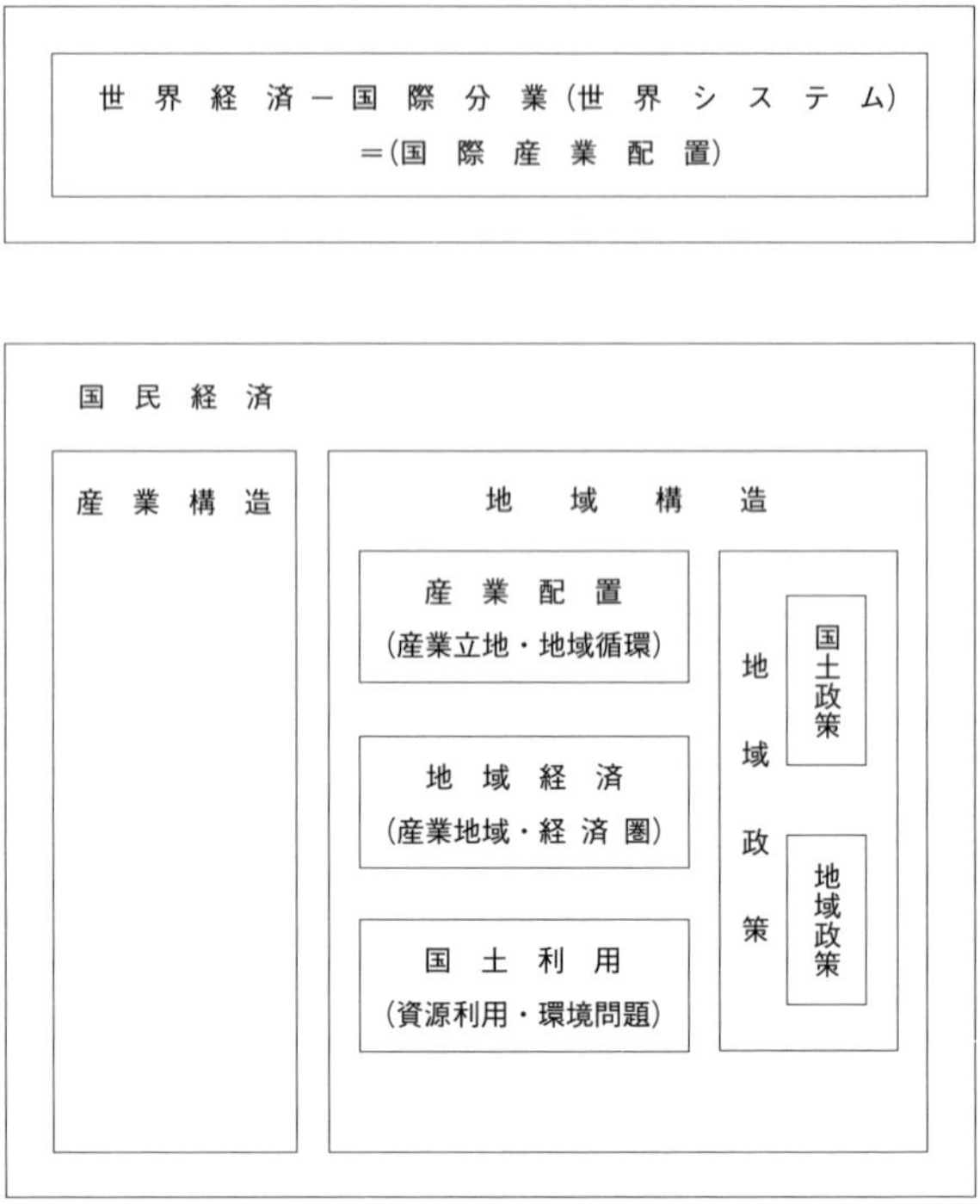

矢田作成

果を継承することが不可欠となってくる。

いま、工業をイメージして、個別企業の立地について考えると、1―3図のようになる。

企業は、金融市場から確保した資金をもとに、設備投資を行なって、特定の地点に工場を建設し、機械やその他の設備を購入する。こうした労働手段を場所的に固定性することが工場立地である。さらに、企業は、原材料や燃料・部品といった労働対象をこれらの生産地点から調達するとともに、労働力を購入する。これと関わって、労働者はその居住地を工場へ通勤可能な地点に定める。ここに住宅の立地という現象も生じる。こうして確保された、労働対象・労働手段・労働力が結合されて、工場内で生産が行なわれ、その生産物は、再び流通過程に投入されて、市場で販売される。生産物が生産財の場合は、原材料・燃料・部品や機械設備として次の生産過程に投入され、消費財の場合は、人々の生活過程で消費される。こうした販売によって実現した資金は、再び次期の生産過程に投入されるか、他の分野に投資されるか、あるいは拡大投資の蓄積資金として一部が金融市場に流れる。さらに、ほかの一部が経営者の所得となり、労働者へ支払われた賃金部分とともに、消費財の購入や消費サービスへの支払いに当てられたり、個人預金として金融市場に還流する。

この結果、一方で労働手段の立地＝工場立地、労働者の定住＝労働力立地・住宅立地という立地現象が生じるとともに、この工場立地地点をめぐって、原材料・燃料・部品の地域的移動、製品の地域的移動というモノの移動が生じ、また、労働者の居住地からの移動も発生する。この生産過程が繰り返されるとともに、これらのモノやヒトの地域的移動は、独自の原材料・燃料・部品調達圏、製品の市場圏、日常的な労働力移動圏としての通勤圏が生じる。また、

1－3図　立地と地域循環

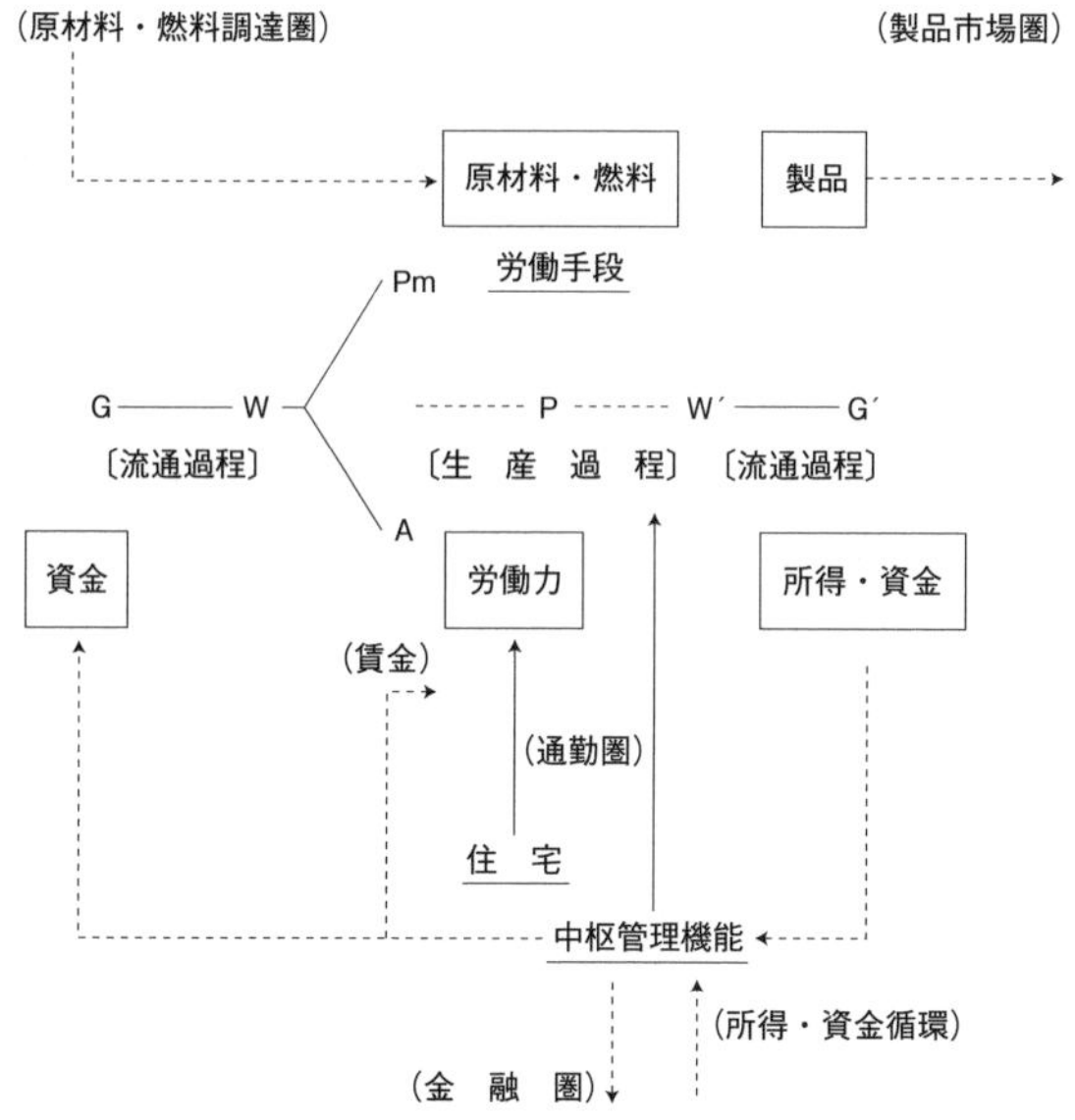

矢田作成

他方で、所得・資金の地域的移動も発生する。それは、生産された所得（v＋m）のなかから、労賃への支払、利潤の生産地点から管理地点への移動、他の工場への拡大投資といった企業内の移動だけでなく、商業利潤、サービス所得、利子、地代、税金への転化、金融機関への預金などの部門間所得再配分に伴う地域的移動が発生する。

現代の巨大企業の多くは、一つの生産システムを多くの工程に分割し、それぞれの工程ごとに最適立地地点を選択するから、企業内の工程間分業が、それ自体地域分業となっている。また、製品の多品種化・多角化のなかで、直接生産連関していない多様な工場を多地点に有している。したがって、こうした複数・多地点の工場を企業として

統括する中枢管理機能＝本社、技術革新を支える研究開発機能が独自の役割を果たし、その立地地点も工場とは違った選択をする。さらに、原材料・燃料・部品の調達、労働力の確保、製品の販売、その他の情報収集などのために、独自に支社・支店・営業所などの立地も行なわれる。企業内の所得や資金の循環もまた、本社を軸に工場と本社、本社と支社・支店間の地域的移動を伴うことになる。こうして、一つの企業が工場だけでなく、多様な「事業所」の立地を行ない、企業内分業が地域間分業の形成に大きな意味をもってくる。

こうした個別企業の立地や財・サービス、所得・資金の地域的循環は、同じ産業内の企業と似た動きを示しており、その意味では個々の企業の配置の集合としての産業レベルの配置を把握することができる。また、これは、工業をモデルとした立地と地域的循環であるが、農林水産業や鉱業、建設業などのほかの物財生産部門にそのまま適用されるとともに、取引業務を中心とした卸・小売業、生産過程や流通過程に投入される中間財的なサービスを供給する生産者サービス業、消費者向けの消費者サービス業においても、卸・小売店やオフィス、その他の事業所の立地を軸にして、各種の財やサービス、所得・資金の循環が存在しており、大筋において同じ様にとらえることができる。さらに、工場、本社、研究所、支社・支店、倉庫、商店、オフィス、その他の事業所を相互に空間的に結合し、財・サービス、ヒト、カネ、情報などの地域的移動を媒介することによって、これらを事実上一つの空間的なシステムにするのがインフラの根幹部分である運輸・通信施設であり、その「場所的固定性」が地域構造に決定的な意味をもっている。

ところで、一国の産業構造の担い手である諸部門・諸機能は、相互に有機的に連関しており、必然的結果として、これらの諸部門・諸機能の配置も複雑にからみあっており、その地域的な相互の結びつきのなかでマクロレベルの産業配置が形成されている。したがって、個々の産業の立地や地域循環は、他の産業の配置を前提にして解明することが可能であるものの、こうして得られた個々の産業の単純な総和としてマクロの産業配置を解明することはできない。

なぜなら、与件とした他の産業配置が当該産業の配置の変化によって、多様に反応するからである。

そこで、こうした絡みあいの糸をほぐすには、二つの視点を導入しなければならない。

一つは、歴史的に先行する一定の発展段階での地域構造を与件として設定することである。国土における行政や多様な管理拠点・流通拠点でもあり、消費市場の核となる多種・多様な都市の配置、食料や原材料の供給基盤としての農林水産業地帯の配置、そして水や各種の鉱物資源の分布、こうした先行する産業の配置を軸にした地域構造を前提にして、新しい生産力段階での産業配置が展開し、それにふさわしい新たな地域構造が再編成される。いま流行のbuilt environment（人工環境または建造環境）なるものは、土地固定的な各種の施設の集合であり、それが人為的な環境として新しい時代に対応した産業配置の展開に「地理的慣性」として作用し、新しい段階での地域構造の形成に大きな枠をはめることになる。

もう一つは、すべての産業を同一次元で扱うのではなく、それぞれの生産力段階に対応した産業構造のなかでの、リーディング・インダストリー（牽引産業・鍵産業）の配置を軸に産業技術革新による産業連関論を媒介にしてマクロレベルでの産業配置を組み立てることである。諸産業のなかで、量的にも大きな地位を占め、かつとくに高い成長性を示し、産業連関効果の高いものをリーディング・インダストリーとすれば、この産業の配置こそが、マクロの産業配置を基本的に規定し、多くの関連産業もまた、このリーディング・インダストリーに先導される形で配置される。このリーディング・インダストリーの交代こそが、地域構造再編の駆動力となる。その意味で、地域構造論の動態化も産業構造の転換を軸に構成されることになる。

3　地域経済と国土利用

こうしたマクロレベルの産業配置の形成は、必然的に国民経済の内部に重層的な地域経済をも編成することになる。

産業配置の一つの側面である産業立地に注目すれば、一般に同一ないし同種の部門や機能の立地がほぼ同様の立地動向を示すことから、その立地が一定の地理的範囲のなかで卓越する傾向をもち、「等質地域」としての「産業地域」ないし「産業地帯」を形成する。産業分類や空間的範囲を最も広くとった場合、重化学工業地帯、農林水産業地帯、中枢管理機能やサービス産業の集積する大都市圏などとして把握することができる。こうして、国民経済の地域的編成は、産業立地を軸に形成される多種多様な産業地域の多次元的空間編成＝地帯構成という側面を有していることがわかる。

他方、産業立地を基礎にして展開する原材料・燃料、部品や完成品などの「素材の地域的循環」、労働力の地域的循環、さらには所得・資金などの「価値の地域的循環」に注目するならば、違った地域経済編成を見出すことができる。すなわち、これらの地域的循環は、各々の財やサービス、労働力、所得・資金によって規模を異にするものの、いずれも一定の空間的範囲のなかで相対的なまとまりを示す。つまり、各々重層的に編成された市場圏（商圏）、サービス圏、通勤圏・生活圏、金融圏であり、国家（中央・地方政府）や本社などの中枢機能の管轄圏である。これらの多様な「機能地域」の重層的編成は、まったく別個に形成されるのではなく、歴史的に一定のヒエラルヒーを伴って配置された都市群、これらを結びつける形で国土に張りめぐらされた交通・通信網の二つが媒介となって、ほぼ共通した形態となる。この結果、国民経済は、大・中・小の複合的・総合的な「機能地域」＝経済圏の重層的編成として把握される。この場合、政府の行政単位としての地方自治体なるものは、中央・地方政府の管轄の範囲、財政循環の範囲、住民の自治の単位であり、それなりに重要な位置を占めるものの、モノ・サービス・ヒト・カネ・情報の循環といったマーケットメカニズムによってつくられる経済圏のなかのあくまで一部にすぎず、行政区画と経済圏とのミスマッチは当然のこととして恒常化している。

こうして、国民経済は、一方では地帯構成として、他方では重層的な経済圏の編成としてとらえることができる。この両者の関係は、1―4図のようなイメージとなる。

1－4図　地帯構成と重層的経済圏モデル

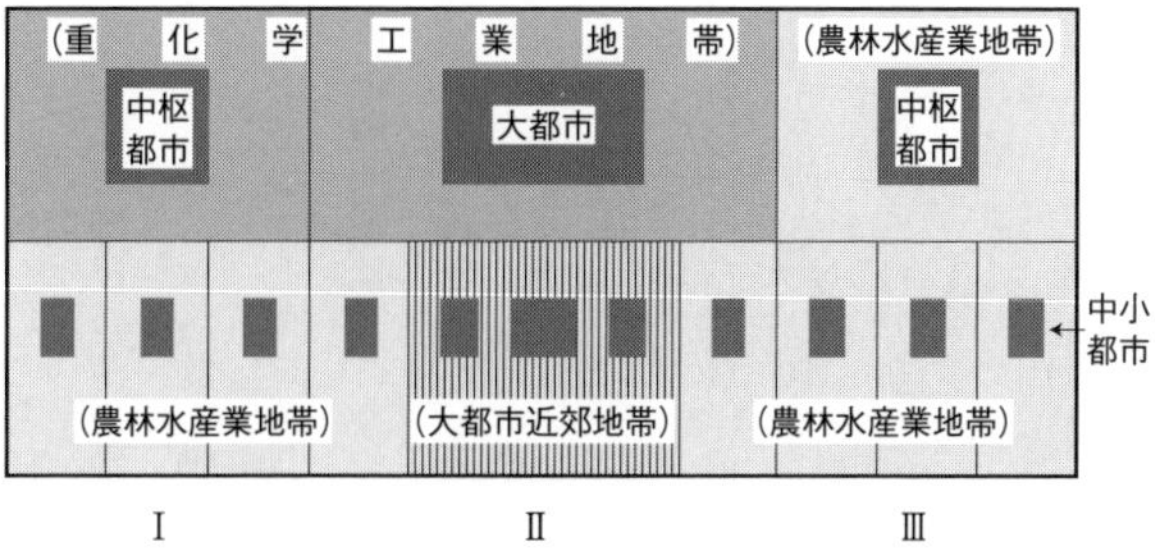

矢田作成

この図で、メッシュで分けているのは地帯構成（産業地域区分）であり、大きく重化学工業地帯、農林水産業地帯、都市地域（大都市・近郊都市、中枢・中核都市・中小都市）によって成り立っている。他方、太線や細線で囲った部分が経済圏であり、それぞれの中心に各クラスの都市がある。中小都市と農林水産業地帯のみで囲まれた経済圏が最も小さく、その上にこれらの経済圏をいくつか抱え、一部は重化学工業地帯も含み、地方中枢都市を軸とするより広域的な経済圏、大都市を軸に近郊都市群・重化学工業地帯・農林水産業地帯を含む大都市経済圏、そして大都市を中心とする国民経済という最も大きな経済圏である。

このモデルは、一つの広域的な経済圏の内部に大都市か中枢都市、重化学工業地帯、そして農林水産業地帯が存在し、経済圏の内部に相互に有機的な連関が確立しているもの（Ⅰ、Ⅱ）、逆に農林水産業地帯と中枢都市だけで成立しているもの（Ⅲ）など、経済圏同士著しい不均等がみられるように作ってある。重化学工業が特定の地域に極端に集中したり、管理機能や先端サービス業、高級ファッションなどが巨大な都市圏にのみ集積し、経済圏相互の産業構成が均等化していないケースが多いからである。当然、広域的な経済圏の内部で相対的にせよ有機的な連関がみられないことになる。つまり、地帯構成と経済圏編成に著しい齟齬がみられるわけである。

　こうして、国民経済の地域構造は、結局のところ、一国の国土を基盤として展開する産業配置と、それによってつくりあげられる重層的な地域経済編成の統一したもの、として把握することができる。ところで、地域構造が国土を基盤にして成立している以上、当然両者は相互規定的な関係にある。地質・地形的条件、気象・気候的条件、水文的条件、生態的条件、こうした一連の自然地理的な内容に充填された国土が、地域構造形成の前提となるとともに、地域構造のあり様によって反作用を受けることになる。具体的には、過集積による過密・過疎の形成が土地や水資源利用の不均衡をもたらすとともに、過密地帯での廃棄物が大気や海洋を汚染し、過疎地帯での国土管理を疎かにするなど、全体として生態系の破壊を深刻なものにしていく。また、鉱物資源の採掘は、乱開発や鉱害と不可分の関係にある。これらは、自然科学的な原理に基づいて成立している水循環や生態系と、経済原理によって成立している地域構造とが、それぞれの地域における国土利用のなかで対立することによって生じる。その意味では、国土利用論もまた地域構造論の不可分な一分野を構成することになる。

4　国土政策と地域政策

　ところで、現代資本主義のもとでの地域構造は、その担い手である巨大企業の立地運動の集合として形成されるがゆえに、多くの地域問題をその内部で醸成する。その基本的な点だけを指摘すると以下のようになる。

　まず、第一に、リーディング・インダストリーでの企業群の資本蓄積は、空間的にみれば、それぞれの最適立地地点に投資を集積するがゆえに、その集積地域が一国の「成長の極」となり、全国土レベルの地域編成を主導するとともに、財・サービス、所得・資金、そして労働力の地域的循環の目となり、その過程で国土の隅々に対して、これらのヒト、モノ、カネ、情報を吸い上げる「逆流効果」をもたらすことになる。他方、この「成長の極」は、隣接した地域に対して強力な「波及効果」をもたらし、「成長の極」およびその隣接地域（＝core）を頂点とし、「逆流効果」のみが強く作用する周辺地域（＝periphery）を最底辺とした多階層的な地域格差が必然的に発生する。なかでも、産業構造の転換によって生じた衰退産業が集中し、かつ「成長の極」の「波及効果」を受けない地域は構造的不況地域となり、激しい人口流出や高失業地域化し、他方、「成長の極」では急速な集積に伴って「過密問題」が生じ、ともに「問題地域」として政府の国土政策の発動を促すことになる。

第二は、地域構造の形成に主導的な役割を果たす巨大企業群の多くは、企業内の工程・機能分割が進み、それぞれが独自の立地を展開し、企業内で空間システムを作り上げているがゆえに、一方で本社機能の集積する巨大都市が形成され、他方で、支社・支店が集積する地方中枢・中核都市、生産工場が立地する工業都市ができあがる。この結果、企業内の本社と支社・支店、本社と工場の間の「管理システム」が、地域間の「管理システム」として現象し、「支店経済」（branch office economy）、「分工場経済」（branch plant economy）として、地域経済自体が外部から直接に支配される（external control）空間システムを作り上げることになる。また、工場においても、研究・開発部門と量産部門、単純部品部門間の工程ごとに立地がなされ、それぞれの工業地域間に主導性と受動性の対立が発生する。こうして、多様な形での地域間の支配・従属関係が鮮明になり、この地域間の垂直的支配システムに国家の中央集権的支配システムが重なりあうとき、決定的なものになる。

第三に、個々の企業が自由な立地運動を行う結果、等質地域としての産業地域の分化が明瞭となり、産業地域と経済圏との基本的なずれが生じ、この結果、各層の経済圏同士の産業構成の著しい差異（1―4図のⅠ、Ⅱ、Ⅲの間）、経済圏内部の有機的産業連関の弱さ（Ⅲ）、経済圏間の成長の不均衡はもちろん、雇用機会、文化・教育機会などの人々の人権にかかわる分野での不平等をもたらす。また、企業の立地原理によって作りあげられる重層的な経済圏が、その末端に位置し、人々の生活原理にふさわしく整備されなければならない生活圏を、生活基盤の不足、行政や各種の消費サービスの不足、コミュニティの崩壊などの形で破壊することがしばしば発生する。一言でいえば、産業地域と経済圏の矛盾、経済圏と生活圏の矛盾である。

第四は、企業の立地運動によって形成された産業配置の偏倚性と歪んだ地域構造が、自然科学的な原理に基づく国土条件との間に齟齬をきたし、各種の国土破壊をもたらすことである。大都市圏や工業地帯での土地・水の高密度・大量利用と大気・海洋汚染、農林水産業地帯、とくに過疎地域での耕地や林地の放棄、観光地化による生態系の破壊などが、それぞれの地域の問題として深刻化している。

このように、マーケットメカニズムにまかせたまま、あるいは企業の自由な資本蓄積運動にまかせたまま、「自然」に形成される地域構造のもとで必然的に発生する地域問題が、マーケットメカニズムによって自動的に解決しないならば、中央・地方政府による政策的な介入をまたなければならない。それは、一般には地域政策とよばれるものである。しかし、この広義の地域政策には、国家機構の中枢部としての中央政府がさまざまな方法で地域構造を再編する国土政策と、地方政府や地域の諸団体・地域住民が個々の地域経済の振興や地域問題に対処しようとする狭義の地域政策の二つがある。

国土政策には、構造不況地域や過疎地域など「問題地域」そのものの振興にかかわる「社会政策」的な国土政策、過密地域の基盤整備に重点を置き、「成長の極」を一層広域化しようという「成長促進」的な国土政策、さらには、一点集中型の「成長の極」を国土に分散し、いくつかの「極」をつくって全体として均衡化しようという「多極形成」的な国土政策などすでに多様な手法が実践されてきている。

また、狭義の地域政策としては、政治的運動によって公共投資を誘導したり、社会保障費用を手厚くしたりといった財政の地域的トランスファーを引き出そうとする政策、構造不況産業に代わる産業の誘致を積極的に展開する政策、地域自らの力で地場産業の振興を模索する内発的振興政策など多様な方法が模索されてきた。当然のこととして、これらの狭義の地域政策は、あくまで対症療法の域をでず、地域問題を必然化させた地域構造自体の再編政策としての国土政策と有機的に連携してこそ、根本的な解決に結びつくものである。また、地域政策が対象とするものが、経済メカニズムによって形成された産業地域ないし経済圏であるのに対し、政策主体が人為的に設定された行政単位であるため、両者のミス・マッチがますます深刻化しつつあり、広域行政の導入が不可欠となりつつある。

5　経済発展と地域構造

すでに述べたように、地域構造は、「構造」という名の示す通り、国民経済の特定の発展段階における「静態的」な概念である。それは、繊維工業、重化学工業、先端機械工業、先端サービス業など特定の生産力段階におけるリーディング・インダストリーの配置を軸にして形成されるものである。したがって、地域構造なるものの変動も、部分的な再編は別として、こうした生産力の発展に基づく産業構造の変動と対応している。ここに、地域構造論の動態的把握の鍵がある。

特定の生産力段階の地域構造なるものは、それ以前の段階に対応してできあがってきた地域構造を前提に、その「地理的慣性」という強い抵抗を受けながら、なお、リーディング・インダストリー特有の立地運動によって、それにふさわしく再編成されていく。ミクロ理論として作られた既存の産業立地論なるものは、それぞれ独自の前提に基づいて精密に体系化されているが、その前提が事実上特定の産業の立地運動を説明するにふさわしい形で設定されている。したがって、特定の生産力段階における地域構造を規定するリーディング・インダストリーには、それに最も適合する産業立地論が対応しているとみることも可能である。

詳細は第三編第一章にゆずるが、きわめて大胆な一般化が許されるとすれば、産業資本主義以前のマニュファクチュア段階では、国土に農村が遍在し、ここで生産される農産物や林産物を原料とする製粉・醸造、綿・毛・絹などの織物、木材・家具などの農村工業の立地とそれによる中心都市の形成をモデル化したと思われるクリスターラー（Christaller, W）やレッシュ（Lösch, A）の提示した立地パターンがこの段階の地域構造を規定したとみることができる。さらに、都市という消費市場が階層秩序をもって分布し、蒸気機関の確立によって燃料を局地性の強い鉱物資源に依存するようになった産業革命以降においては、都市という市場と石炭・鉄鉱などの資源供給地との間で最小費用地点を求めたウェーバー（Weber, A）の提示した立地パターンが産業資本主義段階、さらには重化学工業主導の独占資本主義段階での地域構造を強く規定しているとみることができる。

さらに、こうしてできあがった重化学工業地帯や大都市圏の存在を前提に、その規模が巨大であるがゆえに「地理的慣性」が強く作用するなかで、寡占企業間の市場分割競争的な立地が地域構造の再編を規定する現代資本主義段階では、グリーンハット（Greenhut, M. L）の提起した立地パターンの役割が大きくなっている。また、寡占企業が企業内の多様な工程・機能についてそれぞれ最適な立地地点を選択する立地行動を行い、そのなかで本社・支社・研究所などの中枢管理機能の立地が既存の階層的秩序をもった都市の配置を再編・強化しつつあるなかでは、クリスタラー型管理システムやプレッド（Pred, A）の提起した都市システムもまた現代の地域構造を基本的に規定しているとみてよいであろう。サービス化・情報化にふさわしい立地システムである。

（1）Wallerstein, I.（1979）, *The Capitalist World-Economy*, Cambridge, New York: Cambridge University Press.（藤瀬浩司・麻沼賢彦・金井雄一訳）『資本主義世界経済I―中核と周辺の不平等―』名古屋大学出版　一九八七年。

（矢田俊文編『地域構造の理論』ミルネヴァ書房　一九九〇年　第二章）

二　地域構造論論争―地域的不均等論をめぐって―

1　地域的不均等論からの三つの評価

筆者が、既存の経済地理学の諸見解を検討し、そのなかから地域構造論をはじめて提起したのは、一九七三年の「経済地理学について」[(1)]（第一論文）であり、つづいて七九年に「経済地理学の課題と展望」[(2)]（第二論文）、「地域的不均等論批判」[(3)]（第三論文）、八一年に「地域経済論における二つの視角」[(4)]（第四論文）、八二年に「産業配置と地域構造・序説―経済地理学の体系化プランー」[(5)]（第五論文）を相次いで発表し、「地域構造論」に関する見解を次第に体系化し、これらの論文を集めて、同じ年『産業配置と地域構造』[(6)]という著作を世に問うた。

ところが、筆者の予想に反して大きな反響をよび、経済地理学界では「地域構造論」が明らかに一つの潮流となるとともに、いわゆる地域経済学を研究する分野も含めて多方面から批判をあびることになった。「地域構造論」が経済地理学の潮流になるについては、もちろん筆者の著作だけでなく、第一章にふれられているように、多くの若手研究者の集まりである「地域構造研究会」のメンバーの精力的な研究と集団的な労作たる『地域構造シリーズ』[(7)]（一～六巻）が決定的な役割をはたした。他方、筆者の地域構造論に関する批判については、山口不二雄[(8)]、山川充夫[(9)]、野原敏雄[(10)]、加藤和暢[(11)]氏らによる地域構造論をより深める立場からの「批判」も少なくないものの、圧倒的多くは、地方財政学の内部から派生した「地域的不均等論」の側からの批判であった。ここでは、紙数の関係もあって全部について批判する余裕がないので、とくに、「地域構造論」に関するスタンスをめぐって、全面否定的な論調である小田清氏[(12)]、消極的に肯定している重森暁氏[13]、積極的肯定の立場を鮮明にしつつある中村剛治郎氏[14]の三人の見解に絞って「反論」してみたい。

そのほかに、杉野圀明[15]、水岡不二雄[16]、日山宏氏[17]らの批判があるが、紙数の関係から今回はコメントを差し控えたい。

2　地域構造論の全面的否定＝小田清氏への反論

地域的不均等論者のなかでも、地域構造論に対して殆ど理解を示さず、全面的に否定しようとする論者が少なくない。その典型が小田清氏である。氏は一九八五年から書き始めていまだに完結をみない論文「地域経済と不均等発展の『法則』について（1）、（2）、（3）』において、筆者の地域構造論をきわめて厳しい口調で次のように批判している。

地域構造論の「基本的な問題点」の第一は、「地域的不均等発展の概念を否定し、資本主義的運動法則による地域問題の発生、矛盾を立地体系や地域構造論の展開によって隠蔽していること」である。そして第二は、地域構造論では、「地域経済は重層的に構成され、結果的には国民経済の論理に組み込まれていると理解されているが」、そうではなく、「国民経済という抽象的な論理と区別される具体的な地域経済の存在[18]」こそが重要なのである。ところで、ここでいう「地域経済」について、「国民経済と区別される意味での具体的な地域経済の中味は、資本・賃労働・土地所有という国民経済的な諸範疇の再生産過程と資本そのものによっては不完全にしか包摂できない土地問題、労働力能の再生産、生活過程全般、中小零細企業、農業、等々の存在をも同時に含む[19]」ものとして理解されている。

第一の批判点についてでは、すでに筆者が、『産業配置と地域構造』において、「現代資本主義のもとでの地域構造は」、「『地域問題』といわれる諸矛盾をその内部で醸成する仕組みとなっている」として、①産業地域への分化と産業地域間の不均衡・格差・対立、②巨大企業主導による経済圏の編成と労働力の再生産の場としての生活圏との矛盾、③産業地域と経済圏の乖離から生じる経済圏間の産業構成の著しい差異、経済圏内部の有機的連関の弱さ、④歪んだ地域構造に基づく国土の非有効的利用と破壊、以上の四点の問題点を指摘し[20]、本編の第二章でも四つの問題点を新たに再整理した。にもかかわらず、なぜ地域構造論が「地域問題の発生、矛盾」を「隠蔽」しているのか理解に苦しむ。

第二の批判点に関しては、国民経済を一般的で地域経済を具体的であるなどとする立論には筆者はついていけない。国民経済も地域経済もともに具体的であるとともに、科学の抽象の力によって一般的に論じることも可能である。目の前にある地域経済が具体的で、どこか遠くにあるものが抽象的であるなどというのは科学以前である。それとも、土地問題・労働力の再生産・生活過程・中小零細企業・農業は具体的で抽象的に論じられないし、それこそが「地域経済」であるというならば、すでに筆者が次のように論じたことを再録するだけで十分であろう。

それは、野原敏雄氏が、その著『日本資本主義と地域経済』で、「地方的に強じんな小生産者層の存在、その基盤としての土地所有の性格」によって特殊化され、地域化されるところの「国民経済と区別される地域経済」として「地域経済」をとらえたことに対して、「そうであるのならば、国民経済と区別される相対的独自の存在としての地域経済なるものは、資本制生産関係が十分に貫徹していない小生産者層の存在があってはじめて成立するものであり、資本制生産関係が全国的に貫徹すると消滅してしまうものとなる」、つまり、「地域経済」なる概念は、「歴史的・過渡的なものにすぎないという立場になってしまう。『ある限られた範囲に経済循環をもった相対的に独自な地域』の存在をこのように生産関係の歴史的・地域的特殊性の残存によって根拠づける考え方に筆者は賛成できない。資本主義的生産様式のもとでの資本の立地・配置と経済圏形成といった独自の空間的運動の総体として『地域経済』が成立するものと考えるべきであろう[21]」。小田氏のように、抽象的な「国民経済」と具体的な「地域経済」とを「二極」に機械的に分離して把握するのではなく、国民経済の地域構造のなかで重層的に編成されるものとして地域経済を位置づけ、その生活圏をその最末端部分とみる立体的とらえ方が科学的であろう。

こうした議論から明らかなように、小田氏の論理構成の決定的な弱点は、国民経済の空間的編成、つまり地域構造形成の独自の論理の存在を理解できないところにある。この点については、川島哲郎氏が、「経済の地域間格差」を「経済主体間の格差」と「地域間の経済構造の差異」の二つの要因によって説明し、後者を形成する論理として経済主体の立地の論理の存在を指摘した[22]のを批判し、「地域格差や地域的分業、地域経済構造の問題は、さしあたり国民経済あるいは社会的分業一般の理論で十分に説明がつき、ことさら地域間の相対的比較や地域的集積・集中の問題を特別に持ち出し、その地域的特徴や特性を分析するのに相当の精力を傾注する必要はないと考えられよう[23]」と強弁していることからも明らかである。そのこともあってか、論文（3）で地域的不均等について理論的に検討するにあたって、マルクス、エンゲルスの文献から農工間の不均等発展についての記述を自己の覚書風に引用するにとどまって、何ら論理的な深まりがみられない。

この点についても、筆者は、「地域的分業は社会的分業の地域的投影として第一義的にあらわれるから、地域的分業体系としての地域構造は、社会的分業体系としての再生産構造によって基本的に規定される」。「しかし、その直截的反映とみることはできない。ほぼ同じ再生産構造でも、異なる地域構造を示すことが十分にありうる。再生産構造と地域構造を媒介するものが、再生産構造をになう各産業部門および諸機能の配置である。同じ再生産構造でも、この配置が異なれば、当然異なった地域構造を示す[24]」と述べ、地域構造の相対的独自な分析の必要性を指摘していることを引用しておきたい。

3　地域構造論の消極的肯定＝重森暁氏の論点

筆者の地域構造論を丁寧にフォローし、これと地域的不均等論との差異について論じたものに、重森暁氏の「地域的不均等と内発的発展」という論文がある。ここで氏は、筆者の第三論文、第四論文、第五論文の三つの論文を議論の俎上にのせ、大略次のように批判している。

氏は、筆者が第三論文において、「地域的不均等論の理論的有効性について、ほとんど全面的といってよい否定の立場がみられ[25]」、「国民経済内部の『地域』の存在、『地域的均等性』の主張、地域的な『自立経済』の要求などをことごとく否定しているかのように見えた[26]」のに対し、第四論文では「微妙な主張の変化があらわれ」、「『国民経済の地域構造の形成論理』の解明を優先させようとする基本姿勢が貫かれているとはいえ、『個々の地域経済の再建』といった問題が明確に視野のうちに入れられている[25]」と指摘する。さらに、第五論文では、「一層の理論的深化がみられ、事実上地域的不均等論を容認するような展開があらわれてくる[26]」と分析する。

そのうえで、第五論文について、「この論文で最も光彩を放っており、また注目すべき部分は、経済地理学の伝統的な二つの『地域』カテゴリーを用いて『等質地域＝産業地域』と『機能地域＝経済圏』とを析出し、この産業地域と経済圏がたえず不整合な関係にあり、両者の一致した真の意味での『経済地域』が実現していないところに、現代資本主義のつくりだす地域構造の基本矛盾がある、としたところである[26]」と高い評価を与えつつ、この概念に基づいて「等質地域概念による地域的不均等の分析がおこなわれている」こと、「経済圏の重層的構造のなかで都府県が一つの軸点的役割を与えられること[27]」などから、事実上、地域的不均等論の立場にたっているのではないかとの疑問を呈示している。

そして、「国民経済的視角からの地域経済論と地域的視角からの地域経済論との統一を媒介するものこそこの地域的不均等論にほかならない」[28]、「地域的不均等論の意義は、まずなによりも、国民経済の内部における地域間の支配と従属の関係を明らかにすることにある」[29]、「地域問題の本質は、資本の地域的集積・集中と外延的膨張によってひきおこされる地域的不均等、すなわち地域間の支配と従属関係＝『都市と農村の対立』の国民経済内部における重層的な展開の結果、人間の全面発達の場・自由な諸個人の交流と結合の場・共同社会の基礎的拠点としての地域が解体されることにある」[30]と、地域的不均等論の意義およびこれと地域問題との関係について論じている。

こうした論理の延長のなかで、「地域的不均等のひきおこす地域問題の解決策として」の「内発的地域発展論」について論及している。その内容は、「外来の資金や技術に依存するのではなく、あくまでも地域の資源を活用し、地域の技術や資本を生みだしていく」という「自治の原則」、「地域内需給を優先させて国際国内市場への輸出を二次的とする」「地域経済の自立の原則」、「地域内・地域間の共同と連帯をつくりあげる」「共同の原則」、「人間と自然との物質代謝を、地域における人間の全面発達の見地から組織しようとする」「人間発達の原則」、この四つの原則による「地域づくり」[31]と規定している。これとのかかわりで、筆者の地域構造の再編成として国土政策への期待を「外来」型ではないかと疑問を呈している。

多少長い紹介になったが、結局のところ、筆者への批判は、二点に集中している。第一は、筆者は地域的不均等論に接近してきているのではないかという点であり、第二は、筆者の地域構造論には内発的発展論が欠落しているのではないかという点である。この二点にしぼって議論してみよう。

すでに述べたように、国民経済は、一方で多様な産業地域によって構成されているとともに、重層的な経済圏によって構成されている。この重層的な経済圏のなかに、行政区域としての都道府県や市町村が相対的な位置を占めているとみられる。「もし『産業地域』が経済圏と整合しているならば、すなわち重層的な市場圏の内部にそれぞれの市場規模と対応したかたちで各種の産業部門が立地し、生産された製品が基本的に域内で循環しているならば、経済圏内部に有機的な産業連関が確立し、しかも同じレベルの経済圏相互の産業構成は類似化するであろう[32]」。しかし、現代資本主義のもとでは、資本主義的経営原理のなかで個別の産業配置がなされるため、経済圏と「産業地域」の乖離なる事態が生じ、ために地域間格差を決定的なものにしており、「現代資本主義のつくりだす地域構造の矛盾の重要な側面となっている[33]」。

このようにみるならば、各層の経済圏レベルで、そのレベルにふさわしい指標を選びだし、それらの「地域的不均等」を論じることは一定の意味を有しているであろうし、「あるべき地域構造」を主張するに当たっては、こうした指標をそれぞれのレベルに立地し、「産業地域」と「経済圏」の一致による「経済地域」の確立をはかることは積極的な意義をもっている。筆者は、いまだ各層の経済圏にふさわしい経済指標を論ずる段階に至っていないが、重化学工業関連の生産財は国民経済を二〜三分割する程度の経済圏を考えなければならないのに対し、医療・教育・福祉などの社会消費サービスについては生活圏レベルでの整備が不可欠であろう。その意味では重森氏の指摘するように、筆者は、地域的不均等を全面的に否定する立場に立っているわけではない。

しかし、筆者が「地域的不均等論批判」で主張した基本的な論点の第一は、不均等を比較すべき「地域」の単位を都道府県や市町村などの行政単位に限定し、しかも不均等を検証する際の指標が考えぬかれて選択されずに「きわめて任意に選定」されていることにあったのである。「都道府県や市町村が『地域』間の不均等を論じるさいの単位とはなりえない」という記述には、多少の行き過ぎを認めることにやぶさかではないが、地方都市圏に代表される狭域的経済圏なるものは複数の市町村域が一体となり、広域経済圏なるものは、かなりの数の都府県にまたがっているのが今日の経済圏の実体であり、行政圏域をこうした経済圏域にどう整合させていくかが、今日のわが国の地方行政改革の重要課題であって、都道府県や市町村の「相対化」が急速に進んでいる。この点で、さきの筆者の指摘は、既存の手法による不均等分析批判として依然として有効性を保持していると思われる。

論点の第二は、重層的な経済圏のそれぞれのレベルでの、それぞれにふさわしい指標による地域的不均等を論じるとしても、それはあくまで国民経済の地域構造の一つの現象を把握しただけであって、そうした現象をもたらすのが産業立地と地域循環を軸にした地域構造の編成原理である。その意味で、国民経済的視点からの地域経済については、地域的不均等論よりも地域構造論の方がふさわしいと考えている。この点での重森氏の論述は、地域的不均等論を一般的に論じるだけであって深まりが認められない。

そもそも地域構造なるものは、資本・労働力など基本的生産要素が自由に移動し、そのなかで産業立地が決まり、財・サービス、所得・資金の地域的循環がつくられるといういわゆる地域的にみてオープンな国民経済のもとで形成される。地域経済なるものは、こうした地域構造の従属変数として重層的につくりあげられるものであって、その末端にあるコミュニティや自治体なるものの経済が「内発的に発展する」などと論じることは、きわめて困難なことである。この点では、重森氏が国民経済レベルの経済の地域的編成を視野に入れる視角をもちながら、この方向への理論的発展、つまり地域構造論へ発展せずに、運動論にひきずられていきなり内発的発展論に傾斜していったことは残念である。一村一品運動やムラづくり運動にみられるように、地域住民が自ら考え、自らの地域経済を活性化しようという動きに対して、筆者は高く評価しており、九州において積極的に参加している。しかし、この動きを、重層的な編成の最末端部分であるコミュニティや市町村レベルの「地域経済」が「自立」したり、相対的かつ開放的な「地域」を思考のうえでクローズドして、「外来型」を拒否し「内発型」の開発だけを主張することは、あまりに機械的な論理設定であろう。

4　地域構造論の積極的肯定＝中村剛治郎氏の見解

地方財政学の側から地域経済論の研究に進んだ中村剛治郎氏は、いろいろと紆余曲折ののちに、ごく最近の論文で、積極的に地域構造論を肯定する立場の論文を発表した。以下、論文「地域経済論覚書」のあらすじについて紹介して若干のコメントをしてみよう。

まず、「政治経済学としての地域経済論を展開する」際の視点について一〇点にわたって整理し、そのなかで、「資本主義の下で、地域経済は画一化するが、その下で多様化をすすめ、地域構造（地域システム）を編成する」。したがって、「政治経済学の立場に立つ地域経済論は、資本主義の下にある地域経済と地域構造を資本制蓄積の諸法則によって規定されるものと理解する」。当然、「産業資本主義段階、独占資本主義段階、現代資本主義段階といった資本蓄積段階から地域経済と地域構造の変化をとらえ」、「地域経済をタテ（資本主義の発達―時間軸）とヨコ（地域構造―空間軸）の両軸からとらえる」。しかも、「各国資本主義の地域経済と地域構造の形成は、各国資本主義の歴史的発展過程の特質」に「規定された独自のものとして把握する」。そして、「政治経済学としての地域経済論は、地域経済の発展傾向に関する法則的把握にとどまらず、地域経済（地域構造）、地域問題、地域政策の三側面をとらえる。地域経済論は、（狭義の）地域経済論、地域問題論、地域政策論の三層構成をとる。地域問題の解明や地域政策の構想と主体形成の展望につながるような地域経済論の展望が求められる[34]」。

こうした整理のもとで、産業資本主義段階の地域経済、独占資本主義段階の地域経済、現代資本主義と地域経済、についてそれぞれの基本的特徴を論述する。そして最後に、「生活圏と地域経済」というタイトルで次のような興味ある記述を行っている。

「従来、経済学は、国民経済を分析する際、単一の経済としてとりあげる傾向が」あり、「国民経済内で経済の空間的展開を考えたり、その構成部分としての地域というレベルで産業のバランス考えることは稀であった」。「経済活動はその展開する場＝空間なしにはありえないので、経済現象は経済の空間的展開となってあらわれる」。具体的には、「国民経済は、単一の立地＝市場圏で構成されるというよりも、狭域から広域へ、いくつかの重層的な立地＝市場圏、および、財・サービス、所得、資金の地域的循環の形成を基礎にして、全国的規模で統合された再生産圏として理解することができる」。「地域経済論の出発点は、このような経済の空間的展開との関わりの中で地域の経済問題をとらえるところにある[35]」。「現代資本主義の経済圏と人間の生活圏との乖離は、現代の地域問題を発生させる基礎である。住民の生活圏としての地域が、現代資本主義の経済圏にくみこまれることによって」、「生活圏としての地域が有するはずの地域の総合性、個性、共同性、自主性が失われていく[36]」。

以上の中村氏の見解は、地域構造論と地域的不均等論の論争を丁寧にフォローしている地域経済研究者であればすぐに気がつくことであるが、筆者の論文の直接の引用がないものの、筆者がこの一五年間主張してきた地域構造論とほぼ完全に一致している。フォローしていない人のためにいくつか筆者の論点を引用しておこう。

「経済諸現象の空間的展開とそれがつくりだす国民経済の地域構造をもって、経済地理学の相対的に独自の研究対象とすべきである」、「具体的には諸部門・諸機能の立地およびそのもとでの財・サービス、所得・資金の地域的循環を分析し、こうした運動によってつくりだされる諸経済地域の重層的構造を解明するものである。そして、それとのかかわりあいのなかで、過密・過疎、国土利用などの諸問題の発生メカニズムを明確にすることである。ところで経済諸現象の空間的展開と国民経済の地域構造の理論的・実証的分析には、相互に関連したいくつかの研究が必要とされる」。「一つは、資本主義的生産様式のもとでの立地・配置の展開の一般的法則性の解明であり」、「それとの関連で成立する」、「経済現象の地域的まとまり＝経済圏形成の論理が主要な問題」となり、「しかも、産業主義段階から独占資本主義段階への移行に伴う変化をも、解明されなければならないであろう。第二は、こうした理論的成果とのかかわりあいのなかで、各国の資本主義発展の特殊性と国土基盤の違いなどを考慮しながら、各国国民経済の地域構造の歴史的形成を問題としなければならない。第三は、なによりもわが国の国土・地域問題の解明を重視する立場から、日本経済の地域構造の実証的分析が急がれる」。「そして、最後に、国土・地域問題の解決をはかる立場から、社会主義をふくむ他国の地域構造を比較しながら、あるべき地域構造を模索することが不可欠であろう。その場合、国民経済のあるべき方向をみきわめながら、こうした視点と地域住民運動の提起している視点との理論的統一をはかる必要があろう[37]」（一九七九年）。

「市場圏、サービス圏、金融圏、管理圏、生活圏などの総合としてできあがった経済圏が、基本的には国家機構や独占企業集団の管理機構の主導のもとに、彼等の有利なように編成されるがゆえに、生活圏の整備が十分に行われず、労働力の再生産に困難が生ずる。通勤難・住宅難・学校などの公共施設の不足といった都市特有の問題、教育・医療などの日常生活に直結する消費サービスの供給圏からの疎外によって発生する過疎問題がその代表である[38]」。

また、筆者は、資本主義の発展と地域構造に関するデッサンについても、一九八六年に論文を書いている[39]。

ところで、中村氏は、最後に以下のような興味ある記述を行なっている。

地方財政研究者による地域経済論は、「地方財政危機を解明するために、その背後にある資本主義の地域経済の不均等発展がとりあげられた。しかし、この立場においては、地域経済とは何か、その成立根拠如何、行政地域をこえて展開する経済の実態分析、経済の重層的地域システム（国民経済の地域構造）の解明といった理論的実態分析的研究が深められないままに、地域経済を行政地域の経済量と同一視し、行政地域を単位とした生産額や所得、資金の地域的不均等をとりあげて、地域経済の分析とする傾向もうまれた」と自己批判する一方、「従来の経済地理学は経済の空間的展開をとりあげてきたが、それは資本の立地運動や企業の立地＝市場圏、企業の中枢管理機能の配置、等々を分析」してきたと述べ、「地域構造論」が基本的に経済地理学によって築きあげられてきたことを事実上認めている。その一方で、地方財政論者は、「地域を自治体としてとらえ、生活空間あるいは自治空間の経済として地域経済をとらえようとする、地域経済の自治体論的アプローチともいうべき方法論を育てていくことになった」「そして、地域問題を解決し、人間の発達のための地域的条件を形成する立場から地域経済を改革する地域政策を構想するという政策指向の強い地域経済論をうみだしていくことになった」。他方、経済地理学には、こうした「地域という言葉に含まれている人間発達の場、共同生活空間としての総合性、個性、共同性、主体性、自治体といった視点が欠落していた」と批判している[40]。

地方財政学による国民経済の空間的論理に対する視点の欠落をこれだけ素直に認めた「地方財政研究者」は、ほとんどいない。その点では画期的な文章である。

いずれにしても、「地域経済の改革は内部的なとりくみなしには不可能であるが、同時にこれをとりまく地域経済の相互依存関係（地域構造）の変革なしには困難である。地域構造の実態分析をすすめ、地域構造の改革を求めていくことが重要な課題になっている[41]」という指摘は、日頃の筆者の指摘とまったく一致しており、基本的な賛意を示したい。

地域構造論に対する地域的不均等論者からの長くかつ執拗な反論に対して、筆者は個々にほとんど対応してこなかった。しかし、依然として機械的な反発に基づく批判も続いているが[42]、重森・中村論文によって大きな転換点を迎えつつある。世界経済的視野にたちながら、国民経済の空間編成としての地域構造、そのなかでの重層的経済圏の形成の論理を追求しつつ、地域問題、地域政策を追求すること、その際のポイントは広域経済圏や生活圏レベルでのコミュニティの確立である、という点に集約できるであろう。こうした共通の土俵のもとで理論、実証、政策の三面からの一層の深まりこそが緊急の課題であろう。

（1）矢田俊文「経済地理学について」『経済志林』四一巻三・四号　一九七三年。本書第一編第一章二。
（2）同「経済地理学の課題と展望」『地理』二四巻一号　一九七九年。本書第一編第一章一。
（3）同「地域的不均等論批判」『一橋論叢』七九巻一号　一九七九年。本書第一編第二章一。
（4）同「地域経済論における二つの視角」『経済志林』四八巻四号　一九八一年。本書第一編第二章二。
（5）同「産業配置と地域構造・序説―経済地理学の体系化プラン―」『経済地理学年報』二八巻二号　一九八二年。本書第一編第四章。
（6）同『産業配置と地域構造』大明堂　一九八二年。本書第一編。
（7）朝野洋一・寺阪昭信・北村嘉行編著『地域の概念と地域構造』大明堂　一九八八年。
北村嘉行・矢田俊文編著「日本工業の地域構造」大明堂　一九七七年。

長岡顕・中藤康俊・山口不二雄編著『日本農業の地域構造』大明堂　一九七八年。

北村嘉行・寺阪昭信編著『流通・情報の地域構造』大明堂　一九七九年。

伊藤達也・内藤博夫・山口不二雄編著『人口流動の地域構造』大明堂　一九七九年。

千葉立也・藤田直晴・矢田俊文・山本健兒編著『所得・資金の地域構造』大明堂　一九八八年。
（8）山口不二雄「地域概念と地域構造概念―マルクス経済地理学の展望―（1）、（2）」『地域』四号　五号　一九八〇年。
（9）山川充夫「経済地域の重層構造とその設定―最近の経済地理学の動向から―」『経済地理学年報』二五巻二号　一九七九年。
山川充夫「国民経済の地域構造論の到達点と課題」『経済地理学年報』二九巻四号　一九八三年。
（10）野原敏雄『日本資本主義と地域経済』大月書店　一九七七年。
（11）加藤和暢「経済地理学の方法に関する覚書―矢田俊文教授の『地域構造』論をめぐって―」『北海学園大学開発論集』三二号　一九八三年。
加藤和暢「『地域構造』分析・序説（上）、（中）、（下）」『北海学園大学開発論集』三六号　一九八五年、三七号　三八号　一九八六年。
（12）小田清「地域経済と不均等発展の『法則』について（1）、（2）、（3）」『北海学園大学経済論集』三三巻一号　二号　一九八五年　三五巻三号　一九八八年。

(13) 重森暁「地域的不均等と内発的発展」『高知論叢』一八号　一九八三年。
(14) 中村剛治郎「地域経済論覚書」『エコノミア』九五号　一九八七年。
(15) 杉野圀明「経済地理学方法論の根本問題」『立命館経済学』三四巻二号　一九八五年。なお、氏は一九八五年のこの論文で、一九七三年に書いた筆者の第一論文のみを批判の俎上にのせている。
(16) 水岡不二雄「戦後日本におけるマルクス経済地理学の展開」『人文地理』三五巻一号　一九八三年。
(17) 日山宏「地域経済の『循環論』と『発展論』」『現代経済学の諸問題』（熊本商科大学経済学部二〇周年記念論文集）一九八八年。なお、日山論文については、矢田俊文「学界展望—経済地理一般」『人文地理』四一巻三号　一九八九年参照。
(18) 小田（12）論文　六二～六三頁。
(19) 同右　六六頁。
(20) 前掲『産業配置と地域構造』二六一～二六二頁。
(21) 同右　一二四頁。
(22) 川島哲郎「地域間の平等と均衡について」『経済学雑誌』七九巻一号　一九七八年。
(23) 小田（1）論文　五七頁。
(24) 前掲『産業配置と地域構造』五九～六〇頁。
(25) 重森暁前掲論文　二四頁。
(26) 同右　二五頁。
(27) 同右　二六頁。
(28) 同右　二八頁。
(29) 同右　二九頁。
(30) 同右　三三頁。
(31) 同右　三七頁。
(32) 前掲『産業配置と地域構造』二五五頁。
(33) 同右　二五六頁。
(34) 中村（14）論文　二六～二七頁。
(35) 同右　三三頁。

(36) 同右　三四頁。
(37) 前掲『産業配置と地域構造』八～九頁。
(38) 同右　二六一頁。
(39) 矢田俊文「産業構造の展開と地域構造」川島哲郎編『経済地理学』朝倉書店　一九八六年。
(40) 中村（14）論文　三六頁。
(41) 同右　三六～三七頁。
(42) 岡田知弘「地域経済の『構造論』と『発展論』」『地域経済』（岐阜経済大学）第七集　一九八七年）。

（矢田俊文編著『地域構造の理論』ミネルヴァ書房　一九九〇年　第三章）

第二章　現代経済地理学と地域構造論

一　現代経済地理学の潮流の歴史的背景

二〇世紀末から二一世紀初頭にかけて、世界史的にみて明らかに大きな転換に直面していることは、多くの識者の共通の理解である。しかし、何をもって転換期とみるのか、どれだけの時間的なスパンの中で位置づけるのか、論者によって必ずしも共通しているわけではない。

一八世紀末からの産業革命による生産力の急速な発展とそれに伴う膨大な化石エネルギーの消費、及び多様な化学物質の開発によって人類の存在を危うくするまでに地球環境の破壊が進んでいることを「画期」のメルクマールとみることもできる。あるいは、D・ベルが早くも一九七〇年代初頭に提起した、財貨の生産と分配・経済成長を基軸原理とする「工業社会」から情報の生産・理論的知識の中心性を基軸原理とする「脱工業社会」への転換、さらにその延長上で一九八〇年代前半のA・トフラーの主張する工場のルールが社会のルールを規定した産業革命の「第二の波」からコンピュータ技術が社会の発展段階移行の中心となる「第三の波」が到来したことを「画期」のメルクマールとみる見解もある。また、K・マルクスが「社会の発展様式」のなかで資本主義社会の次の生産様式として規定した社会主義的生産様式が、一九一〇年代に地球上に登場し、わずか七〇年の歴史ののちに、八〇年代にほとんど消滅

2－1表　技術の連続的な長期波動

長期波動			主要なインフラストラクチュアの特徴		
	時代区分	Kondratiev 波動	運輸・通信	エネルギー	キーファクター
第1次	1780s－1840s	産業革命・工場生産	運河・道路	水力	綿
第2次	1840s－1890s	蒸気力と鉄道の時代	鉄道（銑鉄）・電信	蒸気力	石炭・銑鉄
第3次	1890s－1940s	電気と鉄鋼の時代	鉄道（鉄鋼）・電話	電気	鉄鋼
第4次	1940s－1990s	大量生産（Fordism）自動車・合成材料の時代	自動車ハイウェイ・ラジオ・テレビ・航空	石油	石油・プラスティックス
第5次	1990s－	マイクロエレクトロニクスとコンピュータ・ネットワークの時代	情報ハイウェイ・デジタルネットワーク	ガス・石油	マイクロエレクトロニクス

Freeman らによる、（注1）

しまったこと、このことによって第二次世界大戦後の米ソ対立を核とする冷戦体制が崩壊し、世界経済がアメリカを基軸として一体化する、いわゆるグロバライゼーションを「画期」のメルクマールとみることも有効である。

地球環境の危機の時代ととらえるのは、人類誕生からの時代認識が必要であり、脱工業化・情報社会ととらえるのは、産業革命以降の工業社会との対比での時代認識であり、冷戦体制の崩壊によるグロバライゼーションを重視するのは、二〇世紀後半の世界システムの転換ということろに力点が置かれざるをえないからである。あるいは、二〇世紀末に地球環境危機、情報社会の到来、世界システムの転換という一連の時代を引き起こしたのは「情報化」という唯一の推進力によるものとみることができるかも知れない。少なくとも情報社会の到来とグローバライゼーションとは、同一のパースペクティブ上にあるとみてよいであろう。

ところで、こうした時代認識について、産業技術革新を軸として体系的に整理した、最近の名著として、C・フリーマンらによる「産業革新の経済学」[1]がある（2―1表）。ここで、フリーマンらは、コンドラチュフが提起した長期波動モデルを経済システムへの主要な新技術の導入による長期波動として捉えなおしたJ・A・シュンペータの「技術変化の連続波動」をベースとする。しかし、シュンペータが第二次大戦後すぐに死亡したため、第三の波までしか論及していなかったことから、新たに第四、第五の波を付け加えている。また、シュンペータが蒸気機関の開発を第一の波、鉄鋼の開発を第二の波とし、内燃機関の開発を第三の波としたのに対し、フリーマンらは、新技術の導入ではなく、その普及こそが時代を画する技術革新となるという見解のもとに、水力による繊維部門における工場生産の普及を第一の波、蒸気機関と鉄道の普及を第二の波、電気と鉄鋼の普及を第三の波、内燃機関による自動車及び合成材料の普及と大量生産の時代を第四の波とする。しかし、ここでは、シュンペータとフリーマンらの時代区分の見解の違いに深入りするつもりはない。注目すべきことは、フリーマンらが「産業技術革新」を軸とする長期波動論を第二次世界大戦後二〇世紀末まで延長し、現代という時代を歴史的に位置づけていることである。それは、ベルやトフラーをはじめ多くの論者が産業革命以降を「工業社会」と位置づけている中で、これをさらに産業技術革新に伴う経済社会の変化を再区分したシュンペータの思考の延長上に、第二次世界大戦中・戦後の五〇年間を自動車と合成材料の普及による大量生産（Fordism）の時代とし、二〇世紀最後の一〇年間以降をマイクロエレクトロニクスとコンピュータ・ネットワークの時代として明確に位置づけていることである。この第五の波なるものが、「工業社会」の中での第五の波なのか、「工業社会」から「脱工業社会」あるいは「情報社会」への転換を意味するものなのか、必ずしも明示されていない。ただ、冒頭に述べた時代の「画期」となるメルクマールは、「マイクロエレクトロニクスとコンピュータ・ネットワーク」にあると位置づけていることは、決定的に重要である。

「マイクロエレクトロニクスとコンピュータ・ネットワーク」革命、つまり最近の用語で表現すればＩＣＴ革命こそが、情報公開を通じて閉鎖的かつ非効率的な社会主義経済の崩壊をもたらし、また、市場経済を担ってきた先進資本主義国の巨大企業の多国籍化とその世界最適配置・最適調達・最適戦略に基づく厳しい競争と世界経済の一体化つまりグロバライゼーションを急速に推進しているのである。ＩＣＴ革命の進展と冷戦体制の崩壊・グロバライゼーションとは、二〇世紀末に生じた時代変革のメダルの表と裏なのである。

このように、人間社会を「時間軸」でとらえたとき、ＩＣＴ革命は明らかに一つの時代を画した。と同時に、コンピュータが大量の情報を記憶・処理するとともに、通信ネットワークを通じて、地球レベルで瞬時に情報の移動が可能となることによって、空間的な経済社会活動に対しても著しい変化を与えつつあることも確かである。グロバライゼーションという認識そのものが、多国籍企業の世界空間レベルでの経済戦略の反映である。また、ヒトとモノの輸送による移動という「距離の摩擦」についても、ヒトやモノそのものを運ぶコストだけでなく、ヒトやモノが運ぶ情報コストの節約という意味での近接立地の利益が発生し、これをベースにした「産業集積」や「都市集積」も、電子情報による情報伝達の普及によって、その有り様も大きな変化を被りつつある。

経済立地論や経済地域論など経済の空間システムを研究テーマとしてきた経済地理学は当然、こうした空間的な経済社会活動の著しい変化に注目することとなり、欧米諸国の研究者を中心に相次いで諸見解が世に出されている。世界経済論もまた、「国際経済＝国民経済の結合」という見方の限界を認識するとともに、多国籍企業の世界レベルでの立地展開の研究に注目することとなった。さらに、企業組織を中心的な研究対象としてきた経営学も多国籍企業の企業内分業が世界レベルで展開していることから、管理拠点・研究開発拠点・生産拠点・営業拠点の世界レベルの配置と空間的統合の研究など、立地論との急接近を図りつつある。産業経済論も各国・地域の産業の競争力の視点から国や地域のイノベーション・システムを論じ、その中で産業の空間的集積に着目する研究が活発となっている。いずれにしても、空間的視点が脆弱であった世界経済論・産業経済論・経営学が、立地論や空間的集積論など経済地理学の研究分野に急接近し、部分的に融合さえしつつある。これも一重に、ＩＣＴ革命という時間軸のなかで、経済活動の空間軸もまた大きな変貌を余儀なくされていることの反映である。

『現代経済地理学』(2)は、こうした歴史的背景のもとで経済地理学の復活と再生、経済学体系のなかでの位置づけの急上昇という一連の流れに着目し、二〇世紀最後の四半世紀に登場した世界の主要な経済地理学の潮流について、代表的な論者の学説を紹介するとともに、それぞれの視点から評価した論文集となっている。ただし、とりあげた論者は、必ずしも経済地理学というジャンルに限定されたものではない。すでに述べたように、現代という時間軸のなかで、国の「境」が曖昧になっているとともに、学問分野という「境」もまた極めてファジーなものとなっている。その意味では、経済地理学者か否かの議論は殆ど意味をなさない。経済の空間システムという経済地理学のテーマにとって、欠かすことのできない主要論者をとりあげたというのが正直なところである。つまり、それぞれの論説のなかに「空間的」視点が骨格のところに位置づいているか否かで選択したものである。

ここでは、こうした学説について、歴史的パースペクティブ＝時間軸の中で位置づけるとともに、それぞれの論者の対象とする分野について、その空間的広がりの視点＝空間軸から再整理することによって、現代の世界的な経済地理学の到達点を確認するものである。『現代経済地理学』では世界的に活躍している一三人の代表的な学者を俎上にのせているが、本章では、新しい時代の経済の空間システムをどのように把握することができるか、という方法論的な枠組みを中心に整理してみたい。そのため、「建造環境」「資本の第二次循環」「時間による空間の絶滅」など重要なキーワードを提起し、マルクス主義の立場からの特有の空間システムの純理論を構築しようとしたD・ハーヴェイ、「製造業を特定の地域に集中させる諸力を、収穫逓増（increasing returns）と不完全競争（imperfect competition）を考慮にいれた産業立地モデル」の構築を図った、P・クルーグマンについては、「抽象的な均衡理論が社会的現実を説明できない」ことからまた、マルクス経済学の純理論的思考が「価値法則などの抽象的な理論によって、具体的な地域的不均等発展の現実を捉えることはできない」、とするA・セイヤーの見解と同じ立場にたつとともに、批判的リアリズムの立場から経済地理学の方法論論議に重心を置いた、A・セイヤーの三人については、本章の考察の対象からはずした。

そのうえで、一〇人の見解について、その中心的論点を重視して、世界経済の空間システム（二人）、情報経済の空間システム（二人）、企業経済の空間システム（三人）、地域経済の空間システム（二人）の四つの分野に分けて、論じてみたい。

さらに、国民経済の空間システムを把握するために、一九七〇年代に筆者らによって提唱された「地域構造論」が二〇世紀末の時代転換と世界的な経済地理学の潮流のなかで、何が問われているのか、「地域構造論」について新たな視点から体系的かつ建設的な批判をした二人の代表的見解を紹介しながら、再構築の方向を探ってみることにしたい。

（1）Freeman, Chris and Soete Luc（1997）, *The Economics of Industrial Innovation*, 3rd ed., Cambridge: The MIT Press.

（2）矢田俊文・松原宏編著『現代経済地理学』ミネルヴァ書房　二〇〇〇年。

二　空間軸からみた現代経済地理学の潮流

1　世界経済の空間システム―世界システム論とレギュラシオン

世界システム論　地球という空間レベルをそのまま一つの社会システムとして捉えようとしたのは、I・ウォーラーステインである。

高木彰彦氏の表現を借りれば、(1)「世界システム論とは、今日では世界大の広がりをもつにいたった資本主義世界経済をひとつのシステムとみなし、その分業関係について論じる理論である」ということになる。つまり、ウォーラーステインは、「世界経済を単一の世界市場と多元的な国家システムによって特徴づけられる実体」と定義し、世界を多数の国家の集合とみなす一方で、世界経済を多数の国民経済の統合体とみなさず、単一の市場に統合された一つの経済単位とみなしているところに、決定的な特徴がある。そして、この単一の世界経済なるものは、「強い国家機構を持ち、高賃金と高利潤とで資本集約度の高い商品を生産している地帯」としての中核と、「弱い国家機構を持ち、低賃金と低利潤とで資本集約度の低い商品を生産している地帯」としての周辺があり、両者の関係は「不等価交換」を通じて支配・従属的なものであるとともに、この「中核・周辺の中間的な存在で、一方で中核に搾取されながらも他方で周辺を支配するという性格をもつ」半周辺の三地帯より構成される世界システムを形作っている、というものである。そして、システム内には強い国家と弱い国家の間、強い国家間、国家内部の支配をめぐるグループ間の三つのレベルの競争が存在するとみる。

この世界システム論は、繰り返すまでもなく、国民経済を経済の単位とし、世界経済を国民経済の集合とみる見解を真っ向から否定し、世界経済を単一の世界市場によって成立する単体のものとみなす一方で、これが中核・半周辺・周辺の三つの地帯によって構成されているものとみる。さらに、この三つの地帯は単なる地域の集合体ではなく、明らかに国家群の集合体とみている。一九世紀末に「近代世界システム」が成立し、その中で中核となる覇権国家が一九世紀のイギリス、二〇世紀のアメリカへと継承され、二一世紀には世界システムそのものが反システム運動によって危機に陥るだろうという指摘は大変興味深い。いずれにしても、世界経済を単体とみ、その空間システムをグローバルなスケールで捉えようとした視角は、経済の空間システムを対象とする経済地理学の視点からも、大変重要な論点を提起している。

レギュラシオン　I・ウォーラーステインが世界経済のシステムを先進資本主義国を中核とし、その他の国家を半周辺・周辺という概念で把握したのに対し、先進資本主義国の国民経済の自立性を積極的に評価し、そのダイナミズムに焦点をあて、第二次大戦後の資本主義経済の時代的な転換を「発展様式」という概念で捉えるとともに、これを核として世界経済のシステムを理解しようとしたのが、A・リピエッツを中心とするレギュラシオン理論である。氏の所論については宮町良弘氏(2)に依拠しつつ、ここでは空間システム論という視点からその要点だけを整理してみよう。

レギュラシオン学派によれば、第二次大戦後の約三〇年間の先進資本主義について、「内包的蓄積体制」と「独占的調整様式」が整合的に統合したフォーディズムという発展様式(mode of development)として特徴づけている。すなわち、「内包的蓄積体制」とは、労働過程での技術革新に基づいて生産性が急速に上昇し、これによって賃金も上昇し、このことが消費過程での大衆消費市場の成長をもたらし、これが大量生産を一層促すという循環的成長のなかで大量生産・大量消費体制が確立した。この生産体制は、非熟練・流れ作業・高密度労働に代表されるテーラー的労働編成をベースとした少品種大量生産を特徴とする。また、「独占的調整様式」とは、寡占的大企業制度のもとで大量生産による高蓄積部分を労資間の協調によって高賃金として分配し、これに基づいて消費市場を拡大するとともに、高い税収によって大きな政府を実現し、政府の投資的・消費的支出を通じてマクロ経済のコントロールと福祉の充実をはかるケインズ的福祉国家を内部に包摂するものである。

ここで、寡占企業の工程間分業について、企画・開発部門と現場製造部門、製造部門における熟練労働を必要とする部門と単純組立作業部門への分化について着目し、それぞれの部門間の垂直的な統合や分散について論じている。そのうえで、それぞれの工程の最適な配置の視点から、開発・研究部門を担う先進工業諸国の大都市地域、熟練製造部門を担う中間地域、単純作業部門を担う国内の地方や発展途上国などの低賃金地域という形で企業内生産工程や企業間階層関係の地域分業ないし空間編成について指摘し、こうした空間編成を「産業部門別回路」と命名している。これは、後で紹介する企業の地理学をベースとする企業経済の空間システム論と軌を一にするものであり、寡占企業のナショナルレベル及びグローバルレベルでの企業内地域分業こそがフォーディズムの時代における国民経済の空間システム、さらには世界経済の空間システム形成の骨格を形成するものとして捉えており、後述するM・ポーターの所論とともに、世界経済の空間システム、国民経済の空間システム、企業経済の空間システムの三つを統合する視点を提起していると言える。

レギュラシオン学派は、こうしたフォーディズムという蓄積体制と調整様式は、一九七〇年代に入って機能不全に陥ったとみる。それは、一方で需要が多品種小量消費に移行し、大量生産を支える市場基盤が喪失するとともに、他方で、マイクロエレクトロニクス（ME）とコンピュータ・ネットワークの普及によって需要構造の変化に対応する柔軟な生産が可能となったことなど「蓄積体制」の変容が生じ、また、賃金の上昇が利潤の圧迫をもたらしたことから労資協調が崩れ、新たな賃労働関係の再編が不可避となるなど「調整様式」も転換を迫られたことによる。この結

2－1図　世界の主要経済地理学理論―その時間軸と空間軸における位置づけ

→時間軸
1600 1700 1800 1900 1950 1960 1970 1980 1990 2000
↓空間軸
空間捨象
K. Marx 1818
生産力と生産関係, 経済構造と政治・イデオロギー構造
(封建的生産様式)→資本主義的生産様式
↓冷戦体制
社会主義的生産様式→(崩壊)
(農業社会)
D. Bell 1919
前工業社会→(市場社会) 工業社会→(情報社会) 脱工業社会
C. Freeman
技術変化の長期波動 Successive long Waves of technical Changes
1780－(First)－1840s－(Second)－1890s－(Third)－1940s－(Fourth)――1990s－(Fifth)
産業革命　蒸気と鉄道　電気と鉄鋼　自動車と合成材料 (Fordism＝大量生産)　マイクロエレクトロニクスとコンピュータネットワーク
世界経済の空間システム
I. Wallerstein 1930
16C 半ば以降－近代世界システムの形成－中核・周辺・半周辺
17C オランダ→19C イギリス Pax Britanica→20C アメリカ Pax Americana――世界システムの危機 20C 末
A. Lipietz 1947
Fordism→Flexible Manufacturing System
Mode of Development＝Regimes of Accumulation＋Mode of Regulation
(発展様式)　(蓄積様式)　(調整様式)
(Super-national scale)　Globalization
(National scale)
(Sub-national scale)　Localization
Toyotism (JIT－地域集積)
California Model (新産業空間, 地域集積)
カルマリズム(スウェーデン, 地域集積)
Local 空間の構築
情報経済の空間システム
A. Pred
多数立地組織　Multi-locational Organization
専門情報循環→都市システムの形成, 都市間集積
M. Castells 1942
Infomational Mode of Development
80s－
農業的発展様式→工業的発展様式→情報的発展様式
企業組織の空間的立地パターン－フロー空間が場の空間を包摂
Space of Flow＝ネットワーク空間 (Node と Hub)
Placeless Power vs Powerless Space
Space of Place＝Face to Faceのコミュニケーション
Millieu of Innovation (革新の風土)

矢田作成

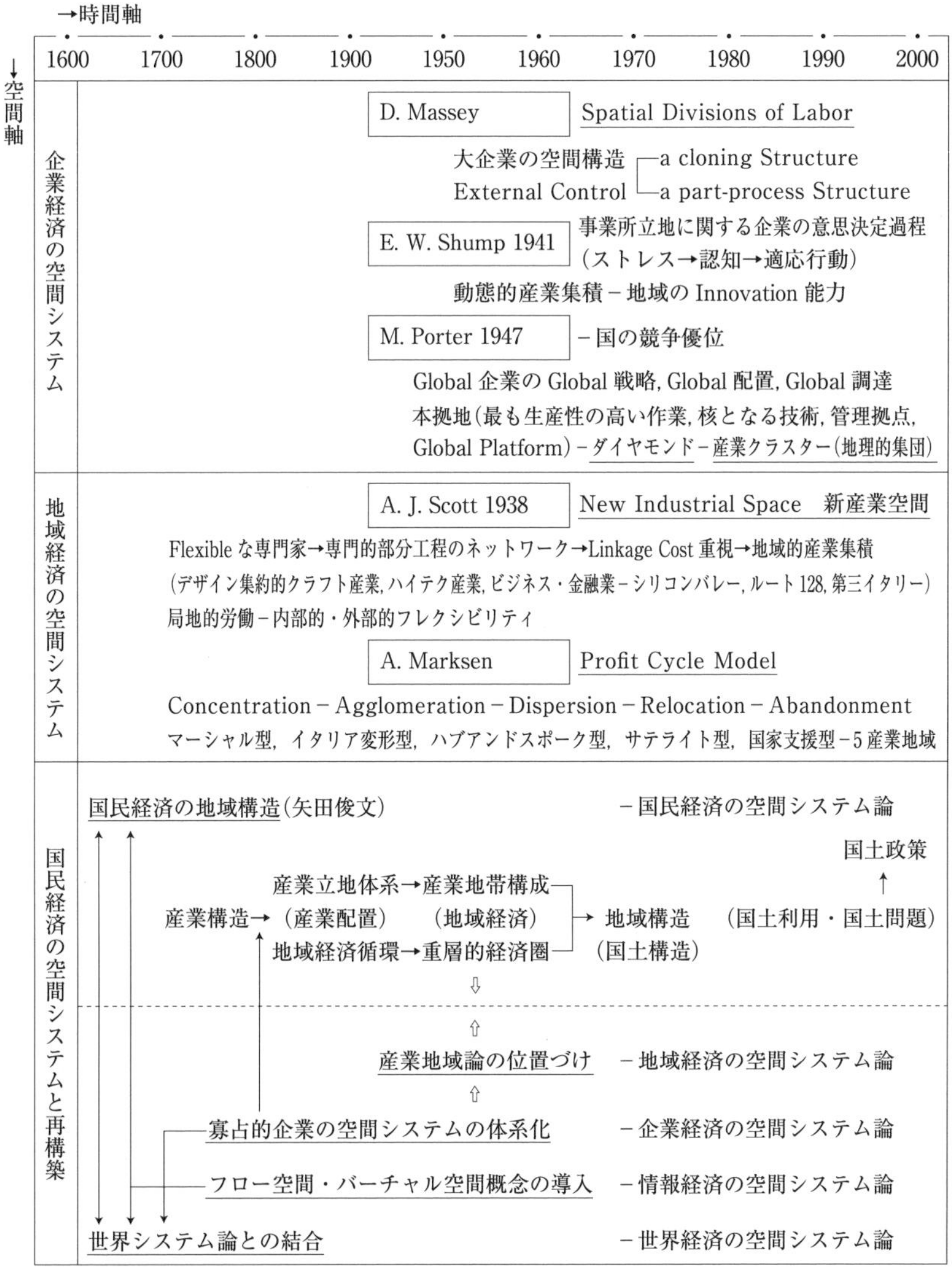
→時間軸
↓空間軸
1600
1700
1800
1900
1950
1960
1970
1980
1990
2000
企業経済の空間システム
D. Massey
Spatial Divisions of Labor
大企業の空間構造
External Control
a cloning Structure
a part-process Structure
E. W. Shump 1941
事業所立地に関する企業の意思決定過程
(ストレス→認知→適応行動)
動態的産業集積－地域の Innovation 能力
M. Porter 1947
－国の競争優位
Global 企業の Global 戦略, Global 配置, Global 調達
本拠地(最も生産性の高い作業, 核となる技術, 管理拠点,
Global Platform)－ダイヤモンド－産業クラスター(地理的集団)
地域経済の空間システム
A. J. Scott 1938
New Industrial Space　新産業空間
Flexible な専門家→専門的部分工程のネットワーク→Linkage Cost 重視→地域的産業集積
(デザイン集約的クラフト産業, ハイテク産業, ビジネス・金融業－シリコンバレー, ルート 128, 第三イタリー)
局地的労働－内部的・外部的フレクシビリティ
A. Marksen
Profit Cycle Model
Concentration－Agglomeration－Dispersion－Relocation－Abandonment
マーシャル型, イタリア変形型, ハブアンドスポーク型, サテライト型, 国家支援型－5 産業地域
国民経済の空間システムと再構築
国民経済の地域構造(矢田俊文)
－国民経済の空間システム論
国土政策
産業構造→
産業立地体系→産業地帯構成
(産業配置)
(地域経済)
地域経済循環→重層的経済圏
地域構造
(国土構造)
(国土利用・国土問題)
産業地域論の位置づけ
－地域経済の空間システム論
寡占的企業の空間システムの体系化
－企業経済の空間システム論
フロー空間・バーチャル空間概念の導入
－情報経済の空間システム論
世界システム論との結合
－世界経済の空間システム論

果、アフター・フォーディズムと呼ばれる三つから四つの新たな発展モデルが登場しつつあると指摘する。それは、①テーラー型の労働編成・寡占企業支配・地方分散型の配置を維持しつつ、ＭＥ化とパート労働化を進めるネオ・フォーディズムと、テーラー型の労働編成をとらず、企業の垂直的統合と垂直的分割が柔軟に組合わさる「垂直的準統合型」の産業組織と企業の地域集積を特徴とする二形態に分かれる。そのうち後者について、②専門化した企業が非階層かつ市場を通して結合するとともに、労働者も企業と個人的交渉で契約するカリフォルニアモデル、③同じく専門化した企業が非階層的に結合するものの、企業間が社会的に調整され、かつ労働契約が集団的交渉によって行われるカルマリズム（スウェーデン）の二つに分かれ、あわせて三つに分類している（宮町氏は、これに④トヨティズムを加えている）。二〇世紀第四四半期に生じた、アフター・フォーディズムという発展様式なるものは、一方でグローバルなスケールでの空間システムがより強力となるとともに、他方で、企業間関係・労資関係がよりフレクシブルになることからローカル・スケールでの空間システムの役割が強まり、代わって、ナショナル・スケールでの調整が弱まる、と指摘する。空間システムという視点からみれば、世界経済の空間システム（世界システム）、国民経済の空間システム（地域構造）、地域経済の空間システム（産業集積）の三つの空間システムが、マイクロエレクトロニクス（ＭＥ）とコンピュータ・ネットワークをベースとする技術革新、企業間・労資間関係の柔軟化というフレクシブル・マニュファクチュアリング・システム（ＦＭＳ）の登場とともに、それぞれの相対的重要性に大きな変化が生じている、と主張している。

2　情報経済の空間システム

Ａ・プレッドの都市システム論

企業経済の空間システム論は、いわば多数立地企業の企業内地域間分業をテーマとしたものである。これを多数立地組織一般に拡大し、組織内の事業所間の情報伝達のメカニズムに焦点をあて、そこから都市間の連結や階層性、つまり都市システムを論じたものに、A・プレッドの都市システム論がある。

田村大樹氏が指摘しているように、(3)「プレッドの都市システム論の本質は、何よりも都市間関係を情報伝達という視点から捉えたことにある」。具体的には、都市システムをシステムを構成する諸都市間の相互依存関係の総体としてとらえ、その相互依存関係を規定するものとして、一般的に理解されている財・サービス、資本の移動とともに、情報の移動を特に重視している。なかでも、プレッドは専門情報（specialized information）という概念を用い、その入手可能性は場所によって著しく異なるものであり、かつ組織の意思決定にとってその収集・処理能力が決定的に重要な役割を果たすと指摘する。

プレッドによれば、こうした専門情報には、私的情報（private information、対面接触や電信・電話、手紙などによる情報）、公的情報（public information、新聞・雑誌、テレビ・ラジオなどによる情報）があり、公的情報も新聞・雑誌の販売地域、テレビ・ラジオの放送エリアなどによって地域的偏向が生じるものの、私的情報は閉鎖性が強いため地域的偏向が特に著しく、多数立地組織においては、組織内の事業所間の私的情報の太い地域的循環が形成され、それが都市間の情報循環として現象するとみる。さらに、私的・公的情報以外に専門視覚情報（specialized visual information）をあげている。これは、個々人の私的な観察と知覚によるもので、ほとんど例外なしに私的情報や公的情報に変換されうるとしている。筆者は、いわゆる「ナマの観察」による「ナマ情報」または「現場情報」とも言うべきものと理解している。重要な意思決定が行われる重役会議に参加して知覚される情報、野球やサッカーの試合をナマで見学して知覚される情報などで、なんらかの公的情報に転化されることもあるが、しかし、ナマでえた情報の多くは知覚された人間の移動によって多様な私的情報として伝達される。

その意味では、専門情報の地域的循環は、マスコミなどによる多様な公的情報がベースとなっているものの、組織内の事業所間、特定の組織間の私的情報循環、なかでも人間の場所的移動によるナマの観察に基づく私的情報循環が組織の意思決定者にとってより重要な役割を果たす。つまり、「多数立地組織が一般的になることによって、都市間の専門情報循環の流れの中に組織内部の専門情報流が含まれるようになり」、これと「一般に管理レベルの高い立地単位が既存主要都市に立地することを考え併せれば」、「既存の主要都市に有利に働く専門情報循環の空間的偏り」が生じることになる。さらに、主要都市間の高速道路及びジェット航空のネットワークが整備されることにより、ナマの情報を運ぶ人間の移動がより活発化し、主要都市及び都市間の専門情報集積と循環が累積的に拡大することになる。

こうしたプレッドの見解は、一方で多数立地組織（multilocational organization）間関係を論ずる点において、企業の空間システム論と重なり合うとともに、他方で都市システムの形成を論じ、国民経済の空間システム論と深く関わっているものの、専門情報の地域的循環に焦点をあてることによって、情報経済の空間システム論として独自の理論を構築しているとみることができよう。

M・カステルの「フロー空間」論　このように、A・プレッドは、工業社会における多数立地組織内の情報循環をベースにした情報経済の空間システムについて、交通網の整備による組織内の人の空間的移動によるナマ情報の循環をキーとした論理を展開した。これに対し、M・カステルは本格的な情報社会の到来を強く意識し、コンピュータ・ネットワークをベースとした情報経済の空間システム論を展開している。

豆本一茂氏が紹介しているように[(4)]、カステルは、労働者が物質に働きかける際の技術的組み合わせ方を「発展様式」とし、知識の創造や情報処理・象徴伝達の技術によって生産諸力が決定される発展様式を「情報的発展様式」（informational mode of development）とみ、社会は農業的発展様式から工業的発展様式をへて一九八〇年代から本格的なＩＣＴ革命によって情報的発展様式へ移行しつつあるとみる。そのうえで、空間について論じ、情報社会における新しい空間のあり様を論じる。

空間には、物理的な自然環境や建造環境から構成される「物理的空間―空間1＝空間的・物質形態」と社会諸活動の空間的表現としての「社会的空間―空間2＝空間的・社会形態」の二つの概念が存在する、と主張する。ここで、空間的・物質形態に社会的な意味・内容を割り当てる歴史的・社会形態を解明するための社会構造の理論を都市・空間理論とし、カステルはここに研究の焦点をあてる。とくに、ＩＣＴ革命のもとにおける多数立地組織の空間構造について、「多数の異なる源泉から生じた情報を統合し、集められた情報を基盤として意思決定中枢において処理された情報を迅速に多数の分散した実行単位へ伝える」情報処理過程において、その合理化、つまり「意思決定と組織的諸目標の実行との間の摩擦を最小化し、巨大組織の官僚制の非効率から解放する」ことが求められる。これによって形成される企業組織構造は、低次レベルの諸業務が自動化され、分散的・分権的であると同時に、高次の意思決定中枢が強化され、集中的・集権的なネットワークとなる。この場合、多数立地組織を構成する個々の単位は特定の場を必要とし、その意味で場所指向的である一方で、諸単位間の情報フローのリンケージによって「フロー空間」が生じる。この「フロー空間」が企業組織の「力」として現象することによって、「場のない力（placeless power）」が個々の単位という「力のない場（powerless place）」を支配することになる。

こうして、カステルは、情報経済において、物理的な隣接性・連続性をもたない空間としての「フロー空間」（Space of Flow）という新たな空間的形態の存在を明らかにするとともに、これとの対比で物理的隣接性・連続性を持つ空間を「場の空間」（Space of Place）と呼び両者の対立と統一のなかで独自の情報経済の空間システム論を展開する。いわく、「情報的発展様式に導かれた情報経済において資本のロジックを体現する主体（担い手）である企業にとって最も重要なのは情報のフローである。情報諸技術の発展によって、情報のフローは物理的な隣接性・連続性を必要としなくなった。したがって情報経済ネットワーク社会に支配的な諸過程の物的支持としての空間は、（場の空間ではなく）フローの空間なのである」。この「フロー空間」は、電子的インパルスのネットワーク回路（第一の層）、ノードとハブ（第二の層）、管理的・監督機能の遂行（第三の層）の三つより構成されており、「場の空間」はハブという形でこの「フロー空間」の部分として包摂されていく。こうして、「フロー空間の歴史的出現は、場の空間の意味を止揚する」ことになる、と結論づける。

以上から明らかなように、カステルは、企業経済の空間システム論、情報の空間的流れを重視したブレッドの都市システム論、さらにカステル自身が早くから提起してきた情報技術をベースとした産業集積論など、経済地理学の主要な現代的潮流を十分に視野に入れながら、「フロー空間」という新しい概念を提起し、インターネット社会でのヴァーチャル空間の「力」を前面にだす独自の情報経済の空間システム論をみごとに展開している。

3　企業経済の空間システム―企業の地理学

企業が工場などの複数の生産拠点、営業所などの複数の販売拠点、さらに企業活動を統括する本社・支社などの複数の管理拠点を、それぞれの最適地点に置いて企業内地域間分業を展開していることに着目し、その動向を解析するとともに、そこから地域経済の有り様を解明しようとしたのが「企業の地理学」（geography of enterprise）である。こうした考え方は、G・クルンメらによって一九六〇年代後半に提起されたもので、「従来の新古典派的な産業立地論を批判して新たな方法論的な発展をはかる立場から」、「企業行動論、経営組織論を導入して行動的立地論を構築する方向」(5)をとったものである。ここでは、企業の具体的な立地決定は、不確実性をもった環境の中で、不完全な情報をもとに、限られたごく少数の立地地点から選択されるものである、との認識から出発する。そのうえで、こうした立地選択による、新規工場の設置、既存工場の拡張や縮小・閉鎖、他企業の工場の合併・吸収などによって、企業内の地域間分業の変動をもたらすだけでなく、個別の地域経済に強い影響を与えるとともに、地域経済の外部支配や衰退などの多様な地域問題をもたらすことに着目している。

こうした企業行動の視点から企業経済の空間システムを解明しようとする考え方の代表として、大企業の空間構造とそれぞれの事業所の立地する地域経済との関係を構造論的に解明したD・マッシィ、ドイツの実証主義的な経済地理学者として、企業の事業所の新設・増設・縮小・廃止などの意思決定過程を分析したE・シャンプの企業の地理学、企業の地理学の考え方の延長で多国籍企業の世界戦略を論じるとともに、本拠地の果たす役割を「ダイヤモンド」概念を導入して強調したM・ポーター、以上の三人の見解の論点について整理してみよう。

D・マッシィの大企業の空間構造論　松橋公治氏の新しいマッシィ論[6]からみれば、マッシィの空間構造論の見解を企業経済の空間システムのなかで整理するのは、大いに異論のあるところであろう。たしかに、マッシィは、社会と空間との関係を、「空間が社会的に構造化される」だけでなく、「社会的プロセスが空間的に構造化されている」とし、社会と空間を切り離して考察する二元論的な科学方法論を否定し、両者の弁証法的統一という視角を明示するなど、幅広いパースペクティブの中で「空間」を論じている。それは、マルクスが客観的存在としての物質それ自体が時間と空間をもっており、物質の存在を抜きにした時間や空間は存在しないという指摘と軌を一にしている。マルクスの唯物論によれば、「人間社会」もまた物質の一つであるから、「社会」から空間だけを分離して考察することはありえない、ということになる。

とは言っても、マッシィの真骨頂は、「社会的諸関係の空間的形態である産業の空間構造とその社会的、地域的影響の多様性」の解明をテーマとして追究してきたことである。ここで、「生産の空間構造の概念化」に当たって、「管理の階層制」と「生産の階層制」の二つを軸として展開し、「空間構造」の主要な原型として、管理拠点と生産拠点が空間的に一体となった「局地的集中型」、管理拠点としての本社と生産拠点としての分工場とが機能的・空間的に分化した「クローン型」、生産拠点としての工場自体も工程によって空間的に分離した「部分工程」型の三つを明示している。そのうえで、「局地的集中型」の空間構造のもとでは、特定地域への特定産業への特化が進み、産業構造転換の中で成長地域と不況地域・問題地域との格差をもたらし、「クローン型」では、生産拠点に対する管理拠点の支配、いわゆる「域外支配」という特有の地域間の階層化が生じ、さらに「部分工程型」では、工程間の「生産従属」がそれぞれの工場地域間の「支配・従属」に転化していく、と指摘する。つまり、企業内部における空間構造がそれぞれの管理・生産拠点の立地する地域間の空間構造にはめこまれる、というのである。

こうしたマッシィの論理展開は、マクロ経済の空間システム、その中に組み込まれながら、多様性をもつ地域の実態を「生産の空間構造」というキー概念を導入して解明しようとする点で、大変示唆的である。また、国民経済、企業、地域経済のそれぞれの空間システムを一体として把握しようとしている点では、筆者の「地域構造論」と共通している。しかし、「企業の空間構造」や「生産の空間構造」とこれらの企業の集合によってできあがる「産業の空間構造」、さらにマクロ経済の空間構造の間には、相当の距離があり、この距離を産業構造転換、産業立地及び産業集積に基づく産業地域形成、機能地域的な視点からの経済圏形成といったキー概念を導入しながら埋めていくという、地域構造論の方法が不可欠となる。マッシィは、これらを曖昧にしたまま個々の産業や地域の実証分析に傾斜しており、その点では、マクロ経済の空間構造の解明に成功しているとは言えず、氏の最大の功績は、企業の空間システムを類型化し、この視点から地域間関係を理論的・実証的に解明した点にある、と位置づけてよいであろう。

Ｅ・Ｗ・シャンプの企業の地理学　山本健兒氏の紹介によれば[7]、Ｅ・Ｗ・シャンプは、ルール工業地域からややはずれた山間地域での製造事業所の「持続性」について研究し、その中から閉鎖を決断するに当たっての企業家の意思決定過程について行動論的立場からモデル化している。

ここでは、市場競争や政府の政策などの非局地的なストレス、土地不足・労働力不足などの局地的ストレスなど環境変化を企業家が認知し、これに対して、組織の解消か維持か、維持の場合に事業所を全面移転するか、部分移転するか、現状のまま操業を継続するか、適応行動する、というシェーマを提起する。また、自動車部品工業の集積した産業地域を対象にした分析の中から、単なる取引費用（コスト）の節約という論理での静態的な集積が地域の競争力を強化するのではなく、競合する企業や提携関係にある企業と空間的に近接していることによって、企業間の市場取引と企業相互間や国家ないし準国家的制度との非市場的相互作用の強度を促進し、もってより高度なイノベーション力を獲得する」という動態的集積の重要性を強調する。この地域のイノベーション力を説明するキーワードとして「カンピタンス（能力）」という概念を提起し、製品開発能力、生産能力、販売能力の三つの能力を高める契機が地域の中に存在している場合に動態的集積の利益が発揮される、と指摘する。こうして、企業内の地域間分業論をベースにしながら、この枠を越えて「企業の立地行動と地域の経済発展との関係」、「企業あるいは事業所の能力と、これを高める知識との間のダイナミズムに関して地域の果たす役割の理論化」というE・W・シャンプ特有の見解を提起している。

M・ポーターのグローバル企業の世界戦略　M・ポーターのグローバル企業の世界戦略論を企業経済の空間システム論に位置づけるのは、ポーター自身及びこれを紹介した加藤和暢氏[8]からみれば必ずしも適当ではないと指摘するかも知れない。あるいは、後述する産業集積論の中で位置づけるのが適当であろう。しかし、氏の主著である『国の競争優位』において、Ⅱの産業編やⅢの国別研究での膨大な具体的実証分析は別にして、Ⅰの基礎理論編においては、「グローバル産業における企業の競争優位」を論ずるにあたって、企業経済の空間的システム論をベースにした理論展開を行っている。具体的には以下のようである。

まず、企業は、買い手のために価値を創造すると捉え、その価値をつくる活動群には、原材料・部品などの購買物流→製造→製品の出荷物流→マーケティングと販売→販売後のサービスの五つの主活動と資材調達、技術開発、人的資源管理、財務・事業計画などの全般的管理などの四つの支援活動があり、これらの「連結関係（リンケージ）で結合した活動の相互依存システムまたはネットワーク」を「価値連鎖」とする。ところで、グローバル企業は、世界全体にわたってお互いに競争し、世界中に広がる活動の全ネットワーク化を通じて競争を展開する。その場合、それぞれの国を母国とする企業が多数の国にその製品を売るために世界的総合戦略＝グローバル戦略を実施する。そのための方法としては二つあり、一つは、グローバル企業が世界市場を相手にするために、各国の間に活動を拡散させる方法、つまりグローバルな最適配置戦略であり、もう一つは、拡散した活動を調整する能力、つまりグローバルな最適調整戦略である。

このうち、グローバルな最適配置戦略とは、「価値連鎖」を構成する五つの主活動と四つの支援活動を、それぞれにとって最適な国や地域に配置することである。市場への近接性、生産要素コスト、各国の政府の規制などに配慮して、多様な製品や部品の生産拠点、世界の主要市場向けの流通や販売拠点、さらに全体の統括拠点をグローバル競争に有利な視点から最適に配置するとともに、生産拠点や販売拠点との間の原材料・製品の調達や物流管理を行う。また、グローバルな最適調整戦略とは、各国に分散配置された活動の調整である。技術や市場情報などの共有、生産や販売などの責任の配分、為替レートや要素コストの変動への対応、競争相手に対する戦略への共同の対抗、各国政府の政策の変更への対応など、多様な調整が常に求められる。ポーターは、「グローバル企業の競争優位は、普通、立地（国）から生まれるものと、それとは別の、企業の活動のグローバル・ネットワーク全体から起こるものの二つに分けることができる」と指摘している。

しかし、ここまでは、ポーターが明示的に指摘はしていないものの、経営学専攻であれば当然得ているはずの「企業の地理学」の発想をグローバル企業内の世界的レベルでの地域間分業論に延長したまでのことである。ポーターの真骨頂は、ここからの展開である。ポーターは、こうした企業内の空間システムのなかで、「戦略がつくられ、中核的な製品と工程の開発が行われ、重要で独自な熟練が存在する場所」を「本拠地」と呼び、「本拠地はグローバル戦略のためのプラットホーム」であるとし、本拠地のある本国の役割をことさらに重視する。その際、個別の企業ではなく、企業が属する特定の産業及び特定のセグメントこそが競争の性質と競争優位の源泉となるのであり、特定産業や特定セグメントあるいは関連する産業やセグメントが垂直・水平で結び合った「クラスター」の世界的な競争優位こそが最も重要である。ここで、国際競争にとって最も重要な本拠地での「プラットホーム」とは、①要素条件（労働力、インフラストラクチュアなどの生産要素）、②需要条件（製品・サービスに対する需要の性質）、③関連・支援産業の存在、④当該産業の企業間の競争状態、以上の四つの条件及びこれらの相互関係であり、この四点を結びつけてできあがる図形からこれを「ダイヤモンド」と命名し、それぞれの産業における本国の「ダイヤモンド」の状況こそが、当該産業の競争優位を確保し持続するか否かを決めており、国の経済構造、価値観、文化、制度、歴史などの違いが大きく関わっているとする。

ここでポーターが指摘している「ダイヤモンド」なるものは、本国という単位で問題としているのか、「クラスター」という用語から推定して特定の国の特定の地域における集積を問題にしているのか明示的ではない。後者の場合は、後述する産業集積論とも関わっているものの、産業集積論自体を本格的に展開しているわけではない。

4　地域経済の空間システム——産業集積論

A・スコットの新産業空間論　レギュラシオン学派に強い影響を受け、かつ経営学での取引費用論の成果を取り入れつつ、産業地域の空間システムについて新しい視点を提起したのは、A・スコットである。

友澤和夫氏が紹介しているように、(9)スコットは、大企業の垂直的統合をベースとするフォーディズムから、フレキシブルな専門化を特徴とするポスト・フォーディズムのもとでは、産業組織は、生産工程の垂直的分離

(vertical disintegration) が進むとともに、消費者ニーズが多様化・分断化し、市場の不安定性・不確実性が増すことから、分離した企業間の取引が複雑化し、この取引費用 (transaction cost) を節約するため、企業の地域的集積 (agglomeration) が行われ、産業コンプレックスが形成される、とする。そして、このように、「フレキシブルな専門化の進展によって産業集積が進んでいる地域」を「新産業空間」(new industrial space) と呼び、該当産業として、デザイン集約的クラフト産業、ハイテク産業及びビジネス・金融サービス産業の三つをあげ、典型地域としてシリコンバレー、ルート一二八、第三イタリーなど一一地域をあげている。その後、中小企業間の結合だけでなく、デザインやR&D集約的なバッジ生産を行う航空・宇宙、防衛、電機などの大企業もシステムハウス型産業として、この「新産業空間」形成に加えている。

この「新産業空間」論にみる地域経済の空間システムの考え方は、垂直的分離と分離した企業間のフレキシブルな取引、その取引費用(コスト)を最小にするための「地理的凝縮」という論理構成である。つまり、取引費用をキーワードにして、多様かつ複雑・不確実な取引において、常に再調整が不可欠で、対面接触が要求されるため、その時間コストや移動コストを最小にするのが空間的距離の縮小、つまり「集積」が最適となる、というストーリーである。したがって、氏によれば、こうした産業コンプレックスこそがポスト・フォーディズムのもとにおけるグローバル資本主義をつき動かす「リージョナルモーター」となると大変高い位置づけを行っている。こうしたリージョナルモーターとなるのは、先進地域の大都市およびこれを取り巻く繁栄したヒンターランドであり、世界経済の空間システムは、これを核とした旧植民地や旧社会主義国などの資本主義の経済的フロンティア、と第三世界の相対的に繁栄した大都市地域のアイランドの三つないし四つのエリアによって構成されている、とみる。

レギュラシオン学派が蓄積体制と調整様式を核としてポスト・フォーデズムを析出することに焦点を置き、その代表としていくつかの産業地域に言及する、という論理展開をしているのに対し、スコットは逆にポスト・フォーデズムのもとでの産業地域を「新産業空間」として照射し、こうした地域を核とした世界経済の空間システム論に言及するという、いわば逆の接近方法をとっているものとみることができる。

A・マークセンのプロフィット・サイクル・モデルと産業地域

一定の修正をほどこしているものの、基本的には垂直的に分離し、専門化した中小企業が、取引費用（コスト）を最小化するために地域的に集積することによる「新産業空間」の形成を論じたスコットに対し、寡占的大企業の空間的行動を当該産業のライフサイクルの脈絡の中でモデル化し、その視点から産業地域を類型化したものとして、A・マークセンのプロフィット・サイクル・モデル（Profit Cycle Model、以下ＰＣＭ）がある。

柳井雅人氏の紹介[10]によれば次のようになる。企業が新規産業を起こし、利潤が発生しないまま成長する初期（第Ｉ段階）にあっては、最初の地点で設備投資を拡大する「規模拡大」（Concentration）がみられ、次いで、需要が急増し、当該企業が創業者利得ともみられる超過利潤を発生させる第Ⅱ段階では、技術者や労働者、関連産業の集まる「空間的集積」（Agglomeration）が生じる。さらに、需要が拡大し、産業が成長するとともに、他企業の新規参入が活発化し、競争の激化によって利潤が低下し、超過利潤から正常利潤へと安定した状態になる第Ⅲ段階を迎えると、市場シェアの確保のため、多様な地域への市場立地傾向を示し、立地は「分散」（Dispersion）する。その後、激しい競争のなかで生産の制限や効率的な設備への集中がなされ、利潤も多少増加する第Ⅳ期は、立地の面では「再配置」（Relocation）という現象が生じる。さらに、需要が縮小し、マイナス利潤に転化する第Ｖ期には、企業は当該産業からの撤退を迫られ、「設備廃棄」（Abandonment）がなされる。もちろん、こうしたサイクルは、一つのモデルであり、いかなる産業のライフサイクルにもそのまま当てはまるものではないが、特定の産業のライフサイクル、ここでの企業の空間的行動、当該産業地域の栄枯盛衰を一つの連関のなかで捉えようとした点に特徴がある。

このことは、当然のこととして「産業地域」を考察するに当たって、当該地域内の結合関係にのみ目を奪われることなく、企業の立地展開の論理、その結果できあがる広域的な取引ネットワークという視点からの位置づけを不可避とし、こうした視点からスコットらの「新産業空間」論に懐疑的で、これを多様な産業地域類型の一つに過ぎないとする。具体的には、①専門化した中小企業が地域的に集積し、地域内で企業間の濃密な結合関係と局地的な労働市場が形成されている「マーシャル型産業地域」、②同じく専門化した中小企業が地域的に集積し、局地的な労働市場が形成されているものの、地域内で企業間関係が単なる市場結合を越えて、社会的な性格が強く、かつ地方政府の能動的役割がみられる「イタリア型変形地域」、③特定の大規模企業を核としてその部品供給企業が垂直統合した形で集積するとともに、中核企業が地域外企業と広域的な取引を行っている「ハブ・アンド・スポーク型地域」、④地域外本社のサテライト型の分工場が単に地域的に集積し、取引は地域外の本社の指示のもとで地域外企業との関係が主で、地域内の相互取引の希薄な「サテライト型産業プラットホーム」、⑤大きな政府の組織によって支配されたビジネス構造のもとで企業が集積し、軍・国家資本などの支配のもとで外部との取引が主で、かつ労働者も外部から調達されるケースの多い「国家支援型産業地域」の五つに類型化しており、スコットの「新産業空間」論は、①「マーシャル型産業地域」と②「イタリア型変形地域」のみを過大に評価している、と批判している。

こうしたA・マークセンによる地域経済の空間システム論は、ポスト・フォーデズム論における、専門化した中小企業やこれらの集積する「新産業空間」に傾斜する新しい経済地理学の潮流から距離を置いている。経済システムにおける寡占的大企業の中心的役割が依然として大きいことを考えれば、こうした企業の空間的行動がつくりだす立地展開、その結果としてのグローバル、ナショナル、ローカルな空間システムの形成をトータルで捉える冷静な目が必要であり、時代の流れを正確に見据えつつ、学問的流行に流されない、したたかな研究姿勢をみてとることができる。

（1）　高木彰彦「I・ウォーラーステイン—世界システム論」矢田俊文・松原宏編著『現代経済地理学』ミネルヴァ書房

二〇〇〇年　第一〇章。
Wallerstein, I (1979), *The Capitalist World-Economy*, Cambridge; New York: Cambridge University Press.（藤瀬浩司・麻沼賢彦・金井雄一訳『資本主義世界経済I――中核と周辺の不平等』名古屋大学出版会、日南田静眞監訳『資本主義世界経済II――階級・エスニシティの不平等、国際政治』名古屋大学出版会　一九八七年）。

（2）宮町良弘「A・リピエッツ―レギュラシオン理論」前掲『現代経済地理学』第十一章。
Lipietz, A. (1985), *Mirages et miracles*. Paris: La Decouverte.（若森章孝・井上泰夫訳『奇跡と幻影』新評論　一九八七年）。

（3）田村大樹「A・プレッド―都市システム論」前掲『現代経済地理学』第六章。
Pred, A. (1977), *City-systems in Advanced Economies: Past Growth, Present Processes and Future Development Options*, London : Hutchinson.

（4）豆本一茂「M・カステル―情報都市とフローの空間」前掲『現代経済地理学』第七章。
Castells, M. (1989), *The Informational City : Information Technology, Economic Restructuring, and the Urban-Regional Process*, Oxford : Blackwell Publishers.

（5）富樫幸一「地域構造論と企業の地理学」矢田俊文『地域構造の理論』ミネルヴァ書房　一九九〇年　第五章。

（6）松橋公治「D・マッシィ―構造的アプローチと空間的分業」前掲『現代経済地理学』第二章。
Massey, D. (1995), *Spatial Divisions of Labour: Social Structures and the Geography of Production*, 2nd ed., London: Macmillan.（富樫幸一・松橋公治監訳『空間的分業―イギリス経済社会のリストラクチャリング』古今書院　二〇〇〇年）。

（7）山本健兒「E・W・シャンプ―ドイツの企業地理学」前掲『現代経済地理学』第五章。
Schamp, Eike W. (1978), Unternehmensinterne Entscheidungsprozesse zur Standortwahl in Übersee am Beispiel eines deutschen chemischen Unternehmens, in: *Geographische Zeitschrift*, Jg. 66, S. 38-60.

（8）加藤和暢「M・ポーター―国と地域の競争優位」前掲『現代経済地理学』第一二章。
Porter, M. E. (1990), *The Competitive Advantage of Nations*, New York: The Free Press.（土岐坤他訳『国の競争優位（上・下）』ダイヤモンド社　一九九二年）。

（9）友澤和夫「A・J・スコット―新産業空間論を超えて」前掲『現代経済地理学』第九章。
Scott, A. J. (1988), *New Industrial Spaces: Flexible Production Organization and Regional Development in North*

America and Western Europe. London: Pion.

(10) 柳井雅人「A・マークセン―プロフィット・サイクル・モデルと産業集積論」前掲『現代経済地理学』第八章。
Markusen, A. R. (1985). *Profit Cycles, Oligopoly and Regional Development.* Cambridge: The MIT Press.

三　地域構造論の現代的再生―国民経済の空間システム論へ

1　国民経済の空間システム論―地域構造論

世界を単一の経済とし、その空間システムを世界システム論として把握する見方と対照的なものとして、筆者は一九七〇年代初頭に経済地理学の対象を「国民経済の地域構造」[1]の解明にあるとの見解を提起した。これは、世界システム論とほぼ同じ時期に提起されたものである。しかし、筆者がウォーラーステインの世界システム論に出会ったのは、一九八〇年代後半であり、世界システム論を意識するとともに、一九八〇年代以降盛んになった企業経済の空間システム論及びA・プレッドにみられる情報循環をベースとする都市システム論の成果を取り入れ、「地域構造論」を再整理したのは、『地域構造の理論』[2]（矢田、一九九〇、以下頁のみ示す）においてである。

ここで、筆者は、世界システム論的立場について、「われわれは、こうした立場はとらない。国民経済間の関係がより緊密になり、相互依存関係は深まっているものの、依然として、国民経済が基礎的・自立的な社会単位であるとともに、国民経済の内部は、一つの空間システムを構成しており、そのなかの一部分として地域経済がある」とし、「地域構造論なるものは、国民経済の空間システムないし地域システムを解明する理論であり、また、世界経済の空間システムについても、その基礎である国民経済の空間システムが結合した結果として形成されるものとみている。もちろん、多国籍企業のグローバルな立地展開が独自に世界的な空間システムの再編を行ない、それがそれぞれの国民経済内部の空間システムに反作用するという複雑な事態をも十分に視野に入れてのことである」と述べている

（一三―一四頁）。

そのうえで、「国民経済の地域構造とは、一国の国土を基盤にして、長い歴史的経過をへて形成された国民経済の地域的分業体系であり」、「それが世界経済の地域的分業体系の一部分として有機的に包摂されていることは改めて繰り返すまでもない」（一五頁）。「地域的分業体系なるものは、社会的分業体系としての産業構造によって基本的に規定されるから、地域構造の史的形成もまた、産業構造の史的展開によって規定されることになる」（一五―一六頁）、と指摘している。その意味では、「国民経済の地域構造の解明に当たっては、産業構造そのものの把握が不可欠の前提になる」（一六頁）。地域構造は、こうした産業構造を担う諸部門・諸機能の立地と、これを基礎にして展開される地域的循環の二つの側面を媒介にして形成される。ところで、地域構造は、具体的には、個別企業の立地や財・サービス、所得・資金の地域的循環の集合として現象する。ここで、「一般に同一ないし同種の部門や機能の立地がほぼ同様の立地動向を示すことから、その立地が一定の地理的範囲で卓越する傾向をもち、『等質地域』としての『産業地域』ないし『産業地帯』を形成する」（二〇頁）。「他方、産業立地を基礎にして展開する原材料・燃料、製品などの『素材の地域的循環』、労働力の地域的循環、さらには所得・資金などの『価値の地域的循環』」は、それぞれ規模を異にするものの、「いずれも一定の空間的範囲のなかで相対的なまとまりを示す。つまり、各々重層的に編成された市場圏（商圏）、サービス圏、通勤圏・生活圏、金融圏であり国家（中央・地方政府）や企業の本社・支社などの中枢機能の管轄圏である」（二〇頁）。「これらの多様な『機能地域』の重層的編成は、まったく別個に形成されるのではなく、歴史的に一定のヒエラルヒーを伴って配置された都市群、これらを結びつける形で国土に張りめぐらされた交通・通信網の二つが媒介となって、ほぼ共通した形態となる。この結果、国民経済は、大・中・小の複合的・総合的な『機能地域』＝経済圏の重層的編成として把握される」（二〇頁）。「こうして、国民経済は、一方では地帯構成として、他方では重層的な経済圏の編成としてとらえることができる」（二〇頁）。これが国民経済の地域構造の骨格なのである。

このように、地域構造論は、国民経済を一つの単位として捉え、産業構造、企業立地と財・サービス、所得・資金の地域的循環、これらの集合によって形成される多様な産業地域と大・中・小の経済圏の重層的編成、都市システム、交通・通信網などの経済地理学の基本的概念を操作しながら、国民経済の空間システムを立体的に把握する枠組みを提起している。この枠組みは、国民経済を閉鎖システムに捉えたところにポイントがあるのではなく、市場経済を担う企業というミクロな空間行動をベースとして、その集合がつくりだすマクロ経済の空間システムを把握する論理を提起したものであって、当然のことながら国民経済を開放したブロック経済、さらに世界経済の空間システムを把握する方法論としても有効性をもちうるものである。ただ、自立したそれぞれの国民経済の地域構造が、厳しい国際競争による各国の産業構造の著しい転換によって、大きな変貌を受けるとともに、多国籍企業の世界大の立地展開が各国の地域構造を大きく揺さぶっていく論理は、独自に解明されなければならなかったのである。

2　地域構造論批判

一九七〇年代前半に提起された「地域構造論」は、経済地理学の分野を越えて、地域経済論一般にまで大きな論争を引き起し、多くの批判がなされた。主として地方財政学の分野からの批判については、すでに「地域構造論論争—地域的不均等論をめぐって」(2)(『地域構造の理論』)ですでに筆者が反批判している。同じ著書で、加藤和暢氏が「地域構造論学説史」を著して「地域構造論」の戦後の経済地理学説の流れの中に位置づけるとともに、筆者自身、先に指摘したように、新しい世界的な経済地理学の潮流に多くを学びつつ、これを「地域構造論概説」として、「地域構造論」を再整理した。

この一九九〇年にだされた「地域構造論概説」に対しても、いくつかの批判を受けることになった。ここでは、外在的な批判はさておいて、「地域構造論」を積極的に評価しつつ、新しい時代の流れを見据えて、その再構築の必要性を説いた、加藤和暢氏と田村大樹氏の二つの異なった視点からの全体的かつ積極的な批判を紹介する。

加藤和暢氏の批判　加藤（一九九四）[3]は、冒頭で「経済活動の『グローバル化』と『サービス化』の進展は、現実の地域構造を広範囲かつ根底的に変貌させようとしているのであるが、それにともなって地域構造論の分析枠組もまた重大な反省をせまられているようにおもわれる」とし、『いま必要なことは地域構造論の理論的枠組みを、社会経済の『新しい現実』に対応しうるよう再整序するための努力ではなかろうか」（四一頁）と問題提起する。そのうえで、筆者の「地域構造論」を川島哲郎氏の「地域的循環論」との対比で整理しつつ、「資本の立地運動と経済の地域的循環とを統一した産業配置論の構築は、それゆえ矢田の地域構造論の核心にほかならない」と評価しつつ、これを「一国の産業構造をになう諸部門・諸機能の産業配置の検討を手がかりにすすめようとしたものであり、その意味において産業（構造）論的なパースペクティブとして特徴づけることが可能であろう」（四三頁）と位置づけている。

こうした位置づけを前提にして、山本健児氏や岡田知弘氏らの論文を引用しつつ、「地域構造論」が「経済循環の地域的完結性というパラダイム」を主張しているとし、グローバル化の時代におけるその非現実性を批判する。加藤氏は、これを単なる否定的な批判で終わらず、「川島や矢田のいう『相対的な経済循環の地域的完結性』をひとまず特定レベルにおける空間的まとまりの存在としてよみがえらせてみる必要があろう。経済循環の完結性の有無や強弱という視点からはなれても、経済現象が特定の空間的まとまりをもつという『事実』は否定できまい」、「市場メカニズムのもとにおける地域（経済）とは、こうしてうみだされた空間的なまとまりにほかならない」と指摘している。

また、「市場と組織（ないし非市場）との関連を整理すべくコース（一九九二年）、やウィリアムソン（一九八〇年、一九八九年）らの手で構築がすすめられてきた『取引コストの経済学』の成果を経済地理学に導入する必要がある」、「地域構造論は、いま社会経済の新しい現実に対応するためにも、従来の産業論的なパースペクティブにくわえて組織論的なそれの積極的な導入を必要としているようにおもわれるのである」と指摘し、山川充夫氏の「企業空間」論や加藤恵正氏の「企業の空間組織再編と分工場経済」論にみられるわが国経済地理学の組織論視点の導入を積極的に評価しつつ、「地域構造論」再構築の方向を示唆している。

加藤和暢氏が指摘する二つの点の中で、第一点は、「地域構造論」がテーマとしている国民経済の空間システムと世界システム論や多国籍企業のグローバルな企業内分業との立体的結合を図るうえで、欠かすことのできない論点である。にもかかわらず、筆者の論文において誤解を生む個々の表現があったことは否定しないが、はじめから「経済循環の地域的完結性というパラダイム」をリジッドな形で強調したつもりはなかった。『地域構造の理論』の中で、「産業立地を基礎にして展開する原材料・燃料、製品などの『素材の地域的循環』、労働力の地域的循環、さらには所得・資金などの『価値の地域的循環』」は、それぞれ規模を異にするものの、「いずれも一定の空間的範囲のなかで相対的なまとまりを示す。つまり、各々重層的に編成された市場圏（商圏）、サービス圏、通勤圏・生活圏、金融圏であり国家（中央・地方政府）や企業の本社・支社などの中枢機能の管轄圏である」（二〇頁）。「これらの多様な『機能地域』の重層的編成は、まったく別個に形成されるのではなく、歴史的に一定のヒエラルヒーを伴って配置された都市群、これらを結びつける形で国土に張りめぐらされた交通・通信網の二つが媒介となって、ほぼ共通した形態となる。この結果国民経済は、大・中・小の複合的・総合的な『機能地域』＝経済圏の重層的編成として把握される」（二〇頁）、と述べているように、ここでの「地域経済」なるものは、加藤氏自身が提起している「経済現象が特定の空間的まとまり」とほぼ同義に使用してきたつもりである。

加藤氏の批判の第二点である「組織論視点の導入」については、ほとんど異義を挟む余地はない。本書第二章二で紹介されているように、二〇世紀最後の四半世紀の世界の経済地理学の潮流は、企業経済の空間システムやこれと深い関わりをもつ「産業集積論」であり、これを「地域構造論」の再構築の一つの柱とすることが必要であろう。この点については、他の機会にゆずることにしたい。

田村大樹氏の批判　田村大樹氏（二〇〇〇）は、一九九九年三月九州大学大学院経済学研究科に提出した博士論文で、マイクロエレクトロニクスとコンピュータ・ネットワークの普及による「情報社会」の到来に基づく経済の空間システムの変化に着目し、その視点から「地域構造論」の枠組みを改めて問いなおし、その根本的弱点を指摘し、これを再構築することによって、「変革の時代における地域構造の再編成のメカニズムを理論的に明らかに」することを目指した。

本論文を軸に公刊された著書[4]で、「地域構造論」について、「それまで論じられていた、個別の地域事象もしくは地域問題を総合化し、そのことにより、経済地理学という学問体系の存在意義と領域とを確定」し、これによって「経済活動の空間的展開と、経済学が扱っている空間的広がりを考慮しない経済現象を対応させ、両者の関係を論ずることが可能」となった、と位置づける。そのうえで、「地域構造論」は、非空間的な社会的分業の変化として把握される産業構造の変化が、その変化の担い手である企業の立地行動を契機として、新たな産業立地体系と素材、労働力、所得・資金の地域的循環をつくりだすことによって、経済の空間的分業である地域構造が変化する、という論理構成となっているとする。ここで、「技術革新→産業構造転換→地域構造の変化」という論理構成のもとでは、地域構造の変化をもたらすものが、いわば「外生的」に与えられているだけであって、「『構造』のフレームの中に、次の時点の『構造』のあり方を決める主要な要因が含まれて」おらず（田村、一九九八、五九頁）、その意味では「静態的」なものにとどまっていると批判する。

これに対し、P・バランとP・スウィージーが『独占資本』[5]において、国民経済の全構造をゆるがす「画期的」とよぶ技術革新は、鉄道や自動車などの「経済地理を根本的に変化せしめ」るものであったと指摘したことにヒントをえて、経済の空間構造のなかで、つねに空間的距離は克服すべき障害となっており、これをブレーク・スルーするものとして「空間克服技術の革新」がなされ、それが産業構造の変化および地域構造の変化を引き起こしていくことに注目する。つまり、一定の段階での地域構造の中に、次の段階に移行するための大規模な空間克服技術革新への要因が内在しているとみ、これによって、地域構造論に「動態化」の論理を注入しようとしている。

この「空間克服技術の革新」という鍵概念の注入による地域構造論の再構築と二〇世紀末の「情報の技術革新」とを論理的に合体して、現代経済の空間システムの枠組みを考察する。ここでは、情報の空間的移動を「空間的情報流」とよび、これは情報財として空間的物流に乗って移動するもの、情報のキャリアとしての人間の移動とともに伝達されるもの、そして通信によって、それ自体が移動するもの、以上の三つによって構成されるものとみる。このうち、前二者は、いわば運輸手段による「運輸のロジック」による情報流であり、最後の一つが光速流という「通信のロジック」による情報流となる。コンピュータ・ネットワークの普及は、まさに、「運輸から通信のロジックへと空間的情報流が全体として移行していく」(九八頁)ことを意味し、この「空間克服の力の劇的な向上」こそが市場圏・管理圏・通勤圏・都市圏などの経済圏の拡大と再編をもたらし、これを通じて、経済の空間システムの大幅な変化を惹起させる。つまり、コンピュータ・ネットワークという革新的な空間克服技術の登場が、「地域構造論」が前提としている「産業構造の変化」という媒介項を経ず、それ自体が直接的に経済の空間構造の再編を迫っているとみる。こうして、「情報化による社会変革が新たな段階へ導くという事態に直面して」、「地域構造論」は、「その説明力は著しく損なわれる」(一一頁)という結論に達する。

以上にみられる、田村大樹氏は、「地域構造論」の「技術革新→産業構造転換→産業立地体系・地域的循環の変容→地域構造の変化」という図式そのものに対し、技術革新の中心の一つが空間克服技術の革新であることに着目し、「空間克服技術の革新→産業立地体系・地域的循環の変容→地域構造の変化」という新たなループに着目し、地域構造論の再構築を試みたものである。こうした批判は、コンピュータ・ネットワークの普及による地域構造の激変という「新しい社会的現実」に触発されたものではあるが、「空間克服産業」という概念を活用して、「地域構造論」の動態化を試みたものとして、積極的に首肯すべき論点であろう。

3　地域構造論（国民経済の空間システム）の再構築に向けて

二〇世紀の第四四半世紀における世界史的転換点を迎え、世界的な経済地理学の潮流に大きな変化が訪れていることは、本章二での代表的経済地理学者についての筆者なりの整理でも明らかである。幸か不幸か、第三四半世紀の末に筆者らによって提起された国民経済の空間システムの枠組みを問うた「地域構造論」も、加藤氏の指摘するように第四四半世紀における「新しい社会的現実」の前に、大幅な修正を迫られていることは、否定すべくもない。しかも、同じ時期に、世界的に経済地理学が復活と再生を果たし、経済学体系の中での位置づけが急上昇しており、これらの成果を積極的に吸収することも、また必然的な流れである。ここでは、本章で整理した、世界経済の空間システム論、情報経済の空間的システム論、企業経済の空間的システム論、地域経済の空間的システム論と国民経済の空間的システム論の相互補完関係を整理することによって、「地域構造論」の意義と再構築の方向を提示してみたい。

まず、第一に、改めて強調するまでもなく、世界経済、国民経済というマクロ的な把握と企業経済のミクロ的把握とは、寡占企業組織が巨大となり複雑化し、マクロ経済の把握にますます大きな意味をもってきているとはいえ、論理的には異なっていることである。したがって、世界システム論のような世界経済の空間システムや「地域構造論」のような国民経済の空間システムと、企業組織を対象とする企業経済の空間システムとは、別個のものであり、前二者を寡占企業の企業内地域分業の視点からグローバル・ナショナル・ローカル経済を論じることで解消されるものではない。この点で、マクロ経済の空間システム論とミクロ経済の空間システム論を峻別することが不可欠である。(6)

さらに、重要なことはいかなる産業で寡占企業が卓越し、いかなる産業で専門化された中小企業が活力をもつのか、また、その他の産業ではいかなる産業組織となり、それぞれの立地展開がいかなる特徴をもつのか、産業というセミマクロ概念を媒介として、ミクロとマクロを統合するという、産業論的パースペクティブもますます重要となってくる。「新産業空間」をめぐる論争で、批判者の側から産業による産業組織や産業立地の違いが繰返し指摘されているのは、極めて示唆的である。

第二に、冷戦体制の崩壊とアメリカを基軸とする世界経済の一体化にみられる、いわゆる「グロバライゼーション」の急展開によって、国民経済が解体されたとみるのは行き過ぎである。関税障壁や非関税障壁の撤廃によって、経済的国境が限りなく低くなり、モノやサービス、資本だけでなく、人の移動も劇的に自由になったからといって、国家権力の及ぶ国境は厳然として存在し、「国の経済構造、価値観、文化、制度、歴史などの違い」（M・ポーター）をベースとする国民経済は、明確な実態をもっている。自己完結性だけで国民経済の存在を議論することは適当ではない。同じように、個々の国民経済の空間システムが世界経済の空間システムに完全に融合して、独自の空間システム形成の論理を喪失したとみるのも、現実を見誤ることになる。国民経済が開放されながらも、個々の国民経済の実体が存在し、その空間システムもそれぞれ個性をもっていることも改めて確認されなければならない。

さらに、興味あることに、世界経済の空間システムとは、I・ウォーラーステインのシェーマのように、中心―半周辺―周辺という国家を単位とした関係をとらえるよりも、P・クルーグマンが「生産要素は自由に移動できるが、財の輸送にはコストがかかる」と指摘したように、この視点から世界経済の空間システムを論じるならば、多数の国民経済の空間システムの集合として世界経済の空間システムを捉えるのが合理的である。

にもかかわらず、最近の経済地理学の潮流が、ローカルな「産業集積」とグローバルな世界システムに関心が集中し、ナショナルな空間システムについて注目しないのは、世界システムの頂点にあるアメリカの経済地理学者が中心となっているからであり、彼らは、「フレキシブルな蓄積」（flexible accumulation、D・ハーヴェイ）の舞台となる「新産業空間」と、これを「リージョナルモーター」とする世界システムに関心を集中し、アメリカ以外の国々の空間システムには無関心であることが影響しているように思われる。まさに、認識する主体の置かれた状況を反映しており、「認識の地理学」を地で行っている観は否定できない。東アジア地域においては、国境の壁が低くなっているとはいえ、日本経済、韓国経済、中国経済は、なお一体化しているわけではなく、国土構造もまたそれぞれ独自の論理をもっている。日本を基盤とする経済地理学が、欧米の経済地理学に単純に流されない独自の「認識の地理学」を開発する必要があろう。

とはいっても、マイクロエレクトロニクスとコンピュータネットワークの普及による新しい時代のなかで、多国籍かつ多数立地企業のグローバルレベルでの「最適配置」、「最適調達」、「最適戦略」（M・ポーター）が世界経済の空間システムや国民経済の空間システムの形成において果たす役割は、決定的に重要であることは、否定できない「社会的現実」である。フレキシブルな生産システムを積極的に取り入れたグローバル企業こそが、垂直的・水平的な統合と分離、地域的な分散と集積など弁証法的な組織編成と立地展開を行い、世界経済の空間システム形成の主役となる。専門化された中小企業が集積する「新産業空間」は、地域経済システムの主役であっても、世界経済システムの主役として位置づけるのは過大評価と言えよう。こうしたグローバル企業の最適配置が、各国の産業構造の再編を引き起すことによって間接的に、また、企業内事業所の立地を通じて直接的に、当該国民経済の空間システムを再編していく。こうして、グローバル企業の世界的な地域分業がつくりだす「フロー空間」（M・カステル）が独自の力をもつことにより、支社・支店や分工場が立地した「場の空間」そのものが、「外部支配」（external control、D・マッシイ）を受けることになる。これが第三の論点である。

第四に、こうした世界経済の空間システムの主役となっているグローバル企業も、M・ポーターが強調するように、それぞれの「本拠地」をもち、そこでの「ダイヤモンド」が連続的なイノベーションを引き起こすし、「国の競争優位」が確保される。この「本拠地」と「ダイヤモンド」なるものは、ナショナル・レベルなのか、リージョナルレベルのものなのかは、一律には言えない。しかし、リージョナルレベルの「ダイヤモンド」が問題となる場合、「ローカル空間」(A・リピエッツ)、「革新の風土」(M・カステル)、「新産業空間」(A・スコット)、「産業地域」(A・マークセン)など一連の「地域的産業集積」と深く関わってき、当該地域経済だけでなく国民経済の空間システムの一つの中核的位置を占めることになる。伝統的に個別地域分析に傾斜していたわが国の経済地理学者にとっては、時代の流れにのる恰好のテーマとなり、競って欧米の分析を範として「産業集積」地域の実証分析に走ったのは、ある意味では必然的であり、国民経済の空間システムの解明に大きな貢献をしつつある。しかし、他方で、農林水産業地域や鉱山地域、伝統的な重化学工業地域や地域経済にしっかり埋め込まれている食品、木材・家具、陶磁器などの地場産業地域など、これ以外の多様な「産業地域」の分析もまた国民経済の空間システムの解明に依然必要であることは、改めて強調するまでもない。

第五に、国民経済の空間システムの解明には、それ自体の独自の課題がある点を忘れてはならない。それは、一国の産業地帯構成、都市システムを核とする重層的な経済圏分析を通じて、成長地域と衰退地域の地域格差、大都市問題や過疎問題、資源利用や環境破壊等の国土問題など、多様な地域・国土問題の形成メカニズムを解明し、これを是正するための地域政策・国土政策の策定に科学的な根拠を与えることができるからである。地域構造論が提起されてからの四半世紀の間に、わが国の経済地理学が、国民経済の地域構造の分析を深め、これらの蓄積が地域活性化を指向する地域政策や国土構造の是正を指向する国土政策の形成に大きく寄与したことは、否定すべくもない。地域構造論は、産業立地や地域経済を核としつつも、地域政策や国土政策まで包括する広いパースペクティブを有している、ことは忘却すべきではない。

以上の第一から第五までの論点は、2—2図に集約される。世界経済の空間システム論と国民経済の空間システム論は、マクロ経済の空間システムの解明という、それぞれ独白の課題を有しているとともに、両者は有機的に結合している。その際、それぞれ固有の歴史を有して発展してきた国民経済が、国際分業を通じて結合・再編され、これによって世界経済の空間システムが形成される。しかし、この国際分業は単純な相互補完によるものではなく、中心とよばれる先進資本主義国のヘゲモニーのもとに、NIEsや新たにこの地位に組え込まれたロシアや東欧諸国が半周辺として、アジア・アフリカ・ラテンアメリカなど発展途上国が周辺として立体的にシステム化されていく。その中で、フレキシブルな生産をわがものとし、先進資本主義国に「本拠地」を置くグローバル企業がコンピュータネットワークの形成を活用して、徹底的な企業内国際分業を展開し、独自の「フロー空間」をつくりあげる。この過程で、各国の産業構造と地域構造がグローバル企業の世界戦略という「強い磁石」で引きつけられたように再編成されていく。つまり、企業経済の空間システムが、歴史的に形成されてきた世界経済の空間システムと各国の国民経済の空間システムを再編する。他方で、グローバル企業の「本拠地」である先進資本主義国では、多様な関連産業や労働力が集積し、絶えざるイノベーションを引き起こして、「本拠地」を支える。また、こうしたグローバル企業とは別に、ハイテク産業やビジネス・サービス産業、クラフト産業を中心に専門化された中小企業が集積して、「新産業空間」を形成し、「リージョナルモーター」として地域経済だけでなく、国民経済の空間システムの編成に大きな役割を果たす。国民経済の空間システムは、このように、グローバル企業の世界戦略、「新産業空間」など二〇世紀末の時代潮流の波をまともに受けつつ、農林水産業地域や鉱山地域、重厚長大型の重化学工業地域や地場産業地域など多様な産業地域を抱え、それぞれの固有の実体をもったものとして形成・再編されていく。

最後に、時代の転換を象徴するコンピューターネットワークの普及は、ソフトウェアなど多様な関連産業をうみだすだけでなく、M・カステルが強調するように、ネットワーク空間という「場」のない「フロー空間」を創造し、こ

2－2図　多国籍企業のグローバルネットワークと世界経済・国民経済・地域経済の空間システム

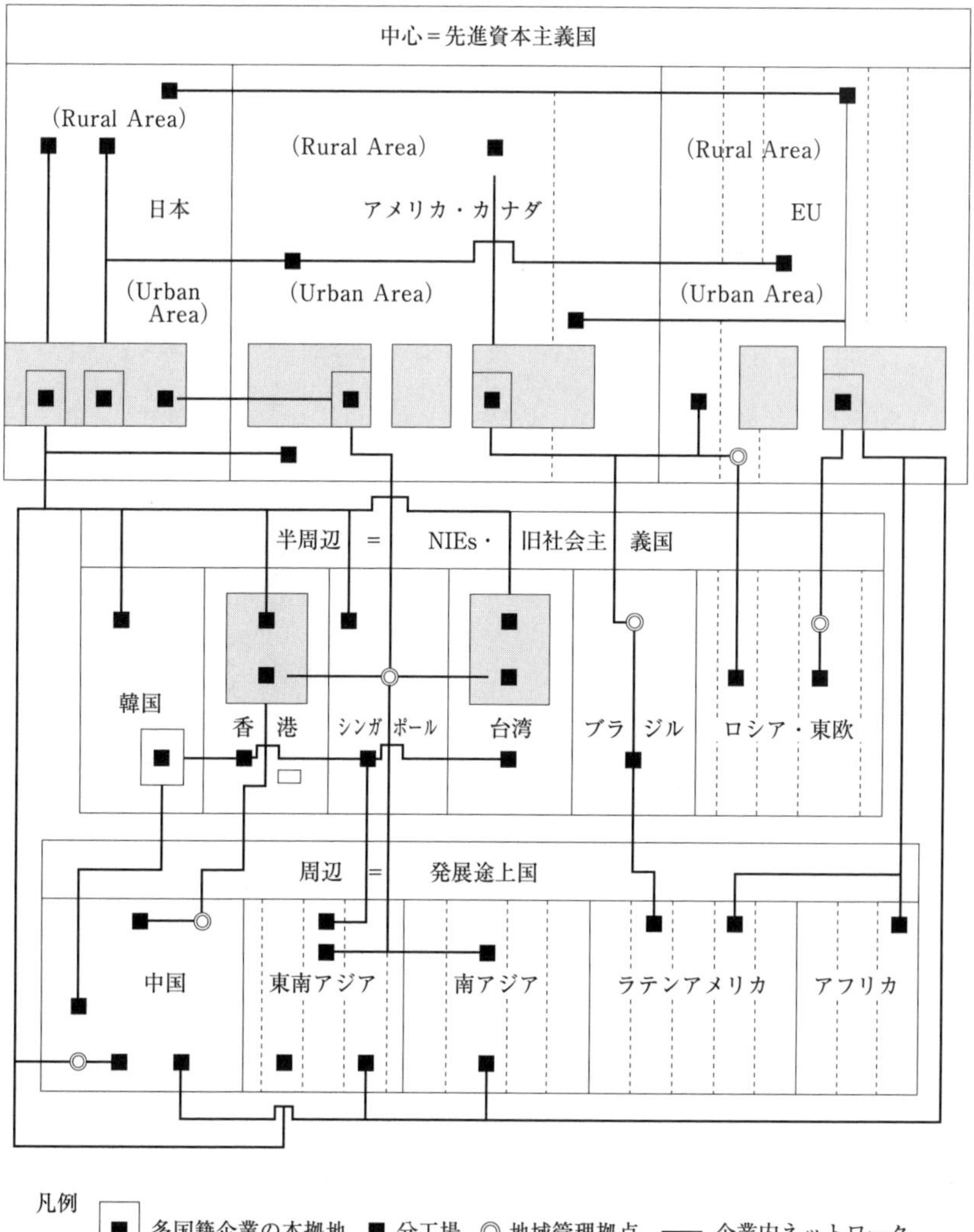

凡例　■ 多国籍企業の本拠地　■ 分工場　◎ 地域管理拠点　── 企業内ネットワーク

産業集積　── ---- ともに国境

矢田作成

の空間の中にeビジネスなど新たな産業を生み出している。従来の産業が「場」を不可欠とし、その意味では産業立地論が存立する実体的根拠を有していたが、「ヴァーチャル空間」の登場は、経済の空間システム論に大きな転換をもたらすことになる。田村大樹氏が、筆者の「技術革新→産業構造転換→産業立地体系・地域循環の変容→地域構造の変化」というシェーマに対し、「空間克服技術の革新（コンピュータ・ネットワーク）→産業立地体系・地域循環の変容（グローバル企業の最適立地・最適調達）→地域構造の変化」というシェーマを提起したが、「空間克服技術の革新（コンピュータ・ネットワーク）→ヴァーチャル空間の登場と場の空間の消失→地域構造の変化」というもう一つのループを用意しなければならないのかも知れない。情報経済の空間システム論が二一世紀の経済地理学を制するとみるのは早計であろうか。

（1）矢田俊文（一九七三）「経済地理学について」『経済志林』第四一巻第四号　一九七三年。
同右「産業配置と地域構造・序説―経済地理学の体系化プラン」『経済地理学年報』第二八巻第二号　一九八二年。

同右『産業配置と地域構造』大明堂　一九八二年。

（2）矢田俊文編『地域構造の理論』ミネルヴァ書房　一九九〇年。
同右『二一世紀の国土構造と国土政策』大明堂　一九九九年。

（3）加藤和暢『地域構造論の発展のために―「『経済循環』視点の再検討」『経済地理学年報』第四〇巻第四号、一九九四年に掲載。

（4）田村大樹「空間的情報流の経済学」九州大学大学院経済学研究科博士論文。（『空間的情報流と地域構造』大明堂二〇〇〇年に掲載）。

（5）バラン・P.／スウィージー・P.著、小原敬士訳『独占資本』岩波書店　一九六六年。

（6）松橋公治「地域構造論と構造アプローチ」矢田俊文編著『地域構造の理論』ミネルヴァ書房　一九九〇年　四五―五〇頁。
富樫幸一（一九九〇）「地域構造論と企業の地理学」矢田俊文編著『地域構造の理論』ミネルヴァ書房　一九九〇年五二―六二頁。

（矢田俊文・松原宏編著『現代経済地理学—その潮流と地域構造論』ミネルヴァ書房　二〇〇〇年　終章）

第三章　地域構造論の軌跡と展望

一　戦後日本の経済地理学の潮流の規定要因と時期区分

一九五四年四月二九日に明治大学で経済地理学会の設立総会が開催されてから、二〇〇三年で半世紀を経過し、同年五月三一日に第五〇回の記念大会が法政大学で開催された。本章は、記念大会において、ミネソタ大学（アメリカ）のA・マークセン教授とともに行った記念講演で話された内容をもとにしたものである。内容は、経済地理学会の五〇年の動きのなかで展開した、第二次世界大戦後の日本における経済地理学の動向を、地域構造論の軌跡を核として整理し、経済地理学年報に掲載したもの(1)を大幅に縮小した。

四つの規定要因と四つの「知的空間」　戦後日本の経済地理学の潮流を考察するにあたって、問われるのは分析視角である。それぞれの時代に、いかなる経済地理学の「学派」がどのような社会情勢および関連科学の影響のもとで「知的営為」を行ったのかが問われる。規定要因としては、次の四つを考えることができる。

第一は、ほとんどの経済地理学者の問題意識の根底に据えてきた「日本・世界の地域問題」である。とくに、国内および世界レベルでの地域格差問題、国内の大都市問題や過疎地域問題、世界レベルでの低開発地域問題、さらに地域から地球規模に至る環境・災害・資源問題など多様なレベル、多様な側面での地域問題である。これらの地域問題への深い関心とその実態、および形成メカニズムの分析への指向、さらには解決のための政策提起が、経済地理学研究者の問題意識を支える大きな柱である。このことが興味本位の調査に埋没したり、抽象的なモデル操作に沈潜せずに、斯学の社会科学としての「健康さ」を支えてきた源泉であり、多くの時代の若手研究者をひきつけてきた力でもあった。

第二は、多くの経済地理学研究者の出自ともいえる「日本の地理学」の動向である。経済地理の分野には多方面から研究者が参入してくる。最も多いのは「地理学」の分野からであり、自然科学、人文科学、社会科学的思考が混在している「地理学」から、とくに社会科学に強い関心をもつ研究者がシフトしてきたのがわが国の経済地理学の主流といっても過言ではない。この経路をたどった研究者の多くは、比喩的に表現すれば「地理学のＤＮＡ」を体内に擁しているものが多い。その特徴は、強い地誌指向、徹底した地域調査重視、社会や文化風土などへの広角的思考、自然環境への執着、などである。

第三の規定要因は、日本の経済地理学が常に意識し、積極的な導入を試みてきた「欧米の経済地理学」であり、さらに同じようなテーマを扱ってきた欧米の社会科学である。とくに、経済立地論・中心地論など空間経済学に関わる分野、戦後、第三世界の開発戦略のために構築された開発経済論、さらに世界システム論やレギュラシオンなど世界経済論、産業集積論や経済空間論など現代経済地理学が、わが国の経済地理学に常に強いインパクトを与え続けてきた。

第四の規定要因は、わが国だけでなく欧米の経済地理学の分析枠組みを理論的に支えている「経済学の基礎理論」である。立地論の理論的支柱である新古典派経済学、開発経済学・世界システム論・地域構造論に深い影響を与えてきたマルクス経済学、近年のローカル・ミリュー、エンベッドネスなどのキーワードを通じた産業集積論や経済空間論と共通基盤を有している進化経済学、さらには企業空間論のバックボーンとなっている企業経済学など多様な経済

３－１図　日本の経済地理学の潮流を規定する要因

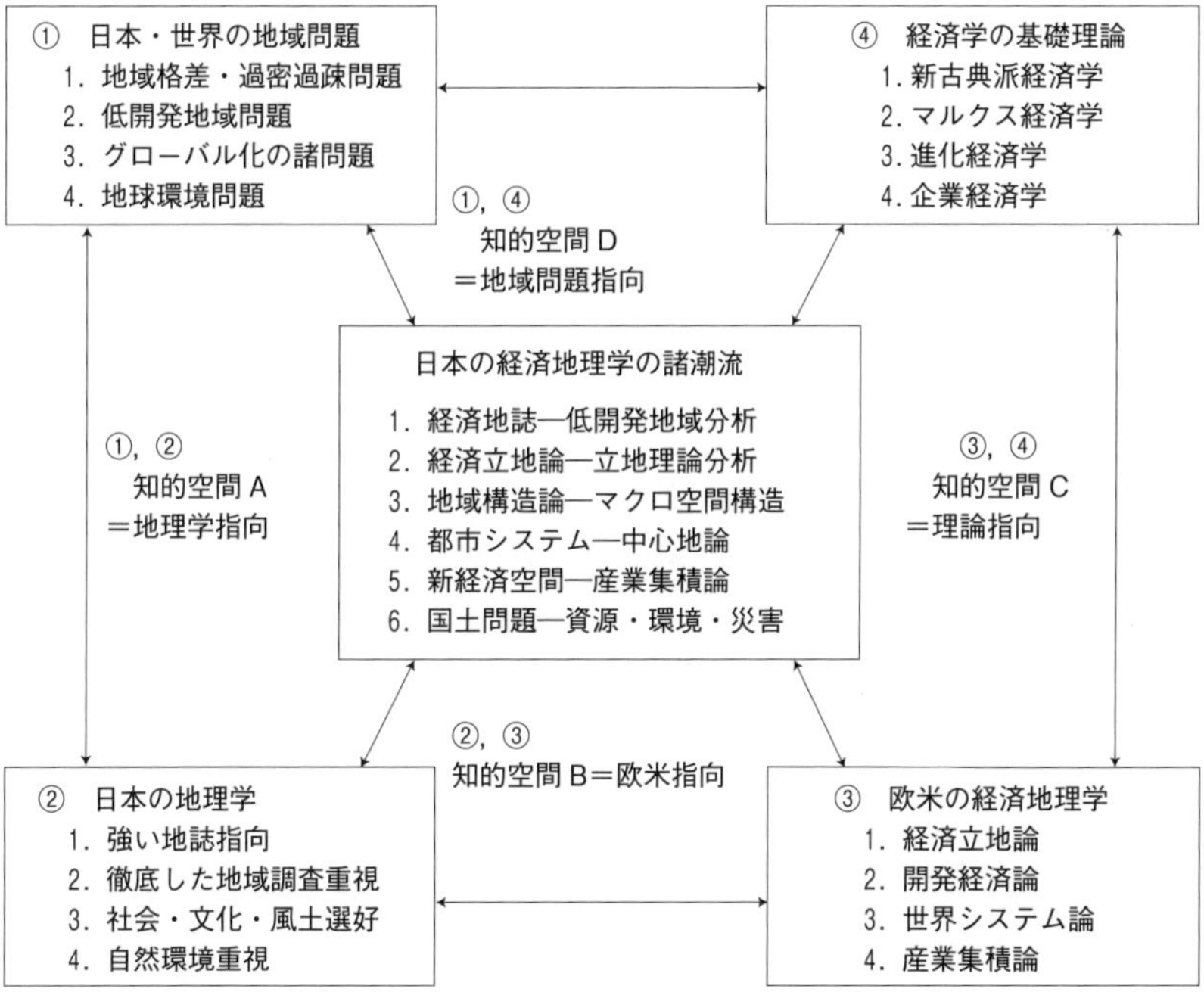

矢田作成

学の基礎理論もまた大きな支柱となっている。

ところで、この四つの規定要因を、「日本の経済地理学の潮流」を真ん中にして、３―１図のように配置すると、三つのボックスに囲まれた四つの「空間」が生じる。これを、わが国の経済地理学者がそれぞれ知的営為を行う「知的空間」とみることができる。「日本の経済地理学の諸潮流」と、第一の「日本・世界の地域問題」、第二の「日本の地理学」との間に作られる「知的空間Ａ」は、地理学の影響を強く受けながら地域問題・環境問題指向を強めた「地理学指向」学派である。また、第二の「日本の地理学」、第三の「欧米の経済地理学」との間の「知的空間Ｂ」は、地理学のＤＮＡを強くもちながら国内の地域問題そのものよりも「欧米指向」の強い学派である。さらに、第三の「欧米の経済地理学」、第四の「経済学の基礎理論」との間で形づくられる「知的空間Ｃ」は、経済立地論など地理学のＤＮＡをほとんど有さない「理論指向」学派である。最後に、第一の「日本・世界の地域問題」、第四の「経済学の基礎理論」の間で形成される「知的空間Ｄ」は、現代の国内および世界的な地域・環境問題に強い関心をもちながら、経済学の理論でそのメカニズムを解明しようとする「地域問題指向」学派で、地理学のＤＮＡの影響の弱い経済学出自が多く参入している。

四つの時代区分　約半世紀にわたる戦後日本の経済地理学の潮流を概観するにあたって、先に指摘した四つの規定要因がどのように作用したか、当時の研究者がこうした規定要因との関係でいかなる「知的空間」のなかで知的営為を行ったか、という視角から時代区分することが有効である。

結論から先にいえば、第二次世界大戦終了時点から経済地理学懇話会発足（一九五二年）をへて経済地理学会が設立（一九五四年）される約一〇年間の「揺籃期」、学会設立後多数の研究成果が出され、経済地理学方法論争が活発化し、多様な考え方が並列的に共存していた「離陸期」（一九五〇年代後半～七〇年代前半）、高度成長期の地域問題に焦点を当てつつ、これを分析する枠組みとして提起された地域構造論が登場し、経済学起源の地域経済論との競争的共存がなされた「発展期」（一九七〇年代後半～九〇年代前半）、グローバリゼーションのなかで欧米の経済地理学の影響が一気に強まる「転換期」（一九九〇年代後半以降）の四つの時期に分けることができる。

二　揺籃期　——一九四〇年代後半〜五〇年代前半

この時期の特徴は、第二次世界大戦において、伝統的な地理学が自然環境決定論的な世界観、地政学の流布の起源として、日本の軍国主義的思想に大きな役割を果たしてきたことへの批判から出発している。批判の先鋒となったのは、飯塚浩二氏である。飯塚氏は、著作『地理学批判』や『人文地理学説史』(2)において、人文地理学がドイツ地理学の影響を受けて人文・社会事象を自然現象から説明する風潮を批判したうえで、自然と人間の関係における歴史的・社会的存在としての人間の主体性を強調し、かつ両者を媒介するものとして生産機構を位置づけ、経済学を本格的に取り入れることの重要性を提起した。

また、川島哲郎氏は、「自然的生産諸力について(3)」において、生産力を社会的生産諸力と自然的生産諸力の統一としてとらえ、生産力の発展はもっぱら前者によるものとし、その本質性を強調し、自然的制約性を重視する自然決定論を明確に批判した。

こうした二人のイデオローグに牽引され、伝統的地理学を基盤とする従来の人文地理学に「歴史的視点」「国民経済視点」「生産関係視点」を導入した経済地理学の形成を求める若手研究者が集まり、いくつかの大学で小規模な「支流」が形成され、やがて合流して大きな奔流となって経済地理懇話会の結成となった。

これに、二〇世紀前半の欧米における立地論のめざましい発展を積極的に導入しはじめた経済学起源の立地論という、もう一つの流れが合流することによって、経済地理学懇話会の発足、経済地理学会の設立へと展開していった。

3—1図で表現すれば、地理学のＤＮＡをもった研究者が「現実に提起されている経済地理的諸問題」への関心を強め、飯塚・川島氏らのマルクス経済学のＤＮＡをもった研究者たちの影響を受けて「知的空間Ａ」で知的営為を行い、他方で、青木外志夫[4]、江沢譲爾氏[5]らの新古典派経済学のＤＮＡをもち欧米の立地論を導入し、「知的空間Ｃ」を基盤としていた研究者が存在する、という二つの異なるグループが提携する形で、戦後日本の経済地理学が出発したのである。

三　離陸期　──一九五〇年代後半〜七〇年代前半

この時期の特徴は、経済地理学会の設立と大会や例会の恒常的開催、学術誌『経済地理学年報』の定期的発行によって、わが国の経済地理学研究の発表の場が安定的かつ全国的規模で確立し、全国に分散されていた経済地理学志向の研究者を結集するとともに、地理学や経済学分野に所属する若手研究者を系統的に育成することが可能になったことである。この時期には、「揺籃期」の二つの流れを引き継ぎながら、理論的・実証的にも量的・質的に充実し、一つの学問分野として確実に「体」を成していった。

立地論の導入　一方の柱である立地論については、A・ウェーバー、E・M・フーバー、M・グリーンハットらの工業立地論、W・クリスタラー、A・レッシュらの中心立地論、V・チューネンの農業立地論など、二〇世紀前半から後半にかけて刊行された立地論関係の翻訳書が相次いで出された。これを受けて、理論体系の消化・解説・展開およびこれをベースとした実証分析論文が次々と出された。江沢譲爾[5]、国松久弥[6]、西岡久雄[7]、春日茂男[8]氏らが代表的な研究者として活躍した。

経済地域論の興隆　もう一つの潮流である伝統的地理学分野への経済学視点の導入については、その結合の仕方をめぐって多様な著作が出された。一つは、飯塚浩二氏の独特な経済地理学観に起源をもっている。飯塚氏は、前述したように、人間と自然の関係について生産機構（様式）を軸として把握することを強調しつつ、それを「地域社会」という単位で考察することを主張した。つまり、生産を媒介とした環境に対する働きかけを軸として、地域住民の生活様式を考察し、これを記述するという、「地域的個性の記述」を前面に出した経済地理学観を提起した。

この経済地理学観に強く影響された若手の研究者は、個別の地域の調査に全力を傾注し、イランの農村[9]（大野盛雄）、ブラジルの農村[10]（西川大二郎）、インド[11]（古賀正則）、イスラエル[12]（大岩川和正）、フィリピンの農村[13]（高橋彰）、イタリア南部[14]（竹内啓一）、日本の蚕糸業地域[15]（江波戸昭）など、いまもそれぞれの地域研究の古典と評価される力作が相次いで公刊された。飯塚的「経済地誌学」の黄金時代である。

他方で、新たな方法論への模索を求める学界の雰囲気を反映して、経済地理学の方法論のいっそうの深化を希求した成果が出された。

鴨沢巌氏は、『経済地理学ノート』[16]において、「地域の経済的地理的特徴を科学的に記述すること」を経済地理学の任務と規定し、法則定立の科学としての経済学と、地域実証分析としての経済地理学の「分業」論を提起した。また、上野登氏は、『経済地理学の道標』[17]において、経済地理学を「生産と分配の空間的秩序を生産様式との関連で法則的に把握する」方向を提起し、それとの関連での地域経済内部分析としての経済地誌論、市民や住民の立場からの地域政策論の三分野の統一的把握を提起している。三分野の関係は、空間的秩序形成が地域における人為的環境を形成し、これと住民との矛盾として地域経済をとらえ、そのなかから地域住民の立場からの実践的方向を提起する、という形で統一される。マクロ経済的視点、実践論的視点を導入した経済地誌論である。

新たな方法論　こうした経済地誌指向に対して川島哲郎氏は、論文「経済地域について—経済地理学の方法論的反省との関連において」[18]で、経済地理学の課題を、経済現象の地域的分布とそれに基づく経済の地域性の形成の法則の解明にあると規定し、記述的な経済地誌に拘泥する考え方に異を唱えている。また、「日本工業の地域的構成」[19]において、極端な局地的集積・集中を中心とする日本工業の特異な地域的構成を日本資本主義の後進性に求めるなど、マクロ経済の地域的分布をマクロ経済の発展に起因する視角を明示している。

また、山名伸作氏は、『経済地理学』[20]において、地域経済問題の発生メカニズムの解明を究極的に志向しつつ、その基礎的分野としての資本の運動と自然との関わり、空間的形態に関心を集中する。そのうえで、経済現象の空間的側面を対象にしてきた立地論について、マルクス経済学、とくに地代論との関わりで批判的に検討した力作を世に問うた。これは、マクロ経済とマクロな空間構造との関連を直截的に結びつけようとした川島氏に比し、資本の空間的運動という媒介項の必要性を主張し、その視点から立地論の成果を摂取しようとした点で注目される。

こうした相次ぐ経済地理学方法論の提起は、「揺藍期」から「離陸期」における地理学批判＝「経済地誌論」、欧米起源の立地論が並立していた状況から、これらを統一して独自の日本的な空間経済学である地域構造論が提起される「発展期」への橋渡しとしての役割を果たすものであった。

この時期に忘れてはならないのは、伝統的な地理学の手法である徹底的な地域調査と分布論を駆使しながら、日本の工業地域の歴史的な形成、具体的な工業地域の詳細な実態調査による集積構造の解明など、一連の成果を上げた板倉勝高[21]、竹内淳彦[22]氏らの研究である。

以上、「離陸期」においては、立地論の潮流が「知的空間C」、徹底した海外調査など「経済地誌」の潮流と工業地域分析の潮流が「知的空間A」、川島、上野、山名氏らは「知的空間D」で、知的営為を行った成果とみることができる。

三　離陸期　――一九五〇年代後半～七〇年代前半

四　発展期　一九七〇年代後半〜九〇年代前半

この時期の特徴は、一方で「離陸期」で提起された重要な方法論の成果を引き継ぐとともに、他方で高度経済成長のなかで顕在化した地域問題への強い関心が新しい潮流の台頭を呼び起こしたことにある。地域問題とは、大都市圏や太平洋ベルトへの経済力の集中と、農山漁村からの若者の大量流出・過疎化の進行、大都市圏の急速な拡大とスプロール化、地価の高騰、通勤・交通問題などの大都市問題、炭鉱など構造不況地域の疲弊、水俣・四日市などに代表される公害問題＝地域的な環境問題の深刻化、などの諸事象である。

地域構造研究会　その最大のインパクトとなったのは、六八名（シリーズ執筆者）の若手研究者を結集した「地域構造研究会」（代表　北村嘉行氏）の活動である。この研究会は、一九七五年に開始され、八八年の最終巻の刊行まで一三年の長きにわたって続き、六巻のシリーズを世に問うた[23]。それは、高度成長期の日本を対象にして、人口、工業、農業、流通・情報、所得・資金などのマクロレベルでの地域動向を分析することによって、「日本経済の地域構造を解明し、経済地域ないし経済圏を摘出しようというものである」。学会設立後も、地理学界から引き継いだ多様な「学閥的」集合の残滓を色濃くもっていた経済地理学界が、「学閥」や学派を超えた人的交流を通じて斯学の新たな核を形成するのに大きな役割を果たしたことは否定できない。「発展期」を支えるにふさわしい動きであった。

地域構造論の展開　こうした動きと並行して、「地域構造研究会」の幹事役であった矢田俊文は、経済地理学の理論的枠組みとして独自の「地域構造論」を展開していった。矢田は、伝統的な地域調査から出発しつつ、飯塚、鴨沢氏らの地域分析そのものを目的とする方法論に飽きたらず、川島、上野、山名氏らの方法論に触発されて、論文「経済地理学について」[24]で、経済地理学の課題を国民経済の地域構造とする独自の見解を提起した。ここでは、国民経済を一つの単位としてとらえ、産業構造展開とこれを担う企業の立地と財・サービス、所得・資金の地域循環など、資本の空間運動が作り出す、①基幹産業を軸とする産業配置、②多様な産業地域と広域・狭域の経済圏編成としての地域経済、③資源利用・災害・環境問題などの国土利用、④政府・自治体、住民による国土・地域政策、以上の四分野からなる国民経済の空間システムを「地域構造論」として提起した。

この考え方は、伝統的な地理学の地誌指向、人間と自然の関係重視を取り込み、かつ立地論の蓄積から学びつつ、資本の立地運動を軸とするマクロ経済の空間構造を把握しようとしたものである。その意味では、離陸期までほとんど接点がなく並列していた経済地誌論と立地論、ミクロ的な立地分析とマクロ的な分布論、そして自然と人間の関係論をほとんどを取り込んだものでもある。こうした地域構造論は、同時に多様な経済地理学観をもった若手研究者による「地域構造研究会」の成果も加わって、わが国独自の新しい経済地理学の潮流として確実に認知されていった。

地域経済論の登場　この時期のもう一つの特徴は、財政学起源の「地域経済論」が「地域構造論」と同じく高度成長期に深刻となった地域問題・公害問題などへの強烈な問題意識のもとに登場し、経済地理学研究者に強い影響を与えたことである。もともとこの学派は、島恭彦氏の「地域的不均等論」の系譜を引き継ぐものであり、宮本憲一氏の『社会資本論[25]』などで独自の展開をみせ、経済地理学界には中村剛治郎氏らによって所説が展開された。[26]島氏は、地域間格差などの地域問題を、独占資本の支配を基礎とする地域的支配と従属のもとでの「生産力の地域的不均等」と「資金や所得の地域的不均等」によって説明した。また、宮本氏は、これを「地域経済力の不均等発展の法則」として評価しつつ、深刻化する都市問題について、「社会資本の不足の法則」を付加する必要性を説いた。中村氏は[27]、自然環境・生産・生活・管理などの点で「一定の地理的範囲」における「均衡性・共同性・総合性」を確保するという「地域性」の概念を提起し、「内発的発展論」を強く主張した。

二つの論争　同じく、地域問題に焦点を当て、かつ地域分析を重視する「地域構造論」と「地域経済論」にあって、両者は一八〇度異なった視角を有している。前者は、資本の空間的運動、あるいは市場メカニズムが作り出すマクロ経済の空間構造のなかで多様かつ多層の地域経済を位置づけ、地域問題を政府・自治体による政策的対応によって緩和しようと考えている。これに対し後者は、マクロ的空間構造を資本の支配の産物として否定し、住民の手による個々の地域の「内発的開発」によって地域問題の解決を図ろうという運動論的考えに依拠している。

両者の対立軸がこの時期の経済地理学界を突き動かしたことは否定できない。地域構造論は、『戦後日本資本主義の地域構造』[28]、『産業配置と地域構造』[29]、『地域構造の理論』[29]、『経済地理学』[30]などの成果を相次いで世に問い、地域経済論は、『地域経済学』[31]がその集大成として出版された。

経済地域の調査　そのほか、この時期の「経済地誌論」の潮流は、海外調査とともに国内の農林漁業地域、鉱工業地域分析として蓄積され、そのなかから、島田周平氏[32]らの海外地域研究、藤田佳久氏[33]の林業地域研究、竹内淳彦氏らの工業地域研究などの優れた成果が出されている。また、立地論では春日茂男氏[8]、富田和暁氏[34]、中心地論や都市システム論では森川洋氏[35]や阿部和俊氏[36]などの成果が出された。

ここで、地域構造論の枠組みは、川島、上野、山名氏と同じ「知的空間D」での営為の成果であるとともに、「地域構造研究会」は、「知的空間A」をも包摂する広い空間で行われたということができる。

五　転換期　―一九九〇年代後半～二一世紀初頭

世界史の大転換と欧米の経済地理学　一九九〇年代から二一世紀初頭は、世界史的な大転換期である。それをリードしたのは、産業革命に匹敵するICT革命である。これによって先進国企業のグローバル化が一挙に進み、また、東欧社会主義の崩壊によるポスト冷戦体制＝アメリカ一極体制が確立した。加えて、二〇世紀後半のフォーディズムと呼ばれる大量生産方式がもたらしたクルマ社会と化学革命は、膨大な石油の消費、有毒物質と大量の廃棄物によって地球環境の急速な破壊をもたらした。

こうした状況のなかにあって、経済の空間システムの解明をうたいながら、事実上、国民経済を単位とした生産配置、モノ・ヒト・資金の循環に焦点を当ててきた地域構造論の再構成が求められていったことは否定できない。

他方、こうした世界史的な時代変化のなかで、空間や地域認識がもはや経済地理学の専売特許ではなくなり、学問の枠を超えた研究が欧米においても展開され、それらが一体となってわが国の経済地理学に強い影響を与えた。一九九〇年代後半から二一世紀初頭のわが国の経済地理学界は、こうした海外からの知的蓄積の輸入ラッシュに見舞われた。とくに、影響の強いものは以下の成果であろう。

一つは、世界経済を単一の世界市場に統合された一つの経済単位とみなし、これを構成する多数の国家を中核―半周辺―周辺という概念で分類し、中核国による周辺国の支配・従属関係でとらえたI・ウォーラーステインらの世界システム論[37]である。

国民経済を否定的にとらえた世界システム論を批判して登場したA・リピエッツ[38]（Lipiets）らのレギュラシオン学派は、先進国の国民経済の自立的発展を重視し、その技術革新に基づく大量生産・大量消費という内包的蓄積様式と、労使協調・福祉国家という独占的調整様式を、フォーディズムととらえた。そのうえで、ナショナルレベル、グローバルレベルでの寡占的大企業の企業内工程間・部門間の地域分業こそが世界経済の空間システムを形成すると把握する。さらに、こうしたフォーディズムは、二〇世紀の第四四半期以降の情報革命と生産システムの柔軟化によって新たな蓄積体制に転換し、多様な産業空間が構築された、と主張する。資本の蓄積様式を基軸にして、企業経済、世界経済、国民経済、地域経済の空間システムを一体としてとらえるという点で、欧米および日本の経済地理学に大きな影響力を与えた。

このフレキシブルな蓄積様式論の影響を受けたアメリカの経済地理学者A・スコット(39)(Scott)は、生産工程の垂直的分離と、分離した企業間のフレキシブルな取引、取引費用を最小化するための企業間の地理的集積によってできる空間を「新産業空間」と呼び、立地論で古くから論じられた産業集積論に、ポスト・フォーディズムという蓄積様式論を導入した。こうした新しい概念の導入によって、経済地理学者による工業地域やサービス産業地域分析は、知的に再武装され、多様な「新産業空間」を見出すための調査成果が学会誌を飾った。

他方、経営学者のM・ポーター(40)(Porter)は、こうした蓄積様式論とは別に、独自にグローバル企業の世界戦略について分析した。その戦略とは、世界市場を相手に「価値連鎖」を構成する生産・販売・輸送などの主活動と、調達・管理・開発などの支援活動を世界的に最適な地域に配置し、調整する「最適配置・最適調整」戦略であり、グローバル企業の競争優位はこうした企業活動のグローバル・ネットワーク全体から起こると論じた。さらに、企業内の空間システムのなかで、戦略が作られ、中核的な製品と工程の開発が行われる重要な場所を「本拠地」と呼び、本拠地のある本国の役割を強調するとともに、企業が属する特定の産業や特定のセグメントが垂直・水平に結合した「クラスター」こそが、世界的な競争優位に最も重要な源泉であると指摘する。こうしたポーターの理論は、グローバル・ネットワーク＝企業の空間システムと、「クラスター」＝産業集積の二つの空間概念を企業の競争優位の源泉と指摘することによって、経済地理学に大きな刺激を与えた。

　世界史の大転換の時代の空間について論じたM・カステル(41)（Castles）のコンピュータ・ネットワークをベースとした情報空間論も、大きな影響を与えた。カステルは、知識や情報の創造・処理・伝達技術によって生産力が決定される発展様式を「情報的発展様式」とし、ICT革命によって主導された現代を、「農業的発展様式」、「工業的発展様式」に次ぐ「情報的発展様式」の時代とみる。この時代においては、物理的な隣接性・連続性をもつ「場の空間」とともに、隣接性・連続性をもたない「フロー空間」が「企業組織の力」として現れる、と主張する。多数立地企業にとって、生産拠点、輸送経路、営業拠点など「場所の空間」は「力のない場」（powerless place）となり、それよりも、これらの諸単位から発せられる情報フローのリンケージによって形成される「フロー空間」こそが「場のない力」（placeless power）となる、というのである。企業組織だけでなく、あらゆる組織にあてはまるものであり、ひいては経済社会全体の空間システムの転換を迫ることになる。

　そのほか、多数立地組織の地域分業から都市システム論を説いたA・プレッド(42)（Pred）、企業の空間構造における管理拠点と生産拠点の空間的分離と前者による後者の支配、さらに前者の立地地域による後者の立地地域への「域外支配」を理論的・実証的に解明したD・マッシー(43)（Massey）、大企業のライフサイクルの視点からの生産拠点の立地展開と、これによる産業地域の盛衰のモデル化（プロフィット・サイクル・モデル）をはじめとしたA・マークセン(44)（Markusen）の一連の研究がわが国に積極的に紹介された。また、P・ディッケン(45)（Dickens）は、現代経済地理学の方法論を摂取しつつ、多国籍企業の戦略、多様な産業地域など詳細なデータをもとに、「変容する世界経済地図」をみごとに描いた。さらに、立地と空間経済についてマルクス経済学の理論レベルで本格的に展開したD・ハーヴェイ(46)（Harvey）、新古典派経済論の立場から立地と集積についての新たなモデルを提起して、国際経済論と経済地理学の統一を試みたP・クルーグマン(47)（Krugman）の見解も出され、この影響を受けた「地域科学」系の研究もしだいに力を増し、わが国における伝統的な経済地理学と課題の共有化が進みつつある。

地域構造論の再構築への動き　以上のような欧米の経済地理学をはじめとする空間や地域経済の流れを受けて、わが国でも新しい視角からの業績が世に問われだした。

その先陣を切ったのが、『産業空間のダイナミズム』[48]（西岡・松橋編）で、地域構造に代えて「産業空間」をタイトルに導入しているが、内容は「低成長期の工業の立地変動と地域構造」の実証分析である。この点をとらえて、山川充夫氏ら[49]は（山川・柳井編）、地域構造論の基本は、産業別部門編成としての「産業空間」であったが、現代の地域構造を規定している「企業内地域分業の進展による大企業本位の空間編成としての企業空間」であるという認識を示し、主要産業ごとの企業空間の実証分析の成果を提示する。この流れのなかで、末吉健治氏[50]や友澤和夫氏[51]は、日本における企業空間と地域経済の関係に焦点を当てた詳細な実態調査の成果を公表している。また、山本健兒氏[52]は、ドイツの寡占企業シーメンスの企業空間の史的展開を解明している。「産業空間」論も「企業空間」論も、欧米の成果を導入して、地域構造論をどのように強化するかという立場での研究とみることができる。さらに、新しい知的成果を取り入れながら、欧米先進国の地域構造を真正面から分析した松原宏氏[53]らの著作も注目される。また、空間的情報流の視点から地域構造論の再構築を試みた田村大樹氏[54]、リサイクルなど環境産業の立地分析から地域構造論に新しい視点を加えた外川健一氏[55]など、二一世紀にふさわしい成果が相次いでいる。いずれにしても、こうした九〇年代以降の欧米の新しい潮流をどのように消化し、新たな理論的枠組みを提起していくか、次世代のわが国経済地理学界に大きな宿題が投げかけられている。

こうしたなかで、柳井雅人氏[56]らは、企業ではなく、事業所を立地単位としてとらえ直し、それらの間の空間結合をモノの輸送だけでなく、情報の担い手としての人の移動によって説明しようとする、新たな経済空間論を提起している。これは、地域構造論を新しい時代の流れに対応して再構築しようとするものである。

六　むすび　—地域構造論から経済の空間システム論へ

最後に、「発展期」の中軸を成してきた地域構造論が、世界史的な時代転換とこれと軌を一にした欧米の経済地理学の新潮流に対して、これをどのように受けとめるか簡単に粗描してみよう。

すでに矢田[57]は、次のように述べている。「地域構造論は、国民経済を一つの単位として捉え、産業構造、企業立地と財・サービス、所得・資金の地域的循環、これらの集合によって形成される多様な産業地域と大・中・小の経済圏の重層的編成、都市システム、交通・通信網などの経済地理学の基本的概念を操作しながら、国民経済の空間的システムを立体的に把握する枠組みを提起している。この枠組みは、国民経済を閉鎖システムに捉えたところにポイントがあるのではなく、市場経済を担う企業というミクロな空間行動をベースとして、その集合がつくりだすマクロ経済の空間システムを把握する論理を提起したものであって、当然のことながら国民経済を開放したブロック経済、さらに世界経済の空間システムを把握する方法としても有効性をもちうるものである。」

しかし、二〇世紀の第三四半世紀の末に提起された地域構造論が、第四四半世紀における世界史的転換のなかで大幅な修正を迫られていることも否定できない。とくに、同じ時期に世界的に経済地理学が復活と再生を果たし、経済学体系の中での位置づけが急上昇しており、これらの成果を積極的に吸収することは必然的な流れでもある。その再構築の方向は、以下の四点に整理できる。

第一に、地域構造論の枠組みを「国民経済の空間システム（構造）」に限定せず、「世界経済の空間システム」に拡大し、それぞれを独自の分析テーマとすることである。冷戦体制の崩壊とアメリカを基軸とする世界経済の一体化＝グローバリゼーションが進行しているなかで、このことはとくに重要となってくる。なぜなら、グローバリゼーショ

3－2図　地域構造論と経済の空間システム論

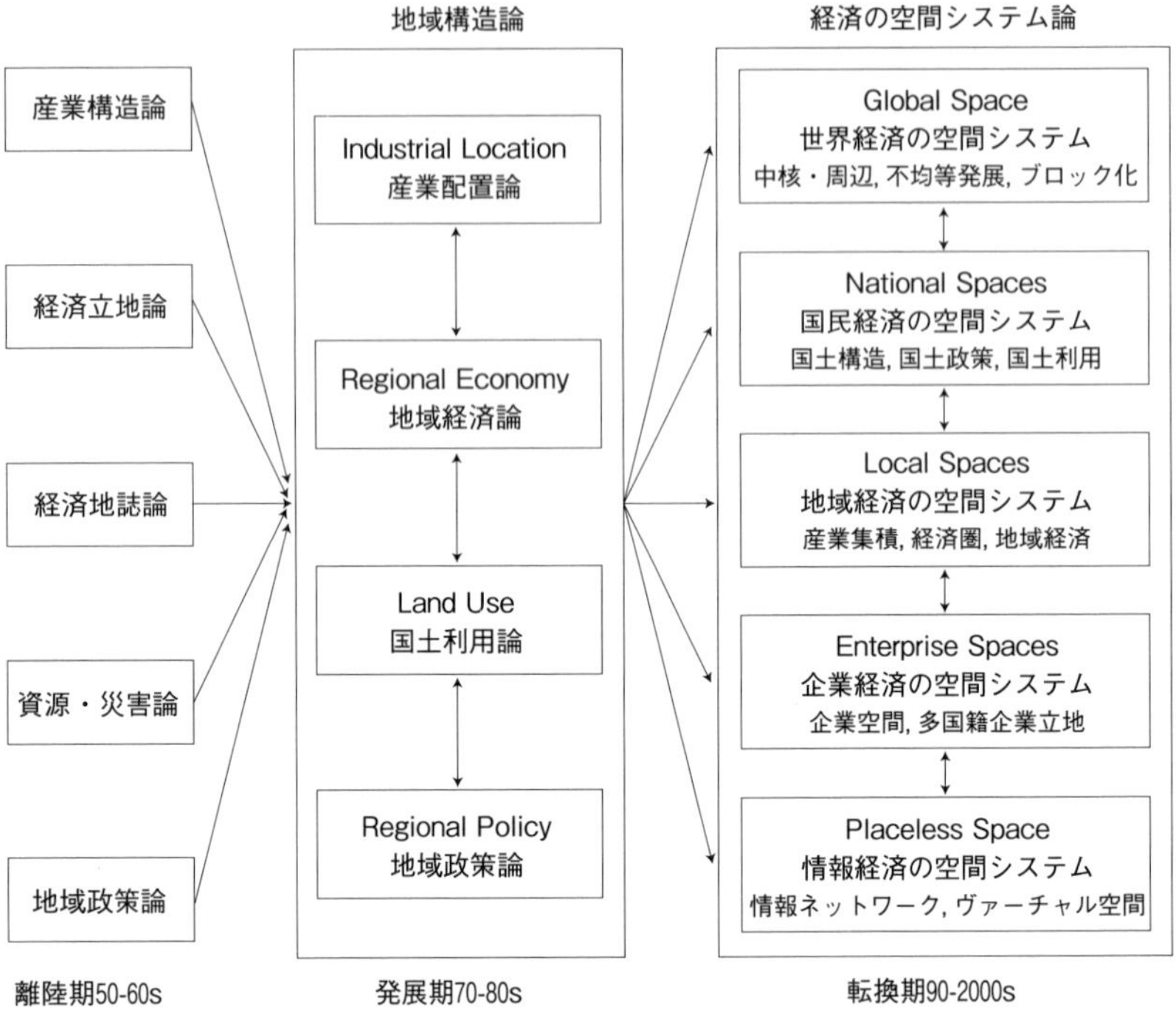

矢田作成

ンによって国民経済が解体されたとみるのは行き過ぎであり、「関税障壁や非関税障壁の撤廃によって、経済的国境が限りなく低くなり、モノやサービス、資本だけでなく、人の移動も劇的に自由になったからといって、国家権力の及ぶ国境は厳然として存在し、『国の経済構造、価値観、文化、制度、歴史などの違い』をベースとする国民経済は、明確な実態をもっている。自己完結性だけで国民経済の存在を議論することは適当ではない。同じように、個々の国民経済の空間システムが世界経済の空間システムに完全に融合して、独自の空間システムの論理を喪失したとみるのも、現実を見誤ることになる。国民経済が開放されながらも、個々の国民経済の実体が存在し、その空間システムもそれぞれ個性をもっていることも改めて確認されなければならない。」「世界経済の空間システムを論じるならば、多数の国民経済の空間システムの集合として」[57]とらえるのが合理的である。

第二は、企業空間論が流行しているなかにあって、「企業経済の空間システム」を独自のテーマとして明示することが必要である。とくにグローバル企業が地球レベルで最適調達・最適戦略を展開し、「世界経済の空間システム」や「国民経済の空間システム」を規定する重要な要因となってきているだけに、このことは不可欠である。しかし、世界経済、国民経済というマクロ的把握と、企業経済のミクロ的把握とは論理的には異なっており、「企業経済の空間システム」の分析をもって、「世界経済の空間システム」や「国民経済の空間システム」の解明に代替できるものでない。また、マクロ経済空間とミクロ経済空間を理論的に統合するものとしての「産業」というセミマクロ概念はますます重要となり、その意味では「産業空間」もまた「企業空間」に代替されるわけではない。

第三は、「国民経済の空間システム」の部分集合としての「地域」をどのようにとらえるかである。フレキシブルな蓄積に関わって「産業集積」がとくに注目をあびており、「新産業空間」論が一世を風靡している。しかし、個々の集積地域の分析と類型化論が盛んに行われ、クラスターなどの新しい概念の投入はみられるものの、一九七〇年代～八〇年代の竹内淳彦らの研究成果を大きく上回る理論的成果はみられない。知識産業を含むサービス産業の集積の分析のなかから、知識化・情報化との関わりでの新たな理論的発展が望まれる。いずれにしても、こうした「地域」内部の構造分析という「地域経済の空間システム」も、独自の対象として位置づけることが適当である。

第四に、「時代の転換を象徴するコンピュータ・ネットワークの普及は、ソフトウェアなど多様な関連産業をうみだすだけでなく、M・カステルが強調するように、ネットワーク空間という『場』のない『フロー空間』を創造し、この空間のなかにEビジネスなどの新たな産業を生み出している」。従来の産業は『場』を不可欠とし、産業立地論が存立する実体的根拠を有していたが、「『ヴァーチャル空間』の登場は、経済の空間システム論に大きな転換をもたらすことになる」[57]。「情報経済の空間システム」も、また新しい研究分野となる。

以上を図化すれば、3―2図のようになる。一言で表現すれば、経済の空間システムを基本テーマにしてきた「地域構造論」は、世界史の時代転換を画する、ICT革命、ミクロ・マクロ経済のグローバリゼーションのなかで、「世界経済」「国民経済」「地域経済」「企業経済」「情報経済」の五分野の「空間システム」ないし「空間構造」として、新たな展開が必要となっている。

また、国土利用論や地域政策論も、多次元の空間システム（空間構造）の解明と連動して、地域・国土・ブロック・世界レベルの「自然利用論」や「空間政策論」として独自に位置づけることが適当であろう。

（1）矢田俊文「戦後日本の経済地理学の潮流―経済地理学会五〇周年によせて」『経済地理学年報』四九巻―一号　二〇〇三年。
（2）飯塚浩二『地理学批判』古今書院　一九四七年。
飯塚浩二『人文地理学説史』日本評論社　一九四九年。
（3）川島哲郎「自然的生産諸力について―ウィットフォーゲル批判によせて」『経済学年報』（大阪市立大学）二　一九五二年。
（4）青木外志夫「工業集積利益について」『一橋大学研究年報・経済学研究』四巻　一九六〇年。
（5）江沢讓爾『立地論序説』時潮社　一九五五年。
（6）国松久弥『都市地域構造の理論』古今書院　一九七一年。
（7）西岡久雄『経済地理分析』大明堂　一九七六年。
（8）春日茂男『立地の理論（上・下）』大明堂　一九八二年。
（9）大野盛雄編著『アジアの農村』東京大学出版会　一九六九年。
（10）西川大二郎『ラテンアメリカの民族主義』三省堂　一九七二年。
（11）古賀正則「現代インドの展望」岩波書店　一九九八年。
（12）大岩川和正『現代イスラエルの社会経済構造』東京大学出版会　一九八三年。
（13）高橋彰「フィリピン農業の動向」『東洋文化』三〇号　一九六一年。
（14）竹内啓一『地域問題の形成と展開―南イタリア研究』大明堂　一九九八年。
（15）江波戸昭『蚕糸業地域の経済地理学的研究』古今書院　一九六九年。

(16) 鴨沢巌『経済地理学ノート』法政大学出版局　一九六〇年。
(17) 上野登『経済地理学の道標』大明堂　一九六八年。
(18) 川島哲郎「経済地域について―経済地理学の方法論的反省との関連において」『経済地理学年報』二　一九五六年。
(19) 川島哲郎「日本工業の地域的構成」『経済学雑誌』四八巻四号　一九六三年。
(20) 山名伸作『経済地理学』同文舘　一九七二年。
(21) 板倉勝高『日本工業地域の形成』大明堂　一九六六年。
(22) 竹内淳彦『工業地域構造論』大明堂　一九七八年。
(23) 北村嘉行・矢田俊文編著『日本工業の地域構造』大明堂　一九七七年。
長岡顕・中藤康俊・山口不二雄編著『日本農業の地域構造』大明堂　一九七八年。

伊藤達也・内藤博夫・山口不二雄編著『人口流動の地域構造』大明堂　一九七九年。

北村嘉行・寺阪昭信編著『流通・情報の地域構造』大明堂　一九七九年。

朝野洋一・寺阪昭信・北村嘉行編著『地域の概念と地域構造』大明堂　一九八八年。

千葉立也・藤田直晴・矢田俊文・山本健兒編著『所得・資金の地域構造』大明堂　一九八八年。
(24) 矢田俊文「経済地理学について」『経済志林』四一巻―三、四号　一九七三年。
(25) 宮本憲一『社会資本論』有斐閣　一九六七年。
(26) 島恭彦『現代地方財政論』有斐閣　一九五一年。
(27) 中村剛治郎「地域経済の不均等発展と地域問題・地域開発(1)―地域的不均等理論の再検討と再確立の視点」『経営研究』(大阪市立大学)一三六号　一九七五年。
(28) 野原敏雄・森滝健一郎編『日本資本主義の地域構造』汐文社　一九七五年
(29) 矢田俊文『戦後日本の石炭産業』新評論　一九七五年
矢田俊文『産業配置と地域構造』大明堂　一九八二年。

矢田俊文編著『地域構造の理論』ミネルヴァ書房　一九九〇年。
(30) 川島哲郎編著『経済地理学』朝倉書店、一九八六年。
(31) 宮本憲一・中村剛治郎編『地域経済学』有斐閣　一九九〇年。
(32) 島田周平『地域間対立と地域構造』大明堂　一九九二年。

（33）藤田佳久『日本の山村』地人書房　一九八一年。
（34）富田和暁『経済立地の理論と実際』大明堂　一九九一年。
（35）森川洋『中心地域Ⅰ・Ⅱ・Ⅲ』大明堂　一九八〇・一九八八年。
（36）阿部和俊『日本の都市体系研究』地人書房　一九九一年。
（37）Wallerstein, I.（1974）, *The Capitalist World-Economy*, Cambridge; New York: Cambridge University Press.（藤瀬浩司・麻沼賢彦・金井雄一訳『資本主義世界経済Ⅰ―中核と周辺の不平等』名古屋大学出版会　一九八七年）。
（38）Lipiets, A.（1986）, "New Tendencies in the International Division of Labour, Regimes of Accumulation and Modes of Regulation", in Scott, A. J. and Storper, M., eds. *Production, Work and Territory: The Geography of Industrial Capitalism*, Boston: Allen & Unwin, pp. 16-40.（磯谷明徳訳「国際分業における新しい傾向―蓄積体制と調整様式」R・ボワイエ、山田鋭夫編『国際レジームの再編』藤原書店　一九九七年　六一―一〇〇頁）
（39）Scott, A. J.（1988）, *New Industrial Spaces, Flexible Production Organization and Regional Development in North America and Western Europe*, London: Pion.
（40）Porter, M. E.（1990）, *The Competitive Advantages of Nations*, New York: The Free Press（土岐坤・中辻萬治・小野寺武夫・戸成富美子訳『国の競争優位（上・下）』ダイヤモンド社　一九九二年）
（41）Castells, M.（1989）, *The Informational City: Information Technology, Economic Restructuring, and the Urban-Regional Process*, Oxford: Basil Blackwell.
（42）Pred, A.（1977）, *City Systems in Advanced Economies: Past Growth, Present Processes and Future Development Options*, London: Hutchinson.
（43）Massey, D. B.（1995）, *Spatial Divisions of Labor: Social Structures and the Geography of Production, 2ed.*, London: Macmillan.（富樫幸一・松橋公治監訳『空間的分業―イギリス経済社会のリストラクチャリング』古今書院　二〇〇〇年）
（44）Markusen, A. R.（1985）, *Profit Cycles, Oligopoly, and Regional Development*, Cambridge, Massachusetts: The MIT Press Cambridge.
（45）Dickens P.（1998）, *Global Shift, Transforming the World Economy, 3rd edition*, London: Paul Chapman Publishing Ltd.（宮町良弘監訳『グローバル・シフト―変容する世界経済地図（上・下）』古今書院　二〇〇一年）
（46）Harvey, D.（1982）, *The Limits to Capital*, Oxford: Basil Blackwell.（松石勝彦・水岡不二雄ほか『空間編成の経済理論』

大明堂　一九八九年）

(47) Krugman, P. (1991), *Geography and Trade*, Cambridge, Mass.: The MIT Press.（北村行伸・高橋亘・妹尾美起訳『脱国境の経済学』東洋経済新報社　一九九四年）

(48) 西岡久雄・松橋公治編『産業空間のダイナミズム』大明堂　一九九〇年。

(49) 山川充夫・柳井雅也編『企業空間とネットワーク』大明堂　一九九四年。

(50) 末吉健治『企業内地域間分業と農村工業』大明堂、一九九九年

(51) 友澤和夫『工業空間の形成と構造』大明堂　一九九九年。

(52) 山本健兒『現代ドイツの地域経済—企業の立地行動との関連』法政大学出版局　一九九三年。

(53) 松原宏編『先進国経済の地域構造』東京大学出版会　二〇〇三年。

(54) 田村大樹『空間的情報流と地域構造』大明堂　二〇〇〇年。

(55) 外川健一『自動車産業の静脈部』日刊自動車新聞社　二〇〇一年。

(56) 柳井雅人編著『経済空間論』原書房　二〇〇四年。

(57) 矢田俊文・松原宏編著『現代経済地理学』ミネルヴァ書房　二〇〇〇年　三〇一頁。

参考文献

経済地理学会編『経済地理学の成果と課題　第Ⅰ集』大明堂　一九六七年
経済地理学会編『経済地理学の成果と課題　第Ⅱ集』大明堂　一九七七年
経済地理学会編『経済地理学の成果と課題　第Ⅲ集』大明堂　一九八七年
経済地理学会編『経済地理学の成果と課題　第Ⅳ集』大明堂　一九九二年
経済地理学会編『経済地理学の成果と課題　第Ⅴ集』大明堂　一九九七年
経済地理学会編『経済地理学の成果と課題　第Ⅵ集』大明堂　二〇〇三年
経済地理学会編『経済地理学会五〇年史』二〇〇三年

（矢田俊文編著『地域構造論の軌跡と展望』ミネルヴァ書房　二〇〇五年　終章）

第四章　経済地理学における地域構造論の立ち位置

一　日本の経済地理学

経済地理学は、経済学と地理学の学際分野に位置づけられ、経済現象の空間的な展開を理論的実証的に分析し、政策課題に対応する。換言すれば、地表で展開する生産・流通・消費に焦点をあて、その空間的現象を考察する学問である（以下敬称略）。

その内容は、①個別地域分析に焦点をあてる「経済地誌論」、②個々の経済現象の空間的な分布と展開に着目する「分布論」や「地域システム論」、③国土との関わりを重視する「資源・環境・災害論」、④企業の立地展開について分析する「経済立地論」、⑤マクロ経済の空間構造に着目する「地域構造論」、⑥政策課題に焦点をあてる「地域政策論」の六つの流れに大別される。これらは、重点の置き方によるもので、多くの経済地理学者は、幾つかのテーマを複合させている。

日本の経済地理学　このうち、①については、第二次世界大戦前の見解を代表する松井武敏（一九九三）は、地域の経済的特性を取り扱う、という地誌、なかでも経済と自然との究明など地的統一性の立場を明言している。

戦後初期に斯学に強い影響を与えた飯塚浩二（一九四七）は、生産を媒介とする自然環境に対する働きかけを軸に地域住民の生活様式を考察し、これを記述する生産重視の「経済地誌」を主張した、また、鴨沢巌（一九六〇）は、経済学＝法則定立の科学と経済地理学＝地域個性記述との「分業」を唱えた。また、上野登（一九六八）は、水俣病や土呂久公害を事例に地域住民と人為的環境の矛盾を軸とする「実践的経済地誌論」を提起した。これらによって戦前の「自然決定論」的色彩の濃い地理学から決別した「生産様式重視」の「経済地誌学」派が生まれ、この視点から国内外で盛んに地域調査がなされた。

大野盛雄はイラン（一九六九）の農村で、西川大二郎はブラジル（一九七二）の農村で、古賀正則（一九九八）はインド（一九九八）で、大岩川和正はイスラエル（一九八三）で、高橋彰はフィリピン（一九六九）の農村で、竹内啓一は南イタリア（一九九八）で現地調査し、成果をあげた。また、島田周平のナイジェリア（一九九二）、岡橋秀典らのインド（二〇〇三）、国内では江波戸《えばと》昭の蚕糸業地域（一九六九）や東京（一九八七、一九九七）、松井貞雄の温室園芸地域（一九七八）、松田孝（一九六〇、六三）、太田勇（一九六二、六六）、青野壽彦（二〇一一）、赤羽孝之（一九七五）らによる工業地域調査もこの流れに属するもので多くの経済地誌の名著が誕生した。

経済現象の分布や地域間の連関を解明する②「分布論」ないし「地域システム論」も着実な業績を積み重ねている。風巻義孝（一九五五）、伊藤喜栄（一九六〇）、板倉勝高（一九六六、一九八八）、井出策夫（一九六六）、竹内淳彦（一九八八、一九九六）、北村嘉行（二〇〇六）、上野和彦（一九八七）、小田宏信（二〇〇五）らの工業の地域分布研究が実績をあげている。とくに、竹内は、京浜工業地域の城南地区の高度技術を有する小零細企業群＝底辺産業に着目した優れた成果をあげている。こうした個別部門の工業分布研究は、機械部品工業や、地場産業などの調査しやすい小資本領域に偏在していたのに対し、山口不二雄（一九七七）は、大資本が掌握する重化学工業部門配置分析に踏み込み、高度成長期の日本工業全体の立地配置を分析して、「工業配置の諸類型」を解明し、⑤の地域構造論との橋渡しの役割をはたしている。また、阿部和俊（一九九一、一九九六、二〇〇一）は、企業の本社・支所の立地展開の分析を通して都市システムの解明に挑み、日本、発展途上国、先進国についても一連の研究成果をあげている。日野正輝（一九九六）は、支店立地とテリトリーの実態分析を通じて「広域中心都市の拠点性」を解明している。

企業の本社・支社・支店、工場・研究所など複数事業所配置によってできる「企業空間」を対象にした企業行動について、山本健兒（一九九三）は、ドイツのジーメンスの立地行動を詳細に分析し、地域経済との関連を解明した。また、西岡久雄・松橋公治（一九九〇）らは、「産業空間」に着目し、山川充夫・柳井雅也（一九九三）らは、企業内地域分業の進展による「企業空間」に焦点をあて多様な分析を行った。合田昭二（二〇〇九）も紡績・合繊・航空機などの、近藤章夫（二〇〇七）は電機企業の空間構造の分析で成果をあげている。これらは、個別の事業所に焦点をあて立地展開を分析する②の流れの延長上にある。石井素介（二〇〇七）、石光亨（一九七三）をはじめ、森滝健一郎（一九八二、二〇〇三）や伊藤達也（二〇〇五、二〇〇六）の水資源、藤田佳久（一九八四）の森林木材資源、矢田俊文の石炭資源（一九七七）、松原宏（一九八八）の土地資源、外川健一（二〇〇一）の廃棄物研究など、資源・環境問題に真正面から取り組んだ成果は、③の流れとして高い存在感を示している。以上の①から③の流れは、いずれも「実証分析」を重視する地理学を母体とした研究であるのに対し、経済学から派生した経済地理学は、立地論や中心地論などのモデル操作という④の流れを形成した。主として二〇世紀前半に発表された欧米の各種の産業立地論が戦後日本で相次いで翻訳された。農業立地論のJ・H・チューネン（Thünen、一八二六）、工業立地論のA・ウェーバー（Weber、一九〇八）、中心地論のW・クリスタラー（Christaller、一九三三）やA・レッシュ（Lösch、一九四〇）が代表である、これを受けて、立地論や中心地論の吸収・解説・発展および実証分析書が次々に出版された。江沢譲爾（一九五五、一九六二）、国松久弥（一九七一）、青木外志夫（一九六〇）、米花稔（一九八一）、西岡久雄（一九七六）、春日茂男（一九八二）、村田喜代治（一九七五）、金田昌司（一九七一）、森川洋（一九八〇、一九八八）、富田和暁（一九九一）らである。山名伸作（一九七二）は、マルクス経済学の立場から立地論を評価している。近年、立地論の延長で山﨑朗

（一九九八）、山本健兒（二〇〇六）など産業集積論も活発化している。

以上の流れは、個別の経済地域、特定経済現象の分布や立地、特定の資源や環境に焦点をあてて分析を深めるものの、経済現象トータルでの空間的展開を把握する視角は希薄であった。このなかにあって、黒正巌（一九四一）は、経済地理学の研究課題は、世界的地域編制および国民経済の地域編制を解明することにあると説いている。また、川島哲郎（一九八六）は、経済地理学は経済の空間的秩序あるいは構造を研究する科学で、それを貫く法則性の定立を課題とする学問であると主張し、国松久弥（一九七九）は、経済現象の空間的配列である、としている。このように、黒正らは、マクロな経済現象についてそのトータルな「地域編制」、「空間編成」、「地域秩序・構造」をテーマとすることを主張しており、近年、川西正鑑や小原敬士（一九六五）らを含め加藤和暢らによって、第二次世界大戦によって断絶した戦前の経済地理学説の見直しが進んでいる。

戦後の高度成長を背景に、矢田俊文（一九八二、一九九〇、二〇〇〇、二〇〇五）は・技術革新がもたらす産業構造展開を「時間軸」に置き、それぞれの時代の主導産業（繊維→鉄鋼・化学→機械・自動車→ＩＣ・情報）の立地体系、その結果としての産業地帯、モノ・ヒト・カネ・情報の地域循環がつくり出す経済圏域、この二つの経済地域を「空間軸」とする「国民経済の地域構造」の解明を提起した。この中で、産業の立地・配置体系分析を産業配置論、産業地帯や経済圏などの経済地域分析を経済地誌論、自然環境とのかかわりで生じる資源・環境問題を国土利用論として、①、②、③の流れを包摂した。とくに地域システム論は、個別地域分析や個別産業の分布解明をマクロの空間構造に昇華する際に有効な役割をはたす。また、時期を同じくして、野原敏雄・森滝健一郎（一九七七）らは、日本資本主義の地域構造について解明し、北村嘉行を代表とする地域構造研究会（一九七七―八八）は、地域構造分析シリーズを相次いで発刊して日本の地域構造を実証分析し、松原宏（二〇〇三）らは、欧米先進資本主義諸国の地域構造を解明した。また、松原宏（二〇〇九）は、立地の理論、地域の理論、都市の理論の三部構成からなる経済地理学を問うている。⑤の流れである。

国土の空間構造＝「国土構造」がつくる地域問題の実態分析、地域政策や国土政策研究に多くの経済地理学者が関わってきた。大都市問題では成田孝三（一九八七）、山村問題では岡橋秀典（一九九二）が優れた成果をあげた。森川洋（一九九五）はドイツの連邦・州の空間整備計画を詳細に紹介し、川島哲郎（一九六九）、伊藤喜栄（一九七五）、加藤和暢（一九九〇）、中藤康俊（一九九九）、山﨑朗（一九九八）、矢田俊文（一九九九）などが日本の国土政策を考察している。⑥の流れである。

二　欧米の経済地理学

欧米の経済地理学　国松久弥（一九七九）は、経済地理学の命名者といわれるドイツのW・ゲッツ（Götz、一八八二）以降、一九六〇年代のイギリスのM・J・ワイズ（Wise、一九五九）に至る欧米の経済地理学説を詳細に渉猟し、ドイツの環境論的経済地理学観（経済地誌学）からイギリスやアメリカの分布論的・立地論的経済地理学観への変遷を描写している。こうした伝統を受けて、欧米では、経済現象の地域システム、とくに「企業空間」や「産業空間」に関わる新しい知見が次々にだされ、日本の経済地理学に大きな影響を与えた。主な見解を紹介しよう。

イギリスのD・マッシー（Massey、一九八四）は、企業内部の空間構造について管理と生産拠点が空間的に一体となった「局地的集中型」、本社と分工場が空間的に分化した「クローン型」、工程間分業が空間的に分離した「部分工程」型の三つを明示し、「局地的集中型」では特定地域への特化、「クローン型」では本社地域の工場地域支配、「部分工程」型では工場地域間「支配・従属」が発現するなど、地域間の空間構造の形成を実証的に解明した。

また、A・J・スコット（Scott、一九八八）は、生産工程の垂直的分離とともに、分離した企業間の取引が複雑化し、取引費用を節約するため、企業の地域的集積が行われ、産業コンプレックスが形成される。この「フレキシブルな専門化」によって産業集積が進んでいる地域を「新産業空間」（new industrial space）とよび、シリコンバレー、ボストン近郊のルート一二八、第三のイタリアなどを分析している。

A・ブレッド（Pred、一九七七）は、都市システムの形成について、諸都市間の相互依存関係を規定する専門情報（specialized information）、なかでも対面接触や電信・電話、手紙などによる私的専門情報に着目した。そして、大企業など多数立地組織内の私的情報の太い地域的循環が都市間の情報循環の骨格となる。そのため、高い管理レベルが立地する主要都市間の専門情報循環の累積こそが都市システムの形成の要因であるとしている。

M・カステル（Castells 一九八九）は、一九八〇年代から本格化したIT革命のもとにおける多数立地組織の空間構造について、高次の意思決定中枢を核にして組織間の情報フローのリンケージによって「フロー空間」が生じる。この空間こそが企業組織の「力」として現象し、「場のない力（placeless power）」が工場群など物理的隣接性・連続性を持つ「場の空間（space of place）」を支配する。この「フロー空間」と「場の空間」の対立と統一のなかで独自の情報経済の空間システム論を展開している。

経営学者のM・ポーター（Porter 一九九〇）は、グローバル企業の世界的な最適配置、最適戦略、最適調達などを説いた。特に、①企業戦略、構造およびライバル間競争、②要素条件（技術・知識・インフラ）、③需要条件（需要の構成・規模）、④関連・支援産業の四要素で囲まれた「ダイヤモンド」によって産業関連・支援産業の競争力を分析するクラスター手法は、産業集積論を深化させ経済地理学に大きな影響を与えた。

また、P・ディッケン（Dicken、一九九八）は、「我々が『歴史の終焉』を迎えることがないと同様に、『地理の終焉』を見ていないし、今後とも見ることはない。場所と空間が、あらゆる形態の人間組織の活動にとって基本であることに変わりはない」との立場から、多国籍企業の広範な生産連鎖の組織的および地理的編成・再編成を分析し、「変容する世界地図」を大胆に解明した。

これらの学説は、日本の経済地理学における地域システムないし空間構造を解明する②、⑤の流れの興隆をもたらしている。

そのほか世界の空間構造を中心・半周辺・周辺の三層構造でとらえたI・ウォーラステイン（Wallerstein、一九七九）の世界システム論、建造環境概念をキーワードに独特の都市理論を展開したD・ハーヴェイ（Harvey、一九八二）、経済立地論を進化させたP・クルーグマン（Krugman、一九九一）も斯学の発展に大きく寄与した。なかでも、経済の空間構造を中心―半周辺―周辺構造としてとらえるシステム論は、首都圏―太平洋ベルト地帯―農山漁村の三層構造として日本の国土構造を把握する岡橋らの垂直的な空間構造分析に積極的に援用されている。

（人文地理学会編『人文地理学事典』二〇一四年　矢田草稿）


朝野洋一・寺坂昭信・北村嘉行編『地域の概念と地域構造』大明堂　一九八八年。

青木外志夫「工業集積利益について」『一橋大学研究年報・経済学研究』四巻　一九六〇年。

青野壽彦『下請機械工業の集積』古今書院　二〇一一年。

赤羽孝之「長野県上伊那地方における電子部品工業の地域構造」『地理学評論』四八―四　一九七五年。

阿部和俊『日本の都市体系研究』地人書房　一九九一年。

阿部和俊『先進国の都市体系研究』地人書房　一九九六年。

阿部和俊『発展途上国の都市体系研究』地人書房　二〇〇一年。

飯塚浩二『地理学批判』古今書院　一九四七年。

飯塚浩二『人文地理学説史』日本評論社　一九四九年。

石光亨『人類と資源』日経新書　一九七三年。

石井素介『国土保全の思想』古今書院　二〇〇七年。

井出策夫「大都市日用品消費財工業の地域構造」『地理学評論』三九―一一、一九六六年。

伊藤喜栄「日本資本主義と地域開発」（大内秀明・鎌倉孝夫　新田俊三編著『講座　現代資本主義5　戦後日本の基本構造（下）』日本評論社　一九七五年）。

伊藤喜栄「わが国における羊毛紡績業の立地について」『人文地理』一二―四　一九六〇年。

伊藤達也『水資源開発の論理』成文堂　二〇〇五年。

伊藤達也『木曽川水系の水問題』成文堂　二〇〇六年。

伊藤達也・内藤博夫・山口不二雄編『人口流動の地域構造』大明堂　一九七七年。

板倉勝高『日本工業地域の形成』大明堂　一九六六年。

板倉勝高『日本工業の地域システム』大明堂　一九八八年。

上野和彦『地場産業の展望』大明堂　一九八七年。

上野登『経済地理学への道標』大明堂　一九六八年。

江沢譲爾『立地論序説』時潮社　一九五五年。

江沢譲爾『産業立地論と地域分析』時潮社　一九六二年。

江波戸昭『蚕糸業地域の経済地理学的研究』古今書院　一九六九年。

江波戸昭『東京の地域研究』大明堂　一九八七、一九九七年。

大岩川和正『現代イスラエルの社会構造』東京大学出版会　一九八三年。

大野盛雄編著『アジアの農村』東京大学出版会　一九六九年。

太田勇「岳南地方の工業化」『地理学評論』三五―九、三九―一、一九六二、六六年。

岡橋秀典『周辺地域の存立構造』大明堂　一九八七年。

岡橋秀典編『インドの新しい工業化』古今書院　二〇〇三年。

小田宏信『現代日本の機械工業集積』古今書院　二〇〇五年。

小原敬士『近代資本主義の地理学』大明堂　一九六五年。

風巻義孝「電気化学工業の立地」『経済地理学年報』一巻、一九五五年。

春日茂男『立地の理論上・下』大明堂　一九八二年。

加藤和暢「国土政策の歴史的背景」（矢田俊文編著『地域構造の理論』ミネルヴァ書房　一九九〇年）。

金田昌司『経済立地と土地利用』新評論　一九七一年。

鴨沢巌『経済地理学ノート』法政大学出版局　一九六〇年。

川島哲郎編著『経済地理学』朝倉書店　一九八六年。

川島哲郎「高度成長期の地域開発政策」（所収　川合一郎・木下悦二・神野璋一郎・高橋誠・狭間源三編『講座　日本資本主義発達史論Ⅳ　第二次世界大戦後』日本評論社　一九六九年）。

北村嘉行『工芸産業の地域』原書房　二〇〇六年。

北村嘉行・寺坂昭信編『流通・情報の地域構造』大明堂　一九七九年。

北村嘉行・矢田俊文編『日本工業の地域構造』大明堂　一九七七年。

国松久弥『都市地域構造の理論』古今書院　一九七一年。

国松久弥『経済地理学説史』古今書院　一九七九年。

古賀正則『現代インドの展望』岩波書店　一九九八年。

合田昭二『大企業の空間構造』原書房　二〇〇九年。

黒正巌『経済地理学原論』日本評論社　一九四一年。

近藤章夫『立地戦略と空間的分業』古今書院　二〇〇七年。

島田周平『地域間対立の地域構造―ナイジェリアの地域問題』大明堂　一九九二年。

髙橋彰『中部ルソンの米作農村―カトリナン村の社会経済構造』アジア経済研究所　一九六五年。

竹内淳彦『技術革新と工業地域』大明堂　一九八八年。

竹内淳彦『工業地域の変動』大明堂　一九九六年。

竹内啓一『地域問題の形成と展開―南イタリア研究』大明堂　一九九八年。

千葉立也・藤田直晴・矢田俊文・山本健児編『所得・資金の地域構造』大明堂　一九八八年。

外川健一『自動車とリサイクル』日刊自動車新聞社　二〇〇一年。

富田和暁『経済立地の理論と実際』大明堂　一九九一年。

友澤和夫『工業空間の形成と構造』大明堂　一九九九年。

中藤康俊『戦後日本の国土政策』地人書房　一九九九年。

長岡顕・中藤康俊・山口不二雄編『日本農業の地域構造』大明堂　一九七八年。

成田孝三『大都市衰退地区の再生』大明堂　一九八七年。

西岡久雄『経済地理分析』大明堂　一九七六年。

西岡久雄・松橋公治編『産業空間のダイナミズム』大明堂　一九九〇年。

西川大二郎『ラテンアメリカの民族主義』三省堂　一九七二年。

野原敏雄・森滝健一郎編著『日本資本主義の地域構造』汐文社　一九七七年。

日野正輝『都市発展と支店立地』古今書院　一九九六年。

藤田佳久『現代日本の森林木材資源問題』汐文社　一九八四年。

米花稔『日本の産業立地政策』大明堂　一九八一年。

松井貞雄『日本の温室園芸地域』大明堂　一九七八年。

松井武敏『経済地理学の方法』古今書院　一九九三年。

松田孝「京浜工業地帯南部（大森・糀谷・羽田地区）の調査」『地理学評論』三三―七、三六―一二、一九六〇、六三年。

松原宏『不動産資本と都市開発』ミネルヴァ書房　一九八八年。

松原宏編『先進国経済の地域構造』東京大学出版会　二〇〇三年。

松原宏『経済地理学』東京大学出版会　二〇〇九年。

村田喜代治『地域開発と社会的費用』東洋経済新報社　一九七五年。

森川洋『中心地論Ⅰ・Ⅱ・Ⅲ』大明堂　一九八〇、一九八八年。

森川洋『ドイツ―転機に立つ多極分散型国家』、大明堂　一九九五年。

森滝健一郎『現代日本の水資源問題』汐文社　一九八二年。

森滝健一郎『河川水利秩序と水資源開発』大明堂　二〇〇三年。

矢田俊文『戦後日本の石炭産業』新評論　一九七七年。

矢田俊文『産業配置と地域構造』大明堂　一九八二年。

矢田俊文編著『地域構造の理論』ミネルヴァ書房　一九九〇年。

矢田俊文『二一世紀の国土構造と国土政策』大明堂　一九九九年。

矢田俊文・松原宏編著『現代経済地理学』ミネルヴァ書房　二〇〇〇年。

矢田俊文編著『地域構造論の軌跡と展望』ミネルヴァ書房　二〇〇五年。

山川充夫・柳井雅也編著『企業空間のネットワーク』大明堂　一九九三年。

山口不二雄「戦後日本資本主義における工業配置の諸類型について」『法政大学地理学集報』第六巻　一九七七年。

山崎朗『日本の国土計画と地域開発』東洋経済新報社　一九九八年。

山崎朗『産業集積と立地分析』大明堂　一九九八年。

山名伸作『経済地理学』同文館　一九七二年。

山本健兒『現代ドイツの地域経済―企業の立地行動との関連』法政大学出版局　一九九三年。

山本健兒『産業集積の経済地理学』法政大学出版局　二〇〇六年。

Castells, M. (1989), *The Information City: Informational Technology, Economic Restructuring, and the Urban-Regional*

Process, Oxford: Blackwell.

Christaller, W. (1933), *Die zentralen Orte in Süddeutchland*, Jena: G.Fisher.（江沢譲爾『都市の立地と発展』大明堂　一九六八年）。

Dicken, P. (1992), *Global Shift, The Internationalization of Econonomic Activity, Second ed.*, New York: The Guilford Press.（宮町良弘監訳『グローバル・シフト　変容する世界地図』古今書院　二〇〇一年）。

Götz, W. (1882), Die Aufgaben der Wirtscaftlichen Geographie. *Zeitshrift der Gese llschaft für Erdkunde zu Berlin.*

Harvey, D. (1982), *The Limits to Capital.* Oxford: Basil Blackwell.（松石勝彦・水岡不二雄ほか訳『空間編成の経済理論（上・下）』大明堂　一九八九／九〇年）。

Krugman, P. (1991), *Geography and Trade*, Cambridge., Mass.: The MIT Press（北村・高橋・姉尾訳『脱「国境」の経済学』東洋経済新報社　一九九四年）。

Lösch, A. (1940), *Die räumliche Ordnung der Wirtschaft*, Jena: G. Fisher.（篠原泰三訳『経済立地論　新訳版』大明堂　一九九一年）。

Massey, D. (1984), *Spatial Divisions of Labour: Social Structures and the Geography of Production*, London: Methuen,（富樫幸一・松橋公治訳『空間的分業』古今書院　二〇〇〇年）。

Porter, M. E. (1990), *The Competitive Advantage of Nations*, New York :The Free Press.（土岐・中辻・小野寺・戸成訳『国の競争優位（上・下）』ダイヤモンド社　一九九二年）。

Pred, A. (1977), *City-Systems in Advanced Economies: Past Growth, Present Processes, and Future Development Options*, London: Hutchinson

Scott, A. J. (1988), *New Industrial Spaces*, London: Pion.

Thünen, J. H. von (1826), *Der isolierte Staat in Beziehung auf Landwirtshaft and Nationalökonomie*, Hamburg（近藤康男訳『孤立国』日本評論新社　第一—四分冊　一九五六年）。

Wallerstein, I. (1979), *The Capitalist World-Economy.* Cambridge: New York: Cambridge University Press.（藤瀬浩司・麻沼賢彦・金井雄一訳『資本主義世界経済I—中核と周辺の不平等』名古屋大学出版会　一九八七年）。

Weber, A. (1909), Über den *Standort der Industrien 1. Teil*, Tübingen: Vevlag von J. C. B. Mohr.（篠原泰三訳『工業立地論』大明堂　一九八六年。

（「経済地理学」人文地理学会編『人文地理学事典』二〇一三年の草稿）

第五章　地域構造論余話

一　人文地理学に期待するもの

「人文地理学に期待するもの」などというテーマで私が文章を書くこと自体に問題がある。なぜなら、多少とも人文地理学を志し、研究者の仲間に入りかけているものが、「期待する」などと第三者的にものを言える立場にいないからである。「期待される」内容が現状の人文地理学に対しての不満を前提としているならば、なおさらのことその責任の一端から免れることができないからである。この点については、まだ研究者として「若輩」であり、人文地理学に何ら貢献していないがゆえに責任もほとんど負わなくて良いという一種の脆弁でいいのがれたとしても、まだ問題が残っている。すなわち、第三者的にものをいったとしても、「期待するもの」というテーマを掲げる以上、そこには人文地理学の現状についての全体的な把握なり理解なりが前提とされなければならない。この点を欠いたうえでの指摘は、所詮「的はずれ」とならざるをえない。この点についても、私は資格を失なう。なぜなら、人文地理学の現状については狭い枠の中での感覚的な把握のみで、全体としての把握をしていないからである。要するにこのテーマで私が書くのは、不適当である、ということであるが、この点についても「若輩」という立場に甘えて、好きなことをいわせてもらおうと思う。したがって、この文章は先輩研究者に対する一種の「甘え」に貫かれていると言えよう。

現在私は、木内先生の指導のもとに戦後の石炭産業の崩壊過程についての経済地理学的研究をおこなっている。しかし、この研究を進める過程で、ときどき大きな不安に襲われる。もちろん、一つは「この研究がうまく進むであろうか、研究に必要な資料がうまく集められるであろうか」という研究自体の進行に関する不安であるが、もう一つは「現在果たしてこのような研究をやっていてよいのだろうか。もっと真剣に取り組まなければならないテーマがあるのではないだろうか」という不安である。最近、全国的に蔓延している工場排液による河川・海洋汚染、工場排煙や自動車の排気ガスによる大気汚染などの一連の自然破壊と公害の発生、それに交通事故の多発や深刻な住宅難などの都市問題、鉱業や農漁業地域を中心に発生している過疎問題、こうした社会的に重大な問題に関する具体的事実が、次々と新聞、雑誌、単行本、テレビなどを通じて明らかにされるにつれ、私自身の研究テーマに対する不安は、しだいに大きくなってくる。今進めている研究を一時中止しても、現在最も緊急に解決を要求されているこれらの問題に、真正面から取り組むべきなのではないだろうかという考えさえ生じてくるのである。

このように書くと、「時流に乗った派手な研究テーマを追わずに現在のテーマを地味に続けていくべきだ」と考える人が多いと思う。確かに、このような考え方には学ぶべき多くのものを持っていると思う。他学問の研究者のなかには、巨大なマスコミ機構に乗って現代的問題を浅薄な知識でもって解説している若い人達が少なくない。これと比較すれば、地味ながらも地域調査と真剣に取り組んでいる人文地理学の伝統的な行き方が、格段に「健全」であると人文地理学研究者が自負するのも、ある意味では当然であり、私自身もそうした伝統を受け継ぐことができるよう努力したいと思っている。

しかし、現在あまりにもこの伝統に甘えるか、この伝統を意固地になって守ろうとする傾向が強くなってきているのではないかとも思う。なぜなら、「時流に乗る」ことを拒絶するあまり「現代的課題に取り組む」ことまでも否定したり、「派手」を拒絶し、「地味」を売り物にするあまり、世界的ないし全日本的スケールの問題に真正面に取り組んだり、政治的ないし社会的問題に真正面から取り組むことを拒否する傾向が、人文地理学界にかなり根強く残っており、しかも一段と強くなりつつあると考えられるからである。そして、奇妙なことに、こうした傾向がマルクス経済学を主要な方法として取り入れた経済地理学者の中にある意味では一層強く存在している。現在緊急に解決を要求されている公害、都市、過密、過疎問題に対して有効な理論的研究がだされず、しかもこうした問題自体をテーマとして真剣に取り組む研究者さえ非常に少ないという状況は、とくに経済地理学において強く現われているのは、ある意味ではこのような傾向が影響していると言えないであろうか。なぜなら、若手経済地理学者の多くは、本人の持っている社会に対する問題意識およびその問題意識と現代社会の問題とを、研究のうえで具体的にいかに結合させるかという問題を十分吟味することなく、具体的な調査地域の設定とできるだけ詳細な地域調査の実施を一面的に強調して後輩を指導する傾向が強く、このように指導されてきた研究者のなかには、物事を詳細にしかも事実に照らして検討するという良い側面を身につける反面、大きなテーマを全体として把握する力が欠け、その結果として大きなテーマの研究には尻込みするか、せいぜい大きなテーマ研究の第一歩として自分の研究を謙虚に位置づけながら、この第一歩と大きな問題との連関が一向に示されないという傾向を持っている人が再生産されつつあるように感ずるからである。

このような日本の経済地理学界の持っている一面的傾向を支えるものとして、「地理学は、ともあれ、地誌においてのみその有効性を発揮しうる」[1]（経済地理学ノート、一四二頁）、「地理学が、他の社会科学の諸分野とは異なって、地域において存在する諸現象・諸事象を問題関心のままに切り離し捨象することなく、相互の関連を重視して、その絡み合いの実体のなかに地域の特性を追求し、地域の全体像を認識することをめざす学問である」[2]（地理一四巻一号、五三頁）などにみられるような地理学＝地誌という考え方、いいかえれば地誌偏重主義とも呼ぶべきイデオロギーが存在し、地理学界とくに経済地理学界を支配しているとみられる。私は単純に地誌を否定するものではない。むしろ、従来の地誌作成の過程での詳細かつ具体的な研究方法には敬服し、学ばなければならないと考えている。

しかし、「資本主義が合理的に立地を決定すること、つまり資本主義の合理性を主張することになり、資本主義の競争性、無政府性をかくすことになる」(3)（経済地理学ノート、七四頁）がゆえに、従来の工業立地論を否定し、これが事実上資本主義社会での工業立地研究を軽視する方向にはしり、また、自然決定論の批判がその社会的反動性の指摘だけにとどまり、自然・人間社会との関係についての具体的な研究を通じてこの批判を欠いたがゆえに、事実上この問題をテーマとする研究の発展が著しく立ち遅れたことなど、地理学の伝統的なテーマとして一定の蓄積を持っている立地論、自然と人間といった問題を否定ないし、軽視するという結果をもたらした以上、地誌重視主義はそのまま地誌偏重主義の誤りをおかしていることになろう。

そして、他のテーマを否定ないし軽視した地理＝地誌論が、結局は大規模な自然破壊が日に日に進行しており、それがまさに資本主義社会機構そのものとの関係のなかでとらえられなければならないにもかかわらず、経済地理学者が理論的に有効に分析することができないという現在の結果をもたらしたのではないだろうか。また、このことは立地論軽視にもあてはまる。資本主義的生産様式に内在する「社会的生産と資本主義的取得とのあいだの矛盾は、個々の工場内におきる生産の組織化と全体としての社会における生産の無政府状態との対立として再生産される」（反デューリング論、マルクス＝エンゲルス全集、二〇巻、二八二頁）という命題が、今日の工業立地にも基本的にあてはまり、個々の企業が最大限の技術と頭脳を駆使して計画的にかつ合理的に立地選択をおこなっているにもかかわらず、全体としては無政府的な立地を示さざるをえず、この無政府的な立地のなかで工場の特定地域（太平洋ベルト地帯）への極端な集中という傾向が貫徹しているのである。まさに、「……法則は、このような無政府状態のなかで、この無政府状態をつうじて、自己を貫徹するのである」（同上、二八一頁）。こうした、戦後日本経済の高度成長期における基幹産業の立地動向が、現在の公害、都市、過密・過疎問題を引き起こす重要な要因となったことは否定できないであろう。このようにみてくると、伝統的な立地論から批判的に学ぼうとせず、「資本主義の合理性を主張する」危険という自信のなさから立地研究を軽視してきたことこそが、現在緊急に解決を要求されている問題に有効な理論的接近を不可能にしているのではないだろうか。まさに、公害、都市、過密・過疎問題の深刻化こそが経済地理学界に支配的な地誌偏重主義の是正を要求していると言えよう。

以上、人文地理学とくに経済地理学についての十分な検討を経ずに、私自身の狭い枠の中で感じたことを書いたが、要するに私自身が「人文地理学に期待するもの」は今までの人文地理学の伝統を十分生かし、立地論、地誌、自然と人間、その他の研究の蓄積のうえに立って、現代社会の問題を理論的に深く追究した研究ないし研究者が多数出現することであり、その過程で従来の地誌偏重主義が正しく克服されることなのである。

（1）鴨澤巌『経済地理学ノート』法政大学出版局　一九六〇年。
（2）鴨澤巌「住民の立場からみた地域開発計画批判―もう一つの応用地理学」『地理』第一四巻一号　四三頁　一九六九年。
（3）鴨澤巌前掲書　七四頁。

（西川治・河辺宏・田辺裕編『地理学と教養』古今書院　一九七一年）

二　破綻した経済地誌学派―新しい経済地理学の潮流

1　空間経済学を構築の方向で

いま、わが国の経済地理学界では、経済地理学とくにマルクス経済地理学をめぐって、大きく二つの潮流が存在し、相互批判を展開している。一つは、地域の社会経済現象を調査し、記述しようとする経済地誌学派とも名付けることのできる潮流であり、他の一つは社会経済現象の空間的展開の法則性を体系的に認識しようとする空間経済学派とも名付けられる潮流ある。

地域現象の記述　前者の潮流は、従来の人文地理学が地域の記述（地誌）にあたって、極めて現象羅列的で、かつ自然地理学の影響のもとで依然自然決定論的色彩を強く残していたことに対する積極的な批判のなかから第二次大戦後に急速に成長し、一九五〇年代後半から六〇年代の一〇年以上にわたって、わが国の経済地理学界において極めて重要な地位を確立しつづけてきた。この学派の基本的考えは、地域の調査にあたっては、マルクス経済学の成果を積極的に導入し、この視点から地域の社会経済現象の総体を科学的に記述しようというものである。したがって、そこにおける争点は、マルクス経済学のいかなる成果を導入するのか、いかなる方法で地域の実態調査を行うのか。いかにして地域を社会科学的に記述するのか、という点にもっぱらしぼられることになった。そして、多くの経済地理学の研究者は、できるだけ詳細な現地調査に基づく研究報告をつくりあげることに精力を集中していった。そのなかから生まれた研究成果は、従来の伝統的地誌学派の研究成果に比較すれば、全体として水準が高く、なかには他の社会科学からも高く評価される成果が少なからず生まれた。こうしたことから、多くの若手研究者を引きつけ、マルクス経済学を意識しない人々までも、調査方法や社会科学的記述の仕方などを身につけるまでに、この学派は根深く定着していった。

問題分野の矯小化　しかし、この学派は発生時から多くの問題を内包していた。すでに述べたように、この学派は、人文地理学の一分野である地誌を「社会科学化」することによって、経済地理学の自立を志向したものであった。人文地理学のなかには、そのほかに「社会科学化」するならば経済地理学体系のなかに有効な位置を確保しうる分野がなお多く存在していた。たとえば地域論、都市地理学、国土利用論（土地利用、災害、資源）などである。しかし、災害論を除いて、ほかの分野については「社会科学化」の努力を怠り、もっぱら地誌の「社会科学化」のみに精力を集中し、災害論も現地調査に基づく災害問題の分析のみを強調することによって、事実上経済地誌体系のなかにのみこまれてしまった。また、経済学の一分野である産業立地論に対して、批判的に摂取する努力を怠り．これを無視ないし図式的な批判をくりかえすにとどまった。こうして、経済地理学＝経済地誌学という単純な図式が定着し、経済地理学の著しい矮小化をもたらしたのである。社会経済現象自体に本来経済地理学が、対象とすべき側面が多く存在するにもかかわらず、その一部分のみを研究対象に限定してきたために、そこに大きな空白が生ずる結果となった。しかも皮肉なことに、研究対象の空白に近い状態となっていた部分に関連する社会経済現象が、日本資本主義の高蓄積とともに次第に顕在化し、重大な社会問題化していった。具体的には、資本と人口の地域的集中・集積を軸とする過密・過疎問題であり、巨大都市の勢力圏の拡大および内部の諸機能の地帯分化に伴う都市問題であり、資本の無計画的土地利用に伴う資源・災害などの国土問題である。これらの現象は、立地論、地域論、都市地理学、国土利用論の「社会科学化」に成功していたならば、経済地理学の側面からかなりの程度解析しえたはずのものである。にもかかわらず、ほとんど貢献しえていないのは、経済地理学の経済地誌への矮小化と深くかかわっているとみることができるであろう。しかも、経済地理学が批判し、「冷笑」さえしていた人文地理学の諸分野の方が、現在ではこうした諸現象の解析に一定の有効性を発揮していることを経済地誌学派はどのようにみるのであろうか。

必要な空間的視点　高度経済成長とともに激化した地域問題、国土問題に対する経済地理学の無力性の露呈という事態に直面して、以前からくすぶっていた経済地誌学的方向に対する批判が一挙に表面化し、一つの潮流を形成するまでになりつつある。これは七〇年代の新しい傾向とみることができる。批判は、経済地誌学派内部の若手から主として提起されてきた。それは地域の詳細な調査報告を積み重ねていくことから何が明らかになるだろうという単純な疑問から出発している。そして経済地誌が伝統的地誌と同じく「地域を記述する」という大枠を認めていることに問題があると指摘する。つまり、地域の記述が自己目的である限り、他の社会科学の実態調査とちがって一般化、抽象化の方向が決して生まれてこないことになる。このことは、社会科学にとって最も重要な行為を放棄することを意味し、理論的思考能力を極めて薄弱なものにしてしまう。したがって地域の記述つまり地誌という方法自体を問題とせざるをえなくなるわけである。

このようにみてくると本来経済地理学が対象とすべきものは、従来経済地誌学が問題にしなかった立地論、地域論、国土利用論などの諸分野が対象としてきたものではなかったかという考えに到達せざるをえなくなる。これは、単に経済地誌が無視してきたものを再発見する必要があるいう理由だけではない。これらの分野に共通しているのは、社会経済現象の空間的側面の把握とその法則化にかかわっているからである。マルクス経済学体系のなかには、空間的視点が基本的に欠落している。資本の集中・集積の論理は解明されても、資本の地域的集中・集積の論理は解明されていない。しかも、これは各国に生じていることである。マルクス経済学体系なかにも、また現実に提起されている諸問題を解明する社会科学内の分業においても、社会経済現象の空間的展開に関する研究分野は、みごとな空白となっている。立地論、地域論、国土利用論の「社会科学化」に成功するならば、経済地理学が確固とした分野を確立し、一つの体系をもつことができるだろうと新しい潮流の人々は考えている。少なくとも地方財政畑の地域経済論が従来の立地論や地域論の成果を摂取せずに、いわば素手で地域的集中・集積や地域経済構造を解明しているよりは、先人の諸成果を新しい視点で読みかえる方がはるかに効果的であると考えられる。こうして、新しい潮流は、経済地誌を脱却してマルクス経済学を基礎とした空間経済学の構築に向っている。筆者も後者の潮流に属する一人であることは言うまでもない。

（破綻した経済地誌学派「新しい経済地理学の潮流」東京大学新聞　一九七六年五月三一日）

三　地政学を批判する

1　没社会科学的イデオロギーをまき散らす

マルクス経済学、近代経済学を問わず、近年「経済学の危機」がさけばれていることは周知の通りである。その原因の一端が、最近顕著となった公害、資源、都市、過疎などの諸問題を既存の経済学体系が十分に包摂しえないことにあることも、また否定し難い。これらの諸問題については、公害論、資源論、地域経済論などのかたちで、経済学者だけでなく、多くの分野の研究者によって社会科学的分析が鋭意進められ、いくつか重要な成果がだされつつある。そのなかで、従来等閑視されてきた諸分野や諸学説が見直される風潮も強まっている。

ところで、公害や資源問題は経済現象と自然条件とのかかわりあいで発生し、都市や過疎問題は経済諸現象の空間的運動と密接にからんで起きたものである。一言でいえば、経済諸現象と地理的諸条件のからみあいとしてとらえることができる。したがって、さきにあげた諸問題の社会科学的研究も、経済の運動が地理的諸条件をいかなるかたちで包摂し、また逆に反作用を受けるかといった分析視角が要請されることにもなる。こうしたテーマを長い間追ってきたのが地理学、とくに経済地理学であった。この点で経済地理学を中心とする地理学が見直されつつあることも、一種の時代的風潮とも言えるであろう。

しかし、見直しといっても、あらゆる分野の復活が無批判的に受け入れられてよいことを意味するわけでない。いままで到達した社会科学の水準からみて、十分に耐えうるものでなければならない。資源論、風土論、立地論、地域論などの地理学の諸成果の見直しムードのなかにまぎれ込むかのように、地政学も着実に息を吹きかえしつつある。「ナチス・ドイツや日本帝国の侵略主義政策の理論的裏付けとして利用され、そのお先棒を担いだ」地政学が、新しい装いをこらして再登場してきた。こうした地政学の復活をどのようにみるべきであろうか。最近出版された河野収氏（防衛大学校教授）の著作『地政学入門』（原書房、一九八一年）を紹介しながら考えてみよう。

地政学と侵略主義政策とを分離　著者は、地政学とくに組織学派地政学が、ナチス・ドイツや日本帝国主義の侵略主義政策の理論的裏付けとして利用されたことを認めつつ、その後、この学問が忌避され、擬似科学として軽蔑されてしまったことをなげいている。そして、「組織学派地政学には、人類に対する毒物の要素が含まれているかも知れない。だが、毒物学の知識が犯罪者に利用されたからといって、毒物学を否定してその研究をやめてしまったら、健全な医学、医療の発達にも支障が生じるであろう。われわれは、健全な人類繁栄の道を採るためにも、組織学派地政学を十分に研究しておく必要がある」（二一～二二頁）という独特の論理を用いて、地政学と侵略主義政策とを分離し、前者の復活の必要性を説く。すなわち、「国家・民族の興亡盛衰と地理的条件の間には、強い因果関係、それは法則性といってもよい程のものがあるに違いない。それは、これを政策の裏付けとして利用する実践者が成功しようと失敗しようと、そんなことは関係なく、人間集団の発展的生存のあり方を研究する学問の一つとして、存在するに値するものであると考えてよい」（四頁）と主張するのである。

本書は、こうした立場から、「従来の地政学の幾つかの代表的な理論を分析批判し、次いで世界の地政学的構造および国家の立場から見た地政学を考察し、最後に、新しい日本の地政学的諸問題の幾つかを検討」（九頁）したものであり、第一章地政学の系譜とその批判、第二章世界の地政学的構造、第三章国家の立場から見る地政学、第四章新しい日本の地政学的諸問題、以上の四つの章からなっている。ここでは、氏の地政学に対する思想が明示されている第一章を中心に紹介してみたい。他の三つの章は、全体的に内容に乏しく、必要に応じてふれるにとどめておきたい。

著者は、地政学について「米英で行なわれたものを海洋国家系地政学、主にドイツで発進したものを大陸国家系地政学」この二つに分類する。そして、後者の代表として、フリードリヒ・ラッツェル（ドイツ、一八四四〜一九〇四）、ルドルフ・チェレン（スエーデン、一八六四〜一九二二）、カール・ハウスホーファー（ドイツ、一九〇九〜一九四六）の見解を紹介する。

地理的条件からソ連は欲求不満　まず、「個々のメンバーが人間という生物である国家にとって、国家は生き物であるという前提、従って国家は成長、発展、老化の過程を辿り、発展をやめれば老化するしかないから、発展を志向する国家は発展のためのエネルギーを採りつづけなければならない、という考え方には非難すべき問題はない」（二七頁）としてラッツェルの考え方の基本に同意する。つまり、人間を歴史的・社会的存在としてよりも、より強く生物的存在としてとらえ、生物集団と地理的条件との関係を解明する生態学的方法を、国家の政策研究にとり入れようとする考え方の復権を主張する。

また、チェレンの所論のなかから、「ある国家が、地理上の条件から来るある種の欲求不満を持っているとすれば、たとえ当面の国策として平和を唱えているとしても、安心はできない。それは欲求不満を生じさせた地理上の条件を克服するだけの解決法が創造されない限り、その欲求不満は解消されないし、それが何時攻撃性へと転移するかも知れないからである」、「地理上の条件は、そのような短期間では変化しない、従って地理上の条件から生じる欲求不満は、その国家にとっては、生来の体質のようなものといわなければならないであろう」（三一〜三二頁）という見解を導き出してくる。一国の侵略的政策を、その国の外交政策、さらにはそれを規定する政治経済条件とのかかわりで考察せず、地理的条件によって説明しようとする粗雑な思考も、次のような文章と結びつけると、きわめて現実的な政治的意味をもってくる。「食料やエネルギー資源の獲得、国際的海上ハイウェイへの進出という必要に加えて、ソ連邦の構造上、東欧衛星国群の維持、西南アジアおよび東アジア正面における外壁としての衛星国群の設置が、そのランドパワーとしての体質的欲求であろう」(一六二頁)。つまり、ベトナム、アフガニスタン、ポーランドといった最近のソ連をめぐる国際紛争も、これを全体的な国際政治経済のなかで位置づけ、さらには現在の社会主義体制の内部構造の問題として深く分析することを避け、ソ連のもっている地理的条件から生ずる欲求不満という生来の体質なるものによって説明してしまう。話としては面白いようであるが、宿命論的かつ没社会科学的イデオロギーをまき散らすという、きわめて危険な役割を果たしている。

ブロック経済の形成を是認する　さらに、「国家が、生存発展のためにある領域を『生存圏』として確保した上で、『自給自足のために必要な重要資源と産業とを経済的に支配する』(三九頁)ことの必要性から、ある特定の成長する民族を軸に世界はやがて、(一)米国が支配する汎アメリカ総合地域、(二)日本が支配する汎アジア総合地域、(三)ドイツが支配する汎ユーラフリカ総合地域、(四)ソ連が支配する汎ロシア総合地域、の四つの総合地域に総合される」(四〇頁)というハウスホーファーの見解を詳細に紹介する。そして、「武力を使用することを認めたのは、地政学のために惜しまれる」としながら、「これらの現象、もっと純粋に、客観的に、冷静に探求する態度を維持すべきだった」(四〇頁)と、特定の国を中心とするブロック経済の形成そのものを基本的に是認する姿勢を示している。

2　今こそ興隆が必要な本格的な社会科学

著者の地政学に対する肯定的評価は、海洋国家系地政学にもおよび、アルフレッド・セイヤー・マハン(アメリカ、一八四〇～一九一四)、サー・ハートフォード・マッキンダー(イギリス、一八六一～一九四七)、ニコラス・J・スパイクマン(アメリカ、一八九三～一九四三)の見解を紹介している。

「世界の強国となるための唯一の前提条件は、海を制することである」(五〇頁)とするマハンのシーパワー理論にふれ、これを「地政学の重要性の一つは、このような国家興亡隆衰の基本的要因を、人類の生存環境の中で不変に近い地理的条件に求めることである」（五一頁）と評価し、そのうえで「二〇世紀後半、米国は、朝鮮やベトナムでの試行錯誤の後、マハンの理論を忠実に守る超大海洋国家になろうとしているように見える」（五二頁）と、アメリカの世界戦略をマハンの理論で説明する。

他方、世界島本島（ユーラシア大陸）の中央部で、シーパワーの及ばない地域を「ハートランド」と呼び、「ハートランドを制するものは世界島を制し、世界島を制するものは世界を制す」（六一頁）というマッキンダーの理論を紹介し、ソ連は、「マッキンダーのランドパワー理論の方に強く依拠しているように見える」（六五頁）と述べている。またランドパワーとシーパワーの接触するユーラシア大陸の沿岸地帯をリムランドと呼び、「リムランドを制するものはユーラシアを制し、ユーラシアを制するものは世界の運命を制す」（六七頁）と説いたスパイクスマンの理論にふれ、「ハートランドよりもリムランドを重視すべきであるというスパイクマンの主張は、当分、修正の必要はないであろう」（六九頁）と肯定的評価を下している。

著者は、以上の諸「理論」を基礎にし、第二次大戦後の世界を「ハートランドを自ら押さえているソ連のランドパワーと、イギリスに代ってアメリカ大陸を根拠とする米国のシーパワーの対立という形は、ほとんどかつてのマッキンダーの予言と一致していた。リムランドは依然分裂したままで、個々の国策の米ソに対する相対的力は著しく低下した。ランドパワーとシーパワーの接点が、リムランドの中に位置づけられ、特にドイツと朝鮮半島では、民族が二分されるという不幸な事態となった」（七六頁）として描き出している。

以上が著者による地政学なるものの再評価と「新しい目標と方法論による、新しい地政学の確立」（二二二頁）を主張する要点である。

ここには、第二次大戦後の複雑な国際的政治経済構造、つまり、米ソを対極とする資本主義体制と社会主義体制の対立、資源ナショナリズムを前面に押しだした南の国々の攻勢、アメリカを軸とする世界資本主義体制の激しい動揺、さらに中ソ対立に象徴される社会主義諸国間の対立と国内諸矛盾の噴出、といった一連の複雑な動きを、事実に即して探求しようとする社会科学的姿勢はほとんどみられない。ただあるのは、表面にでてくる国際政治の上つらを、きわめて大胆かつ粗雑な「理論」を用いて説明してしまおうという姿勢だけである。しかも、それを、具体的・歴史的に形成された政治経済条件そのものによってではなく「人類の生存環境の中で不変に近い地理的条件」によって基本的に説明しようというものである。われわれは、こうした地政学から学ぶべきものがほとんどないと言えるであろう。

にもかかわらず、こうした地政学の復活が一歩一歩進んでいるのはなぜであろうか。たしかに、冒頭に述べた経済学を中心とする社会科学のもっているある種の危機的状態のなかに、こうした「擬似科学」が乗ずるスキをつくってしまったこともあるであろう。また全体的な右翼的潮流のなかで、著者のような「戦略学と国防地理学を担当」する研究者の側からの積極的な働きかけも無視できないであろう。

と同時に、国民の側にもこれを受け入れる素地が育ちつつあることにも注目しなければならない。国際的・国内的政治経済がますます複雑化し、これを有効に分析しうる社会科学も大きな壁にぶつかっている状況のなかで、無意識的に「簡単で、わかりやすく、かつ面白い」説明原理を求める傾向が強まっている。忍耐強い思考を要求される難しい社会科学は、フィーリングに合わないという理由で次第に敬遠されてきている。経済学を学ぶ学生のなかに、原論や学史・思想史といった基礎的・理論的なものを毛嫌いする傾向が強まっていることも、一面ではこうしたムードとは無関係とは言えないであろう。こうした、若者を中心とする国民の意識が、一風変っていて、単純で面白く話題性に富む「地政学」が比較的抵抗なく受け入れられていく下地をつくっているのではないであろうか。

国民の意識がイージーになれば、当然皮相な「理論」も横行し、それがますます国民の意識をイージーにしていくという悪循環が進行しつつあるように思えてならないし、こうした文脈のなかでしか「地政学」の復活を説明することができない。いまこそ、本格的な社会科学の興隆が必要とされるゆえんでもある。

（「地政学を批判する」東京大学新聞　一九八一年七月六日（上）七月二〇日（下））

四　石炭産業論から地域構造論へ

編集者の依頼である人生と地理学について詔るというテーマは、すでに一〇年前に私の九州大学退官の記念出版『地域構造論の軌跡と展望』[23]のあとがきで書いているので、全く同じ文章を書くわけにいかない。二〇歳代から三〇歳代の人生の岐路に経済地理学を選択した心境に焦点をあてて、書いてみたい、先の文章と多少重なる点があるが、ご容赦願いたい。

誰でもそうであるように、それぞれの人生は、同時進行の歴史に大きく揺さぶられる。私は、とくに何かになりたいという「大きな夢」をもっていたわけでもなく。置かれた状況のなかで与えられた仕事を真剣に取り組むタイプなので、それだけ、歴史に「揺さぶられる」度合いは大きかった。

1　出生と少年期―新潟時代―「地図おたく」と軽度の「鉄ちゃん」

私は、一九四一年の二月生まれなので、今年で六回目の干支を迎える。生まれたのは言うまでもなく第二次世界大戦の勃発の年である。首都・東京から約三〇〇㎞東北東にある新潟市郊外・越後平野の中小都市で、よく言えば「のんびり」、悪く言えば「世の中から隔離された」社会環境の中で育った。自宅も繁華街から離れた集落にあったから、下校後は、コタツでラジオを聴きながら地図帳ばかりみていた。一九五〇年代は、昭和の市町村大合併の時代で新聞と地図帳をにらめっこしながら、新市の所在を確認するのが楽しみであった。多くの地理学者の前歴でもある典型的な「地図おたく」である。しかも、私の育った町は、羽越、磐越、信越の三線が集まる「新津」で、国鉄（いまの

ＪＲ東日本）の機関区と車両工場があり、蒸気機関車の走る音を四六時中耳にしていた、吹雪の夜のイヌの遠吠えに似たＳＬの汽笛は今でもはっきりと耳に残っている。教室の窓から列車が通るのを見ながらの授業で、Ｄ51、Ｃ57などの機関車、ワム、キハなどの貨物の記号も自然に頭に入った。軽度の「鉄ちゃん」でもあった。

新潟時代のもう一つの遺産は、そろばん塾通いと「数学おたく」である。帰宅の遅い母が「非行防止」のために小学三年生の私に「算盤塾」に通わせた。毎日真面目に中心街にある塾に自転車で通ったこともあって、めきめきと上達した。五年生で日本商工会議所三級に合格した頃には、数字を見ると頭の中の算盤玉が自動的に動き出し、加減乗除を筆算せずに答えが出た。必然的に算数が大の得意になり、算数の問題をクイズの様に楽しみながら解いていった。とくに幾何が好きであった。今考えると、ここで理系的論理思考が身に付いたのではないかと思う。時は一九五〇年代後半、大学進学率が上昇し、受験戦争が苛烈を極める時期に差し掛かっていた。母は、四人の子供を大学に進学させることに意地になっており、学校の成績の良かった私を、高校三年間の夏休みに東京の予備校の夏期講習にだした。受験熱を肌で感じるとともに、東京生活をそれなりに楽しんだ。

2　学生時代──人文地理学の選択とセツルメント活動

高校二年から全学トップの成績で、「総代」で卒業するため、受験科目以外にも目配りしたこともあって、受験勉強に集中できず、終盤は浮足立った。案の定、浪人生活に追い込まれ、ここではじめて「開き直った」心境になった。「四当五落」などの風評に惑わされず、しっかりと八時間眠る生活を心がけた。五教科七科目を万遍なく、計画的に勉強し、「あわてず、あせらず、一歩一歩着実に」という生活哲学を身に付けた。共稼ぎの両親の末っ子で、親の目が届かず、勝手気ままに過ごしてきた幼少期の生活スタイルが一変した。

高度成長がはじまる一九六〇年に東京大学に入学した。ここから、政治・経済・文化の中枢で歴史の動きを肌で感じられる人口一〇〇〇万人超の首都で暮らすことになった。一九六〇年の安保紛争、六二年のキューバ危機と六三年のケネディ暗殺、一九六四年の東京オリンピック、六五〜七五年のベトナム戦争、六八〜六九年の大学紛争、七三年の石油ショック、八五年のプラザ合意など時代を象徴する事件が続くものの、ほぼ二〇年間は日本経済の成長が続き、GNP世界二位の先進資本主義国の仲間入りを果たした。この日本の「昇陽」の二〇年間、東京大学の学生・院生、法政大学の教員として学問的に、また思想的に悶々とした青春期を過ごした。間違いなく、人生の岐路であり、離陸と一気の上昇の中で、幾度も入道雲に突入し、大きく揺れた。

大揺れの一つは、入学後の進路選定である。ひとまず理系に入学したとはいえ、すぐに六〇年安保に巻き込まれ、連日国会前デモにでかけた。ここで、思想や哲学、経済や政治などの蓄積がまるでないと痛感した。そこから、気持ちが一気に「文転」に傾いた。幸い、安保デモで出遅れたとはいえ成績は悪くなく、「教養学科」への進学が実現できた。問題は、「分科」の選択である。国際関係や英・米・仏・独など外国語重視の分科は敬遠し、少年期の「地図おたく」、軽度の「鉄ちゃん」のDNAが頭をもたげ、人文地理を選択することにした。一、二年時に、「地文研」というサークルの社会地理グループに入り、責任者として神津島や新潟県松代村の共同調査に参加してきた経験も選択の下地となった。

駒場の教養学部の四年間での講義は、三〇年後の時代を見通すような科学の先端に触れることができた。物理学の講義では「半導体」を知り、生物学の講義ではアメリカ帰りの助教授からDNAの構造式を学んだ、人文地理学の西川治助教授からは、エコシステムの概念を学んだ、人間を含む動植物が地域をベースに微妙な均衡を保ちながら歴史的に「遷移」していくこと、などである。大学院時代のプレートテクトニクス理論と合わせて二〇世紀末からの科学技術革命の理解に不可欠のキー概念を学習した。大学は「知の宝庫」である。

「文転」を突き動かしたのが「社会科学指向」である一方で、人文地理分科選択の理由が幼少期の趣味の延長であるから、当然のことながら両者の矛盾に悩むことになる。「体制変革」を指向していた当時の私には、人文地理学関係の授業は、社会システムの深奥の解明にはほど遠いものに思えた。結局、自らの学びの場を外に求め、地域実践活動である「セツルメント」にのめりこんでいった。特定の党派色の強いセツルを避け、いろいろな考え方が共存する「亀有セツルメント」を選んだ。今、漫画「こち亀」に出てくる常磐線亀有駅周辺を対象にしていたセツルである。

このセツルメントは、東大の法学部を中心に、教育学部、看護学校、日本女子大学、女子栄養大学の学生が混在し、一〇〇人規模を有する大規模なサークルであった。時代を反映して「左翼色」を有するものの、今でいう地域ボランテア活動で、地域住民向けの法律相談、健康支援、栄養の面からの料理教室、子供の学習支援など、専門知識を活かしたさまざまな活動を展開していた。いまどきの大学評価では、重要な「地域貢献活動」であった。先日、公立大学協会で某看護大学の学長が亀有セツルの先輩であったことがわかり、「いまなら、地域活動で単位ももらい、大学から表彰されてたのに」と笑いあった。ここで大学三年生から修士一年まで約三年間活動し、四年生のとき「キャップ」として多くのセツラーを率い、沢山のことを得ることができた。

一つは、多様なセクト系の学生をまとめるにあたって、意見をじっくりと聞き、理解することの重要性である。周りの人の意見には、自らの知らないことが多いから、よく聞いて、それを自らの頭の中の座標軸に落として、慎重に考えを組み立て直して結論をだしたのち意見を披瀝し、断固として実行に移す。ついでに、相手の人間性をもよく観察することができる。こうした知的コミュニケーションのコツは、その後の地域構造研究会の運営や九州大学副学長として伊都キャンパス移転を実行する際にも、また、北九州市立大学長として大胆な改革を推進する場合にも大変役立った。

第二は、地域実践活動の積み上げによっては、社会科学体系は構築できないという、極めて当然の結論に達したことである。地域実践活動は人生観の形成や社会観の確立に役立っても、体系の構築とは直結するものではない。科学体系の構築は、基本的に「演繹法」をベースとするもので科学者の知的営為の歴史的蓄積のもとで成り立っている。経済地理学において地域調査を積み重ねることは、社会認識には重要であるが、論理体系とは別である。地域実践運動と社会科学体系とは、越えられない「死の谷（Death Valley）」があることに気が付いた。このことから、経済学の古典を丁寧に読むことの必要性を痛感した。マルクス、シュンペータ、ケインズ等々の「天才」の著書である。地価理論のことで東大の新沢嘉芽統氏の家を訪れたとき(1)、われわれ凡人が学者となるには天才の著作を読み、その内容とともに、その思考方法を身に付け、その目で現代の社会を分析することである、と教わった。今風で言えば、親からもらった頭脳＝コンピューターに優れたソフトを入れることである。

私の場合はマルクスの「資本論」に傾斜していった。社会の仕組みを深い所で読み解く思考方法に感動した。これに比べれば、レーニンや毛沢東の思考方法は、レベルが違う。また、経済地理学や地域経済論においても、マルクスの影響を感じるハーヴェイ(2)やカステル(3)には、他の欧米の経済地理学者と異なる思考力の深さを見て取ることができる。ただ、社会主義の崩壊の現実が物語るように、マルクスの主張が正しいわけではない。他方で、彼の論敵を批判する姿勢は罵倒に近く、好きになれない。日本のマルクス経済学者の中には、論敵をステレオタイプに罵倒する態度を受け継ぎ、ほとんど思考停止状況にあるものが少なくない。彼等との論争から身を引くのが賢明である。

第三に、セツル活動のなかから妻となる日本女子大学に在籍していた女性と出会い、人生をともに歩くことになった。これは問違いなく最大の収穫であるが、私的なことになるので詳しくはふれない。

3　大学院時代―博士論文・石炭産業の崩壊過程分析

大学を卒業する時期になり、四年間きちんとした勉強をしてないことに気づき、改めて「学問」を身に付けようと思い「とりあえず」大学院に進学した。

修士論文には、徹底した地域調査が要求された。理学系の研究科に身を置いたこともあって、地理学の重要なテーマである「自然と人類の関係」に関わることを調べてみようと思った。当時、筑豊の崩壊、三池闘争に象徴されるように、中東石油の攻勢による日本の石炭産業の合理化が深刻な社会問題になっていた。これを資源利用の観点から接近してみようと考えた。産炭地域や労働問題に注目するよりも、筑豊や常磐炭田がスクラップされ、石狩や三池炭田がビルドの対象になるなどの地域差に関心をもった。それには、埋蔵されている石炭の質（カロリー、粘結性、硫黄の含有量など）が市場価格に反映し、地質条件（傾斜、炭層の厚さ、断層の頻度、埋蔵量など）が採掘コストを規定することから、資本論で論じられている鉱山地代論を適用して撤退の地域差を説明できるのではないかと考えた。経済学では、農業地代論の論証の歴史は長いが、鉱山地代については原理がごく一般的に指摘されているだけで、地質学や鉱山開発論などを駆使したものは皆無であった。逆に、経済立地論では、自然的生産力の地域差を等閑視し、専ら原料や製品の輸送費で論じていた。その意味では、自然の豊度差から生じる地代論を使って、資源産業の立地メカニズムを実証的に解明できると思った。

修士論文では、常磐炭田を分析対象にした。並行して、石炭地質の本を読み、工学部の鉱山学科の講義で炭鉱開発論について勉強した。夏休みの約一ヶ月間現地を調査し、常磐炭鉱をはじめ主な稼動炭鉱を訪問した。地質構造、開坑方式、生産方式、市場などについて聞き取るとともに、仙台通産局平支局で炭鉱名簿、鉱区図、地質図などの基本的情報を入手した。常磐炭鉱の労働組合の宿舎に一ヵ月ほど宿泊し、湯本にある磐城鉱業所、中郷にある茨城鉱業所の坑内に入り、採掘現場を見学した。坑内図を片手に、坑道を案内され、切羽に入った。磐城は、温泉地帯だけあって温泉の蒸気が充満し、気温四〇℃でサウナの中にいる状態であった。一五〇mほどの切羽を歩くと炭塵と蒸気で耐え難いほど息苦しかった。坑夫は、「ふんどし」一枚で働き、帰りは坑道内の湯だまりで体を洗っていた。

厚さ二メートル弱の炭層をホーベルというカンナに似た最新の切削型の採炭機械を使った大手の炭鉱である。反対に、小規模炭鉱の採掘跡を追って、常磐炭田双葉地区を歩き回った。広野、楢葉、富岡、大熊、双葉、浪江町など、三・一一の原発被害を集中的にこうむった地域である。暑い夏、閉山したばかりのボタ山をみながら地元の人々からどこの炭鉱跡か聞きだし、地図にプロットし、宿に帰って地質図や炭鉱名簿と突き合わせた。半世紀後に無残な姿となるとは考えも及ばなかった。当時、すでに原発建設の噂話を現地で耳にしただけに、「石炭から石油へ、さらに原発へというエネルギー源選択の道」を今かみしめている。

こうした現地調査と資料収集を一体的に組み合わせて、良質資源の常磐炭鉱による独占と近代方式での生産、劣等資源の中小資本による厳しい労働条件での採掘と閉山の過程を解明した。さらに、閉山による大量の離職者の動向を北茨城の職安での資料をもとに詳細に分析した。修士論文を通過して自信らしきものができ、研究者の道を歩むことに決めた。

博士課程では、方法論に磨きをかけるべく、石炭産業に関する文献を読破した。そこでは、隅谷三喜男教授の『石炭産業分析』(4)が大いに参考になるとともに、九州大学の正田誠一氏(5)や木下悦二氏(6)、九州経済調査協会の大里仁士氏(7)らの著作から多くを学んだ。とくに後の三氏には、鉱山地代の視点が明示されており、私の問題意識と共通していた。ただ、自然的生産力について地質学や鉱山開発学の知識をもった具体的分析ではなかった。この点こそ私の参入する余地だと確信した。この時期、エネルギー問題に精通する必要から、設立したばかりの日本エネルギー経済研究所に非常勤で勤務した。向坂正男所長のもとで石炭産業分析を継続することになり、研究所の紹介で石狩、釧路、留萌の北海道三炭田、筑豊、三池、唐津、佐世保、高島の九州五炭田の本格的調査を行った。

北海道では、北炭夕張、同幌内、同万字、北星、住友奔別、三菱夕張、同美唄、三井砂川、同芦別、住友赤平、同歌志内など大手の殆どの炭鉱の坑内・切羽に入り、さらに足を延ばして太平洋釧路、雄別、羽幌まで調査した。行程は九〜一〇月の約一ヵ月である。早朝、鉱業所の概要、地質図、鉱区図、開発図などをみながら採掘状況の説明を受けたのち、定時運行の立坑や斜坑で入坑し、坑道を炭車や徒歩で行き、切羽で採炭状況をみ、坑道掘進現場にいき、夕方の定時運行のゲージで坑外にでる。お風呂に入り、着替えで炭鉱クラブで案内してくれた係員、それに上司の鉱業所長や課長と夕食をともにし、お酒を飲むという日程の毎日である。飲食の時に、用意した質問事項を不自然とならないように話題にし、夜一時間ほどかけてまとめる、という毎日をくりかえした。二〜三炭鉱を巡ったら、気疲れかひどく、札幌に出かけて一泊した。札幌大学の進藤賢一助教授（当時）が快く迎えてくれて、札幌在住の大学の先生とよく食事をした。感謝感激であった。そんな中で、三菱大夕張の夕張川の深い渓谷、河岸段丘に広がる炭鉱の街、幌加別川沿いに展開する北炭夕張の古い炭住長屋に感激した。また、脊梁山地の西側約一〇〇〇m地下を水圧で炭層を剥離していた三井砂川の水力採炭、その反対の東側の急傾斜では炭層を三井芦別が木柱・木枠の欠口方式で採炭したのち切羽ごと崩す方法を採用しており、その対比に驚いた。また、芦別川の広い河原で紅葉をみながらバーベキューを楽しみ、釧路原野の雄別鉄道、羽幌から炭山までの炭鉱会社の私鉄にのって、暮れなずむ秋の風景を見ながら旅をした。「鉄ちゃん」なりに楽しんだ。

博士課程三年のとき東大紛争に遭遇し、安田講堂落城後就職口がなく、オーバードクターのとき、やはり一ヵ月九州の炭田訓査に出かけた。筑豊ではすでにほとんどの炭鉱が閉山しており、今の北九州学術研究都市の地下にあった日炭高松、トヨタ自動車九州の立地している宮若市で大きな露天掘りをしていた貝島大浦、爆発事故後第二会社化していた三井山野、唐津炭田の明治佐賀など、その後すぐ閉山に追い込まれていく大手の炭鉱、さらに三井三池、三菱高島、松島大島などのビルド鉱でもヒアリング調査を行った。当時稼働していた大手の炭鉱では、宇部と三菱端島だけ入坑しなかったと言ってよい。

こうして、主要炭田の地質図、入手可能な鉱区図、石炭産業について分析した著作、戦後の炭鉱名簿および炭鉱別生産・労働関係統計、戦後の石炭政策に関わる答申と法律など時間をかけて収集した。また、ほとんどの稼動炭鉱のヒアリング調査を行い、開発状況および将来計画について聞き、これらをまとめて博士論文とし、一九七一年に東京大学より理学博士の学位を授与された。これによって、明治以来、一九六〇年代まで、三井、三菱、住友、北炭の財閥系大手資本が、炭質、炭量および賦存状況の優れた三池、高島、石狩、釧路の四炭田を早くから独占し、差額地代部分を利潤源泉としてきたことを具体的に整理した。そのうえで、中東石油の輸入によって価格競争に不利となると、四炭田以外の劣等資源に基盤をおいた中小零細資本がいち早く倒産し、財閥系資本も筑豊など劣等炭田にあった炭鉱から撤退し、優良四炭田に生産を集約していった過程を綿密に解明した。

本論文は、その後『戦後日本の石炭産業』(8)、『石炭業界』(9)として出版し、前著は一九七五年度の第一六回エコノミスト賞の最終三候補に残った。ついでに言えば、博士論文執筆によって炭鉱問題専門家の地位が確立し、法政大学の教員として『エコノミスト』などに執筆し、石炭鉱業審議会委員となったことから、その後も北炭新夕張、三菱南大夕張、池島、三井三池、高島などの主力鉱をたびたび訪れた。北炭新夕張は開鉱後すぐに大爆発したが、坑内の大きな石炭の塊はいまも自宅の床の間にある。

4　法政大学時代—地域構造論の提起

一九七〇年に法政大学経済学部助手として就職し、この時、全国の炭田調査の結果を踏まえて、博士論文を執筆した。その後、講師、助教授となり経済地理の講義をもった。ここで経済地理学の方法論について改めて模索し、七三年に経済地理学の「枠組み」として地域構造論[10]を提起した。三二歳のときである。その背景には三つのことがある。

一つは、大学院に入ってから法政大学助手までの七年間かけて執筆した博士論文の研究の成果から得たものである。ここでは、①我が国が高度成長政策をとるに当たって、戦後復興を支えた国内石炭資源を放棄し、メジャーの開発した中東の石油資源に切り替えたこと、その際、筑豊・常磐・宇部・唐津・佐世保など劣等資源を先行的に放棄し、三池・高島・石狩・釧路など鉄鋼用の原料炭や発電用の高カロリー一般炭を擁し、比較的低コストで採掘できる「優良資源」への近代化投資を徹底し＝スクラップ・アンド・ビルドを行ったうえに、約四〇年かけて最終的に「貴重な」国内資源を放棄したことを具体的に明らかにし（資源論）、また、②炭鉱の閉鎖を担った大手の石炭資本は、三井の筑豊の閉山と三池、石狩への集中、三菱の筑豊、唐津の閉山と高島、石狩への集中、筑豊、唐津、常磐、宇部に基盤を置いていた麻生、明治、大正、貝島、杵島、常磐、宇部などの地方資本の早期撤退と石狩、釧路、高島をベースとしていた北炭、太平洋、松島などの財閥系資本の存続など企業内部の事業所展開を解明し（企業の地理学、企業空間論）、③大量の離職者の発生・関連産業の崩壊・地方財政の崩壊などの産炭地域問題を分析し（地域経済論）、さらに、④著しい地域差をともなった石炭産業トータルの崩壊過程を「差額地代論」をベースに分析したこと（産業立地論・産業空間論、撤退の地理学）等々、一見ベクトルの違った経済地理学の多様な分野の統合を試みた。

第二に、ここでの成果をもとに、飯塚浩二[11]、鴨澤巌[12]、上野登[13]氏らの経済地誌論、島恭彦[14]、宮本憲一[15]氏らの地域経済論、板倉勝高[16]、竹内淳彦[17]氏らの日本工業の分布研究、川島哲郎[18]氏の日本資本主義の歴史的規定を導入した工業地帯論等々を考察し、また、A・ウェーバー[19]らの工業立地論、クリスタラー[20]、レッシュらの中心地論を講義で解説しつつ、これらを大局的なレベルで統一できないかと考えたことである。

第三に、博士論文では、石炭産業分析における、立地・配置、地域経済、資源利用の統合に成功したものの、これを多様な産業に適用し、マクロ経済に応用できないかと考えた。すでに、野原敏雄・森滝健一郎[21]氏らと共同で日本経済の地域構造の著作を出版したが、個別の産業の詳細な分析の必要性を痛感した。しかし、この作業は時間的にも、能力的にも一人ではできない。そこで、多様な工業、農業、サービス業、流通業の経済地理研究を行っている当時の若手研究者の共同作業が不可欠と考えた。工業地理で業績をあげている北村嘉行氏らと相談し、かなり大がかりな「地域構造研究会」を発足することができた。当時の経済地理学界は、出身大学ベースの知的交流から脱していなかったが、あえてこの枠を破った呼びかけを行った。それぞれ関心のある産業・分野の分布や空間構造を解明するというゆるい枠組みで開始した。二〇歳代から三〇歳代の研究者四〇～五〇名の参加を得て、年二、三回の合宿、手弁当での研究会であった。自由な共同研究、熱気ある方法論議が続いた。私自身も多くの知識を得、たくさんの知己をえた。研究会は、はじめ五年ほど活発であったが、主力メンバーの転勤や留学などで停滞した。しかし、北村会長の熱意で六巻本の成果を刊行し（日本の地域構造シリーズ[22]）、一九七五年から一三年続いた会の幕を閉じた。

私が、経済地理学の体系化の試みとして「地域構造論」を提起したのは、「経済地理学について」というタイトルで一九七三年に法政大学経済学部の雑誌においてであり、その後、『産業配置と地域構造[23]』など多くの書として出版しているので省略する。要は、ミクロレベルの空間経済論である経済立地論をマクロレベルの空間経済論に昇華することを試みたものである。そのために、技術革新による産業構造の転換の視点を導入し、主導産業の立地動向がマクロな空間構造の骨格を形成するものとし、産業連関的視点から再構成して全体の空間構造をくみ上げていった。この論理を産業配置論として整理する。そのうえで、「地域構造」の部分集合としての個別の地域経済を位置づける。その場合、ヴェーバーの産業集積の考え方から産業地帯を、クリスタラーの中心地論から重層的経済圏という地域概念を導入し、地域経済論を組み立てる。さらに、ミクロ・マクロ経済の空間構造が自然資源や土地利用に与えるインパクトに焦点を当てて国土利用論を位置づける。これに、中央および地方政府が企業の空間行動を誘導して地域振興や国土構造の再編をもたらす地域政策・国土政策論を加える、というものである。

こうした発想は、一方で、産業構造論、産業立地論、中心地論、都市システム論、鉱山・農業・商業・住宅地代論などの理論的蓄積に学びつつ、他方で地域構造研究会での実証分析に大いに影響された。これは、特定の空間現象について、厳密な条件設定の下で研ぎ澄まされた思考でできあがった、立地論、中心地論、産業集積論などの「モデル」的な理論ではない。しかし、一見して把握できない複雑な社会経済現象を、多様な「モデル」を部材として組み立て、マクロ構造をトータルに把握する、いわば「枠組み」理論である。理論の次元が異なる、中心・周辺・半周辺の枠組みで世界の空間構造を把握しようとしたウォラステインの世界システム論[24]やダニエル・ベルらの産業社会発展論[25]などはスケールの大きい「枠組み」理論である。

近年、日本の経済地理学で盛んになっている、産業空間論[26]、企業空間論、都市システム論[27]、情報空間論、クラスター論[28]などの「モデル理論」は、地域構造論を豊かにする「部材」として大変参考になる。それだけ「枠組み理論」は、懐が深く、かつ改良の余地をもっている。地域構造論の一層の発展が期待される[29]。

四〇歳になって、九州大学経済学部教授として九州に居を移して三〇年が経過した。そこでは、若手経済地理学者を育成し、政府の国土政策や自治体の地域政策に参画し、かつ学部長・副学長、北九州市立大学長、公立大学協会会長として大学運営に深くかかわることになった。この三〇年の成果については、著作として刊行している[30]。

(1) 新沢嘉芽統・華山謙『地価と土地政策』岩波書店　一九七〇年。
(2) Harvey, D. (1982). *The Limits to Capital*, Oxford: Basil Blackwell.（松石勝彦・水岡不二雄ほか訳『空間編成の経済理論（上・下）』大明堂　一九八九／九〇年。）
(3) Castells, M. (1989). *The Information City: Information Technology, Economic Restructuring, and the Urban-Regional Process*, Oxford, Basil Blackwell.
(4) 隅谷三喜男『日本石炭産業分析』岩波書店　一九六八年。
(5) 正田誠一「鉱山地代」大阪市立大学経済研究所編『経済学小事典』岩波書店　一九五一年。
(6) 木下悦二『日本の石炭鉱業』日本評論新社　一九五七年。
(7) 大里仁士『戦後におけるわが国石炭鉱業の市場構造と資本蓄積構造』九州経済調査協会　一九六五年。
(8) 矢田俊文『戦後日本の石炭産業』新評論　一九七五年。
(9) 矢田俊文『石炭業界』教育社新書　一九七七年。
(10) 矢田俊文「経済地理学について」『経済志林』一四―三／四　一九七三年。
(11) 飯塚浩二『地理学批判』古今書院　一九四七年。
飯塚浩二『人文地理学説史』日本評論社　一九四九年。
(12) 鴨澤巌『経済地理学ノート』法政大学出版局　一九六〇年。
(13) 上野登『経済地理学への道標』大明堂　一九六八年。
(14) 島恭彦『現代地方財政論』有斐閣　一九五一年。
(15) 宮本憲一『社会資本論』有斐閣　一九七六年。
(16) 板倉勝高『日本工業地域の形成』大明堂　一九六六年。
板倉勝高『日本工業の地域システム』大明堂　一九八八年。
(17) 竹内淳彦『日本の機械工業』大明堂　一九七三年。
(18) 川島哲郎『経済地域について』『経済地理学年報』二　一九五五年。
川島哲郎「日本工業の地域的構成」『経済学雑誌』四八　一九六三年。
(19) Weber, A. (1909). *Über den Standort der Industrien* (1.Teil, Tübingen: Vevlag von J. C. B. Mohr. 篠原泰三訳『工業立地論』大明堂　一九八六年)。

(20) Christaller, W. (1933), *Die zentralen Orte in Süddeutchenland*, Jena: G. Fisher.（江沢譲爾訳『都市の立地と発展』大明堂　一九六八年）。
Lösch, A. (1940), *Die rämliche Ordnung der Wirschaft*, Jena: G. Fisher.（『篠原泰三訳　経済立地論　新訳版』大明堂　一九九一年）。

(21) 野原敏雄・森滝健一郎編者『戦後日本資本主義の地域構造』汐文社　一九七七年。

(22) 日本の地域構造シリーズ　六巻
一：朝野洋一・北村嘉行・寺坂昭信編著『地域の概念と地域構造』大明堂　一九八八年。
二：北村嘉行・矢田俊文編著『日本工業の地域構造』大明堂　一九七七年。
三：長岡顯・中藤康俊・山口不二雄編著『日本農業の地域構造』大明堂　一九七八年。
四：北村嘉行・寺坂昭信編著『流通・情報の地域構造』大明堂　一九七九年。
五：伊藤達也・内藤博夫・山口不二雄編著『人口流動の地域構造』大明堂　一九七九年。
六：千葉立也・藤田直晴・矢田俊文・山本健兒編著『所得・資金の地域構造』大明堂　一九八八年。

(23) 矢田俊文『産業配置と地域構造』大明堂　一九八二年／矢田俊文編著『地域構造の理論』ミネルヴァ書房　一九九〇年。
矢田俊文・松原宏編著『現代経済地理学』ミネルヴァ書房　二〇〇〇年。
矢田俊文編著『地域構造論の軌跡と展望』ミネルヴァ書房　二〇〇五年。

(24) Wallerstein, I. (1979), *The Capitalist World-Economy*, Cambridge; New Tork: Cambridge University Press.（藤瀬浩司・麻沼賢彦・金井雄一訳『資本主義世界経済I』名古屋大学出版会　一九八七年）

(25) Bell, D. (1973) *The Coming of Post-Industrial Society*, Basic Books, New York（内田忠夫・嘉治元郎・城塚登・馬場修一・村上泰亮・谷嶋喬四郎訳『脱工業社会の到来（上・下）』ダイヤモンド社　一九七五年）。

(26) Scott, A. J. (1988), *New Industrial Spaces*, London: Pion.

(27) Pred , A. (1977), *City-systems in Advanced Economies: Past Growth, Present Processes and Future Development Options*, London: Hutchinson.

(28) Porter, M. E. (1990), *The Competitive Advantage of Nations*, New York: The Free Press.（土岐・中辻・小野寺・戸成訳『国の競争優位（上・下）』ダイヤモンド社　一九九二年）。

(29) 松原宏『経済地理学』東京大学出版会　二〇〇六年。

（30）　矢田俊文『北九州市立大学改革物語』九州大学出版会　二〇一〇年。
（「経済地理学と私―人生の岐路での選択―」藤田佳久・阿部和俊編『日本の経済地理学五〇年』古今書院　二〇一四年）

初出著書・論文一覧

第一編

第一章　一
「経済地理学の課題と展望」『地理』二四巻一号　一九七九年

第一章　二
「経済地理学について」『経済志林』四一巻三・四号　一九七三年

第二章　一
「地域的不均等論批判」『一橋論叢』七九巻一号　一九七九年

第二章　二
「地域経済論における二つの視角」『経済志林』四八巻四号　一九八一年

第二章　三
「地域問題をめぐる最近の研究」『経済』一九七八年三月号

第二章　四
「地域主義について」『経済地理学年報』二四巻一号　一九七八年

第三章　一
「資源問題と経済地理学」（沢田清編著『自然と人間のかかわり』古今書院　一九八一年）

第三章　二
「住宅地地価理論の現状と若干の問題」『ジュリスト・特集　土地・人間・生活』一九七三年五月二五日号

第三章　三
「大都市における地帯構成と地価形成」（山崎不二夫・森滝健一郎他編著『現代日本の土地問題・上』大月書店　一九七八年）

第三章　四
書評「『公害の経済学』について」『経済地理学年報』一八巻一号　一九七二年

第四章
「産業配置と地域構造・序説—経済地理学体系化プラン」『経済地理学年報』一八巻　二号　一九八二年

なお、これらの論文をまとめて、次の書として出版した。
『産業配置と地域構造』大明堂　一九八二年

第二編

第一章　一
「地域構造論概説」
（矢田俊文編著『地域構造の理論』ミネルヴァ書房　一九九〇年　第二章）

第一章　二
「地域構造論論争」
（矢田俊文編著『地域構造の理論』ミネルヴァ書房　一九九〇年　第三章）

第二章
「現代経済地理学と地域構造論」
（矢田俊文・松原宏編著『現代経済地理学—その潮流と地域構造論』ミネルヴァ書房　二〇〇〇年　終章）

第三章
「地域構造論の軌跡と展望—戦後日本の経済地理学の潮流—」
（矢田俊文編著『地域構造論の軌跡と展望』ミネルヴァ書房　二〇〇五年　終章）

第四章
「経済地理学」（人文地理学会編『人文地理学事典』二〇一三年）の草稿

第五章　一
「人文地理学に期待するもの」（西川治・河辺宏・田辺裕編『地理学と教養』古今書院　一九七一年）

第五章　二
「破綻した経済地誌学派—新しい経済地理学の潮流」（東京大学新聞　一九七六年五月三十一日号）

第五章　三
「地政学を批判する」（東京大学新聞　一九八一年七月六日、七月二〇日）

第五章　四
「経済地理学と私—人生の岐路での選択—」（藤田佳久・阿部和俊編『日本の経済地理学五〇年』古今書院　二〇一四年）

解　題

松原　宏

矢田俊文先生の数多くの研究成果の中で、その中軸を占めるのは、本巻に収められた地域構造論であることは、衆目の一致するところであろう。地域構造論は、矢田先生が法政大学の『経済志林』に「経済地理学について」と題した論文を発表し、国民経済的視点に立って、地域的分業体系を明らかにする新しい経済地理学の方向性を示した一九七三年に遡る。以来四十年余が経過したが、今なお健在である。これに対し、欧米の経済地理学界では、文化論的転回、制度論的転回、関係論的転回等々、次から次へと新たなアプローチが登場しては、短期間に消えていった。こうした違いが何によるのか、以前から気になっていたが、本著作集の「まえがき」で、矢田先生は、地域構造論を「枠組み理論」という言葉を使って説明している。それは、「個々の独立した事象、複雑に絡み合って生起している事象を、特定の観点から大局的に掌握する『理論』」であり、抽象的な理論や実証的分析をベースにしたモデルを取り込むことのできる「懐の深さ」をもつ、とされている。

「枠組み理論」としての地域構造論は、四つの分野から構成される。すなわち、産業配置論、地域経済論、国土利用論、地域政策論である。この四分野を軸にした地域構造論の中間総括を、矢田先生は、法政大学から九州大学に移る一九八二年に、一書にまとめている。それが本巻の中心をなす『産業配置と地域構造』である。同書は、長らく入手困難になっていたので、今回の著作集の刊行は、若手研究者にとって朗報といえるだろう。

本書の第一編「産業配置と地域構造」は、四つの章からなる。第一章ではまず、「経済地理学の課題と展望」が示されるが、科学の分業と協業、地域調査のあり方など、方法論の議論は今日でも重要である。これに、冒頭でふれた「経済地理学について」が続くが、これまでの経済地理学の主要な研究成果の検討、「総括表」の提示を経て、地域構造論の課題が抽出されている。なお、初出と比べると、厳しい批判の表現が和らげられるとともに、上野登氏の「総括表」での位置が生産配置論から経済地誌論に移されている。本稿は、もともとは法政大学での講義ノートがベースになっており、講義ノートがうまくまとまらず、休講にされたこともあったと聞く。地域構造論は、容易ならざる作業と若手研究者の間での議論を経て、誕生したのである。

第二章では、地域経済論に関する読み応えのある論考が並んでいる。とりわけ、第一節「地域的不均等論批判」は、島恭彦、宮本憲一といった地方財政学の議論を取り上げ、「地域」の単位、不均等を検証する際の指標、地域を経済主体とみる見方を問題にし、その上で地域構造論の有効性を主張したものである。第二編でも紹介されているように、地域経済をめぐる論争は、現在にまで続いている。

第二節「地域経済論における二つの視角」は、私が初めて法政大学の矢田先生の大学院に出させていただいた一九七九年の議論をベースにしている。当時は、東京大学やお茶の水女子大学などの院生も参加しており、ゼミ終了後昼食を食べながら、先生を囲んで議論が続いたことが思い出される。

第三章は「国土利用論と地域構造」で、資源問題や公害問題とともに、地価・土地問題が取り上げられている。なかでも、第二節の「地価理論について」は、『ジュリスト』に掲載されたもので、住宅限界地での高地価を、不動産資本による供給制限・著しい需給不均衡による「独占価格」形成をもとに説明した地価理論は、第三節での商業地地価の議論とともに、現代の都市地代・地価理論において改めて検討すべき重要な指摘といえよう。

第四章では、経済地理学の体系化プランとして、四分野のそれぞれの内容についてより詳しい記述がなされている。産業配置論は、国民経済の地域構造を基本的に規定する産業諸部門・諸機能の配置を解明しようとする分野である。そこでは、マルクスの『資本論』をもとに個別の生産過程の配置が論じられるとともに、総体としての産業配置の解明については、再生産構造の歴史的変化の下での主導産業の立地を中心に議論が組み立てられている。

第二の地域経済論は、産業配置の論理に基本的に規定されながら、相対的独自性を有している地域経済の論理を解明する分野である。そこでは、伝統的地理学の地域概念が援用され、等質地域として「産業地域」が、機能地域として「経済圏」が、多くの具体的な事例を交えて論じられ、あるべき地域構造として、「産業地域」と「経済圏」の整合がめざすべき方向として提起されている。

第三の国土利用論は、国土空間の利用と保全、資源問題や災害・公害問題、環境問題を、産業配置や地域経済のあり方と関連づけて検討しようとするものである。国土の自然地理的条件は、産業配置や地域経済の前提になるとともに、産業配置や地域経済のあり様によって反作用を受けることになる。こうした自然と人間との関係を重視している点も地域構造論の特色といえる。

第四の地域政策論は、地域間格差や過疎・過密、地域経済の衰退など、各種の地域問題の解決をめざす国土政策や地域政策を主たる研究対象とするものである。この分野については、その後矢田先生自身が、「二一世紀の国土のグランドデザイン」など、国土政策の策定に深く関わっていくことになる。そうした成果については、著作集の第三巻に収録されることになっている。

ところで、本書の第二編以降は、矢田先生が一九八二年に九州大学経済学部に移られて以降の研究成果が中心になっている。私自身も一九八五年から、福岡の西南学院大学に赴任することになり、九大矢田ゼミに毎週参加させていただくことになった。特に力を入れられたのは、チューネン、ウェーバー、クリスタラーなど、立地論についての議論であった。第二編の第一章「地域構造論論争」は、ミネルヴァ書房から一九九〇年に刊行された『地域構造の理論』を初出にしているが、同書では立地論を批判的に摂取した地域構造論の新たな展開をみることができる。これにより産業配置論の内容が充実するとともに、九州大学で育てた大学院生たちが、次々と産業立地論の研究成果を世に問い、大学の教員になっていったのである。

九大矢田ゼミではまた、ハーヴェイやマッシイ、カステルなど、海外の経済地理学者の重要文献を読んでいった。そうした成果は、矢田・松原編『現代経済地理学』に結実していくが、先生がまとめの章で書かれたものが、第二章「現代経済地理学と地域構造論」である。そこでは、矢田先生が得意とする世界の経済地理学に関する議論を俯瞰する図をもとに、日本の地域構造論の特徴が示されている。その他の節とともに、本書の第二編は、日本および海外の経済地理学の学説史としても価値がある。

一方で、二一世紀を迎えると、地域構造論のとらえ方にも変化がみられるようになる。第二編第三章「地域構造論の軌跡と展望」は、二〇〇三年に開催された経済地理学会第50回大会の会長講演をもとにしたものである。そこでは、戦後日本の経済地理学の潮流が、四つの規定要因と四つの「知的空間」から見事に整理されている。四つの規定要因とは、①日本・世界の地域問題、②日本の地理学の動向、③欧米の経済地理学の動向、④経済学の基礎理論を、また四つの知的空間とは、①地理学指向、②欧米指向、③理論指向、④地域問題指向をそれぞれ意味している。むすびのサブタイトルが、「地域構造論から経済の空間システム論へ」とされており、前述の四分野に代わり、「世界経済」、「国民経済」、「地域経済」、「企業経済」、「情報経済」の空間システムが新たなテーマとして示されている。こうした方向づけをどうとらえるかは議論があるところだが、私自身は地域構造論の内容を豊富化させる課題が提示されているとみたい。なお、第二編の第五章として収録されている「地域構造論余話」では、一九七六年の東京大学新聞の記事も収録されており、「マルクス経済学を基礎とした空間経済学の構築」が目ざされていた点は興味深い。

これまでの第一編と第二編に対して、矢田先生は本書のはしがきで、第三編を地域構造論の再定式化と位置づけ、「なお理論的に詰めなくてはならない三つのテーマ」をあげている。しかもそれらのいずれもが、矢田先生が強い学問的影響を受けたとする故川島哲郎教授と関係している。第一章の「産業構造の展開と経済の地域構造」は、川島先生が一九八六年に編著として刊行した『経済地理学』に寄せた原稿である。そこでは、基礎的地域構造から成熟資本主義段階にいたる地域構造の歴史的変遷に対応させて、各段階の産業配置の全体像が、ウェーバーやクリスタラーなどの古典的立地論を応用して説明されている。

一部で進んできてはいるが、こうした一般的な議論をもとに、各国の地域構造の歴史的展開を明らかにし、国際比較を行い、再度理論を深化させていくことが、今後の重要な課題といえよう。

川島先生はまた、論文「地域間の平等と均衡について」で、地域間の経済構造の平準化に対する第三次産業と広域経済圏の役割に着目したが、第二章「『サービス産業』と『知識産業』」、第三章「国土構造と広域経済圏」は、それらを発展させたものとみることができる。九大矢田ゼミでは、産業構造論の文献を輪読したことがあるが、ガーシュニーとマイルズの議論をふまえた第二章での矢田先生のサービス産業論、知識産業論は、なかなか深まらないこれまでの議論を先に進める上で重要な示唆を与えるものといえる。

また、九州での産業ビジョンづくりなど、矢田先生は、地域産業政策にも深く関わっていくことになるが、一九九一年には九州経済調査協会の今村昭夫氏との編著『西南経済圏分析』がミネルヴァ書房から刊行される。これは、広域経済圏の実証分析のさきがけともいえるものだが、その後矢田先生は、全国的視点から広域経済圏の分析を行うことになる。その成果が第三章であるが、多様な産業の集積による生産連関、産学官の知的連関、地域連携軸による生活機能連関といった三つの連関を確立することを通じて、「自律広域経済圏」の集合としての空間システムによる日本の国土構造をつくりかえるという提案は、「地方創生」が話題となっている現在において、ますます重要性を増しているといえよう。

本書の第四編は、「日本経済の地域構造」として、実証研究の成果が収められている。それらは、工業からサービス産業、北九州工業地帯から地方都市、国際石油資本から日韓の国土構造比較まで、非常に多岐にわたるが、ここでは「地域構造研究会」の成果に着目したい。地域構造研究会は、全国の若手研究者（シリーズ執筆者六八名）が結集し、一九七五年から十三年間にわたり、人口、農業、工業、流通、情報、所得・資金などのマクロレベルの立地・流動を分担して分析し、研究会を開催してきたもので、集団的研究成果は、『日本の地域構造』シリーズ（全六巻）として刊行された。その研究会のまとめ役として、また『日本工業の地域構造』、『所得・資金の地域構造』の編者として、矢田先生は活躍され、執筆された論考は、本編の第二章と第六章に収められている。それらは、寡占的大企業の市場戦略的立地や所得の地域的循環などに焦点を当てたもので、データ自体は古くなっているが、アプローチとしての先進性は依然として衰えていない。

以上、第一編から第五編まで、改めて本巻に収められた論考を読み返してみて、地域構造論が簡単にできあがったわけではなく、また漫然と生きながらえてきたわけでもなく、批判と論争によって鍛えられ、新たな理論を積極的に取り入れることによって発展してきたことがよくわかる。本著作集が多くの人々に読み継がれ、議論が喚起され、地域構造論がどのように新たな展開をみせていくか、大いに楽しみである。

著作集刊行にあたって

矢田俊文氏は地域構造論の創始者であり、現代日本における経済地理学、地域経済学、地域政策学のいずれにおいても代表的な研究者の一人である。経済地理学会第60回記念大会（二〇一三年）の報告諸論文においては、他者を引き離して圧倒的な数で文中に引用されている。次点の日本人は川島哲郎氏であり、地域構造論を構築していくにあたりその土壌を生み出した先達である。この地域構造論を初めて体系的に提示した著作『産業配置と地域構造』は、経済地理学界における金字塔となっている。その所収論文は40年以上経過しながらも引用され続けているのである。

地域構造論は、柔軟性を持つフレームワークであると同時に、論理的整合性を求めて成長する生き物である。この枠組みをもとにしながら、著作集は全四巻構成となっており、その内容は『石炭産業論』『地域構造論』『国土政策論』『公立大学論』となっている。石炭産業論は、地質学と経済学の境界分野に焦点をあて、日本の石炭資源放棄の実証的分析を行っている。地域構造論は、産業配置論、地域経済論、国土利用論、地域政策論の四本柱について体系的に述べている。国土利用論や地域政策論は、経済の空間システムの解明と連動して、自然利用のあり方や空間政策として独自に位置づけられている。ミクロの立地運動から、産業立地、地域経済などマクロの空間構造へと、ダイナミックな論理展開が、地域構造論の最大の魅力であり、この魅力が、全国から人材を引き付ける磁力となり多くの研究者を輩出することとなった。

矢田俊文氏は、政策の現場でも理論の検証をはかる活動をなされてきた。理論の性格上、国土政策、社会の公器たる大学の運営への関与は必然であり、そこからの理論へのフィードバックが著作集に反映されることは、大変興味深い。これらの著作集は経済地理学会をはじめ、関連する諸学会にとって、非常に大きな財産となっていくと確信できるのである。

著者紹介

矢田俊文（やだ・としふみ）、九州大学名誉教授、北九州市立大学名誉教授

1941年　新潟県に生まれる
1964年　東京大学教養学部教養学科卒業
1971年　東京大学大学院理学系研究科（地理学専門課程）博士課程修了
　　　　理学博士

法政大学経済学部（1970－81助手、講師、助教授、教授）
九州大学経済学部教授（1982－2004）
同　石炭研究資料センター長（1985－95）
同　副学長（1997-2001大学改革、キャンパス移転担当）
同　大学院経済学研究院長・学府長・学部長（2002－2004）
同　名誉教授（2004－）
北九州市立大学学長（2005－2011）
同　名誉教授（2011－）
公立大学協会会長（2009－2011）

経済地理学会会長（2000－2006）
産業学会会長（2000－2002）
国土審議会委員（1998－2008）
経済審議会臨時委員（1990－1994）
産業構造審議会臨時委員（1989－1997）
福岡県総合計画審議会副会長（1998－2008）
福岡市総合計画審議会委員（1986－1997）
北九州市基本構想審議会会長（2007－2008）

著書
『戦後日本の石炭産業』新評論（1975）
『産業配置と地域構造』大明堂（1982）
『地域構造の理論』（編著）ミネルヴァ書房（1990）
『国土構造の日韓比較研究』（共編著）九大出版会（1996）
『21世紀の国土構造と国土政策』大明堂（1999）
『現代経済地理学』（共編著）ミネルヴァ書房（2000）
『地域構造論の軌跡と展望』（編著）ミネルヴァ書房（2005）
『北九州市立大学改革物語』九大出版会（2010）
『石炭産業論』（著作集第一巻）原書房（2014）

矢《や》田《だ》俊文《としふみ》著作集《ちょさくしゅう》　第《だい》二巻《かん》

地域構造論《ちいきこうぞうろん》《上《じょう》》理論編《りろんへん》

●

2015 年 2 月 6 日　第 1 刷

著者…………矢田俊文

発行者…………成瀬雅人

発行所…………株式会社原書房

〒 160-0022 東京都新宿区新宿 1-25-13
電話・代表 03 (3354) 0685
http://www.harashobo.co.jp
振替・00150-6-151594

印刷・製本…………株式会社明光社印刷所

ISBN978-4-562-09200-0, Printed in Japan